마이크로프로세서

MICROPROCESSOR

ARM Cortex-M3

ENERGY HARVESTING

저자 김곤우, 박찬식

충북대학교 출판부

머 리 말

기존에 출판된 ARM Cortex-M3 교재의 대부분 구성과 내용 면에서 학생들이 교재로써 참고하는데 어려운 면이 많이 있으며, 그나마도 출판된 교재의 수도 많지 않았습니다. 이에 ARM Cortex-M3를 이론과 실습을 통해 체계적으로 마이크로프로세서를 이해하고 응용할 수 있는 교재를 작성하게 되었습니다. 본 교재는 크게 이론, 실습, 응용 등 3부분으로 구성하였으며, 체계적인 흐름을 통해 ARM Cortex-M3의 구조와 기능을 익히고 응용할 수 있도록 하였습니다.

본 교재는 앞서 언급한 바와 같이 크게 이론, 실습, 응용의 3부분으로 구성되어 있습니다. 먼저 1장부터 6장까지는 ARM Cortex-M3와 STM32 MCU의 개요, 구성, 명령어 집합, 메모리 등의 이론을 다루었습니다. 다음으로 7장부터 11장까지는 GPIO, 인터럽트, 타이머, 통신 등의 내용을 실습을 학습할 수 있도록 구성하였습니다. 마지막으로 12장부터 14장까지는 MCU를 이용한 응용 학습을 위해 센서와 모터 제어 활용의 내용으로 구성하였습니다.

본 교재가 실습과 프로젝트 중심의 마이크로프로세서 교과목의 교재로 활용되어 실무 개발 능력을 배양하는데 도움이 되기를 기대합니다. 마지막으로 실험 구성, 실습, 어플리케이션 개발 및 교재 작성에 수고한 양준석, 김동규, 김도형에게 깊이 감사드립니다.

차 례

1. ARM 프로세서 개요

이 장에서는 ARM(Advanced RISC Machines) 프로세서의 종류와 각 버전의 특징을 소개하고 역사와 발전 방향을 알아보고, Cortex-M3의 특징을 소개한다.

1.1. 마이크로프로세서와 내장형 프로세서

1971년 미국 인텔에서 만든 최초의 마이크로프로세서 4004는 4비트의 연산장치, 제어장치 및 몇몇 레지스터를 1개의 IC소자에 2,300개의 트랜지스터를 집적시킨 정도로 만들어졌다. 이후 하드웨어와 컴퓨터 구조의 발전으로 성능이 100만배 이상의 급격한 향상을 이루었다.

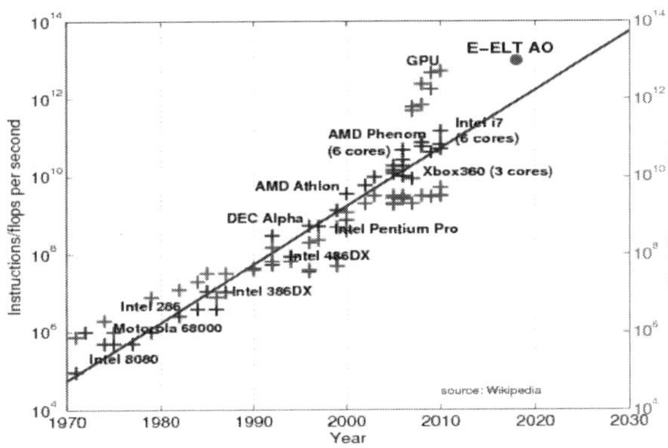

그림 1.1 마이크로프로세서 발전

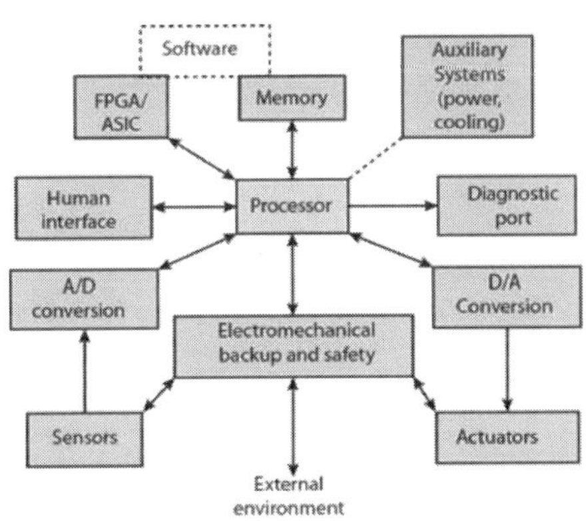

그림 1.2 내장형 프로세서

범용 마이크로프로세서는 주로 범용 컴퓨터를 구성하는데 사용되는 반면 별도의 메모리와 입출력 장치를 포함하여 만들어 특수목적의 제어, 통신, 가전제품 등에 사용되는 프로세서를 내장형 프로세서(Embedded processor)라고 부른다. 내장형 프로세서에 포함될 수 있는 장치를 그림에 나타내었다. 내장형 프로세서를 이용하여 구현한 임베디드 시스템은 특정 기능을 전담하여 수행하며 실시간 요구가 많다. 반면 개인용 컴퓨터 같은 범용 컴퓨터는 유연하게 설계되어 다양한 사용자들의 요구를 만족시킬 수 있다.

오늘날 일상생활에 쓰이는 많은 장치들은 내장형 프로세서로 제어되고 있으며, IOT(Internet of Things) 시대에는 더 많은 내장형 프로세서가 활용될 것이다. 사람이 휴대 혹은 부착하는 스마트장치 만해도 2011년에 이미 14백만 개가 사용되었으며, 2020년에는 5억개 이상이 사용될 것으로 예측된다.

내장형 프로세서는 범용 마이크로프로세서와 구분하기 위하여 마이크로 콘트롤러(microcontroller)로도 불린다.

1.2. ARM 프로세서

1.2.1 ARM 프로세서 개요

ARM은 RISC 구조에 기반을 둔 32-bit 프로세서로 영국 ARM Inc.에서 PDA나 스마트 폰 등을 겨냥하여 낮은 전력 소비로 높은 실행능력을 갖고, 크기가 작은 특징을 갖도록 설계되었다. ARM 프로세서는 ARM 사에서 직접 생산하는 것보다 삼성, 인텔 등 많은 제조사에서 라이선스를 받는 형식으로 판매된다. ARM과 협력하여 제품을 생산하는 ARM partnership은 다음과 같다.

그림 1.3 ARM partnership

다음에 ARM 프로세서의 종류를 나타내었다. 최근에는 고전적인 ARM 이외에도 임베디드 시스템을 위한 Cortex-M, Cortex-R과 Application 프로세서인 Cortex-A를 제공하고 있다.

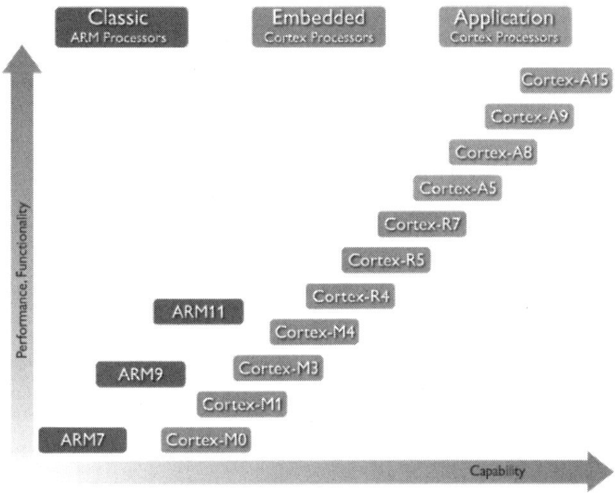

그림 1.3 ARM 프로세서의 종류

ARM Cortex-A Application processor는 Linux, Android, Chrome OS, Tizen, Microsoft Windows 등 복잡한 OS를 구동할 수 있으며 이를 위하여 MMU(Memory Management Unit)를 내장하고 있다. 주로 스마트 폰, 디지털 TV, 개인 항법 장치 등에 사용된다.

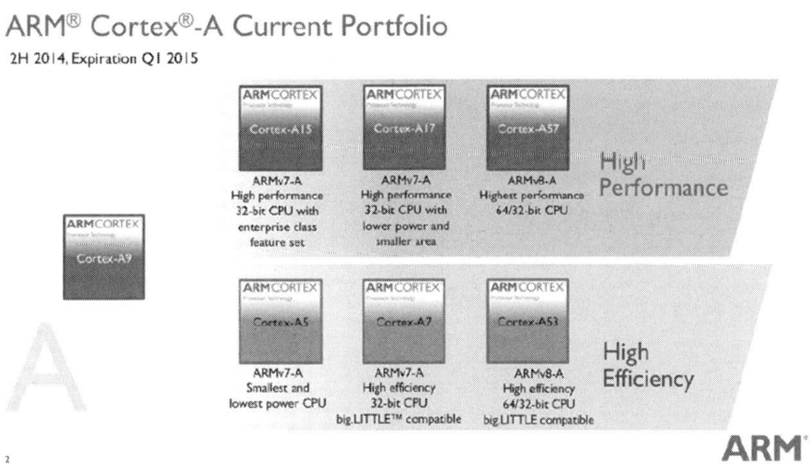

그림 1.4 ARM Cortex-A Portfolio

ARM Cortex-R Real-time processor는 실시간 요구가 강한 응용에 최적화되어 있으며, 노트북, 패드, 하드 디스크 등의 응용에 사용된다. Cortex-M Mobile processor는 저전력 내장 프로세서로 최적화되어 있으며, 지능형 장난감, 자동차 제어, 모터 제어, IOT 등의 응용에 주로 사용된다.

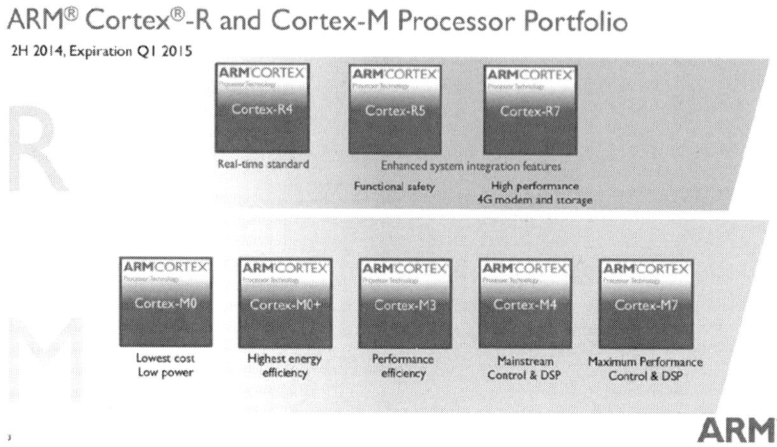

그림 1.5 ARM Cortex-R과 Cortex-M Portfolio

ARM Cortex는 다음 그림과 같이 대부분의 내장형 시스템에서 사용되며 Application, Real-time, Microcontroller의 응용을 확인할 수 있다.

그림 1.6 ARM Cortex를 채택한 응용 시스템

ARM 프로세서는 1993년부터 2013년까지 누적 수량 500억개 이상 판매되었으며, 최근에 급격한 증가세를 보여 2013년 한해만도 100억개 이상 판매되었다. 58%의 ARM 프로세서가 스마트폰이나 태블릿에 사용되고 있으며, 20%는 가전, 자동차 등에 내장되었다. 이외에도 게임기, 하드디스크, 스마트 TV 등에 사용된다.

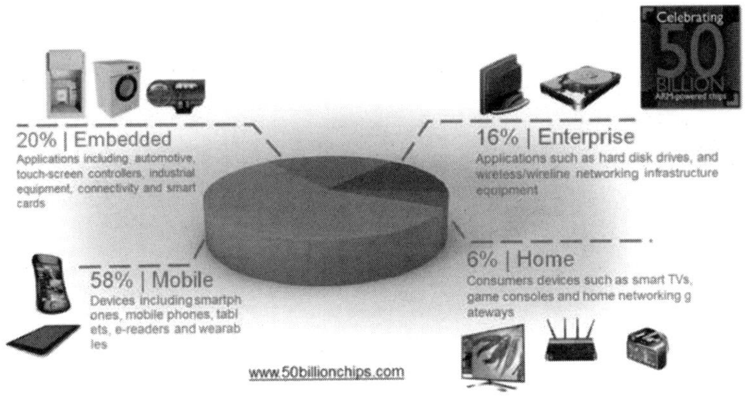

그림 1.7 ARM 시장 구조

1.2.2 ARM 프로세서의 종류

ARM 프로세서는 사용한 구조(architecture)에 따라 구분되며, 가장 대중적인 성공을 거둔 모델은 ARMv4T 구조를 사용한 ARM7TDMI 이며, 최근 스마트 폰에서 가장 많이 사용되는 모델은 ARMv6 구조를 사용한 ARM1176TZ(F)-S이다. ARMv7부터는 A(Application), R(Realtime), M(Microcontroller) profile로 구분하여 특화된 응용을 겨냥하였다. 본 과정에서 대상으로 하는 Cortex-M3는 ARMv7-M 구조이다.

표 1.1 ARM 프로세서의 종류

Architecture	Bit width	Cores designed by ARM Holdings	Cores designed by 3rd parties	Cortex profile
ARMv1	32/26	ARM1		
ARMv2	32/26	ARM2, ARM3	Amber	
ARMv3	32	ARM6, ARM7		
ARMv4	32	ARM8	StrongARM, FA526	
ARMv4T	32	ARM7TDMI, ARM9TDMI		
ARMv5	32	ARM7EJ, ARM9E, ARM10E	XScale, FA626TE, Feroceon, PJ1/Mohawk	
ARMv6	32	ARM11		
ARMv6-M	32	ARM Cortex-M0, ARM Cortex-M0+, ARM Cortex-M1		Microcontroller
ARMv7-M	32	ARM Cortex-M3		Microcontroller
ARMv7-E-M	32	ARM Cortex-M4		Microcontroller
ARMv7-R	32	ARM Cortex-R4, ARM Cortex-R5, ARM Cortex-R7		Real-time
ARMv7-A	32	ARM Cortex-A5, ARM Cortex-A7, ARM Cortex-A8, ARM Cortex-A9, ARM Cortex-A12, ARM Cortex-A15	Krait, Scorpion, PJ4/Sheeva, Apple A6/A6X(Swift)	Application
ARMv8-A	64/32	ARM Cortex-A53, ARM Cortex-A57[22]	X-Gene, Denver, Apple A7 (Cyclone)	Application
ARMv8-R	32	No announcements yet		Real-time

ARM 프로세서의 이름에 붙는 첨자는 지원하는 기능을 표시한다. ARM7TDMI에서 T: Thumb instruction 지원, D: JTAG debugging 지원, M: fast multiplier, I: ICE 모듈의 내장을 나타낸다. 이외 T2: Thumb-2, S는 Synthesizable code, E: Enhanced DSP instruction set, J: Jazelle를 이용한 JAVA 지원, Z: TrustZone, F: Floating point unit, H: Handshake, clockless design for synchronous or asynchronous design을 나타낸다.

이후 버전에서 이런 기능들이 표준으로 내장됨에 따라 첨자를 사용하지 않고 대신 메모리, 캐쉬, TCM(Tightly Coupled Memory) 등에 따라 새로운 이름이 붙는다. 예를 들어 캐쉬와 MMU를 내장한 ARM 프로세서는 '26' 혹은 '36'의 첨자를 갖는다. MPU(Memory Protection Unit)을 내장하면 '46'의 첨자를 사용한다. 다음 표에 ARM 프로세서의 이름과 특징을 간략히 나타내었다. ARMv7부터는 복잡한 이름대신 Cortex를 이름에 사용하기 시작하였다.

표 1.2 ARM 프로세서의 이름

Processor Name	Architecture Version	Memory Management Features	Other Features
ARM7TDMI	ARMv4T		
ARM7TDMI-S	ARMv4T		
ARM7EJ-S	ARMv5E		DSP, Jazelle
ARM920T	ARMv4T	MMU	
ARM922T	ARMv4T	MMU	
ARM926EJ-S	ARMv5E	MMU	DSP, Jazelle
ARM946E-S	ARMv5E	MPU	DSP
ARM966E-S	ARMv5E		DSP
ARM968E-S	ARMv5E		DMA, DSP
ARM966HS	ARMv5E	MPU(optional)	DSP
ARM1020E	ARMv5E	MMU	DSP
ARM1022E	ARMv5E	MMU	DSP
ARM1026EJ-S	ARMv5E	MMU or MPU	DSP, Jazelle
ARM1136J(F)-S	ARMv6	MMU	DSP, Jazelle
ARM1176JZ(F)-S	ARMv6	MMU + TrustZone	DSP, Jazelle
ARM11 MPCore	ARMv6	MMU + multiprocessor cache support	DSP, Jazelle
ARM1156T2(F)-S	ARMv6	MMU	DSP
Cortex-M3	ARMv7-M	MPU(optional)	NVIC
Cortex-R4	ARMv7-R	MPU	DSP
Cortex-R4F	ARMv7-R	MPU	DSP + Floating point
Cortex-A8	ARMv7-A	MMU + TrustZone	DSP, Jazelle

ARMv5부터 ARMv8까지 추가된 주요 기능은 다음과 같다. 자세한 기능은 'The ARM Architecture Reference Manual (a.k.a ARM ARM)'에서 확인할 수 있다. 다음 절에서 명령어 집합을 기준으로 일부 기능의 발전을 간략히 살펴본다.

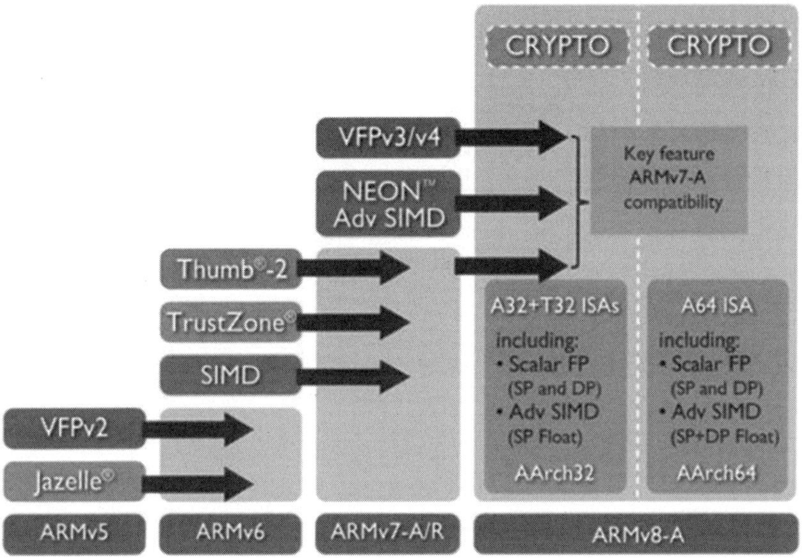

그림 1.8 ARM architecture version

1.2.3 명령어 집합(Instruction Set)

ARM 프로세서 명령어 집합의 확장과 발전은 ARM architecture 발전에 큰 영향을 끼쳤다. ARM7TDMI 이후 ARM 프로세서는 두 가지 명령어 집합(32-bit의 ARM 명령어와 16-bit인 Thumb 명령어)을 지원한다. 프로세서는 명령어의 종류에 따라 ARM 상태와 Thumb 상태를 옮겨 다니며 프로그램을 수행한다. Thumb 명령어는 ARM 명령어의 부분집합으로, 높은 코드 밀집도(code density)를 얻을 수 있어 메모리 제한이 많은 제품에서 사용이 용이하다.

많은 명령어들이 ARM과 Thumb 명령어 집합에 추가되었다. 다음 그림에서 추가된 기능을 볼 수 있다. 2003년 발표된 Thumb-2 명령어는 16-bit와 32-bit 명령어를 지원한다. ARMv7까지의 자세한 내용은 'The ARM Architecture Reference Manual'에서 확인할 수 있으며, Cortex-M3는 'The ARM v7-M Architecture Application Level Reference Manual'에서 찾을 수 있다.

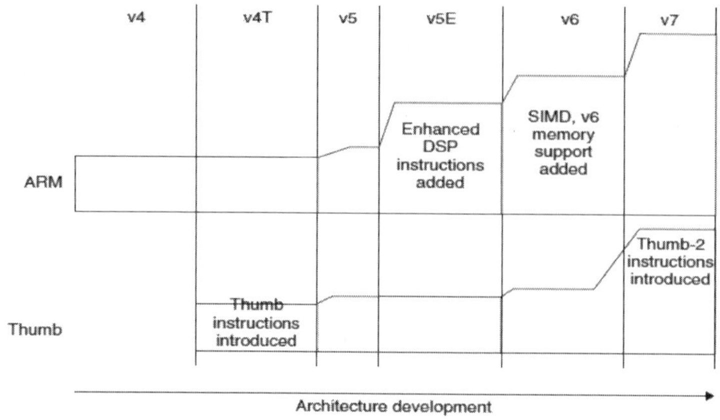

그림 1.9 ARM 명령어 집합의 발전

1.2.4 The Thumb-2 Instruction Set Architecture(ISA)

Thumb-2 ISA는 사용의 용이성, 코드의 크기 및 성능을 대폭 향상한 강력하고 효율적인 명령어 집합으로 기존의 16-bit Thumb 명령어의 확장으로 16-bit와 32-bit 명령어를 모두 지원한다. 기존에는 32-bit 명령어를 지원하기 위하여 ARM 명령어 상태로 천이가 필요하였으나 Thumb-2에서는 Thumb 명령어 상태에서 모두 처리할 수 있어 코드 밀집도와 성능 향상을 얻을 수 있다.

대용량 메모리의 요구가 크지 않은 microcontroller로 설계된 Cortex-M3는 Thumb-2 명령어만 지원한다. ARM 명령어 집합을 지원하지 않으므로 Cortex-M3는 기존의 ARM 프로세서와 호환(backward compatibility)되지 않는다. 즉 ARM 프로세서에서 만들어진 binary image는 Cortex-M3에서 돌아가지 않는다. Cortex-M3는 그림에서 보는 것과 같이 모든 Thumb 명령어와 대부분의 Thumb-2 명령어를 지원하여 응용 프로그램의 이식성을 높였다.

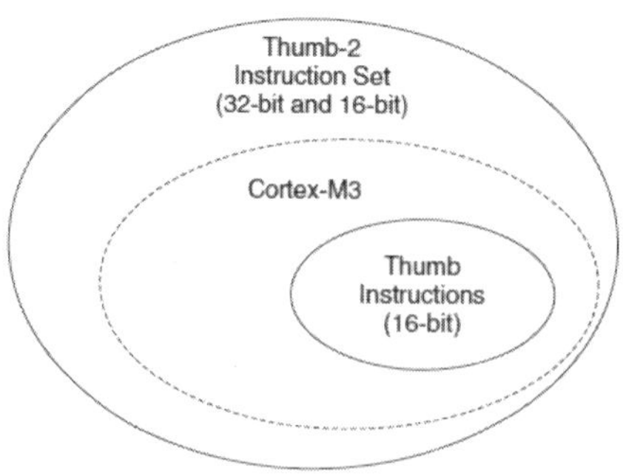

그림 1.9 Thumb과 Thumb-2 명령어의 관계

Thumb-2 명령어 집합은 ARMv7의 중요한 특징이며 ARMv4T 구조를 갖는 ARM7 계열과 Cortex-M3는 많은 차이를 보인다. 하드웨어기반 나누기 명령어, 데이터 처리 능력향상을 위한 곱하기 명령어가 추가되었으며, 정렬되지 않은 데이터의 처리도 지원한다. ARM7과 Cortex-M3의 자세한 비교는 다음 표와 같다. 표와 그림에서 Cortex-M3가 저전력으로 높은 성능을 얻을 수 있음을 확인할 수 있다.

고성능, 높은 코드 밀집도, 작은 크기의 칩 등의 장점으로 Cortex-M3는 저가 마이크로 콘트롤러(Low-cost microcontroller), 자동차(Automotive), 데이터 통신(Data communication), 산업 제어(Industrial control), 가전제품(consumer product)등에서 사용되고 있다.

표 1.3 ARM7과 Cortex-M3의 비교

Features	ARM7TDMI-S	Cortex-M3
Architecture	ARMv4T (von Neumann)	ARMv7-M (Harvard)
ISA Support	Thumb / ARM	Thumb / Thumb-2
Pipeline	3-Stage	3-Stage + branch speculation
Interrupts	FIQ / IRQ	NMI + 1 to 240 Physical Interrupts
Interrupt Latency	24-42 Cycles	12 Cycles
Sleep Modes	None	Integrated
Memory Protection	None	8 region Memory Protection Unit
Dhrystone	0.95 DMIPS/MHz(ARM mode)	1.25 DMIPS/MHz
Power Consumption	0.28mW/MHz	0.19mW/MHz
Area	0.62mm^2 (Core Only)	0.86mm^2 (Core & Peripherals)*

* Does not include optional system peripherals (MPU & ETM) or integration level components

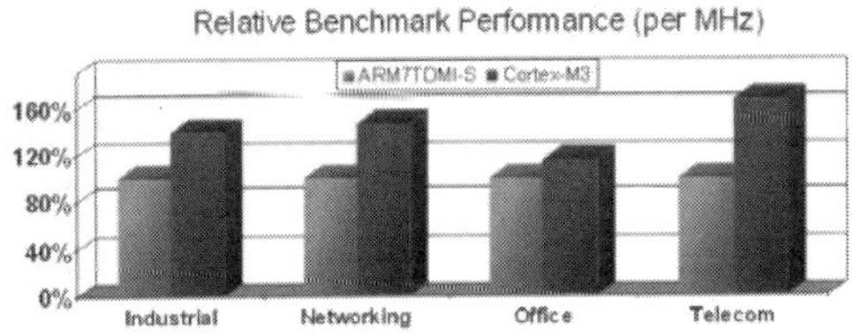

(a) Benchmark 성능 비교

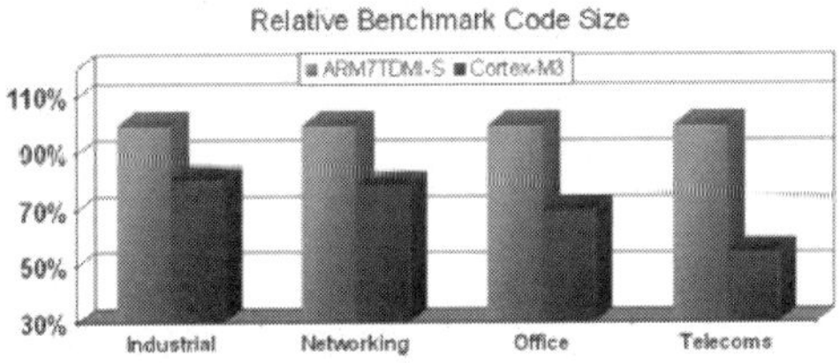

(b) Benchmark 코드 크기

그림 1.10 ARM7과 Cortex-M3의 비교

2. Cortex M3 기본

Cortex-M3는 32bit 마이크로프로세서로 32bit data path, 32bit register bank, 32bit memory interface를 가진다. 하위 바이트부터 메모리에 저장되는 little endian과 상위 바이트부터 메모리에 저장되는 big endian 메모리 시스템을 모두 지원한다.

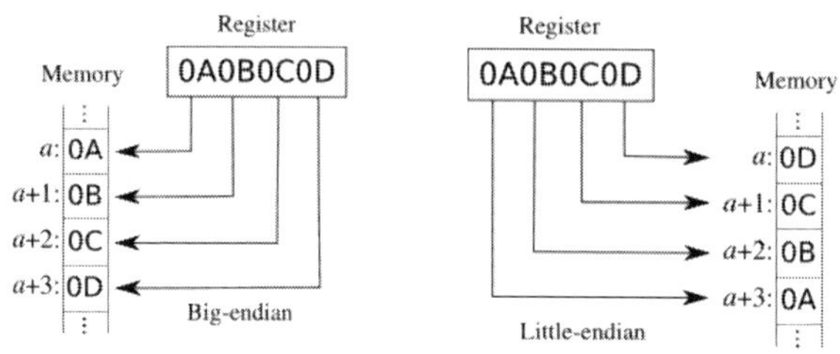

그림 2.1 Big endian vs. Little endian

Cortex-M3는 명령어와 데이터 버스가 분리된 Harvard 구조로 데이터 처리가 명령 파이프라인에 영향을 주지 않아 성능 향상을 얻을 수 있다. 그러나 명령어와 데이터는 같은 메모리(unified memory system)를 사용하므로 사용자는 8GB의 메모리를 사용할 수 없고 명령어와 데이터를 합해 4GB 메모리만 사용할 수 있다. 더 많은 메모리 사용을 요구하는 응용에 대해서는 MPU(Memory Protection Unit)를 추가하여 외부 캐시 메모리를 사용할 수 있다.

Cortex-M3는 breakpoint나 watchpoint 동작을 지원하는 디버깅 시스템을 내장하고 있으며 명령어 trace 등 다양한 디버깅 기능을 사용할 수 있는 디버깅 인터페이스를 추가할 수 있다.

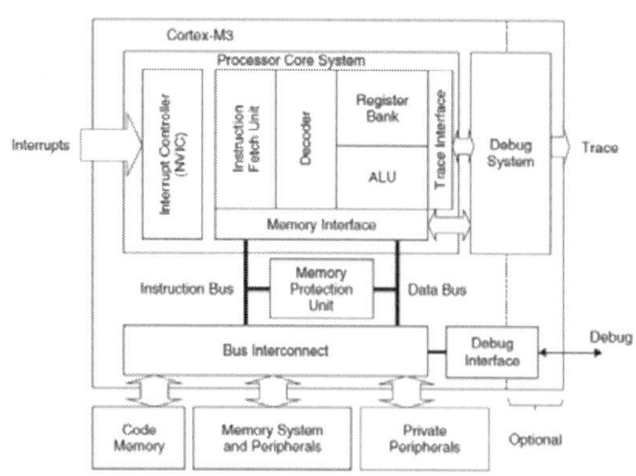

그림 2.2 Cortex M3의 내부 블록

2.1 Registers

Cortex-M3는 R0-R15까지의 범용 레지스터와 특수 용도를 위한 레지스터를 가지고 있다.

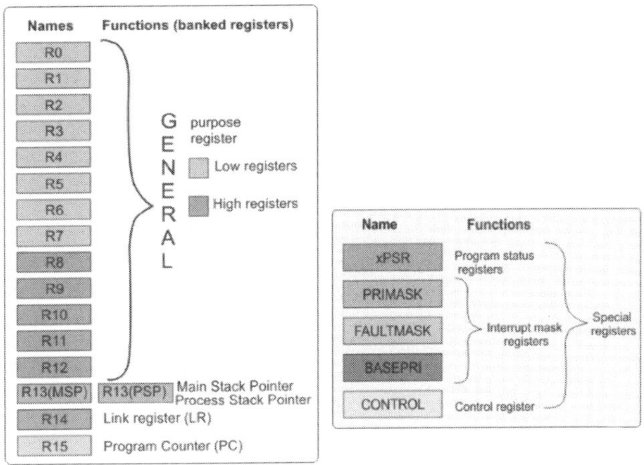

(a) General purpose registers (b) Special registers

그림 2.3 Cortex M3 Registers

2.1.1 범용 레지스터 R0-R12

R0-R12는 데이터 처리를 위한 32bit 범용 레지스터로 low register (R0-R7)는 모든 Thumb 명령어와 Thumb-2 명령어로 접근 가능한 반면 high register(R8-R12)는 일부 Thumb 명령어의 접근이 제한된다.

2.1.2 Stack Pointer R13

R13은 Stack pointer로 사용되며 MSP(Main Stack Pointer)와 PSP (Process Stack Pointer)의 두 가지 동작을 하지만 한번에 한가지로만 동작한다. 따라서 두 stack memory가 별도로 사용될 수 있다.

- Main Stack Pointer(MSP): SP_main으로도 표기하며, OS kernel, exception handler, privilege mode에서 동작하는 응용 프로그램에서 사용한다.
- Process Stack Pointer(PSP): SP_process로도 표기하며, 기본 모드에서 동작하는 응용 프로그램에서 사용한다.

Word align을 위해 Stack pointer의 하위 2bit는 항상 0으로 설정된다. MSR 과 MRS 명령어를 사용하면 현재 프로그램에서 사용하지 않는 stack pointer도 접근할 수 있다.

Cortex-M3에서 stack memory에 접근하는 명령어는 PUSH와 POP이 있다. Cortex-M3는 stack에 데이터를 저장하면 주소가 감소하는 구조를 채택하였다. PUSH와 POP에 대한 어셈블리 프로그램은 다음과 같다.

```
PUSH    {R0}        ; R13=R13-4, then Memory[R13] = R0
POP     {R0}        ; R0 = Memory[R13], then R13 = R13+4
```

Subroutine의 진입이나 복귀에 필요한 여러 개의 register의 저장과 복구를 한 개의 명령어로 처리할 수도 있다.

```
subroutine_1
        PUSH {R0-R7, R12, R14}        ; Save registers
        ......                        ; Do your processing
        POP {R0-R7, R12, R14}         ; Restore registers
        BX R14                        ; Return to calling function
```

Stack memory의 자세한 동작은 다음절에 나타내었다.

2.1.3 Link Register R14

R14는 subroutine이나 함수가 호출될 때 return address(program counter)를 저장하는 link register(LR)이다. 다음에 BL(branch and link) 명령어의 사용 예를 나타내었다.

```
main                    ; Main program
        ......
        BL function1    ; Call function1 using Branch with Link instruction.
                        ; PC=function1 and LR=the next instruction in main
        ......
function1
        ......          ; Program code for function 1
        BX LR           ; Return
```

Program counter의 마지막 bit인 bit-0가 항상 0으로 설정되어있지만, LR bit-0는 읽고 쓰기가 가능하다. 이는 Thumb 명령어에서 bit-0가 ARM 상태와 Thumb 상태를 구분하는데 사용되기 때문이며, Cortex- M3의 Thumb-2 프로그램이 다른 ARM 프로세서에서 동작할 수 있게 해준다.

2.1.4 Program Counter R15

R15는 PC(Program Counter)로 사용되며 어셈블리에서 PC 혹은 R15로 사용할 수 있다. 파이프라인의 영향으로 읽어낸 PC 값은 현재 수행되는 프로그램 주소보다 4가 앞선다.

```
0x1000 : MOV R0, PC                    ; R0 = 0x1004
```

PC에 값을 적으면 branch가 발생한다. 명령어가 짝수 주소로 정렬되어 있으므로 PC의 bit-0는 항상 0으로 읽힌다. 그러나 branch 과정(PC에 값을 적거나 branch 명령어를 사용하거나)에서는 Thumb 상태 동작이라는 것을 표시하기 위하여 bit-0를 반드시 1로 두어야 한다. bit-0을 0으로 두는 것은 ARM 상태로의 천이를 의미하고 Cortex-M3에서는 ARM 상태를 지원하지 않으므로 fault exception이 발생한다.

2.2 Special Registers

Cortex-M3에 내장된 special register는 다음의 3종류가 있다.

- Program Status Register(PSR)
- Interrupt Mask Register(PRIMASK, FAULTMASK, BASEPRI)
- Control Register(CONTROL)

Special register는 보통의 데이터 처리용 명령어로는 접근할 수 없고 MSR과 MRS 명령어를 통해서만 접근할 수 있다.

```
MRS <reg>, <special_reg>               ; Read special register
MSR <special_reg>, <reg>               ; write to special register
```

각 status register의 기능은 다음 표와 같다.

표 2.1 Cortex_M3 Special Register의 종류와 기능

Register	Function
xPSR	Provide ALU flags (zero flag, carry flag), execution status, and current executing interrupt number
PRIMASK	Disable all interrupts except the nonmaskable interrupt (NMI) and HardFault
FAULTMASK	Disable all interrupts except the NMI
BASEPRI	Disable all interrupts of specific priority level or lower priority level
CONTROL	Define privileged status and stack pointer selection

2.2.1 Program Status Registers(PSRs)

PSR은 다음의 3가지 status register로 구분된다.

- Application PSR(APSR, 초기에는 FPSR(Flags PSR) 불리다 이름이 변경됨)
- Interrupt PSR(IPSR)
- Excecution PSR(EPSR)

3 PSR은 MSR, MRS 명령어로 동시에 혹은 각각 접근할 수 있으며, xPSR은 3 PSR을 묶어서 표현할 때 사용된다. 다음 표에서 APSR/ ISPR/EPSR과 xPSR의 관계를 확인할 수 있다.

표 2.2 Cortex_M3 Program Status Registers

	31	30	29	28	27	26:25	24	23:20	19:16	15:10	9	8	7	6	5	4:0
APSR	N	Z	C	V	Q											
IPSR												Exception Number				
EPSR						ICI / IT	T			ICI / IT						

표 2.3 Cortex_M3 Combined Special Register(xPSR)

	31	30	29	28	27	26:25	24	23:20	19:16	15:10	9	8	7	6	5	4:0
xPSR	N	Z	C	V	Q	ICI / IT	T			ICI / IT		Exception Number				

각 bit의 의미는 표에 정리하였다. 기존 ARM7 프로세서의 CPSR (Current PSR)에 비하여 M(Mode) bit이 없어지고, T(Thumb) bit의 위치가 변경되고, Interrupt status(I와 F)이 새로운 register PRIMASK로 대체되었다.

표 2.4 Cortex-M3 PSR bit의 의미

Bit	Description
N	Negative
Z	Zero
C	Carry/borrow
V	Overflow
Q	Sticky saturation flag
ICI / IT	Interrupt-Continuable Instruction(ICI) bits, IF-THEN instruction status bit
T	Thumb state, always 1; trying to clear this bit will cause a fault exception
Exception Number	Indicates which exception the processor is handling

MRS 명령어로 모든 PSR을 읽을 수 있으며, MSR 명령으로 APSR의 내용을 변경할 수 있다. IPSR과 EPSR는 읽기 전용으로 내용을 변경할 수 없다. 다음은 PSR을 읽고 쓰는 예이다.

```
MRS r0, APSR              ; Read Flag state into R0
MRS r0, IPSR              ; Read Exception/Interrupt state
MRS r0, EPSR              ; Read Execution state
MSR APSR, r0              ; Write Flag state
```

ARM 어셈블리어에서 xPSR는 PSR로 표현되며, 다음과 같이 사용된다.

```
MRS r0, PSR               ; Read the combined program status word
MSR PSR, r0               ; Write combined program state word
```

2.2.2 PRIMASK, FAULTMASK, BASEPRI Registers

PRIMASK는 NMI와 fault exception을 제외한 나머지 interrupt과 exception을 masking 하는데, FAULTMASK는 NMI를 제외한 모든 interrupt과 exception을 masking 하는데 사용된다. BASEPRI는 masking priority level을 결정하는데 사용되며 이보다 낮거나 같은 우선순위의 interrupt은 masking 된다. 자세한 내용은 다음 표와 같다.

표 2.5 Cortex-M3 interrupt Mask Register

Register Name	Description
PRIMASK	A 1-bit register. When this is set, it allows NMI and the hard fault exception; all other interrupts and exceptions are masked. The default value is 0, which means that no masking is set
FAULTMASK	A 1-bit register. When this is set, it allows only the NMI, and all interrupts and fault handling exceptions are disabled. The default value is 0, which means that no masking is set
BASEPRI	A register of up to 9 bits(depending on the bit width implemented for priority level). It defines the masking priority level. When this is set, it disables all interrupts of the same or lower level (larger priority value). Higher-priority interrupts can still be allowed. If this is set to 0, the masking function is disabled(this is the default).

MRS, MSR 명령어를 이용하여 PRIMASK, FAULTMASK, BASEPRI register에 접근하는 방법은 다음과 같다. PRIMASK, FAULTMASK, BASEPRI의 내용은 User level에서는 변경할 수 없고 privileged level에서 변경 가능하다.

```
MRS r0, BASEPRI           ; Read BASEPRI register into R0
MRS r0, PRIMASK           ; Read PRIMASK register into R0
```

```
MRS r0, FAULTMASK           ; Read FAULTMASK register into R0
MSR BASEPRI, r0             ; Write R0 into BASEPRI register
MSR PRIMASK, r0             ; Write R0 into PRIMASK register
MSR FAULTMASK, r0           ; Write R0 into FAULTMASK register
```

2.2.3 Control Registers

Control register는 2bit로 privilege level 설정과 stack pointer 선택에 사용된다.

표 2.6 Cortex-M3 Control Register

Bit	Function
CONTROL[1]	Stack status: 1 = Alternate stack is used 0 = Default stack (MSP) is used If it is in the Thread or base level, the alternate stack is the PSP. There is no alternate stack for handler mode, so this bit must be zero when the processor is in handler mode.
CONTROL[0]	0 = Privileged in Thread mode 1 = User state in Thread mode If in handler mode (not Thread mode), the processor operates in privileged mode.

- CONTROL[1]: Handler mode에서는 항상 0이고, Thread mode에서는 0 혹은 1이 될 수 있다. Thread mode이고 privilege level인 경우에만 쓰기가 가능하다. 이 bit을 변경하는 또 다른 방법은 exception 처리를 끝내고 return할 때 LR의 bit 2를 변경하는 것이다. 자세한 내용은 다음 절에서 설명한다.
- CONTROL[0]: Privileged 상태에서만 쓰기가 가능하며, User 상태에서 privileged 상태로 돌아가기 위해서는 interrupt을 발생시키고 그 handler에서 변경해야 한다.

MRS와 MSR 명령어로 Control register를 읽고 쓸 수 있다.

```
MRS r0, CONTROL             ; Read CONTROL register into R0
MSR CONTROL, r0             ; Write R0 into CONTROL register
```

2.3 Operation Modes

Cortex-M3는 2가지 동작 mode와 2가지 privilege level을 갖는다. 동작 mode는 Thread mode와 Handler mode로 나뉘며, 프로그램이 normal program을 수행하는지, interrupt handler 혹은 system exception handler와 같은 exception handler를 수행하는지를 결정한다. Privilege level은 critical region의 memory 접근을 보호하고, security model을 제공하기 위하여 privileged level과 User level의 2가지로 구분된다.

	Privileged	*User*
When running an exception	Handle Mode	
When running main program	Thread Mode	Thread Mode

그림 2.4 Cortex M3의 mode와 privilege level

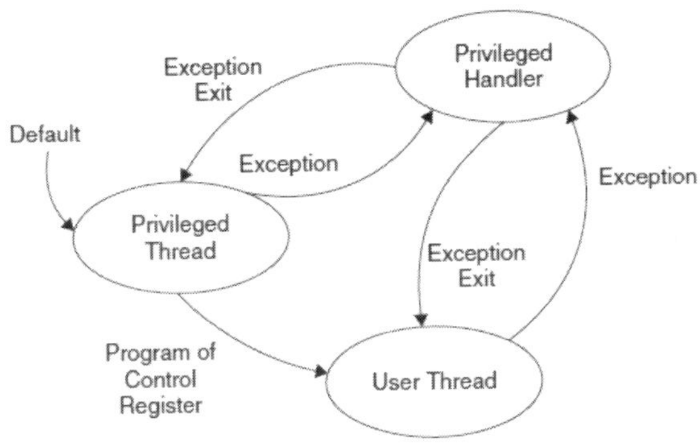

그림 2.5 가능한 동작 mode의 천이

Reset 이후에 프로세서는 privileged level의 Thread mode에서 동작하며, 이때는 모든 명령어를 사용할 수 있고 (MPU(Mmemory Protection Unit) 설정이 문제없다면) 모든 메모리에 접근할 수 있다. Control register의 변경으로 privileged level에서 user level로 변경될 수 있으며, exception이 발생하면 다시 Privileged handler로 천이되고 Exception handler가 종료되면 원래의 상태로 돌아간다. User thread에서 Privileged thread로 직접 천이될 수 없으며 exception handler를 거쳐야 한다.

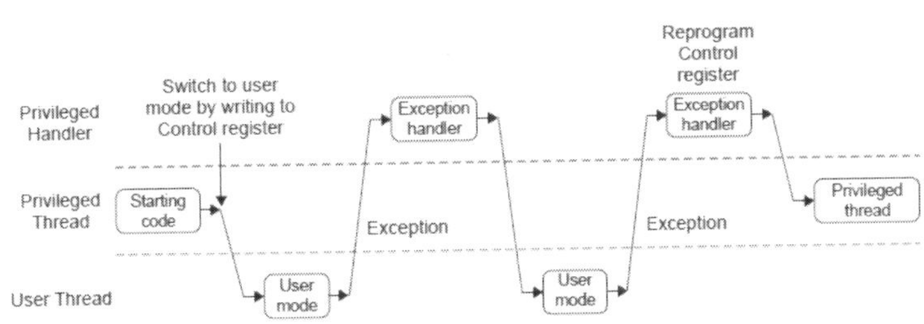

그림 2.6 동작 모드 천이 방법

Privileged level과 user level을 분리함으로써 잘못된 system configuration register의 접근을 방지할 수 있어 시스템의 신뢰도를 높일 수 있다. Privilege mode와 MPU를 이용하면 운영체계가 사용하는 프로그램과 데이터와 같은 critical memory를 보호할 수 있다. OS kernel은 privilege level에서 동작하여 모든 메모리에 접근할 수 있고, OS가 구동시킨 user application은 user level에서 동작시켜 메모리 접근에 제한을 두어 시스템을 보호할 수 있다. 한 예로 User 프로그램의 오동작으로 시스템이 망가지는 것을 방지하기 위하여 thread mode에서 동작하는 user 프로그램은 PSP를 사용하고, exception handler는 MSP를 사용하면 stack memory를 보호할 수 있다. 이때 Stack pointer는 exception handler의 진입과 진출 과정에서 자동으로 변환된다.

Mode와 privilege level은 Control register으로 결정된다. Control register bit-0가 0일 때 exception이 발생하면 mode 변환이 일어난다.

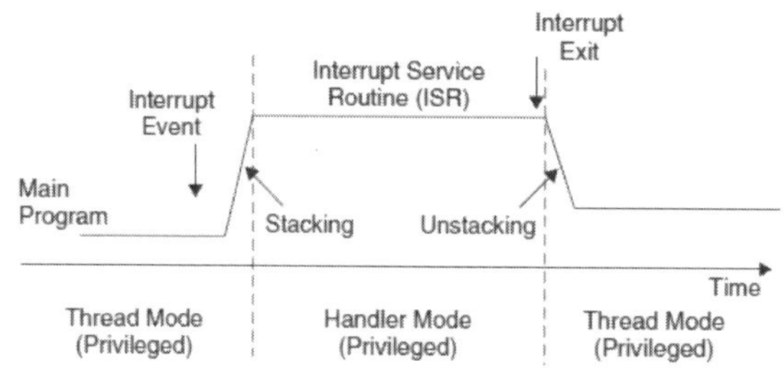

그림 2.7 Interrupt에서 프로세서 모드 변환

Control register bit-0가 1일 때 (user level에서 thread mode로 동작) exception이 발생하면 privilege level과 processor mode 변환이 동시에 일어난다.

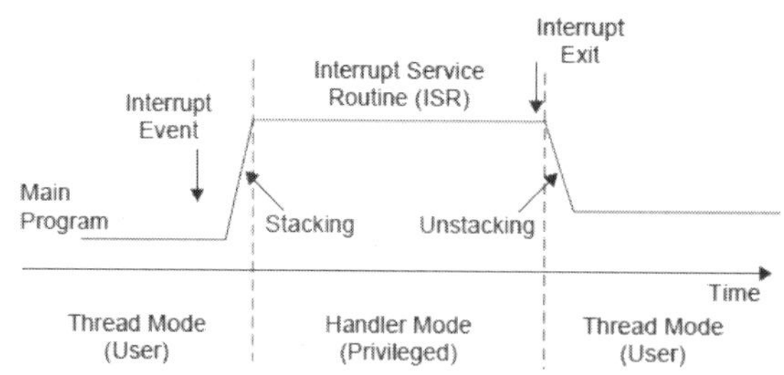

그림 2.8 Interrupt에서 프로세서 모드와 privilege level 변환

Control register bit-0는 privileged level에서만 변경이 가능하다. 따라서 user level에서 privilege level로 변환하기 위해서는 interrupt(SVC, System Service Call)를 발생시키고 exception handler 내부에서 CONTROL[0]를 변경해야 한다.

2.4 Nested Vectored Interrupt Controller(NVIC)

NVIC는 Cortex-M3에 내장된 인터럽트 제어기로 다음의 기능을 제공한다.

- Nested interrupt 지원 : 현재 처리중인 interrupt 보다 높은 priority의 interrupt가 발생하면 이를 처리하는 기능으로 긴급한 작업을 더 빨리 처리할 수 있다.
- Vectored interrupt 지원: Interrupt가 승인되면 ISR(Interrupt Service Routine)의 시작주소를 메모리에 저장된 vector table에서 얻는다. 소프트웨어로 ISR 시작 주소로 결정하고 획득할 필요가 없어 처리가 빨라진다.
- 동적 priority 변경 지원: 프로그램 실행 도중에도 소프트웨어로 interrupt priority를 변경할 수 있어 효율적으로 interrupt을 관리할 수 있다. 이때 현재 처리중인 interrupt의 ISR이 마무리될 때까지 다른 interrupt를 막아준다. 이 기능으로 priority가 변경된 interrupt의 재진입에 의한 문제가 방지된다.
- Interrupt 처리 지연의 감소: 일부 register의 내용을 자동으로 저장하고 복구하고, ISR에서 다른 ISR로의 변환 지연을 줄이고, 나중에 도착한 높은 priority interrupt의 효율적인 처리 기능 등에 의하여 interrupt 처리 지연을 감소시킨다.
- Interrupt Masking: Priority level과 Interrupt masking register (BASEPRI, PRIMASK, FAULTMASK)에 의하여 Interrupt와 system exception의 처리 유무와 순서가 결정된다. 이 기능으로 실시간이 요구되는 (time-critical) task가 다른 interrupt에 영향을 받지 않고 수행될 수 있도록 할 수 있다.

2.5 Memory Map

Cortex-M3는 지정된 memory map을 사용한다. 이는 interrupt 제어기나 debug 장치 등 내장된 장치를 쉽게 접근할 수 있도록 해주며 C 프로그램으로 대부분의 장치에 접근할 수 있다. 지정된 memory map은 고속화할 수 있으며 SOC(System on Chip)에 내장이 용이하다.

4GB의 메모리 공간은 다음 그림과 같이 구분된다.

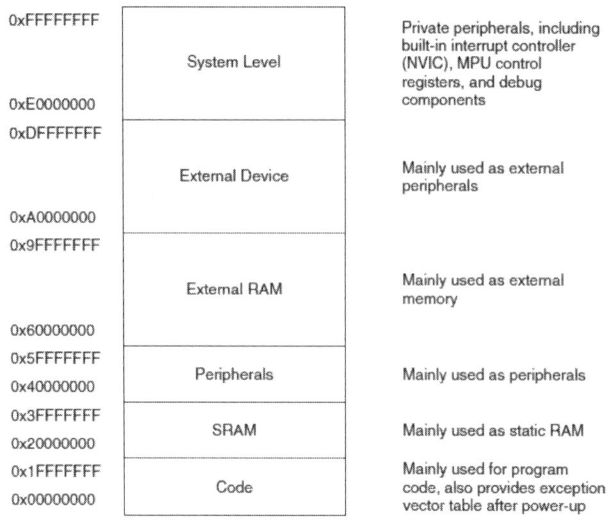

그림 2.6 Cortex-M3 memory map

Cortex-M3는 위의 메모리 구조에 최적화된 내부 버스로 설계되며, 데이터 memory가 Code 영역에 위치하거나 프로그램 코드가 external RAM 영역에서 실행되는 등 정의된 구역이 다르게 사용될 수도 있다.

System level 영역에는 고정된 주소에 interrupt 제어기와 debug 장치를 배치하여 다른 회사에서 만든 Cortex-M3간에 이식성을 향상시킬 수 있다.

2.6 Bus Interface

Cortex-M3는 3가지 bus interface가 있으며 이를 이용하여 명령어 fetch와 데이터 접근을 동시에 실행할 수 있다.

- Code memory bus: Memory map에서 code 영역 접근에 사용되며, I-code와 D-code 2개 버스로 구성된다. 각각은 명령어 fetch와 데이터 접근에 최적화되어 있다.
- System bus: Memory와 주변장치 영역 접근에 사용된다. SRAM, 주변장치, 외부 RAM, 외부 장치와 System level 영역의 일부에 접근할 수 있다.
- Private peripheral bus: debug 장치 등 system level 영역에서 private peripheral에 접근하는데 사용된다.

2.7 Memory Protection Unit(MPU)

MPU는 선택 장치이며 동작 모드에서 privileged level과 user level의 접근을 감시한다. 만약 잘못된 접근이 발생하면 fault exception이 발생하고 fault exception handler에서 원인을 파악하고 처리한다.

MPU는 여러 형태로 사용할 수 있으며, MPU는 OS에 의하여 설정되고 OS kernel에서 사용하는 코드와 데이터에 대하여 사용자 프로그램에서 접근을 금지하는 데 이용하는 것이 일반적이다. 또 다른 응용으로는 메모리의 일부를 읽기 전용(read-only)으로 두어 중요한 데이터가 지워지는 것을 방지할 수 있고, multitasking system에서 task간에 메모리를 분리하는 데도 사용할 수 있다. 결과적으로 MPU의 사용으로 구현된 embedded system의 안정성과 신뢰성을 향상시킬 수 있다.

2.8 명령어 집합(Instruction Set)

Cortex-M3는 Thumb-2 명령어를 지원하며 이는 가장 큰 특징 중 하나이다. 대부분의 응용 프로그램은 32bit ARM 명령어와 16bit Thumb 명령어가 혼합되어 작성된다. 그러나 이 경우 두 명령어 사이의 전환에 따른 수행시간과 명령어 저장 공간의 손실이 발생하며, ARM 명령과 Thumb 명령은 별도로 컴파일 해야 하는 문제가 있다.

Cortex-M3는 ARM code를 지원하지 않으며 ARM과 Thumb 구분 없이 Thumb-2 상태에서만 수행되므로 전환에 따른 손실을 줄일 수 있다. Cortex-M3는 기존의 ARM 프로세서에 비해 다음의 장점을 갖는다.

- 상태 전환의 부담감소로 실행시간과 명령어 저장 공간 절약
- ARM code와 Thumb code의 source file을 별도로 관리할 필요 없어 소프트웨어 개발과 관리에 효율적
- ARM과 Thumb 코드 사이의 전환을 고민하지 않고 쉽게 프로그램을 작성할 수 있어 최고의 효율과 성능을 얻을 수 있다.

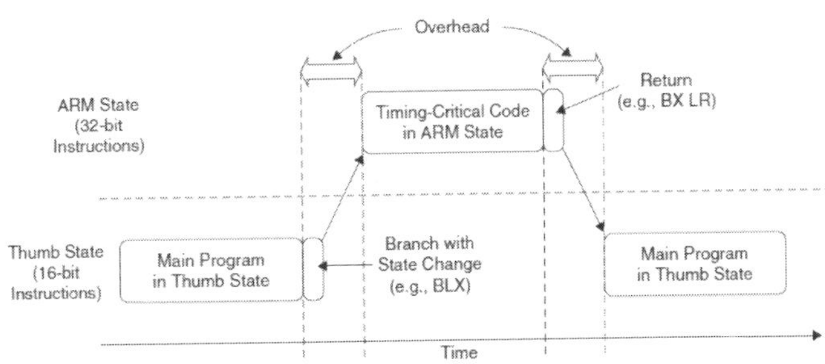

그림 2.7 기존 ARM 프로세서에서 ARM code와 Thumb code 사이의 전환

Cortex-M3에는 다음의 유용하고 강력한 명령어가 추가되었다.

- UFBX, BFI, BFC: Bit field extract, insert, and clear 명령어
- UDIV, SDIV: Unsigned and signed divide 명령어
- SEV, WFE, WFI: Send event, Wait for event, Wait for interrupt 명령어(multiprocessor 시스템에서 task 동기와 sleep mode 진입에 사용)
- MSR, MRS: Special register의 접근을 위한 명령어

Cortex-M3가 Thumb-2 명령어만 지원하므로 기존의 C 프로그램은 새로운 컴파일러에서 다시 컴파일 하면 되지만 일부 assembly 프로그램은 변경이 필요하다.

모든 Thumb-2 명령어가 Cortex-M3에 구현되지 않았음에 유의해야한다. 예를 들면 coprocessor와 SIMD는 구현되지 않았으며, BLX, CPS, SETEND도 구현되지 않았다.

2.9 Interrupt 과 Exception

Cortex-M3에는 기존의 ARM exception 모델에 비하여 효과적으로 exception을 처리할 수 있는 새로운 exception 모델을 사용한다.

표 2.7 Cortex-M3 exception 종류

Exception Number	Exception Type	Priority (Default to 0 if Programmable)	Description
0	NA	NA	No exception running
1	Reset	-3(Highest)	Reset
2	NMI	-2	Nonmaskable interrupt (external NMI input)
3	Hard fault	-1	All fault conditions, if the corresponding fault handler is not enabled
4	MemManage fault	Programmable	Memory management fault; MPU violation or access to illegal locations
5	Bus fault	Programmable	Bus error (Prefetch Abort or Data Abort)
6	Usage fault	Programmable	Exceptions due to program error
7-10	Reserved	NA	Reserved
11	SVCall	Programmable	System service call
12	Debug monitor	Programmable	Debug monitor (break points, watchpoints, or external debug request)
13	Reserved	NA	Reserved
14	PendSV	Programmable	Pendable request for system device
15	SYSTICK	Programmable	System tick timer
16	IRQ #0	Programmable	External interrupt #0
17	IRQ #1	Programmable	External interrupt #1
...	...	...	...
255	IRQ #239	Programmable	External interrupt #239

새로운 exception 모델은 다수의 exception과 외부 IRQ(interrupt request)를 포함하며 ARM7/9/10/1에서 사용하던 FIQ(Fast interrupt)은 사용하지 않는다. 그러나 Interrupt priority와 nested interrupt 처리는 interrupt 구조에 포함되었다. 따라서 nested interrupt를 기존의 FIQ 대신 사용할 수 있다.

NVIC에 interrupt 기능을 구현하였으며, 외부 interrupt 뿐 아니라 fault handling 같은 내부 exception도 지원한다. 표에 Cortex-M3에서 지원하는 exception을 나타내었다. External interrupt의 수는 칩 제작회사에 따라 달라지며 최대 240개의 외부 interrupt가 지원된다. NMI(Non Maskable Interrupt) 신호가 구동되면 Mask register의 내용에 상관없이 무조건 NMI service routine이 수행된다.

Exception이 발생하고 Cortex-M3 core에서 인식하면 해당하는 exception handler가 실행된다. 해당 exception handler의 시작 주소는 vector table로 결정된다. Vector table은 각 exception type의 시작주소를 모아둔 table이다. Vector table의 위치는 NVIC 내의 relocation register의 설정에 따라 바뀔 수 있다. Reset 이후에 relocation register가 0으로 설정되어 vector table이 0x0번지에 위치하게 된다.

표 2.8 Cortex-M3 Vector Table

Exception Type	Address Offset	Exception Vector
18-255	0×48-0×3FF	IRQ #2-239
17	0×44	IRQ #1
16	0×40	IRQ #0
15	0×3C	SYSTICK
14	0×38	PendSV
13	0×34	Reserved
12	0×30	Debug Monitor
11	0×2C	SVC
7-10	0×1C-0×28	Reserved
6	0×18	Usage fault
5	0×14	Bus fault
4	0×10	MemManage fault
3	0×0C	Hard fault
2	0×08	NMI
1	0×04	Reset
0	0×00	Starting value of the MSP

예를 들어 Exception type 1인 Reset vector의 주소는 1x4=0x00000004이고, Type 2인 NMI는 2x4=0x00000008이 된다. 0x00000000은 MSP의 시작 값으로 사용된다. 자세한 Reset 과정은 다

음 절에서 설명한다. Cortex-M3는 Thumb 명령어만 지원하므로 각 exception vector의 LSB는 1로 설정된다.

2.10 Stack Memory Operation

2.10.1 Stack의 기본 동작

Stack 동작은 stack pointer(SP)에 지정된 주소를 이용하여 메모리에 읽고 쓰는 과정이다. PUSH 명령에 의하여 register의 내용이 stack memory에 저장되고 POP에 의하여 stack memory의 내용이 register로 읽혀진다. 이 과정에서 SP는 자동으로 설정되어 stack memory를 관리한다. 다음은 subroutine에서 PUSH, POP의 활용의 한 예이다.

```
Main Program
...
; R0 = X, R1 = Y, R2 = Z
BL       function1
                  Subroutine
                  function1
                            PUSH {R0} ; store R0 to stack & adjust SP
                            PUSH {R1} ; store R1 to stack & adjust SP
                            PUSH {R2} ; store R1 to stack & adjust SP
                            ... ; Executing task(R0-2 could be changed)
                            POP {R2} ; restore R1 and SP re-adjusted
                            POP {R1} ; restore R1 and SP re-adjusted
                            POP {R0} ; restore R0 and SP re-adjusted
                            BX LR ; Return
; Back to main program
; R0 = X, R1 = Y, R2 = Z
... ; next instructions
```

2.10.2 Cortex-M3 Stack Implementation

Cortex-M3는 주소가 감소하는 방향으로 stack memory를 관리한다. SP는 stack memory에 저장된 마지막 데이터를 가리키며, PUSH 동작을 하기 전에 먼저 SP를 감소하고 데이터를 저장한다. 다음 그림에 PUSH {R0}의 동작을 나타내었다. 현재 SP의 값이 감소한 후 R0 register의 값을 stack memory에 저장하는 것을 확인할 수 있다.

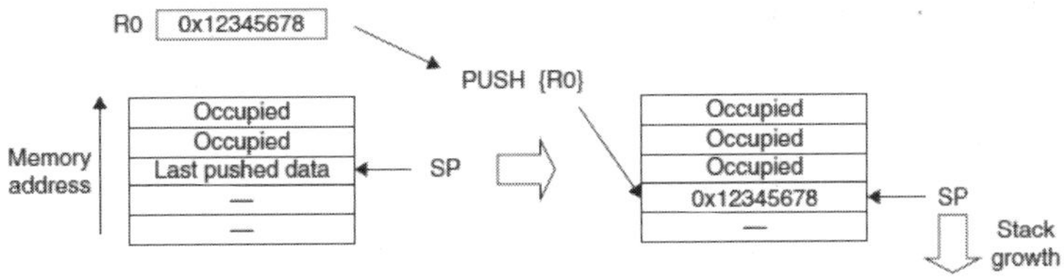

그림 2.8 Cortex-M3에서 PUSH 동작

POP 동작은 먼저 SP가 가리키는 stack memory에서 데이터를 읽고 난후 SP를 증가시킨다. 읽어낸 stack memory의 내용은 변화 없이 남아 있으며, 다음 PUSH에서 바뀐다. 다음 그림에서 POP 동작을 확인할 수 있다.

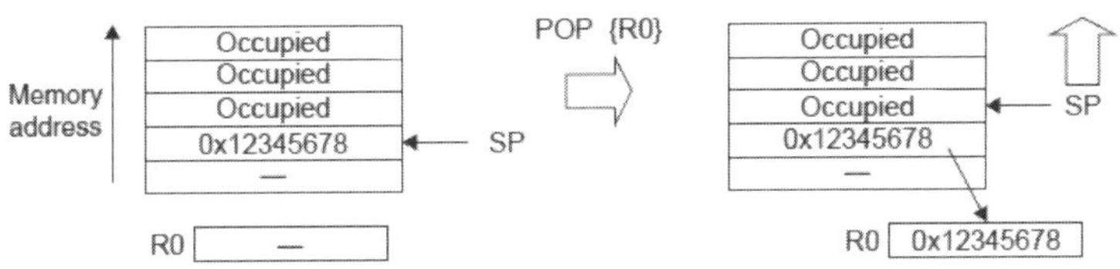

그림 2.9 Cortex-M3에서 POP 동작

PUSH/POP에 의하여 4 byte의 데이터가 움직이므로 SP는 한번에 4씩 감소/증가한다. 여러 개의 register가 동시에 PUSH/POP 되는 경우에는 SP는 4의 배수로 감소/증가한다.

Cortex-M3에서 R13이 SP로 사용되며, interrupt가 발생하면 register들이 stack memory에 저장되고, interrupt를 빠져나갈 때 stack memory에서부터 register로 복구된다. 이때 R13이 SP로 동작하고 증가/감소는 자동으로 이루어진다.

2.10.3 Cortex-M3 2-Stack Model

Cortex-M3 R13 SP는 MSP(Main Stack Pointer)와 PSP(Process Stack Pointer)의 두 가지로 동작한다. (전원 인가 후 default mode인) CONTROL[1]이 0인 경우 thread mode나 handler mode에서 모두 MSP로 동작한다. 즉 main program과 interrupt handler가 같은 stack memory를 사용한다.

반면 CONTROL[1]이 1인 경우 thread mode에서 PSP로 사용되어 main program과 interrupt handler가 서로 다른 stack memory를 사용한다. 따라서 thread mode에서 수행되는 user 프로그램이 handler mode에서 수행되는 OS kernel의 stack을 변경하는 일이 없어 안전성을 향상시킬

수 있다. 이 경우 Cortext-M3 하드웨어에 의하여 자동으로 수행되는 stack memory 접근은 PSP를 이용하고, handler 속의 stack 동작은 MSP를 참고함에 유의해야한다.

Privileged level에서는 MRS와 MSR 명령어를 이용하여 PSP나 MSP에 접근할 수 있다.

```
MRS R0, MSP                ; Read Main Stack Pointer to R0
MSR MSP, R0                ; Write R0 to Main Stack Pointer
MRS R0, PSP                ; Read Process Stack Pointer to R0
MSR PSP, R0                ; Write R0 to Process Stack Pointer
```

OS에서 PSP를 읽어내면 이 값을 이용하여 user 프로그램에서 저장해둔 데이터를 읽을 수 있다. 이 과정은 응용 프로그램에서 SVC (System Service Call)을 요구할 때 필요한 변수를 OS에 넘겨주는 방법으로 사용될 수 있다. 또, multitasking system에서는 OS가 PSP 값을 변경하여 context switching을 구현할 수 있다.

2.11 Reset Sequence

Reset 신호의 인가 후, Cortex-M3는 메모리에서 다음 2 워드를 읽는다.

- 주소 0x00000000: R13 (stack pointer)의 초기 값
- 주소 0x00000004: Reset vector (수행될 프로그램의 시작 주소, Thumb 상태에서는 LSB는 1로 고정)

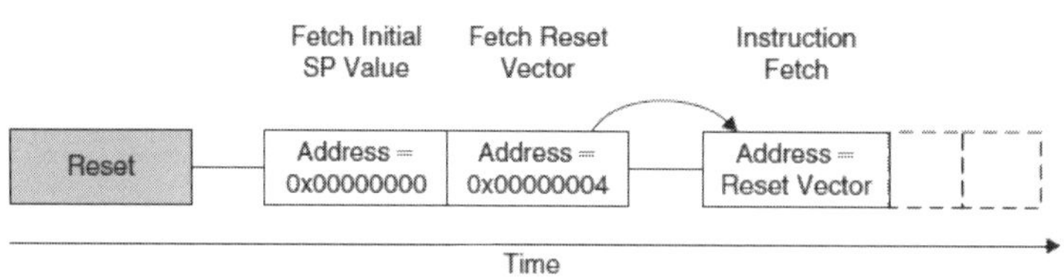

그림 2.10 Cortex-M3 Reset 순서

이 과정은 0x0000000번지에서 프로그램을 수행하던 기존의 ARM 프로세서와는 다르다. 또한 기존의 ARM 프로세서의 vector table에는 명령어가 위치했지만(exception handler를 수행시키기 위해서 vector table에 exception handler로 branch 명령이 필요했음), Cortex-M3에는 vector table에 주소만 있으면 되는 점이 다르다.

메모리의 내용이 다음 그림과 같은 경우 Reset 동작은 다음과 같다. 먼저 주소 0x0에서

0x20008000을 읽어 MSP로 설정한다. PUSH 동작에 의해서 MSP가 0x20007FFC로 감소하고 여기에 4 byte 데이터를 저장하므로 stack memory의 최대 값은 0x20007FFF가 된다. 따라서 1KByte의 stack memory를 사용한다면 0x20007C00에서 0x20007FFF 사이가 stack memory가 된다.

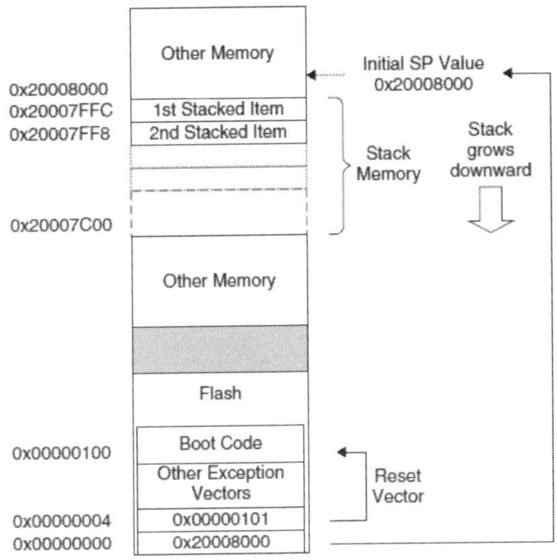

그림 2.11 초기 SP와 PC값의 예

MSP 다음으로 vector table이 시작되며, 처음 vector가 reset vector이다. Cortex-M3에서는 Thumb 코드임을 나타내기 위해서 LSB를 1로 두어야 하므로 0x00000004번지의 내용(reset vector)이 실재 프로그램의 시작은 0x100번지임에도 불구하고 0x101번지로 저장되어 있다. 이후 0x100에 위치하는 boot 코드를 수행하기 시작한다.

여러 software 개발 장비에서 초기 stack pointer와 reset vector를 설정하는 방법을 다르게 사용하므로, 개발 장비에서 제공하는 project에서 확인이 필요하다.

2.12 Debugging 지원

Cortex-M3에서 지원되는 debugging 기능은 program execution control, halting, stepping, instruction breakpoint, data watchpoint, register와 memory 접근, profiling, tracing이 있다.

Cortex-M3는 CoreSight 구조를 기반으로 구현되었으며 기존의 ARM 프로세서와 달리 JTAG interface를 내장하고 있지 않다. 대신 debug interface module이 core와 분리되고, DAP(Debug Access Port)라고 불리는 별도의 bus interface를 제공한다. 이를 통하여 외부 debugger는 프로세

서가 수행되는 도중에도 control register 뿐 아니라 시스템 메모리까지 접근할 수 있다.

위의 bus interface는 DP(Debug Port)를 이용하여 제어된다. 현재 구할 수 있는 DP는 SWJ-DP, SW_DP 등이 있으며 ARM CoreSight에서 제공하는 JTAG-DP도 포함된다. 칩 제조회사에서 debug interface를 지원하기 위하여 이들 중 하나를 선택하여 추가할 수 있다.

2.13 Cortex-M3 특성 요약

이상에서 소개한 Cortex-M3의 장점을 요약하면 다음과 같다.

· 고 성능

- 곱하기를 포함한 많은 명령어가 단일 사이클에 수행. 다른 microcontroller에 비하여 월등한 성능 제공
- 데이터와 명령어 버스의 분리로 데이터와 명령어 동시 접근 가능
- Thumb-2 명령어 체계로 명령어 수행 시간과 저장 공간 축소. 또한 ARM code과 Thumb code를 별도로 관리하지 않아 소프트웨어 개발이 용이함. 따라서 시장 진입과 코드 관리에 장점을 가짐
- Thumb-2 명령어로 프로그램에 유연성 증가. 많은 데이터를 짧은 코드로 처리할 수 있어 code density를 높이고 메모리 접근을 줄일 수 있음
- 32bit 명령어 사용으로 한 사이클에 최대 2개의 명령어를 읽어 들일 수 있음. 결과적으로 데이터 전송을 위한 버스 전송률 향상
- Cortex-M3 구조는 높은 clock 사용이 (제조사에 따라 100MHz 이상) 가능해짐. 같은 clock에 대해서도 다른 microcontroller에 비하여 높은 CPI(Clock per Instruction) 제공

· 뛰어난 interrupt-Handling 기능

- 내장 NVIC는 240개까지 외부 interrupt를 지원하며, vetored interrupt 기능은 지연시간을 줄여줌. Nested interrupt를 처리하기 위한 별도 소프트웨어 불필요
- Interrupt 진입할 때 R0-R3, R12, LR, PSR을 자동으로 stack에 저장하고, interrupt을 빠져나갈 때 자동으로 복구함. 이로 인하여 IRQ 처리 지연을 감소시키고, C 언어로도 Interrupt handler 프로그램을 작성 가능
- 각 interrupt에 대하여 NVIC에서 priority를 설정할 수 있으므로 유연한 interrupt 처리 가능. 최소 8단계의 priority가 지원되며 동적으로 변경 가능
- 나중에 도착한 높은 priority interrupt의 우선 처리와 tail-chain interrupt 진입 기능의 추가로

interrupt 처리 지연 감소
- 여러 사이클이 필요한 LDM(Load Multiple), STM(Store Multiple), PUSH, POP 명령에 대해서도 interrupt 지원
- System이 lock 되어 있는 경우에도 NMI 요구에 대한 빠른 처리 보장

· 저 전력
- 적은 수의 gate 사용으로 저전력 설계에 적합
- Power saving (SLEEPING, SLEEPDEEP) 기능 지원, WFI나 WFE 명령어로 sleep 모드로 진입 분리된 clock 사용으로 sleep 모드에서 필수 기능만 동작하고 나머지 대부분 프로세서 동작 중지
- Static, synchronous, synthesizable 디자인으로 기존 저전력 혹은 표준 반도체 공정에서 쉽게 제작 가능

· 시스템 특징(System feature)
- Bit-band operation, byte-invariant big endian mode, unaligned data access 지원
- 다양한 exception 종류와 fault status register를 이용한 진보된 fault-handling 기법으로 문제점 파악 및 분리가 용이해짐
- 별도의 Stack pointer 사용으로 Kernel과 User가 별도의 stack memory 사용. 추가의 MPU (Memory Protection Unit) 사용으로 시스템의 안정성과 신뢰성이 향상됨

· Debug 지원
- JTAG이나 Serial Wire debug interface 지원
- CoreSight debugging 기법의 적용으로 Core가 수행되고 있는 도중에도 프로세서 상태나 메모리 내용을 파악 가능
- 6개의 breakpoint와 4개의 watchpoint 기능 내장
- DWT(Data Watchpoint and Trace)를 이용한 명령어 trace와 데이터 trace를 위하여 ITM (Instrumentation Trace Microcell)과 ETM (Embedded Trace Microcell) 선택 가능
- Fault status register, fault exception, Flash patch 기능의 추가로 debugging 용이성 향상
- DWT 속의 Program Counter sampler와 counter를 이용한 code-profiling 정보 획득

3. 명령어 집합(Instruction Set)

이 장에서는 Cortex-M3의 명령어 집합과 사용 방법을 살펴본다. 명령어의 자세한 내용은 ARM v7-M Architecture Application Level Reference Manual을 참고하라.

3.1 어셈블리(Assembly)의 기본

Cortex-M3의 명령어의 이해를 쉽게 하기 위하여 ARM assembly의 기본을 소개한다. 여기서 소개하는 assembly 형식은 ARM assembler에 기초하였지만 소프트웨어 환경에 따라 변경이 필요할 수도 있다.

3.1.1 어셈블리 어(Assembly Language): 기본 문법(syntax)

대표적인 명령어 형식은 다음과 같다.

```
label
        opcode operand1, operand2,... ; Comments
```

Label은 명령어의 주소를 나타내기 위하여 사용되며 필요한 경우에만 사용된다. opcode는 명령어를 나타내며 다음에 몇 개의 operand가 따르며, 그 숫자는 opcode에 따라 다르다. 보통 처음 operand는 목적지(destination) 주소를 나타낸다. 세미콜론(;)은 주석을 나타내며 프로그램 수행에는 영향을 주지 않고 가독성에 도움을 준다.

Immediate 데이터는 레지스터에 저장된 값이 아닌 직접 그 값을 입력하는데 사용되며 다음과 같이 #number로 데이터를 지정한다,

```
MOV R0, #0x12 ; Set R0 = 0x12 (hexadecimal)
MOV R1, #'A'  ; Set R1 = ASCII character A
```

EQU를 사용하여 상수 값을 지정할 수 있으며 프로그램 내부에서 참조할 수 있다.

```
NVIC_IRQ_SETEN0    EQU 0xE000E100
NVIC_IRQ0_ENABLE   EQU 0x1
```

```
        ...
        LDR R0,=NVIC_IRQ_SETEN0 ;LDR here is a pseudo instruction that            ;convert to a PC
relative load by assembler.
        MOV R1,#NVIC_IRQ0_ENABLE ;Move immediate data to register
        STR R1,[R0];Enable IRQ 0 by writing R1 to address in R0
```

DCI는 어셈블러가 생성하지 못하는 코드(binary는 알고 있는)를 직접 입력하는 경우에 사용된다.

```
        DCI 0xBE00 ; Breakpoint (BKPT 0), a 16-bit instruction
```

DCB(문자를 정의하는 주로 사용되는 바이트 크기의 상수)와 DCD(word 크기의 상수)는 상수를 정의하는데 사용된다. 여기서 LDR은 ARM어셈블러가 제공하는 의사(pseudo) 명령어이다.

```
        LDR R3,=MY_NUMBER ; Get the memory address value of MY_NUMBER
        LDR R4,[R3] ; Get the value code 0x12345678 in R4
        ...
        LDR R0,=HELLO_TXT ; Get the starting memory address of HELLO_TXT
        BL PrintText ; Call a function called PrintText to display string
        ...
MY_NUMBER
        DCD 0x12345678
HELLO_TXT
        DCB ""Hello\n"",0 ; null terminated string
```

3.1.2 어셈블리 어: 첨자(Suffix) 사용

ARM 어셈블러에서는 첨자가 사용되기도 한다. Cortex-M3에서 조건실행(conditional execution) 첨자는 주로 분기명령에서 사용되지만 IF-THEN 명령어 block에 있다면 다른 명령어도 조건실행 첨자를 사용할 수 있다. S-첨자와 조건실행-첨자는 동시에 사용될 수 있다. 15개의 조건을 선택할 수 있으며 자세한 내용은 다음 장에서 설명한다.

표 3.1 명령어 첨자

Suffix	Description
S	Update APSR (flags); for example: ADDS R0, R1 ; this will update APSR
EQ, NE, LT, GT, and so on	Conditional execution; EQ = Equal, NE = Not Equal, LT = Less Than, GT = Greater Than, etc. For example: BEQ 〈Label〉 ; Branch if equal

3.1.3 어셈블리 어: UAL(Unified Assembler Language)

UAL(Unified Assembler Language)는 16비트 Thumb 명령어와 32비트 ARM 명령어를 같은 명령어로 효과적으로 동시에 사용할 수 있게 해준다.

```
ADD R0, R1 ; R0 = R0 + R1, using Traditional Thumb syntax
ADD R0, R0, R1 ; Equivalent instruction using UAL syntax
```

기존의 Thumb 문법도 사용될 수 있으며, 한가지 주의해야할 점은 Thumb 명령어는 S-첨자가 사용되지 않아도 APSR의 flag이 변경될 수 있다는 것이다. 반면 UAL 문법을 사용하면 flag은 S-첨자에 따라 설정된다.

```
AND R0, R1   ; Traditional Thumb syntax
ANDS R0, R0, R1 ; Equivalent UAL syntax (S suffix is added)
```

Thumb-2 명령어의 지원으로 일부 명령어는 Thumb이나 Thumb-2 명령어로 처리될 수 있다. 예를 들어 R0 = R0+1은 16비트 Thumb 명령어나 32비트 Thumb-2 명령어로 구현될 수 있다. UAL을 사용하면 첨자를 사용하여 Thumb과 Thumb-2를 선택할 수 있다.

```
ADDS R0, #1 ;Use 16-bit Thumb inst. by default for smaller size
ADDS.N R0, #1 ;Use 16-bit Thumb instruction (N=Narrow)
ADDS.W R0, #1 ;Use 32-bit Thumb-2 instruction (W=wide)
```

W(wide)-첨자는 32비트 명령어를, N(narrow)-첨자는 16비트 명령어를 나타낸다. 첨자를 지정하지 않으면 작은 크기의 코드를 위하여 16비트 Thumb 명령어를 기본 값으로 사용한다. 그러나 어셈블러에 따라 동작에 차이가 있음에 유의하여야 한다.

32비트 Thumb-2 명령어는 half-word에 맞추어(align) 사용될 수 있으며, 다음에 word 크기의 명령어가 half-word 주소에 배치된 예를 나타내었다.

```
0x1000 : LDR r0,[r1] ;a 16-bit instructions (occupy 0x1000-0x1001)
0x1002 : RBIT.W r0 ;a 32-bit Thumb-2 instruction (occupy 0x1002-0x1005)
```

대부분의 16비트 명령어는 R0-R7만 사용할 수 있지만, 32비트 명령어는 제약이 없다. 그러나 PC(R15)의 접근에 일부 명령어는 제약을 받는다. 자세한 내용은 ARM v7-M Application Level Reference Manual을 참고하라.

3.2 명령어 종류

3.2.1 Cortex-M3에서 지원되는 명령어

16비트 적출/저장(load/store) 연산 vs. 32비트 적출/저장(load/store) 연산

Instruction	Function
LDR	Load word from memory to register
LDRH	Load half word from memory to register
LDRB	Load byte from memory to register
LDRSH	Load half word from memory, sign extend it, and put it in register
LDRSB	Load byte from memory, sign extend it, and put it in register
STR	Store word from register to memory
STRH	Store half word from register to memory
STRB	Store byte from register to memory
LDMIA	Load multiple increment after
STMIA	Store multiple increment after
PUSH	Push multiple registers
POP	Pop multiple registers

Instruction	Function
LDR	Load word data from memory to register
LDRB	Load byte data from memory to register
LDRH	Load half word data from memory to register
LDRSB	Load byte data from memory, sign extend it, and put it to register
LDRSH	Load half word data from memory, sign extend it, and put it to register
LDM	Load multiple data from memory to registers
LDRD	Load double word data from memory to registers
STR	Store word to memory
STRB	Store byte data to memory
STRH	Store half word data to memory
STM	Store multiple words from registers to memory
STRD	Store double word data from registers to memory
PUSH	Push multiple registers
POP	Pop multiple registers

16비트 분기(branch) 연산 vs. 32비트 분기(branch) 연산

Instruction	Function
B	Branch
B<cond>	Conditional branch
BL	Branch with link; call a subroutine and store the return address in LR
BLX	Branch with link and change state (BLX <reg> only)[1]
CBZ	Compare and branch if zero (architecture v7)
CBNZ	Compare and branch if nonzero (architecture v7)
IT	IF-THEN (architecture v7)

Instruction	Function
B	Branch
BL	Branch and link
TBB	Table branch byte; forward branch using a table of single byte offset
TBH	Table branch half word; forward branch using a table of half word offset

16비트 데이터 처리(data processing) 연산 vs. 32비트 데이터 처리(data processing) 연산

Instruction	Function
ADC	Add with carry
ADD	Add
AND	Logical AND
ASR	Arithmetic shift right
BIC	Bit clear (Logical AND one value with the logic inversion of another value)
CMN	Compare negative (compare one data with two's complement of another data and update flags)
CMP	Compare (compare two data and update flags)
CPY	Copy (available from architecture v6; move a value from one high or low register to another high or low register)
EOR	Exclusive OR
LSL	Logical shift left
LSR	Logical shift right
MOV	Move (can be used for register-to-register transfers or loading immediate data)
MUL	Multiply
MVN	Move NOT (obtain logical inverted value)
NEG	Negate (obtain two's complement value)
ORR	Logical OR
ROR	Rotate right
SBC	Subtract with carry
SUB	Subtract
TST	Test (use as logical AND; Z flag is updated but AND result is not stored)
REV	Reverse the byte order in a 32-bit register (available from architecture v6)
REVH	Reverse the byte order in each 16-bit half word of a 32-bit register (available from architecture v6)
REVSH	Reverse the byte order in the lower 16-bit half word of a 32-bit register and sign extends the result to 32 bits. (available from architecture v6)
SXTB	Signed extend byte (available from architecture v6)
SXTH	Signed extend half word (available from architecture v6)
UXTB	Unsigned extend byte (available from architecture v6)
UXTH	Unsigned extend half word (available from architecture v6)

Instruction	Function
ADC	Add with carry
ADD	Add
ADDW	Add wide (#immed_12)
AND	Logical AND
ASR	Arithmetic shift right
BIC	Bit clear (logical AND one value with the logic inversion of another value)
BFC	Bit field clear
BFI	Bit field insert
CMN	Compare negative (compare one data with two's complement of another data and update flags)
CMP	Compare (compare two data and update flags)
CLZ	Count lead zero
EOR	Exclusive OR
LSL	Logical shift left
LSR	Logical shift right
MLA	Multiply accumulate
MLS	Multiply and subtract
MOV	Move
MOVW	Move wide (write a 16-bit immediate value to register)
MOVT	Move top (write an immediate value to the top half word of destination reg)
MVN	Move negative
MUL	Multiply
ORR	Logical OR
ORN	Logical OR NOT
RBIT	Reverse bit
REV	Byte reserve word
REVH/REV16	Byte reverse packed half word
REVSH	Byte reverse signed half word
ROR	Rotate right register
RSB	Reverse subtract
RRX	Rotate right extended
SBFX	Signed bit field extract
SDIV	Signed divide
SMLAL	Signed multiply accumulate long
SMULL	Signed multiply long
SSAT	Signed saturate
SBC	Subtract with carry
SUB	Subtract
SUBW	Subtract wide (#immed_12)
SXTB	Sign extend byte
TEQ	Test equivalent (use as logical exclusive OR; flags are updated but result is not stored)
TST	Test (use as logical AND; Z flag is updated but AND result is not stored)
UBFX	Unsigned bit field extract
UDIV	Unsigned divide
UMLAL	Unsigned multiply accumulate long
UMULL	Unsigned multiply long
USAT	Unsigned saturate
UXTB	Unsigned extend byte
UXTH	Unsigned extend half word

기타 16비트 연산 vs. 기타 32비트 연산

Instruction	Function
SVC	System service call
BKPT	Breakpoint; if debug is enabled, will enter debug mode (halted), or if debug monitor exception is enabled, will invoke the debug exception; otherwise it will invoke a fault exception
NOP	No operation
CPSIE	Enable PRIMASK (CPSIE i)/FAULTMASK (CPSIE f) register (set the register to 0)
CPSID	Disable PRIMASK (CPSID i)/ FAULTMASK (CPSID f) register (set the register to 1)

Instruction	Function
LDREX	Exclusive load word
LDREXH	Exclusive load half word
LDREXB	Exclusive load byte
STREX	Exclusive store word
STREXH	Exclusive store half word
STREXB	Exclusive store byte
CLREX	Clear the local exclusive access record of local processor
MRS	Move special register to general-purpose register
MSR	Move to special register from general-purpose register
NOP	No operation
SEV	Send event
WFE	Sleep and wake for event
WFI	Sleep and wake for interrupt
ISB	Instruction synchronization barrier
DSB	Data synchronization barrier
DMB	Data memory barrier

3.2.2 Cortex-M3에서 지원되지 않는 명령어

지원되지 않는 Thumb 명령어

Unsupported Instruction	Function
BLX label	This is branch with link and exchange state. In a format with immediate data, BLX always changes to ARM state. Since the Cortex-M3 does not support the ARM state, instructions like this one that attempt to switch to the ARM state will result in a fault exception called usage fault.
SETEND	This Thumb instruction, introduced in architecture v6, switches endian configuration during run time. Since the Cortex-M3 does not support dynamic endian, using the SETEND instruction will result in a fault exception.

지원되지 않는 Coprocessor 명령어

Unsupported Instruction	Function
MCR	Move to coprocessor from ARM processor
MCR2	Move to coprocessor from ARM processor
MCRR	Move to coprocessor from two ARM register
MRC	Move to ARM register from coprocessor
MRC2	Move to ARM register from coprocessor
MRRC	Move to two ARM registers from coprocessor
LDC	Load coprocessor; load memory data from a sequence of consecutive memory addresses to a coprocessor
STC	Store coprocessor; stores data from a coprocessor to a sequence of consecutive memory addresses

지원되지 않는 CPS(Change Process State) 명령어

Unsupported Instruction	Function
CPS 〈IE|ID〉 . W A	There is A bit in the Cortex-M3
CPS.W #mode	There is no mode bit in the Cortex-M3 PSR

지원되지 않는 힌트(hint) 명령어

Unsupported Instruction	Function
DBG	A hint instruction to debug and trace system.
PLD	Preload data. This is a hint instruction for cache memory. However, since there is no cache in the Cortex-M3 processor, this instruction behaves as NOP.
PLI	Preload instruction. This is a hint instruction for cache memory. However, since there is no cache in the Cortex-M3 processor. this instruction behaves as NOP.
YIELD	A hint instruction to allow multithreading software to indicate to hardware that it is doing a task that can be swapped out to improve overall system performance

지원되지 않는 명령어를 수행하면 fault exception이 발생한다.

3.3 명령어 설명

이 절에서는 많이 사용되는 명령어를 소개한다. Barrel shift를 사용하는 일부 명령어는 복잡한 옵션을 가지고 있지만 여기서는 간략한 소개에 그친다. 자세한 내용은 Reference Manual을 참고하기 바란다.

3.3.1 어셈블리 어: 데이터 옮기기(Moving data)

Cortex-M3에는 다음 4가지 형태의 데이터 전송이 가능하다.

- 레지스터 사이 데이터 이동
- 메모리와 레지스터 사이 데이터 이동
- 특수 레지스터와 레지스터 사이 데이터 이동
- 순시 값(immediate value)을 레지스터에 넣기

레지스터 사이의 데이터 전송은 MOV 명령어가 사용된다. R3의 내용을 R8로 옮기는 명령어는 다음과 같다. MVN(Move negative) 명령어는 원래 값을 음수로 바꾸어 이동한다.

```
MOV R8, R3
MVN R8, R3
```

메모리에서 레지스터로 데이터의 이동은 LDR(load), 레지스터에서 메모리로의 데이터 이동은 STR(store)가 사용된다. 이 명령어는 데이터 크기(byte, half-word, word, double word)에 따라 세분된다.

Example	Description
LDRB Rd, [Rn, #offset]	Read byte from memory location Rn + offset
LDRH Rd, [Rn, #offset]	Read half-word from memory location Rn + offset
LDR Rd, [Rn, #offset]	Read word from memory location Rn + offset
LDRD Rd1, Rd2, [Rn, #offset]	Read double word from memory location Rn + offset
STRB Rd, [Rn, #offset]	Store byte to memory location Rn + offset
STRH Rd, [Rn, #offset]	Store half word to memory location Rn + offset
STR Rd, [Rn, #offset]	Store word to memory location Rn + offset
STRD Rd1, Rd2, [Rn, #offset]	Store double word to memory location Rn + offset

LDM(load multiple)과 STM(store multiple) 명령어는 다중 load와 store 동작을 지원한다. 다음 표에 다중 메모리 접근 명령어를 나타내었다. 표에서 느낌표(!)는 명령어 수행 후 레지스터

Rd의 내용을 증가(post-increment)시킴을 나타낸다.

예를 들어 R8=0x8000일 때, 처음 명령어는 4번의 레지스터 전송에 의하여 주소가 4*4=0x10 만큼 증가한다.

```
STMIA.W R8!, {R0-R3} ; R8 = 0x8010 after store (increment by 4 words)
STMIA.W R8 , {R0-R3} ; R8 unchanged after store (=0x8000)
```

Example	Description
LDMIA Rd!, 〈reg list〉	Read multiple words from memory location specified by Rd. Address Increment After (IA) each transfer (16-bit Thumb instruction).
STMIA Rd!, 〈reg list〉	Store multiple words to memory location specified by Rd. Address Increment After (IA) each transfer (16-bit Thumb instruction).
LDMIA. W Rd(!), 〈reg list〉	Read multiple words from memory location specified by Rd. Address increment after each read (.W specified it is a 32-bit Thumb-2 instruction).
LDMDB. W Rd(!), 〈reg list〉	Read multiple words from memory location specified by Rd. Address Decrement Before(DB) each read (.W specified it is a 32-bit Thumb-2 instruction).
STMIA. W Rd(!), 〈reg list〉	Write multiple words to memory location specified by Rd. Address increment after each read (.W specified it is a 32-bit Thumb-2 instruction).
STMDB. W Rd(!), 〈reg list〉	Write multiple words to memory location specified by Rd. Address Decrement Before each read (.W specified it is a 32-bit Thumb-2 instruction).

ARM 프로세서는 pre-indexing과 post-indexing 기법을 지원한다. Pre-indexing은 메모리 주소를 보관하고 있는 레지스터의 내용이 변경된 다음 메모리를 접근하는 방법으로 다음의 예와 같이 사용된다. 여기서 느낌표(!)는 base register R1의 갱신을 나타내며, 만약 느낌표가 없다면 base address에 offset이 있는 기본 메모리 전송 명령어로 동작하며 이때 R1의 내용은 변화가 없다.

```
LDR.W R0,[R1, #offset]! ; Read memory[R1+offset]not R1 but R1+offset
```

Pre-indexing 메모리 접근은 다양한 전송 크기를 갖는 load와 store 명령어에 적용된다.

Example	Description
LDR. W Rd, [Rn, #offset] ! LDRB. W Rd, [Rn, #offset] ! LDRH. W Rd, [Rn, #offset] ! LDRD. W Rd1, Rd2, [Rn, #offset] !	Pre-indexing load instructions for various sizes(word, byte, half word, and double word)
LDRSB. W Rd, [Rn, #offset] ! LDRSH. W Rd, [Rn, #offset] !	Pre-indexing load instructions for various sizes with sign extend(byte, half word)
STR. W Rd, [Rn, #offset] ! STRB. W Rd, [Rn, #offset] ! STRH. W Rd, [Rn, #offset] ! STRD. W Rd1, Rd2, [Rn, #offset] !	Pre-indexing store instructions for various sizes(word, byte, half word, and double word)

Post-indexing 메모리 접근은 먼저 레지스터에 저장된 주소를 이용하여 메모리를 접근하고 이후에 레지스터를 갱신하는 방법이다. 다음에 사용 예를 나타내었으며, post-indexing에서는 항상 레지스터 갱신이 되므로 느낌표(!)를 사용하지 않는다.

```
LDR.W R0,[R1], #offset ; Read memory[R1], with R1 updated to R1+offset
```

Post-indexing 메모리 접근도 다양한 전송 크기를 갖는 load와 store 명령어에 적용된다.

Example	Description
LDR. W Rd, [Rn], #offset LDRB. W Rd, [Rn], #offset LDRH. W Rd, [Rn], #offset LDRD. W Rd1, Rd2, [Rn], #offset	Post-indexing load instructions for sizes(word, byte, half word, and double word)
LDRSB. W Rd, [Rn], #offset LDRSH. W Rd, [Rn], #offset	Post-indexing load instructions for various sizes with sign extend(byte, half word)
STR. W Rd, [Rn], #offset STRB. W Rd, [Rn], #offset STRH. W Rd, [Rn], #offset STRD. W Rd1, Rd2, [Rn], #offset	Post-indexing store instructions for various sizes(word, byte, half word, and double word)

메모리를 사용하는 또 다른 명령어로 PUSH와 POP이 있다.

```
PUSH {R0, R4-R7, R9} ; Push R0, R4, R5, R6, R7, R9 into stack memory
POP {R2,R3} ; Pop R2 and R3 from stack
```

일반적으로 PUSH와 POP은 같은 레지스터를 사용하여 같은 개수로 실행되지만 반드시 그렇지는 않다. 다음은 POP이 함수에서의 복귀(return)으로 사용되는 예이다. POP으로 LR을 복구하고 LR에 있는 주소로 분기하는 대신 POP으로 PC(program counter)에 직접 주소를 전달하여 복귀한다.

```
PUSH {R0-R3, LR} ; Save register contents at beginning of  subroutine
....             ; Processing
POP {R0-R3, PC}  ; restore registers and return
```

Cortex-M3는 특수 레지스터를 포함하고 있으며, APSR을 제외한 특수 레지스터는 MRS와 MSR 명령어로 접근한다. 이 명령어는 항상 privileged 모드에서 실행시켜야 한다.

```
MRS R0, PSR      ; Read Processor status word into R0
MSR CONTROL, R1 ; Write value of R1 into control register
```

순시(immediate) 값을 레지스터에 채우는 일은 흔히 일어나며, 예를 들어 주변 장치 레지스터를 접근하고자 하는 경우 먼저 레지스터에 그 주소를 채워야 한다. 8비트 이하의 값은 MOV 명령어를 이용할 수 있다. 8비트 이상의 값은 Thumb-2 명령어(MOVW)를 사용할 수 있다.

```
MOV R0, #0x12      ; Set R0 to 0x12
MOVW.W R0,#0x789A ; Set R0 to 0x789A
```

만약 32비트 데이터라면 다음의 두 명령어를 이용할 수 있다.

```
MOVW.W R0,#0x789A ; Set R0 lower half to 0x789A
MOVT.W R0,#0x3456 ; Set R0 upper half to 0x3456. Now R0=0x3456789A
```

혹은 ARM 어셈블리에서 제공하는 의사(pseudo) 명령어 LDR을 사용할 수 있다. 의사명령어는 어셈블러가 진짜 명령어로 바꾸어줄 가상의 명령어로 사용 편의성과 가독성을 향상시킨다.

```
LDR R0, =0x3456789A
```

3.3.2 어셈블리 어: LDR, ADR 의사 명령어(Pseudo Instruction)

LDR과 ADR, 두 의사 명령어가 레지스터에 값을 채울 때 사용된다. 둘은 다른 문법과 특징을 갖는다. LDR은 프로그램 주소의 LSB를 자동으로 1로 설정하여 Thumb 명령어임을 나타낸다. 예를 들면 R0에 주소 0x4000대신 0x4001가 채워진다.

```
LDR R0, address1   ; R0 set to 0x4001
...
address1
0x4000: MOV R0, R1 ; address1 contains program code
...
```

그러나 address1이 주소가 아닌 데이터이면 다음과 같이 LSB 값은 변경이 없다.

```
LDR R0, =address1  ; R0 set to 0x4000
...
address1
0x4000: DCD 0x0    ; address1 contains data
...
```

ADR을 사용하면 프로그램 코드의 주소를 LSB의 변경 없이 레지스터에 채운다. 다음 예에서 R0는 0x4000을 갖는다. ADR에서는 등호(=)가 사용되지 않음에 유의하라.

```
ADR R0, address1
...
address1
0x4000: MOV R0, R1             ; address1 contains program code
...
```

ADR의 사용법이 LDR에 비하여 불편하고 제약이 많지만 생성된 코드의 크기는 작다.

3.3.3 어셈블리 어: 데이터 처리(Processing data)

Cortex-M3는 많은 데이터 처리 명령어를 지원하며, 여기서는 그 중 일부만 소개한다. 많은 데이터 처리 명령어는 다양한 명령어 구조를 가진다. 예를 들어 ADD 명령어는 레지스터끼리 혹은 레지스터와 순시 값 사이의 덧셈을 수행할 수 있다. 다음은 모두 ADD 명령어이지만 다른 문법과 코드를 갖는다.

```
ADD R0, R1                     ; R0 = R0+R1
ADD R0, #0x12                  ; R0 = R0 + 0x12
ADD.W R0, R1, R2               ; R0 = R1+R2
```

16비트 thumb 명령어의 경우 ADD 명령어는 PSR의 flag을 변경하지만 32비트 Thumb-2 명령어에서는 S-첨자를 이용한 선택에 의하여 변경 유무를 선택할 수 있다.

```
ADD.W R0, R1, R2               ; Flag unchanged
ADDS.W R0, R1, R2              ; Flag change
```

Cortex-M3는 산술연산 명령어로 ADD 이외에 SUB(subtract), MUL (multiply), UDIV/SDIV (unsigned and signed divide)를 지원한다. 다음에 간추린 예를 나타내었다.

Instruction	Operation

ADD Rd, Rn, Rm ; Rd = Rn + Rm
ADD Rd, Rm ; Rd = Rd + Rm
ADD Rd, #immed ; Rd = Rd + #immed
	ADD operation

ADC Rd, Rn, Rm ; Rd = Rn + Rm + carry ADC Rd, Rm ; Rd = Rd + Rm + carry ADC Rd, #immed ; Rd = Rd + #immed + ; carry	ADD with carry
ADDW Rd, Rn,#immed ; Rd = Rn + #immed	ADD register with 12-bit immediate value

SUB Rd, Rn, Rm ; Rd = Rn - Rm
SUB Rd, #immed ; Rd = Rd - #immed
SUB Rd, Rn,#immed ; Rd = Rn -#immed
	SUBTRACT

SBC Rd, Rm ; Rd = Rd - Rm - ; carry flag SBC.W Rd, Rn, #immed ; Rd = Rn - #immed - ; carry flag SBC.W Rd, Rn, Rm ; Rd = Rn - Rm - ; carry flag	SUBTRACT with borrow (carry)
RSB.W Rd, Rn, #immed ; Rd = #immed -Rn RSB.W Rd, Rn, Rm ; Rd = Rm - Rn MUL Rd, Rm ; Rd = Rd * Rm MUL.W Rd, Rn, Rm ; Rd = Rn * Rm	Reverse subtract Multiply
UDIV Rd, Rn, Rm ; Rd = Rn /Rm SDIV Rd, Rn, Rm ; Rd = Rn /Rm	Unsigned and signed divide

Cortex-M3는 32비트 곱셈 연산과, 64비트 결과를 주는 누적(multiply accumulate) 연산을 지원한다. 이 연산은 signed/unsigned 값을 모두 지원한다.

Instruction	Operation
SMULL RdLo, RdHi, Rn, Rm ;{RdHi,RdLo} = Rn * Rm SMLAL RdLo, RdHi, Rn, Rm ;{RdHi,RdLo} += Rn * Rm	32-bit multiply instructions for signed values
UMULL RdLo, RdHi, Rn, Rm ;{RdHi,RdLo} = Rn * Rm UMLAL RdLo, RdHi, Rn, Rm ;{RdHi,RdLo} += Rn * Rm	32-bit multiply instructions for unsigned values

로직 연산 AND, ORR(or), BIC(bit clear), EOR(exclusive or), shift, rotate 명령어도 있으며, 다음에 간추린 예를 나타내었다. Rotate 동작은 load/ store를 위한 메모리 주소 offset 계산 등 다른 동작과 연계하여 사용된다. 다음에 혼자 사용되는 rotate/shift 명령어를 간추려 나타내었다.

Instruction	Operation

`AND Rd, Rn ; Rd = Rd & Rn`
`AND.W Rd, Rn,#immed; Rd = Rn & #immed`
`AND.W Rd, Rn, Rm ; Rd = Rn & Rd`
	Bitwise AND

`ORR Rd, Rn ; Rd = Rd | Rn`
`ORR.W Rd, Rn,#immed; Rd = Rn | #immed`
`ORR.W Rd, Rn, Rm ; Rd = Rn | Rd`
	Bitwise OR

`BIC Rd, Rn ; Rd = Rd & (~Rn)`
`BIC.W Rd, Rn,#immed; Rd = Rn &(~#immed)`
`BIC.W Rd, Rn, Rm ; Rd = Rn &(~Rd)`
	Bit clear

`ORN.W Rd, Rn,#immed; Rd = Rn |(~#immed)` `ORN.W Rd, Rn, Rm ; Rd = Rn |(~Rd)`	Bitwise OR NOT

`EOR Rd, Rn ; Rd = Rd ^ Rn`
`EOR.W Rd, Rn,#immed; Rd = Rn | #immed`
`EOR.W Rd, Rn, Rm ; Rd = Rn | Rd`
	Bitwise Exclusive OR

Instruction	Operation

`ASR Rd, Rn,#immed; Rd = Rn >> immed`
`ASR Rd, Rn ; Rd = Rd >> Rn`
`ASR.W Rd, Rn, Rm ; Rd = Rn >> Rm`
	Arithmetic shift right

`LSL Rd, Rn,#immed; Rd = Rn << immed`
`LSL Rd, Rn ; Rd = Rd << Rn`
`LSL.W Rd, Rn, Rm ; Rd = Rn << Rm`
	Logical shift left

`LSR Rd, Rn,#immed; Rd = Rn >> immed`
`LSR Rd, Rn ; Rd = Rd >> Rn`
`LSR.W Rd, Rn, Rm ; Rd = Rn >> Rm`
	Logical shift right

`ROR Rd, Rn ; Rd rot by Rn` `ROR.W Rd, Rn, Rm ; Rd = Rn rot by Rm`	Rotate right
`RRX.W Rd, Rn ; {C, Rd} = {Rn, C}`	Rotate right extended

Rotate/shift 연산은 S-첨자에 따라 carry flag의 갱신여부를 결정할 수 있다.(16비트 Thumb 명령어에서는 항상 갱신된다) 여러 비트를 shift 혹은 rotate한 경우 carry flag에는 마지막 비트 값이 저장된다.

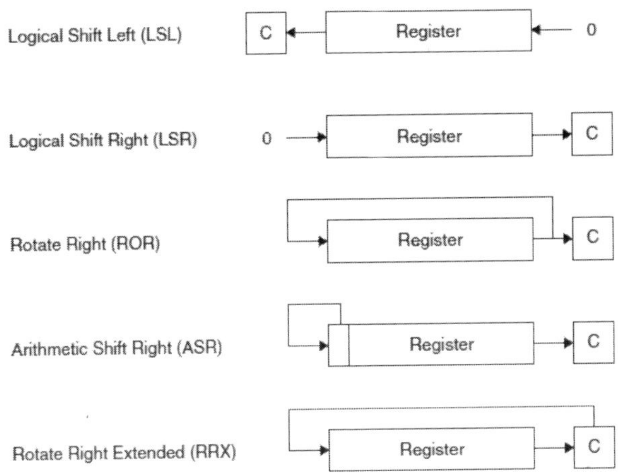

Hint: Shift는 오른쪽/왼쪽이 있지만 rotate는 오른쪽 밖에 없음에 유의하라. 이는 rotate left는 rotate right에 offset을 조절하여 사용가능하기 때문이다. Cortex-M3는 4비트 left rotate와 28비트 right rotate에 같은 시간이 걸리므로 rotate right만으로 충분하다.

Signed 데이터의 byte 혹은 half-word에서 word로 변환에는 다음 두 명령어가 사용된다.

Instruction	Operation
`SXTB.W Rd, Rm ; Rd = signext(Rn[7:0])`	Sign extend byte data into word
`SXTH.W Rd, Rm ; Rd = signext(Rn[15:0])`	Sign extend half word data into word

Little endian과 big endian 데이터의 변환을 위하여 레지스터 내부에서 데이터 바이트의 순서를 바꾸는 명령어의 종류와 동작은 다음과 같다.

Instruction	Operation
`REV.W Rd, Rn ; Rd = rev(Rn)`	Reverse bytes in word
`REV16.W <Rd>, <Rn> ; Rd = rev16(Rn)`	Reverse bytes in each half word
`REVSH.W <Rd>, <Rn> ; Rd = revsh(Rn)`	Reverse bytes in bottom half word and sign extend the result

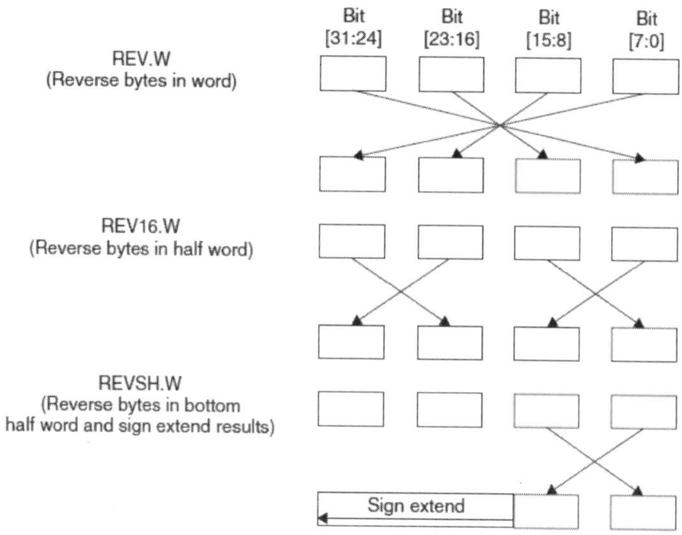

비트 연산을 위한 명령어는 다음과 같다.

Instruction	Operation
BFC.W Rd, Rn, #<width>	Clear bit field within a register
BFI.W Rd, Rn, #<lsb>, #<width>	Insert bit field to a register
CLZ.W Rd, Rn	Count leading zero
RBIT.W Rd, Rn	Reverse bit order in register
SBFX.W Rd, Rn, #<lsb>, #<width>	Copy bit field from source and sign extend it
UBFX.W Rd, Rn, #<lsb>, #<width>	Copy bit field from source register

3.3.4 어셈블리 어: 호출(call)과 무조건 분기(unconditional branch)

Cortex-M3의 기본 분기 명령어는 다음과 같다.

```
B label         ; Branch to a labeled address
BX reg          ; Branch to an address specified by a register
```

BX 명령어에서 레지스터에 저장된 값의 LSB는 다음 상태(Thumb/ ARM)를 결정한다. 그러나 Cortex-M3는 Thumb 명령어만 지원하므로 항상 1로 설정된다. 만약 0으로 설정되면 fault exception이 발생한다.

호출(call)은 branch와 link 명령어가 사용된다.

```
BL label ; Branch to a labeled address and save return address in LR
BLX reg  ; Branch to an address specified by a register
         ; and save return address in LR.
```

위의 명령어로 복귀주소(return address)가 LR(link register)에 저장되고 함수에서의 복귀는 BX LR로 실행한다. BLX 명령어를 사용하는 경우 레지스터의 LSB가 1이 되도록 해야 한다. 그렇지 않으면 금지된 ARM state로의 접근을 시도하므로 fault exception이 발생한다.

MOV 명령어나 LDR 명령어를 이용해서 분기를 실행할 수도 있다. 다음의 방법으로 R15(PC)를 변경하면 분기를 실행할 수 있다.

```
MOV R15, R0        ; Branch to an address inside R0
LDR R15, [R0]      ; Branch to an address in memory location specified by R0
POP {R15}          ; Do pop operation, and change PC to the result value.
```

분기를 실행할 때 새로운 PC의 LSB가 0x1이 되도록 해야 한다. 그렇지 않으면 금지된 ARM state로의 접근을 시도하므로 fault exception이 발생한다.

Hint: 부함수(subroutine)를 호출할 때 LR을 저장해야 한다. BL 명령어는 현재 LR의 내용을 변경할 수 있다. 따라서 만약 프로그램이 나중에 LR 값을 필요로 한다면 BL을사용하기 전에 LR을 저장해야 한다. 다음은 사용의 예이다.

```
main
        ...
        BL functionA
        ...
functionA
        PUSH {LR}  ; Save LR content to stack
        ...
        POP {PC}   ; Use stacked LR content to return to main
```

추가로, 호출하는 함수가 C-함수라면, C-함수가 R0-R3와 R12을 변경할 수 있으므로 이 레지스터들도 저장해야 한다.

3.3.5 어셈블리 어: 결정(decision)과 조건 분기(conditional branch)

ARM 프로세서에서 대부분의 조건 분기는 APSR(Application Program Status Register)의 flag을 참조하여 이루어진다. ASPR에는 5개의 flag이 있으며, math 동작의 포화를 나타내는 Q-flag을 제외한 다음 4개의 flag이 조건 분기에 사용된다.

Flag	PSR Bit	Description
N	31	Negative flag (last operation result is a negative value)
Z	30	Zero (last operation result returns a zero value)
C	29	Carry (last operation returns a carry out or borrow)
V	28	Overflow (last operation results in an overflow)

4개의 flag(N,Z,C,V)의 조합으로 15개의 조건 분기가 정의된다.

Symbol	Condition	Flag
EQ	Equal	Z set
NE	Not equal	Z clear
CS/HS	Carry set/unsigned higher or same	C set
CC/LO	Carry clear/unsigned lower	C clear
MI	Minus/negative	N set
PL	Plus/positive or zero	N clear
VS	Overflow	V set
VC	No overflow	V clear
HI	Unsigned higher	C set and Z clear
LS	Unsigned lower or same	C clear or Z set
GE	Signed greater than or equal	N set or V set, or N clear and V clear (N == V)
LT	Signed less than	N set and V clear, or N clear and V set (N != V)
GT	Signed greater than	Z clear, and either N set and V set, or N clear and V clear (Z == 0, N == V)
LE	Signed less than or equal	Z set, or N set and V clear, or N clear and V set (Z == 1 or N != V)
AL	Always (unconditional)	–

분기 명령은 다음과 같이 나타난다.

```
BEQ label ; Branch to address 'label' if Z flag is set
```

좀 더 먼 곳으로 분기할 경우 다음의 Thumb-2 명령어를 사용할 수 있다.

```
BEQ.W label ; Branch to address 'label' if Z flag is set
```

IF-THEN-ELSE 구조에서 분기 조건이 다음과 같이 사용된다.

```
CMP R0, R1          ; Compare R0 and R1
ITTEE GT            ; If R0 > R1 Then (first 2 statements execute if true,
```

```
                    ; other 2 statements execute if false)
MOVGT R2, R0        ; R2 = R0
MOVGT R3, R1        ; R3 = R1
MOVLE R2, R0        ; Else R2 = R1
MOVLE R3, R1        ; R3 = R0
```

PSR flag은 1) 16비트 ALU 명령어, 2) S-첨자가 사용된 32비트(Thumb-2) ALU 명령어 (예: ADDS.W), 3) compare(CMP)와 test(TST, TEQ) 명령, 4) APSR/PSR에 직접 값을 쓰는 경우에 영향을 받는다.

대부분의 16비트 Thumb 산술연산은 N,Z,C,V에 영향을 주지만 32비트(Thumb-2) 산술연산은 다음 예와 같이 S-첨자에 의하여 영향이 결정된다.

```
ADDS.W R0, R1, R2  ; This 32-bit Thumb-2 instruction update flag
ADD.W R0, R1, R2   ; This 32-bit Thumb-2 instruction do not update flag
ADDS R0, R1        ; This 16-bit Thumb instruction update flag
ADD R0, #0x1       ; This 16-bit Thumb instruction update flag
```

Thumb과 thumb-2 사이의 ALU 명령어를 사용할 때 주의해야한다. S-첨자 없이 사용된 Thumb-2 명령어는 Thumb 명령어로 인식되어 flag을 변경할 수 있으며, 이로 인하여 원하지 않는 결과를 얻을 수 있다. 프로그램에서 S-첨자를 항상 사용하여 다른 프로그램 환경에서도 혼돈이 없도록 하는 것이 좋은 습관이 될 수 있다.

CMP(compare) 명령어는 두 값을 빼서 flag을 갱신한다. 이는 SUBS 명령어와는 결과를 저장하지 않는 다는 점에서 차이가 있다. CMP는 다음과 같이 사용된다.

```
CMP R0, R1          ; Calculate R0 - R1 and update flag
CMP R0, #0x12       ; Calculate R0 - 0x12 and update flag
```

비슷힌 명령 CMN(compare negative)는 처음 값과 두 번째의 2의 보수 값을 비교하여 flag을 갱신하지만 계산 결과는 어디에도 저장하지 않는다.

```
CMN R0, R1          ; Calculate R0 - (-R1) and update flag
CMN R0, #0x12       ; Calculate R0 - (-0x12) and update flag
```

TST(test) 명령은 두 값을 AND하고 flag을 갱신하는 점에서 AND 명령과 유사하지만 AND의 결과를 저장하지 않는다는 차이가 있다.

```
TST R0, R1          ; Calculate R0 AND R1 and update flag
TST R0, #0x12       ; Calculate R0 AND 0x12 and update flag
```

3.3.6 어셈블리 어: 결합비교(combined compare)와 조건 분기

Cortex-M3에는 0과 비교하고 조건 분기의 조건으로 사용하는 CBZ(compare and branch if zero)와 CBNZ(compare and branch if nonzero)의 두 결합비교 명령어가 추가되었다. 이 명령어는 전진 분기(forward branch)만 지원한다. 예를 들어 다음의 C 프로그램은

```
i = 5;
while (i != 0 ){
        func1(); ; call a function
        i--;
}
```

컴파일 되면 다음과 같다.

```
        MOV R0, #5          ; Set loop counter
loop1   CBZ R0, loop1exit   ; if loop counter = 0 then exit the loop
        BL func1            ; call a function
        SUB R0, #1          ; loop counter decrement
        B loop1             ; next loop
loop1exit
```

3.3.7 어셈블리 어: IT 명령어를 이용한 조건 분기

IT(IF-THEN) block은 프로그램 흐름이 깨어져 파이프라인에서 손해를 보는 branch penalty의 발생을 막을 수 있어 작은 조건 코드를 처리하는데 효율적이다. IT block은 최대 4개까지 조건 실행 명령어(conditionally executed instruction)를 제공한다. IT block에서 첫줄은 IT 명령어이고, 다음은 검사할 조건이다. IT 명령어 다음 첫 문장은 반드시 TRUE-THEN- EXECUTE이며, ITxxx로 표기된다. 여기서 T는 THEN을 E는 ELSE를 나타낸다. 이후 3 문장은 THEN(true) 혹은 ELSE(false)로 이루어진다.

```
IT<x><y><z> <cond> ; IT instruction (<x>, <y>, <z> can be T or E)
instr1<cond> <operands> ; 1st instruction (<cond> must be same as IT)
instr2<cond or not cond> <operands> ; 2nd instruction (can be <cond> or <!cond>
instr3<cond or not cond> <operands> ; 3rd instruction (can be <cond> or <!cond>
instr4<cond or not cond> <operands> ; 4th instruction (can be <cond> or <!cond>
```

다음은 간단한 조건 실행의 예로 C 프로그램을 나타내었다.

```
if (R1<R2) then
       R2=R2-R1, R2=R2/2
else
       R1=R1-R2, R1=R1/2
```

어셈블리 어로는 다음과 같다.

```
CMP R1, R2      ; If R1 < R2 (less then)
ITTEE LT        ; then execute instruction 1 and 2 (indicated by T)
                ; else execute instruction 3 and 4 (indicated by E)
SUBLT.W R2,R1 ; 1st instruction
LSRLT.W R2,#1 ; 2nd instruction
SUBGE.W R1,R2 ; 3rd instruction (notice the GE is opposite of LT)
LSRGE.W R1,#1 ; 4th instruction
```

IT block에는 최소 1개에서 최대 4개까지 조건 실행을 사용할 수 있으며, IT 명령어 이후 나타나는 T와 E의 개수로 몇 개의 조건 실행이 사용되었는지 확인할 수 있다.

IT 명령어 수행 중 exception이 발생하면 block의 상태, 즉 PSR (IT/ICI 비트)는 스택에 저장된다. 따라서 exception handler가 끝나고 IT block이 재개될 때 block 속의 나머지 명령어들이 제대로 동작하게 된다. 만약 다중 사이클 명령어(예: multiple load/store)가 IT block에서 수행 중에 exception이 발생하면 처리가 다중 사이클 명령이 완료될 때까지 지연된다.

3.3.8 어셈블리 어: 명령어 장벽(barrier)와 메모리 장벽 명령어

Cortex-M3는 메모리 시스템이 복잡해짐에 따라 race condition을 방지하기 위하여 장벽(barrier) 명령어를 지원한다. DSB 명령어로 memory switching register에 값을 쓰면 하드웨어 레지스터에 의하여 메모리 맵이 변환된다. 만약 DSB 명령어를 사용하지 않으면 memory switching register에 쓰기가 버퍼를 거쳐 몇 사이클 이후에나 수행되는데, 다음 명령어는 바뀐 메모리 맵을 사용하면 이전 메모리 맵을 참조하여 잘못된 결과를 야기할 수 있다. DSB는 명령어의 실행 전에 memory switching register 값의 변경을 보장해주므로 이런 위험을 벗어 날 수 있다.

Cortex-M3는 DMB, DSB, ISB 3가지 장벽 명령어를 지원한다.

Instruction	Description
DMB	Data Memory Barrier; ensures that all memory accesses are completed before new memory access is committed
DSB	Data Synchronization Barrier; ensures that all memory accesses are completed before next instruction is executed
ISB	Instruction Synchronization Barrier; flushes the pipeline and ensures that all previous instructions are completed before executing new instructions

Dual port memory에 쓰기 동작 직후에 읽기 동작을 수행하면, 쓰기가 버퍼를 통하는 경우 잘못된 결과를 얻을 수 있지만, DMB 명령어를 사용하면 쓰기 이후에 읽기를 보장해준다.

자체 변경(self-modifying) 코드에서 DSB와 ISB 명령어는 중요한다. 예를 들어 프로그램이 자신의 코드를 변경할 수 있다면 다음 수행될 명령어는 변경된 프로그램에 따라 달라진다. 그러나 파이프라인이 사용되므로 수정된 명령어는 이미 fetch되어 있을 수 있다. DSB와 ISB 명령어는 수정된 프로그램이 다시 fetch되는 것을 보장한다.

3.3.9 어셈블리 어: 포화(saturation) 동작

Cortex-M3는 SSAT(signed saturation)과 USAT(unsinged saturation) 명령어를 지원하며, 이는 신호처리 과정에서 최대 혹은 최소 범위를 벗어나는 값들을 왜곡이 최소화되도록 처리한다. 32비트 signed value와 unsigned value가 16비트에 포화되는 동작은 다음의 명령어를 사용한다.

```
SSAT.W R1, #16, R0          ;signed saturation
USAT.W R1, #16, R0          ;unsigned saturation
```

Instruction	Description
SSAT.W 〈Rd〉, #〈immed〉, 〈Rn〉, {, 〈shift〉 }	Saturation for signed value
USAT.W 〈Rd〉, #〈immed〉, 〈Rn〉, {, 〈shift〉 }	Saturation for a signed value into an unsigned value

포화 동작의 자세한 내용과 응용은 Reference manual을 참고하기 바란다.

3.4 Cortex-M3의 유용한 명령어

3.4.1 MSR, MRS

Cortex-M3의 특수 레지스터를 접근할 때 사용하는 명령어로 다음의 형태로 사용된다.

```
MRS <Rn>, <SReg>   ; Move from Special Register
MSR <SReg>, <Rn>   ; Write to Special Register
```

여기서 <sReg>는 특수 레지스터로 다음과 같다.

Symbol	Description
IPSR	Interrupt status register
EPSR	Execution status register(read as zero)
APSR[2]	Flags from previous operation
IEPSR	A composite of IPSR and EPSR
IAPSR	A composite of IPSR and APSR
EAPSR	A composite of EPSR and APSR
PSR	A composite of APSR, EPSR and IPSR
MSP	Main stack pointer
PSP	Process stack pointer
PRIMASK	Normal exception mask register
BASEPRI	Normal exception priority mask register
BASEPRI_MAX	Same as normal exception priority mask register, with conditional write(new priority level must be higher than the old level)
FAULTMASK	Fault exception mask register(also disables normal interrupts)
CONTROL	Control register

다음 코드는 Process stack pointer를 설정하는 예이다.

```
LDR R0,=0x20008000 ; new value for Process Stack Pointer (PSP)
MSR PSP, R0
```

APSR의 접근을 제외하고는 MRS와 MSR은 privileged 모드에서만 사용된다. 그렇지 않으면 명령어는 무시되고 MRS가 사용되었다면 0이 return 된다.

3.4.2 IF-THEN

IT block에는 조건에 따라 수행될 4개의 연속 명령어 사용될 수 있으며 다음 형식을 갖는다. 여기서 <x>는 두번째 명령어가, <y>는 세번째 명령어가, <z>는 네번째 명령어가 수행될 조건을 나타내고, <cond>는 명령어 block의 기본 조건(base condition)을 나타내며, 처음 명령어는 <cond>가 참인 경우 수행된다.

```
IT<x> <cond>
IT<x><y> <cond>
```

```
IT<x><y><z> <cond>
```

<x>, <y>, <z>는 각각 T(true) 혹은 F(false)가 될 수 있으며, <cond>는 EQ, NE, GT 등이 될 수 있다. 다음에 IT block의 사용 예를 나타내었다. 다음의 C 프로그램은

```
if (R0 equal R1) then { R3 = R4 + R5, R3 = R3 / 2 }
else { R3 = R6 + R7,           R3 = R3 / 2 }
```

다음의 어셈블리로 구현될 수 있다.

```
CMP     R0, R1              ; Compare R0 and R1
ITTEE   EQ                  ; If R0 equal R1, Then-Then-Else-Else
ADDEQ   R3, R4, R5          ; Add if equal
ASREQ   R3, R3, #1          ; Arithmetic shift right if equal
ADDNE   R3, R6, R7          ; Add if not equal
ASRNE   R3, R3, #1          ; Arithmetic shift right if not equal
```

3.4.3 CBZ, CBNZ

C 프로그램의 While loop 같은 기능 구현을 위해 비교하고 그 결과에 따라 분기하는 명령어는 유용하게 사용된다. CBZ와 CBNZ는 다음의 형식을 가지며, 여기서 <label>은 전진 분기(forward branch) 주소이다. 이 두 명령어에 의하여 flag은 변경되지 않는다.

```
CBZ <Rn>, <label>
CBNZ <Rn>, <label>
```

다음의 C 프로그램: while (R0 != 0) { function1(); }
다음 어셈블리로 구현될 수 있다.

```
        ...
loop
        CBZ R0, loopexit
        BL function1
        B loop
loopexit
...
```

3.4.4 SDIV, UDIV

Signed divide(SDIV)와 unsigned divide(UDIV)의 형식은 다음과 같으며, Rd=Rn/Rm 이다.

```
SDIV.W <Rd>, <Rn>, <Rm>
UDIV.W <Rd>, <Rn>, <Rm>
```

다음 프로그램은 R2에 결과 60(0x3C)를 저장한다.

```
LDR R0,=300 ; Decimal 300
MOV R1,#5
UDIV.W R2, R0, R1
```

NVIC configuration control register의 DIVBYZERO 비트를 1로 설정하면, 0으로 나누기가 발생하면 fault exception이 발생한다. DIVBYZERO 비트를 0으로 설정하면 0으로 나누기가 발생하면 <Rd>가 0이 된다.

3.4.5 REV, REVH, REVSH

REV 명령어는 word 데이터에서 바이트의 순서를 바꾸고, REVH는 half-word에서 바이트의 순서를 바꾼다. 예를 들어 R0=0x12345678인 경우 다음의 결과를 얻으며 이 과정은 big endian과 little endian 데이터의 변환에 사용된다.

```
REV R1, R0                ; R1 = 78563412
REVH R2, R0               ; R2 = 34127856
```

REVSH 명령어는 REVH와 유사하나 아래 half word에 대해서는 순서를 바꾸고, 부호를 확장한다는 차이가 있다. 예를 들어 R0=0x33448899라면 다음 결과를 얻는다.

```
REVSH R1, R0       ; R1 = 0xFFFF9988
```

3.4.6 RBIT

RBIT 명령어는 word 데이터의 비트 순서를 뒤집으며 다음 형식을 갖는다.

```
RBIT.W <Rd>, <Rn>
```

이 명령어는 직렬 데이터 통신에서 매우 유용하다. 예를 들어 R0=0xB4E10C23 (1011 0100 1110 0001 0000 1100 0010 0011)인 경우 다음 결과를 얻는다.

```
RBIT.W R0, R1       ; R0=0xC430872D (1100 0100 0011 0000 1000 0111 0010 1101)
```

3.4.7 SXTB, SXTH, UXTB, UXTH

STXB, STXH는 각각 byte와 half word를 word로 부호를 포함하여 확장하고, UTXB, UTXH는 각각 byte와 half word를 word로 부호를 포함하지 않고 0을 채워 확장하는 명령어로 다음의 형식을 갖는다.

```
SXTB <Rd>, <Rn>
SXTH <Rd>, <Rn>
UXTB <Rd>, <Rn>
UXTH <Rd>, <Rn>
```

예를 들어 R0=0x55AA8765인 경우 다음 결과를 얻는다.

```
SXTB R1, R0 ; R1 = 0x00000065
SXTH R1, R0 ; R1 = 0xFFFF8765
UXTB R1, R0 ; R1 = 0x00000065
UXTH R1, R0 ; R1 = 0x00008765
```

3.4.8 BFC, BFI

BFC(bit field clear) 명령어는 정의된 비트를 제외한 나머지 비트를 모두 0으로 만드는 명령어로 다음 형식을 갖는다.

```
BFC.W <Rd>, <#lsb>, <#width>
```

다음 예에서는 R0=0x1234F00F를 얻는다.

```
LDR R0,=0x1234FFFF
BFC.W R0, #4, #8   ; Clear R0[12:4]
```

BFI(bit field insert)는 <Rn>의 일정 비트를 <Rd>에 삽입하는 명령어로

```
BFI.W <Rd>, <Rn>, <#lsb>, <#width>
```

형식을 가지며, 다음 예에서는 R1=0x335678CC를 얻는다.

```
LDR R0,=0x12345678
LDR R1,=0x3355AACC
BFI.W R1, R0, #8, #16 ; Insert R0[15:0] to R1[23:8]
```

3.4.9 UBFX, SBFX

UBFX(unsigned bit field extract)와 SBFX(signed bit field extract)는 레지스터에서 원하는 부분의 비트 필드를 추출하는 명령어로 다음의 형식을 갖는다.

```
UBFX.W <Rd>, <Rn>, <#lsb>, <#width>
SBFX.W <Rd>, <Rn>, <#lsb>, <#width>
```

다음 예를 수행하면 R1=0x000000BC를 얻는다.

```
LDR R0,=0x5678ABCD
UBFX.W R1, R0, #4, #8         ;R1[7:0]=R0[12:4], R1[31:8]=0
```

같은 방법으로 SBFX에 대해서는 부호가 확장된 R1=0xFFFFFFBC를 얻는다.

```
LDR R0,=0x5678ABCD
SBFX.W R1, R0, #4, #8         ;R1[7:0]=R0[12:4], R1[31:8]=sign extension
```

3.4.10 LDRD, STRD

LDRD는 한번에 메모리에서 두 레지스터로 데이터를 load하고, STRD는 한번에 두 레지스터의 데이터를 메모리로 store하는 명령어로 다음의 형식을 갖는다. 여기서 <Rxf>는 치음 참조되는 레지스터를, <Rxf2>는 두번째 참조되는 레지스터를 나타낸다.

```
LDRD.W <Rxf>, <Rxf2> ,[Rn, #+/-offset]{!}         ; Pre-indexed
LDRD.W <Rxf>, <Rxf2> ,[Rn], #+/-offset  ; Post-indexed
STRD.W <Rxf>, <Rxf2> ,[Rn, #+/-offset]{!}         ; Pre-indexed
STRD.W <Rxf>, <Rxf2> ,[Rn], #+/-offset  ; Post-indexed
```

다음은 메모리 주소 0x1000의 64비트 데이터를 R0와 R1에 읽어오는 예이다.

```
LDR R2,=0x1000
LDRD.W R0, R1, [R2]          ; R0=memory[0x1000], R1=memory[0x1004]
```

같은 방법으로 STRD는 64비트 데이터를 메모리에 저장한다. 이때 pre-indexed addressing mode가 사용된다.

```
LDR R2,=0x1000 ; Base address
STRD.W R0, R1, [R2, #0x20]   ; memory[0x1000] = R0, memory[0x1004] = R1
```

3.4.11 TBB, TBH

TBB(table branch byte)는 바이트 크기, TBH(table branch halfword)는 halfword 크기의 branch table의 구현에 사용된다. PC의 LSB는 항상 0이므로 branch table 값은 2를 곱한 후 PC에 더한다. PC에는 현재 수행중인 명령어 주소에 4가 더해진 값(다음 명령어를 나타내므로)을 가지므로 TBB의 분기 범위는 (2*0xFF)+4=514, TBH의 분기범위는 (2*0xFFFF) +4 =131074가 된다. TBB와 TBH 둘 다 전진 분기만 지원하며, TBB의 형식은 다음과 같다. 여기서 Rn은 base register offset, 끄은 brach table index를 나타내며, branch table의 주소는 Rn+Rm이 된다.

```
TBB.W [Rn, Rm]
```

위에서 Rn 대신 PC(=R15)를 사용(TBB.W [PC, Rm])하면 다음과 같이 동작한다. 새로운 PC는 다음 여령어의 주소(PC+4)에 현재 PC+ Rm이 가리키는 메모리의 내용 VAL_N[7:0]에 2를 곱한 값을 더해서 구해진다. TBH도 같은 방법으로 동작한다.

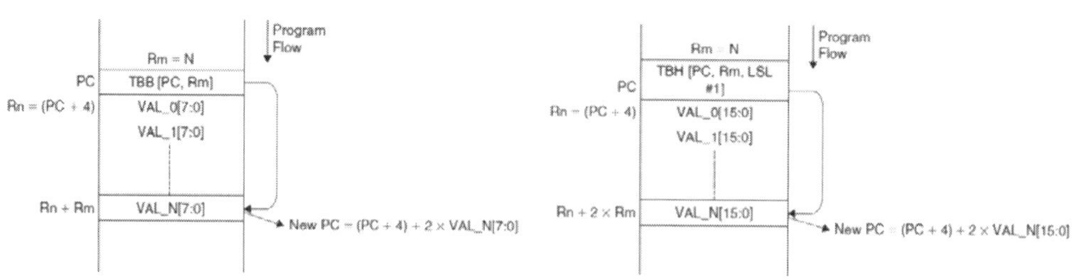

다음은 ARM assembler에서 TBB branch table을 구성하는 예이다. 여기서 label: branchtable은 현재 PC 값(4가 더해진 다음 수행할 명령어 주소)을 나타낸다,

```
        TBB.W [pc, r0] ; when executing this instruction, PC=branchtable
branchtable
        DCB ((dest0 - branchtable)/2) ; DCB since the value is 8-bit
        DCB ((dest1 - branchtable)/2)
        DCB ((dest2 - branchtable)/2)
        DCB ((dest3 - branchtable)/2)
dest0
        ... ; Execute if r0 = 0
dest1
        ... ; Execute if r0 = 1
dest2
        ... ; Execute if r0 = 2
dest3
        ... ; Execute if r0 = 3
```

비슷한 방법으로 TBH를 이용하여 branch table을 구성할 수 있다.

```
        TBH.W [pc, r0, LSL #1]
branchtable
        DCI ((dest0 - branchtable)/2) ; DCI since the value is 16-bit
        DCI ((dest1 - branchtable)/2)
        DCI ((dest2 - branchtable)/2)
        DCI ((dest3 - branchtable)/2)
dest0
        ... ; Execute if r0 = 0
dest1
        ... ; Execute if r0 = 1
dest2
        ... ; Execute if r0 = 2
dest3
        ... ; Execute if r0 = 3
```

4. 메모리 시스템(Memory System)

4.1 메모리 시스템 특징 개요

Cortex-M3는 기존의 ARM 프로세서와는 다른 메모리 구조를 가지고 있다. 첫째, 미리 정의된 메모리 맵을 가지고 있어 다른 장치에 접근할 때 동작을 최적화할 수 있다. 두 번째는 bit-band의 지원으로 메모리 혹은 주변장치의 비트 데이터에 대한 atomic operation을 제공한다. Bit-band 동작은 special memory 영역에만 사용할 수 있다. 자세한 내용은 다음 절에서 설명한다. 세 번째는 비정렬 전송(unaligned transfer)의 지원으로 이는 v7-M 구조에서 공통으로 지원된다. 마지막으로 little endian과 big endian 메모리 구성을 모두 지원한다.

4.2 메모리 맵(map)

Cortex-M3는 mixed 메모리 맵을 가지고 있어 쉽게 프로그램을 이식할 수 있다. 예를 들면 NVIC와 MPU 같은 요소(component)는 모든 Cortex-M3 제품에서 같은 메모리 위치를 갖는다. 그럼에도 불구하고, 메모리 맵은 제조사들이 서로 다른 특징을 가질 수 있도록 뛰어난 유연성을 갖는다.

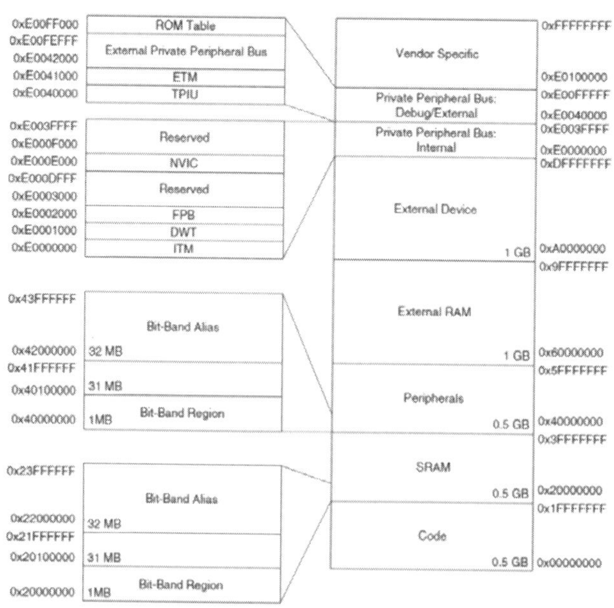

일부 메모리는 debugging 요소 같은 개별적인 주변장치에 할당된다. 이런 debugging 요소는 1) Fetch Patch and BreakPoint Unit (FPB), 2) Data WatchPoint and Trace Unit (DWT), 3) Instrumentation Trace Macrocell (ITM), 4) Embedded Trace Macrocell (ETM), 5) Trace Port Interface Unit (TPIU), 6) ROM Table을 포함한다.

Cortex-M3는 4GB의 주소 공간을 가지며, 프로그램은 코드 영역, SRAM 영역 혹은 외부 RAM 영역에 배치될 수 있지만 프로그램은 코드 영역에 두는 것이 명령어 fetch와 데이터 접근이 별도의 버스를 이용하여 동시에 수행되므로 최적이다.

SRAM 영역은 내부 SRAM을 나타내며 시스템 인터페이스 버스를 통하여 연결된다. SRAM 영역에 32MB 범위가 bit-band alias로 정의되며, 이 영역에서는 1MB bit-band 영역의 각 비트를 word(32비트) 주소로 나타낸다. 이 영역의 데이터에 대한 쓰기 동작은 atomic READ-MODIFY-WRITE 동작으로 처리된다. Bit-band 동작은 데이터에만 해당되고 명령어 fetch에는 적용되지 않는다.

0.5GB의 주소 영역이 on-chip 주변장치에 할당된다. SRAM 영역과 비슷하게 bit-band alias가 지원되며 시스템 버스를 통하여 접근할 수 있다. 그러나 이 영역에서 명령어의 실행은 허용되지 않는다. 주변장치 영역에서 bit-band의 지원은 주변장치 프로그램에서 control bit와 status bit의 관리를 쉽게 해 준다.

외부 RAM과 외부 장치를 위해 각각 1GB 메모리 영역이 할당되어 있다. 외부 장치 영역에서는 프로그램 수행이 되지 않는 다는 점과, cache 동작에 차이가 있다.

마지막 0.5GB 영역은 시스템 차원에서 장치, 내부 주변장치 버스, 외부 주변 장치 버스, vendor-specific 시스템 주변장치에 사용된다. Private 주변장치 버스는 두 부분으로 나누어진다.

- AHB private 주변장치 버스: Cortex-M3 내부 AHB 장치를 위한 버스로 NVIC, FPB, DWT, ITM이 포함된다.
- APB private 주변장치 버스: Cortex-M3 내부 APB 장치 및 외부 장치를 위한 버스이다. Cortex-M3는 이 버스에 vendor가 on-chip APB 주변장치의 추가를 허용한다.

NVIC는 SCS(system control space) 영역에 위치하며 인터럽트 제어 기능을 제공하는 것 이외에 SYSTICK, MPU 및 code debugging 제어를 위한 control register도 제공한다.

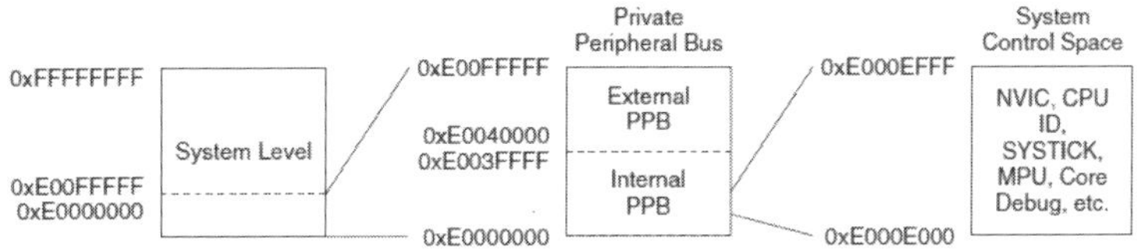

나머지 영역은 vendor-specific 영역으로 system bus로 연결되며, 이 영역에서 명령어 수행은 허용되지 않는다. MPU도 추가할 수 있으나 포함여부는 칩 제작사에 따른다.

이장에서 정리한 메모리 맵은 대체적인 내용이며 실제 ROM, RAM, 주변장치 등의 자세한 주소는 칩 공급자가 제공하는 user manual을 참고해야 한다.

4.3 메모리 접근 속성(access attributes)

메모리 맵은 어떤 주소에 어떤 장치가 위치하는지를 알려주는 것 뿐 아니라 접근 속성도 정의한다. Cortex-M3에서 사용되는 메모리 속성은 다음의 4가지가 있다.

· Bufferable, Cacheable, Executable, Sharable

MPU가 사용된다면 기본 메모리 속성을 변경할 수 있다. Cortex-M3는 chace를 내장하고 있지 않지만 외부에 cache를 추가할 수 있으며 이 경우 칩 제조사에 따라 on-chip 및 off-chip memory의 제어기가 영향을 받는다.

· Code memory region (0x00000000-0x1FFFFFFF): executable, cache 속성은 WT(Write Through)로 설정된다. 이 영역을 데이터 메모리로 사용할 수도 있으며, 이 경우 데이터 버스 인터페이스를 통하여 연결된다. 이 영역에서 쓰기는 buffer를 통한다.

· SRAM memory region (0x20000000-0x3FFFFFFF): on-chip RAM 영역으로 쓰기는 buffer를 통하고, cache 속성은 WB-WA(Write Back, Write Allocated)로 설정된다. executable 영역으로 프로그램을 이 영역에 복사해서 실행시킬 수 있다.

· Peripheral region (0x40000000-0x5FFFFFFF): 주변장치 영역으로 noncacheable (cache를 통하지 않음) 하다. Non-executable 영역으로 프로그램을 이 영역에 실행시킬 수 없다.

· External RAM region (0x60000000-0x7FFFFFFF): on-chip 혹은 off-chip 메모리 영역으로 cacheable(WB-WA)하고 execute 영역으로 프로그램 실행이 가능하다.

· External RAM region (0x80000000-0x9FFFFFFF): on-chip 혹은 off-chip 메모리 영역으로 cacheable(WT)하고 execute 영역으로 프로그램 실행이 가능하다.

· External devices (0xA0000000-0xBFFFFFFF): 외부 장치와 공유(shared) 메모리 영역으로 ordering/nonbuffered 접근 해야하며, nonexecutable 영역이다.

· External devices (0xC0000000-0xDFFFFFFF): 외부 장치와 공유(shared) 메모리 영역으로 ordering/nonbuffered 접근 해야하며, nonexecutable 영역이다.

· System region (0xE0000000–0xFFFFFFFF): private 주변장치와 vendor-specific 장치 영역으로 nonexecutable하며 private 주변장치 메모리는 순서를 지켜야하므로 noncacheable, nonbufferable로 동작한다. vendor-specific 영역은 bufferable, noncacheable로 동작한다.

4.4 기본 메모리 접근 허용(default memory access permission)

메모리 맵의 기본 값은 MPU가 변경하지 않으면 유지되며 다음과 같다. 사용자 접근이 block된 영역에 접근하면 fault exception이 발생한다.

Memory Region	Address	Access in User Program
Vendor specific	0xE0100000-0xFFFFFFFF	Full access
ROM Table	0xE00FF000-0xE00FFFFF	Blocked; user access results in bus fault
External PPB	0xE0042000-0xE00FEFFF	Blocked; user access results in bus fault
ETM	0xE0041000-0xE0041FFF	Blocked; user access results in bus fault
TPIU	0xE0040000-0xE0040FFF	Blocked; user access results in bus fault
Internal PPB	0xE000F000-0xE003FFFF	Blocked; user access results in bus fault
NVIC	0xE000E000-0xE000EFFF	Blocked; user access results in bus fault, except Software Trigger Interrupt Register that can be programmed to allow user accesses
FPB	0xE0002000-0xE0003FFF	Blocked; user access results in bus fault
DWT	0xE0001000-0xE0001FFF	Blocked; user access results in bus fault
ITM	0xE0000000-0xE0000FFF	Read allowed; write ignored except for stimulus ports with user access enabled
External Device	0xA0000000-0xDFFFFFF	Full access
External RAM	0x60000000-0x9FFFFFFF	Full access
Peripheral	0x40000000-0x5FFFFFFF	Full access
SRAM	0x20000000-0x3FFFFFFF	Full access
Code	0x00000000-0x1FFFFFFF	Full access

4.5 Bit-band 동작

Bit-band 동작은 single data bit에 대한 접근을 지원하며, Cortex-M3는 미리 정의된 bit-band 영역으로 불리는 메모리 영역이 있다. SRAM 영역의 처음 1MB, 주변장치 영역의 처음 1MB가 bit-band 영역이다. 이 두 영역은 보통 메모리처럼 접근할 수 있으며, bit-band alias로 불리는 다른 별도의 메모리 영역으로 접근할 수도 있다. Bit-band의 주소는 Bit-band alias 주소의 관계는 다음 그림에서 보는 것과 같이 bit-band 주소 0x20000000의 LSB는 bit-band alias 주소 0x22000000에 해당되고, 4번째 비트는 0x22000010에 해당된다.

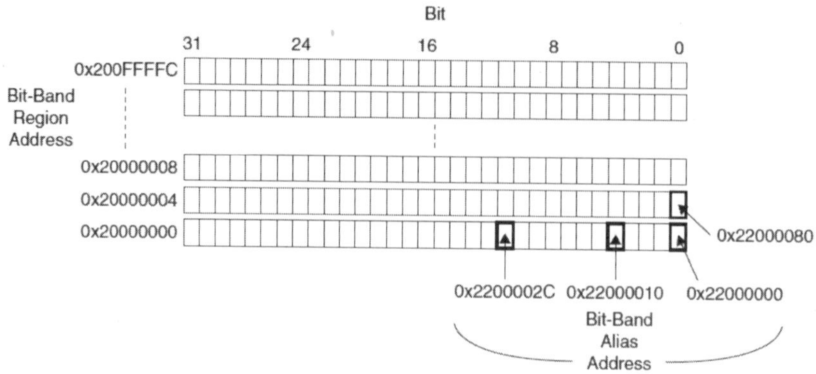

예를 들어 0x20000000의 word 데이터의 bit 2를 1로 만들기 위해서, bit-band가 없는 경우 읽고-비트 설정하고-쓰는 3개의 명령어가 필요하지만 bit-band를 사용하면 bit-band alias 주소 0x22000008에 1을 쓰면 되므로 1개의 명령어로 가능하다. 내부에서는 atomic operation을 수행하므로 두 번의 버스 전송이 필요하다. 실제 어셈블리 프로그램도 다음에 나타내었다.

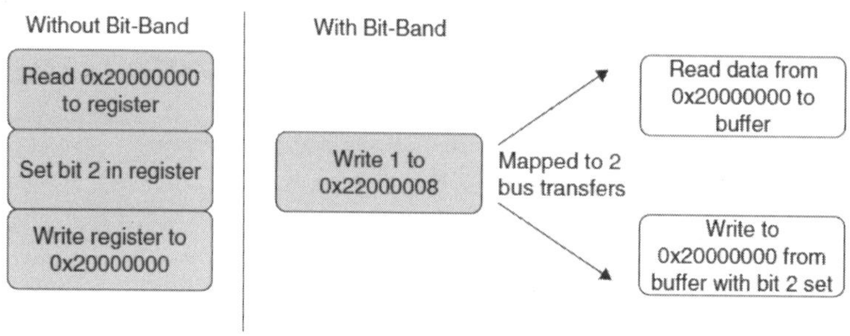

Without Bit-Band

```
LDR R0,=0x20000000 ;Setup address
LDR R1, [R0] ; Read
ORR.W R1, #0x4 ; Modify bit
STR R1, [R0] ; Write back result
```

With Bit-Band

```
LDR R0,=0x22000008 ;Setup addr
MOV R1, #1 ; Setup data
STR R1, [R0] ; Write
```

비슷한 방법으로 0x20000000번지의 비트 2를 읽는 과정은 다음과 같다. 이때는 한 번의 버스 전송으로 처리가 가능하다.

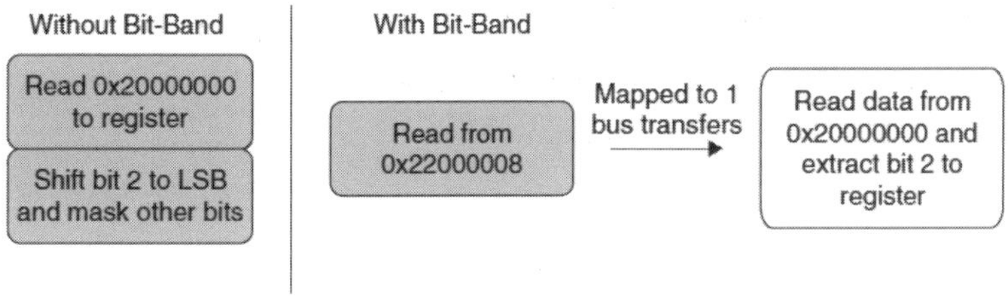

Without Bit-Band

```
LDR R0,=0x20000000 ; Setup address
LDR R1, [R0] ; Read
UBFX.W R1,R1, #2, #1 ; Extract bit[2]
```

With Bit-Band

```
LDR R0,=0x22000008  Setup addr
LDR R1, [R0] ; Read
```

Bit-band 동작은 8051 마이크로프로세서에서부터 사용되던 방법으로 Cortex-M3에서는 비트 단위의 명령어가 없는 대신 메모리의 특정 영역을 할당하여 해당 영역에 접근하면 자동으로 bit-band 동작이 수행되도록 구현하였다.

Cortex-M3에서는 bit-band 동작을 위해서 두 영역이 사용된다.

- 0x20000000-0x200FFFFF (SRAM, 1 MB)
- 0x40000000-0x400FFFFF (Peripherals, 1 MB)

위의 영역과 Bit-band alias의 관계는 다음과 같다.

Bit-Band Region	Aliased Equivalent
0×20000000 bit[0]	0×22000000 bit[0]
0×20000000 bit[1]	0×22000004 bit[0]
0×20000000 bit[2]	0×22000008 bit[0]
...	...
0×20000000 bit[31]	0×2200007C bit[0]
0×20000004 bit[0]	0×22000080 bit[0]
...	...
0×20000004 bit[31]	0×220000FC bit[0]
...	...
0×200FFFF bit[31]	0×23FFFFFC bit[0]

Bit-Band Region	Aliased Equivalent
0×40000000 bit[0]	0×42000000 bit[0]
0×40000000 bit[1]	0×42000004 bit[0]
0×40000000 bit[2]	0×42000008 bit[0]
...	
0×40000000 bit[31]	0×4200007C bit[0]
0×40000004 bit[0]	0×42000080 bit[0]
0×40000004 bit[31]	0×420000FC bit[0]
0×400FFFFC bit[31]	0×43FFFFFC bit[0]

Bit-band 사용법을 간단한 예를 통하여 알아본다.

- 0x20000000번지에 0x3355AACC로 설정한다.
- 0x22000008번지를 읽으면 이 주소는 0x20000000번지로 다시 변환되고 word(32비트) 데이터를 읽어낸 후 0x3355AACC의 bit[2]=1을 돌려준다.
- 0x22000008번지에 0x0을 쓰면 이 주소는 0x20000000번지에 대한 READ-MODIFY -WRITE

동작을 실행한다. 즉 메모리 0x20000000에서 0x3355AACC를 buffer로 읽어내고-bit[2]를 0으로 설정하고(0x3355AAC8)-이를 0x20000000번지에 적는다.

· 0x20000000번지를 읽으면 0x3355AAC8를 얻는다.

Bit-band alias 주소를 사용하는 경우 데이터의 LSB(bit[0]) 만 사용되며, 주소가 word 단위로 정렬되어야 한다. 정렬되지 않은 주소를 사용하면 그 결과를 예측할 수 없다.

4.5.1 Bit-band 동작의 장점

Bit-band 동작은 GPIO를 이용하여 직렬통신을 구성하는 경우 적용할 수 있다. Clock 신호와 신호를 비트 단위로 정렬하고 이들 비트를 차례로 전송하면 쉽게 구현할 수 있다.

Bit-band 동작은 분기의 결정을 status register의 1비트 기준으로 쉽게 처리 할 수 있다. Bit-band가 없는 경우 1)전체 레지스터의 읽기, 2) 사용하지 않는 비트의 masking, 3) 비교 및 분기의 3단계를 Bit-band를 사용하면 1) bit-band alias로 1 비트의 status bit을 읽기, 2) 비교 및 분기의 2단계로 간단히 할 수 있다.

Bit-band 동작이 atomic 즉 READ-MODIFY-WRITE가 인터럽트에 영향을 받지 않고 수행되므로 소프트웨어로 차례로 READ, MODIFY, WRITE의 동작을 차례로 수행할 때 발생하는 다음 문제를 해결할 수 있다. Main 프로그램에서는 비트 0을, 인터럽트 루틴에서는 비트 1을 출력하는 간단한 출력 단자 프로그램에서 소프트웨어로 차례로 READ, MODIFY, WRITE의 동작을 수행하는 경우, 그림에서 보는 바와 같이 인터럽트가 없다면 main은 0x00에서 0x01로 출력을 설정할 수 있다. 이 상태에서 main에서 비트 0을 다시 0으로 설정하고 이를 출력 port에 쓰기 직전에 인터럽트가 발생하여 비트 1을 1로 설정하는 과정에서 이전의 비트 0의 값 1을 반영하므로 0x03이 출력된다. 이후 main에서 출력 포트에 값을 쓰면 인터럽트 이전에 결정된 값 0x00을 출력하게 된다.

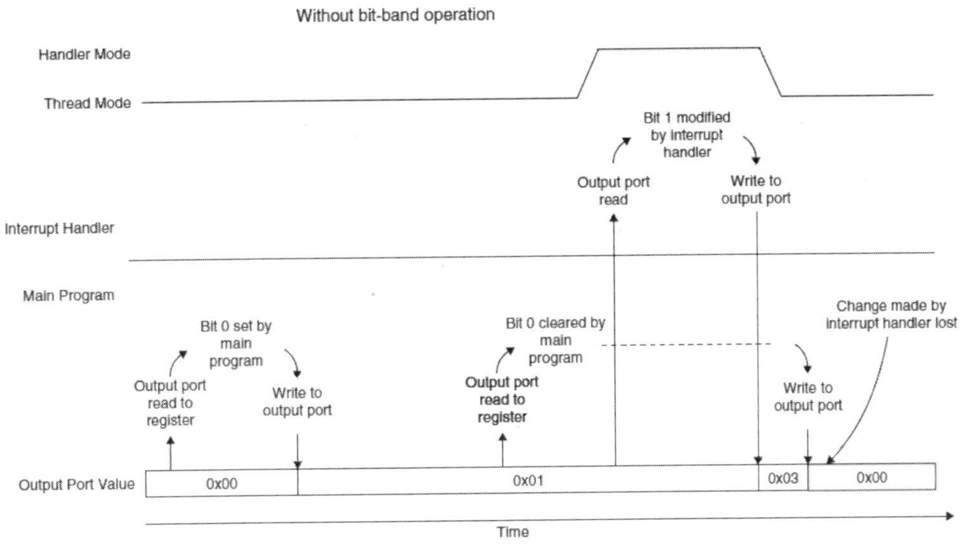

Cortex-M3의 하드웨어 기반의 atomic READ-MODIFY-WRITE 동작을 이용하면 위의 문제를 해결할 수 있다. 다음 그림에서 출력 포트의 값이 변경까지를 보장하므로 잘못된 동작을 방지할 수 있다.

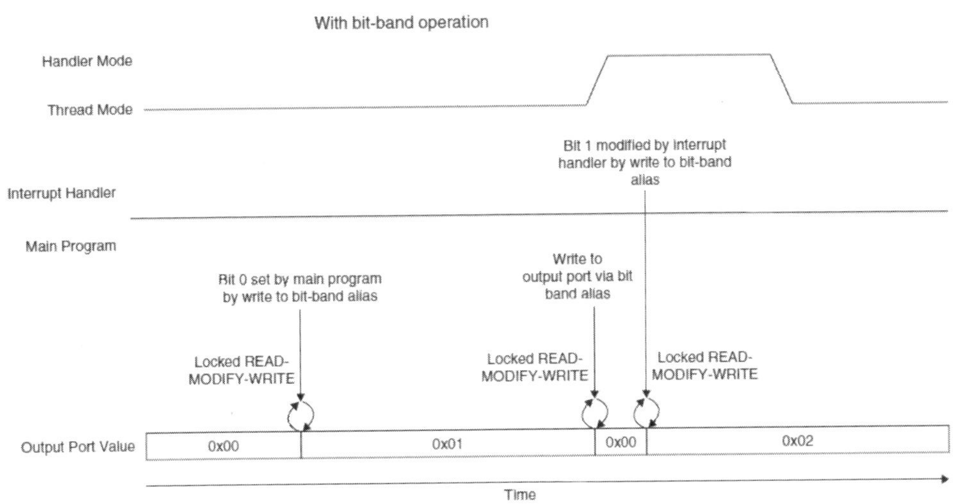

같은 방법으로 multitasking 시스템에서 두 Process A와 B 사이에서 발생하는 공유 메모리의 변경에서 발생하는 문제(위의 예에서 main과 인터럽트 서비스 루틴의 역할을 하는 경우와 같이)도 해결할 수 있다.

4.5.2 데이터 크기가 다른 경우의 Bit-band 동작

bit-band 동작은 word 전송에 국한되지 않고 바이트 단위 혹은 half-word 단위 전송에도 적용될 수 있다. 예를 들어 바이트 접근 명령어(LDRB/STRB)가 bit-band alias 주소를 사용하는 경우 bit-band 영역을 바이트 단위로 접근한다. 같은 방법으로 half word 전송 명령어(LDRH/STRH)도 동작한다. word 단위의 전송을 사용하지 않는 경우에도 bit-band alias 주소는 word 단위로 정렬되어야 한다.

4.5.3 C 프로그램에서 Bit-band 동작

C 컴파일러가 bit-band 동작을 지원하지 못하지만 다음의 예에서처럼 메모리에 대한 주소와 bit-band alias를 따로 정의하면 쉽게 해결할 수 있다.

```
#define DEVICE_REG0 ((volatile unsigned long *) (0x40000000))
#define DEVICE_REG0_BIT0 ((volatile unsigned long *) (0x42000000))
#define DEVICE_REG0_BIT1 ((volatile unsigned long *) (0x42000004))
        ...
        *DEVICE_REG0 = 0xAB; // Accessing the hardware register by normal
                             // address
        ...
        *DEVICE_REG0 = *DEVICE_REG0 | 0x2; // Setting bit 1 without using
                                           // bitband feature
        ...
        *DEVICE_REG0_BIT1 = 0x1; // Setting bit 1 using bitband feature
                                 // via the bit band alias address
```

혹은 다음과 같이 C macro를 사용하면 쉽게 사용할 수 있다.

```
// Convert bit band address and bit number into bit band alias address
#define BITBAND(addr,bitnum) ((addr & 0xF0000000)+0x2000000+((addr &
0xFFFFF)<<5)+(bitnum <<2))
// Convert the address as a pointer
#define MEM_ADDR(addr) *((volatile unsigned long *) (addr))
```

위의 예를 이용하면 다음과 같이 프로그램을 다시 작성할 수 있다.

```
#define DEVICE_REG0 0x40000000
#define BITBAND(addr,bitnum) ((addr & 0xF0000000)+0x02000000+((addr &
```

```
0xFFFFF)<<5)(bitnum<<2))
#define MEM_ADDR(addr) *((volatile unsigned long *) (addr))
        ......
        MEM_ADDR(DEVICE_REG0) = 0xAB;  // Accessing the hardware
                                       // register by normal address
        ......
        // Setting bit 1 without using bitband feature
        MEM_ADDR(DEVICE_REG0) = MEM_ADDR(DEVICE_REG0) | 0x2;
        ......
        // Setting bit 1 with using bitband feature
        MEM_ADDR(BITBAND(DEVICE_REG0,1)) = 0x1;
```

C 컴파일러는 같은 변수를 다른 주소로 접근하는지를 모르므로 변수에 접근할 때 마다 프로세서 내부의 복사본이 아닌 실제 메모리에 값이 사용될 수 있도록 bit-band 기능이 사용될 때는 변수는 volatile 형식으로 선언되어야 한다.

4.6 비정렬 전송(unaligned transfer)

일반적인 ARM 프로세서(ARM7/ARM9/ARM10)은 정렬된 전송만 지원하는데 비하여 Cortex-M3는 단일 접근에 비정렬 전송을 지원한다. 정렬 전송에서는 word 데이터의 주소는 bit[1:0]=0x00이어야 하므로 0x1000, 0x1004는 허용되지만 0x1001, 0x1003은 허용되지 않는 주소이다.

비정렬 전송에서 데이터 메모리는 정렬에 상관없이 접근할 수 있다. 이 경우 다음 그림과 같은 전송이 일어난다. Cortex-M3에서 최소 주소 단위는 1바이트이므로 어떤 바이트 크기의 전송도 가능하다.

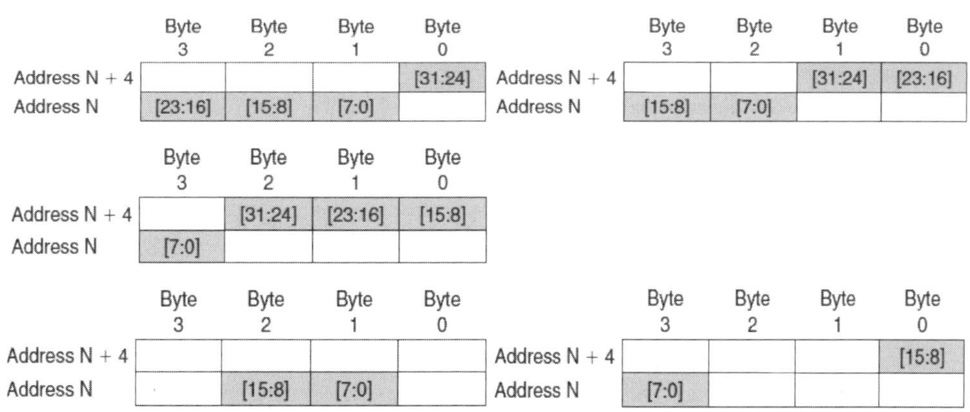

Cortex-M3에서 비정렬 전송은 보통의 메모리 접근(LDR, LDRH, STR, STRH)으로 지원되지만 몇가지 제약이 따른다.

· Load/store 다중 명령어에서 비정렬 전송은 지원되지 않는다.
· Stack 동작(PUSH/POP)은 반드시 정렬되어야 한다.
· 배타적인 접근(LDREX, STREX)는 반드시 정렬되어야 한다. 그렇지 않으면 fault exception이 발생한다.
· Bit-band 동작에는 비정렬 전송이 지원되지 않으며, 비정렬 전송에 대한 결과는 보장되지 않는다.

비정렬 전송의 요구에 대하여 프로세서는 이를 사용자 모르게 여러 번의 전송을 나누어 수행하므로 사용자는 이에 대하여 고려하지 않아도 된다. 그러나 비정렬 전송은 성능을 열화 시키므로 성능이 중요한 응용에서는 정렬 전송을 사용하는 것이 좋다.

NVIC에서 비정렬 전송이 발생하면 exception이 발생하게 설정제어 레지스터(0xE000ED14)의 UNALIGN_TRP 비트를 설정할 수 있다. 이에 따라 비정렬 전송이 발생하면 fault exception이 발생하며 이는 소프트웨어 개발 과정에서 비정렬 전송을 확인하는데 사용될 수 있다.

4.7 배타적 접근(exclusive access)

ARM7TTDMI 등 ARM 프로세서에서 semaphore 동작에 사용되던 Cortex-M3는 SWP(swap) 명령어가 없으며 배타적 접근으로 대체되었다. 배타적 접근은 ARM1139 같은 v6 구조에서 처음 사용되었다.

Semaphore는 응용 프로그램에서 자원을 공유할 때 사용되며, 한 프로세서(process)에 의하여 자원이 사용될 때 semaphore로 선언된 메모리에 lock을 설정한다. 다른 프로세서가 그 자원을 사용하기 위해서는 우선 lock을 확인하고 lock이 되어 있지 않다면 lock을 걸고 난 후 해당 자원을 사용한다. 기존의 ARM에서는 atomic 동작으로 읽고 쓰기가 이루어지는 SWP으로 lock을 설정하여, 두 프로세서가 동시에 lock을 거는 현상을 방지하였다. 그러나 새로운 ARM 구조에서는 읽고/쓰기가 다른 버스에서 수행되므로 SWP 명령어가 더 이상 atomic 명령어로 동작하지 않는다. 따라서 배타적 접근이 사용된다. 배타적 접근은 semaphore 메모리에 다른 버스 master 혹은 다른 프로세서가 접근할 수 있다. 배타적 쓰기(STREX) 도중에 다른 프로세서에 의하여 접근되면 fail을 돌려주어(return) 배타적 접근이 실패했음을 알린다.

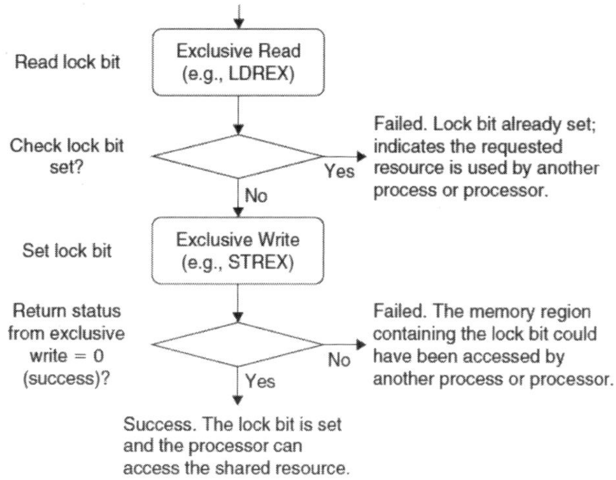

배타적 접근 명령어는 word 단위 접근에 LDREX/STREX, half word 단위 접근에 LDREXH/STREXH, byte 단위 접근에 LDREXB/ STREXB가 사용되며, 다음의 형식을 갖는다. 여기서 <Rd>는 배타적 쓰기 결과 값으로 0은 성공, 1은 실패를 나타낸다.

```
LDREX <Rxf>, [Rn, #offset]
STREX <Rd>, <Rxf> ,[Rn, #offset]
```

배타적 접근에 대해서는 MPU에서 bufferable로 선언했더라도 buffer를 통하지 않고 직접 메모리에 접근해서 실제 메모리에 항상 최신의 값이 존재하고 동질성(coherence)가 보장되도록 한다. Multiprocessor 구성에 Cortex-M3를 사용하는 경우 배타적 전송이 발생하면 데이터 동질성 보장을 해야 한다.

4.8 Endian 모드

Cortex-M3는 little endian과 big endian을 모두 지원한다. 그러나 core 외에 추가되는 버스 연결, 메모리 제어기, 주변장치 등에 의하여 상용 제품의 메모리 형태가 결정된다. 따라서 사용하는 microcontroller가 어떤 형식을 지원하는지는 data sheet를 확인해야 한다. 대부분의 Cortex-M3 기반 microcontroller는 little endian인 경우가 많다.

Cortex-M3(byte-invariant big endian)에서의 메모리 사용은 다음과 같다.

Address, Size	Bits 31-24	Bits 23-16	Bits 15-8	Bits 7-0
0×1000, word	Data[7:0]	Data[15:8]	Data[23:16]	Data[31:24]
0×1000, half word	Data[7:0]	Data[15:8]	-	-
0×1002, half word	-	-	Data[7:0]	Data[15:8]
0×1000, byte	Data[7:0]	-	-	-
0×1001, byte	-	Data[7:0]	-	-
0×1002, byte	-	-	Data[7:0]	-
0×1003, byte	-	-	-	Data[7:0]

Cortex-M3(byte-invariant big endian) AHB 버스에서의 데이터 형태는 다음과 같다.

Address, Size	Bits 31-24	Bits 23-16	Bits 15-8	Bits 7-0
0×1000, word	Data[7:0]	Data[15:8]	Data[23:16]	Data[31:24]
0×1000, half word	-	-	Data[7:0]	Data[15:8]
0×1002, half word	Data[7:0]	Data[15:8]	-	-
0×1000, byte	-	-	-	Data[7:0]
0×1001, byte	-	-	Data[7:0]	-
0×1002, byte	-	Data[7:0]	-	-
0×1003, byte	Data[7:0]	-	-	-

사용하는 microcontroller가 big endian을 지원하지 않는데, 주변장치가 big endian 데이터를 사용하는 경우, REV, REVH 등의 새로운 명령어를 이용하여 big endian과 little endian 사이를 변환할 수 있다.

5. Cortex-M3의 구현

5.1 파이프라인(Pipeline)

Cortex-M3는 3단계(명령어 fetch, 명령어 decode, 명령어 실행) 파이프라인을 가진다. 메모리에 접근할 때 파이프라인이 버스 인터페이스 동작을 수행하지만 이는 프로세서 외부에서 일어나는 단계로 프로세서 자체로는 3단계 파이프라인으로 인정된다.

대부분의 프로그램이 16비트 명령어로 이루어지면 매 명령어에 대하여 fetch를 수행하지 않아도 된다. 왜냐하면 한번의 32비트 fetch로 2개의 명령어를 얻을 수 있기 때문이다. 이 경우 프로세서는 다음 명령어를 미리 fetch하거나, buffer가 차있으면 대기한다. 어떤 명령어는 수행에 여러 사이클이 필요하며 이 경우 파이프라인은 멈춘다.

분기 명령에 대하여 파이프라인은 flush되며, 분기의 목적지에서 명령어를 fetch하여 파이프라인을 새로 채운다. 짧은 범위 분기는 조건 실행 코드(conditional execution code)로 대체하여 분기를 피해서 성능을 향상시킨다.(IF-THEN block 참고)

파이프라인의 특징과 Thumb 명령어와 호환을 위하여 프로그램 실행 도중에 PC를 읽으면 현재 실행중인 명령어 + 4의 주소 값이 나온다. 16비트 Thumb 명령어나, 32비트 Thumb-2 명령어에서나 +4의 값을 가지며 Thumb과 Thumb-2 사이에 호환성을 보장한다.

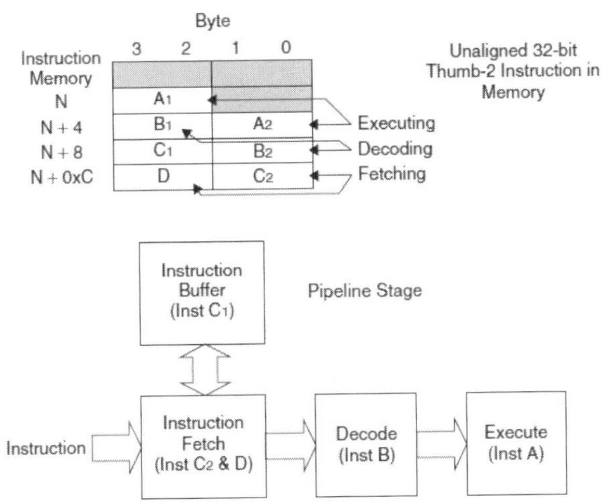

프로세서 core 내부에 명령어 pre-fetch 장치에는 명령어 buffer가 있어 다음에 필요한 추가의 명령어를 저장한다. 이 buffer가 명령어 속에 비정렬 전송을 요구하는 32비트 Thumb-2 명령어가

있는 경우에도 파이프라인의 동작이 멈추지 않도록 해준다. 이 buffer가 파이프라인에 추가의 단계가 아니므로 branch penalty를 증가시키지는 않는다.

5.2 자세한 블록도

Cortex-M3는 프로세서 core 외에도 시스템 관리를 위한 부분, debugging을 지원하기 위한 부분을 포함하고 있다. MPU와 ETM은 microcontroller 구현에서 포함 여부가 선택된다.

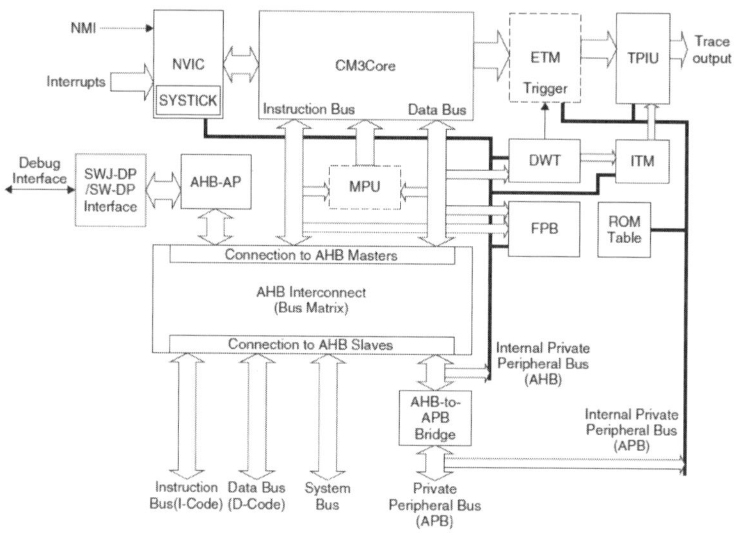

Name	Description
CM3Core	Central processing core of the Cortex-M3 processor
NVIC	Nested Vectored Interrupt Controller
SYSTICK Timer	A simple timer that can be used by the operating system
MPU	Memory Protection Unit(optional)
CM3BusMatrix	Internal AHB interconnection
AHB to APB	Bus bridge to convert AHB to APB
SW-DP/SWJ-DP interface	Serial Wire/Serial Wire JTAG debug port(DP) interface; debug interface connection implemented using either Serial Wire Protocol or traditional JTAG Protocol(for SWJ-DP)
AHB-AP	AHB Access Port; converts commands from Serial Wire/SWJ interface into AHB transfers
ETM	Embedded Trace Macrocell; a module to handle instruction trace for debug(optional)
DWT	Data Watchpoint and Trace unit; a module to handle the data watchpoint function for debug
ITM	Instrumentation Trace Macrocell
TPIU	Trace Port Interface Unit; an interface block to send debug data to external trace capture hardware
FPB	Flash Patch and Breakpoint unit
ROM Table	A small lookup table that stores configuration information

Signal Group	Function
Multiprocessor communication (TXEV, RXEV)	Simple task synchronization signals between multiple processors
Sleep signals(SLEEPNG, SLEEPDEEP)	Sleep status for power management
Interrupt status signals (ETMINTNUM, ETMINTSTATE, CURRPRI)	Status of interrupt operation, for ETM operation and debug usage
Reset request(SYSRESETREQ)	Resets request output from NVIC
Lockup[2] and Halted status(LOCKUP, HALTED)	Indicate that the processor core has entered a lockup state (caused by error conditions within hard fault handler or NMI handler) or a halted state(for debug operations)
Endian input(ENDIAN)	Sets the endian of the Cortex-M3 when the core is reset
ETM interface	Connects to Embedded Trace Macrocell(ETM) for instruction trace
ITM's ATB interface	Advanced Trace Bus(ATB) is a bus protocol in ARM's CoreSight debug architecture for trace data transfer; here this interface provides trace data output from Cortex-M3's Instrumentation Trace Macrocell(ITM), which is connected to the Trace Port Interface Unit(TPIU)

5.3 Typical connection

Cortex-M3 내부에는 많은 버스가 있으며, 이들과 메모리 및 주변장치들과의 연결은 다음과 같다.

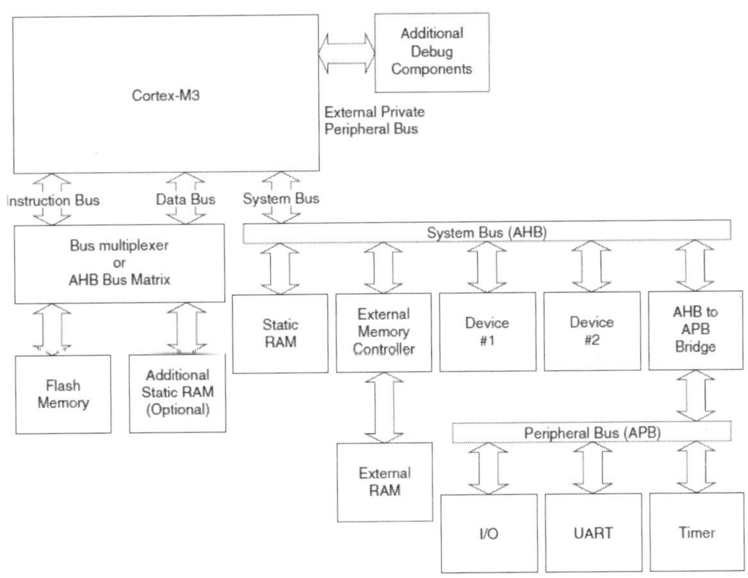

코드 메모리 영역은 명령어 버스(Instruction bus)나 데이터 버스(data bus)에 의하여 접근되므로 Bus-matrix(혹은 AHB bus multiplexer)로 불리는 AHB bus switch가 필요하다. Bus-matrix를 이용하여 Flash memory 혹은 추가 SRAM을 명령어 버스나 데이터 버스로부터 접근할 수 있다.

만약 명령어와 데이터가 동시에 같은 메모리에 접근하려는 경우 데이터 버스가 높은 우선순위를 갖는다. 반면 명령어와 데이터 버스가 서로 다른 메모리(예를 들면, 명령어는 Flash, 데이터는 추가 SRAM)에 접근은 동시에 처리된다. 만약 AHB bus multiplexer가 사용된다면 전송은 동시에 일어나지 못하지만 회로는 단순해진다,

Cortex-M3 microcontroller에서 main SRAM은 system bus의 SRAM 메모리 주소 영역에 연결된다. 이 경우 명령어와 데이터의 전송이 동시에 처리될 수 있으며, bit-band 기능을 이용하면 boolean 형식의 데이터도 처리할 수 있다.

일부 상용 microcontroller는 외부 메모리 interface도 지원한다. 이 경우 AHB에 외장 메모리를 직접 연결할 수 없으므로 외부 메모리 제어기가 필요하다. 외부 메모리 제어기는 system bus에 연결되며, 추가의 AHB 장치도 Bus-Matrix 없이 system bus에 쉽게 연결할 수 있다.

단순한 주변장치는 AHB-to-APB bridge를 이용하여 연결할 수 있다, 이를 이용하면 간단한 APB 프로토콜로 주변장치를 연결할 수 있다.

5.4 Reset 신호

Cortex-M3에서는 여러 종류의 reset 신호를 정의하고 있지만 상용 microcontroller에서는 일부를 제외하고 나머지는 내부에서 처리할 수 있으므로 차이가 날 수 있다.

Reset Signal	Description
Power on rest(PORESETn)	Reset that should be asserted when the device is powered up; resets both processor core and debugging system
System reset(SYSESETn)	System reset; affects processor core, NVIC(except debug control registers), and MPU but not the debugging system
Test reset(nTRST)	Reset for debugging system

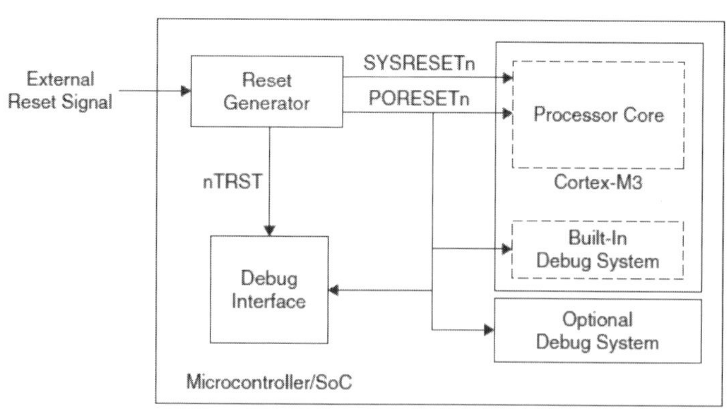

6. STM32F103 개요

STM32F103xx family는 STMicroelectronics 사에서 제공하는 advanced ARM-based 32-bit MCU 이며, 이 장에서는 본 과정에서 사용하는 STM32F103RB의 특징을 간략히 살펴본다. 자세한 내용은 RM0008 reference manual을 참고하기 바란다.

6.1 특징 요약

· ARM Cortex-M3 32비트 RISC core
  - 72MHz clock frequency
  - 1.25 DMIPS/MHz (Dhrystone 2.1) at 0 wait state memory access
  - 단일 cycle 곱셈, 하드웨어 기반 나누기

· 고속 내장 메모리
  - Flash memory 최대 128KByte
  - SRAM 최대 20KByte)

· Clock, reset, supply(전원) 관리
  - 2.0~3.6V application supply 및 IO
  - POR, PDR 및 PVD(Programmable voltage detector)
  - 4~16MHz 수정 발진자
  - 내부 8MHz factory-trimmed RC
  - 내부 40KHz RC
  - PLL을 이용한 CPU clock 생성
  - RTC 동작을 위한 32KHz 발진기(보상 포함)

· 다양한 power saving 모드제공으로 저 전력 응용에 적합
  - Sleep, Stop, Standby 모드
  - RTC와 backup 레지스터용 VBat supply

· 2개의 12비트, 1us ADC(최대 16채널)
  - 변환 범위: 0~3.6V
  - 이중 sample-and-hold 기능
  - 온도 센서 내장

· DMA
  - 7 채널 DMA 제어기
  - 지원 주변장치: timer, ADC, SPI, I2C, USART
· 두개의 APB 버스에 연결된 최대 80 I/O port
  - 26/37/51/80 IO port, 16개 외부 인터럽터 벡터로 처리 가능, 5V 동작 가능
· Debug 모드
  - SWD(serial wire debug)와 JTAG 지원
· 7개 timer
  - 3개 16비트 타이머, 각각은 최대 4 IC/OC/PWM 혹은 펄스 계수기 및 quadrature 엔코더 입력과 함께 사용
  - 1개의 16비트 모터 제어용 PWM 타이머, dead-time 생성 및 비상 정지 기능 포함
  - 2개의 watchdog 타이머(independent and window)
  - SysTick 타이머 : 24비트 하향계수기
· 최대 9개의 통신 인터페이스
  - 최대 2개 I2C (SMBus/PMBus)
  - 최대 3개 USART(ISO 7816 표준, LIN, IrDA 기능 지원, 모뎀 제어)
  - 최대 2개 SPI (18Mbit/s)
  - 1개 CAN (2.0B Active)
  - 1개 USB 2.0, 최대 속도 지원
· CRC 계산기, 96비트 unique ID
· 6종의 package 제공(36핀에서 100핀까지, 포함되는 주변장치 달라짐)
· 모터 구동, 의료기, handheld 장치, PC, 게임기, GPS 수신기, 산업응용, PLC, 인버터, 프린터, 스캐너, 경보 시스템, 비디오 인터콤, HVAC 등 다양한 분야에서 응용 가능

Peripheral		STM32F103Tx		STM32F103Cx		STM32F103Rx		STM32F103Vx	
Flash-Kbytes		64	128	64	128	64	128	64	128
SRAM-Kbytes		20		20		20		20	
Timers	General-purpose	3		3		3		3	
	Advanced-control	1		1		1		1	
Communication	SPI	1		2		2		2	
	I^2C	1		2		2		2	
	USART	2		3		3		3	
	USB	1		1		1		1	
	CAN	1		1		1		1	
GPIOs		26		37		51		80	
12-bit synchronized ADC Number of channels		2 10 channels		2 10 channels		2 16 channels[1]		2 16 channels	
CPU frequency		72 MHz							
Operating voltage		2.0 to 3.6 V							
Operating temperatures		Ambient temperatures: -40 to + 85℃ / -40 to + 105 ℃ (see Table 9) Junction temperature: -40 to + 125℃ (see Table 9)							
Packages		VFQFPN36		LQFP48 UFQFPN48		LQFP64 TFBGA64		LQFP100, LFBGA100, UFBGA100	

6.2 내부 구조 및 호환성

Package에 따라 조금씩 차이는 있지만 STM32F103xx family의 내부 구조는 다음과 같다.

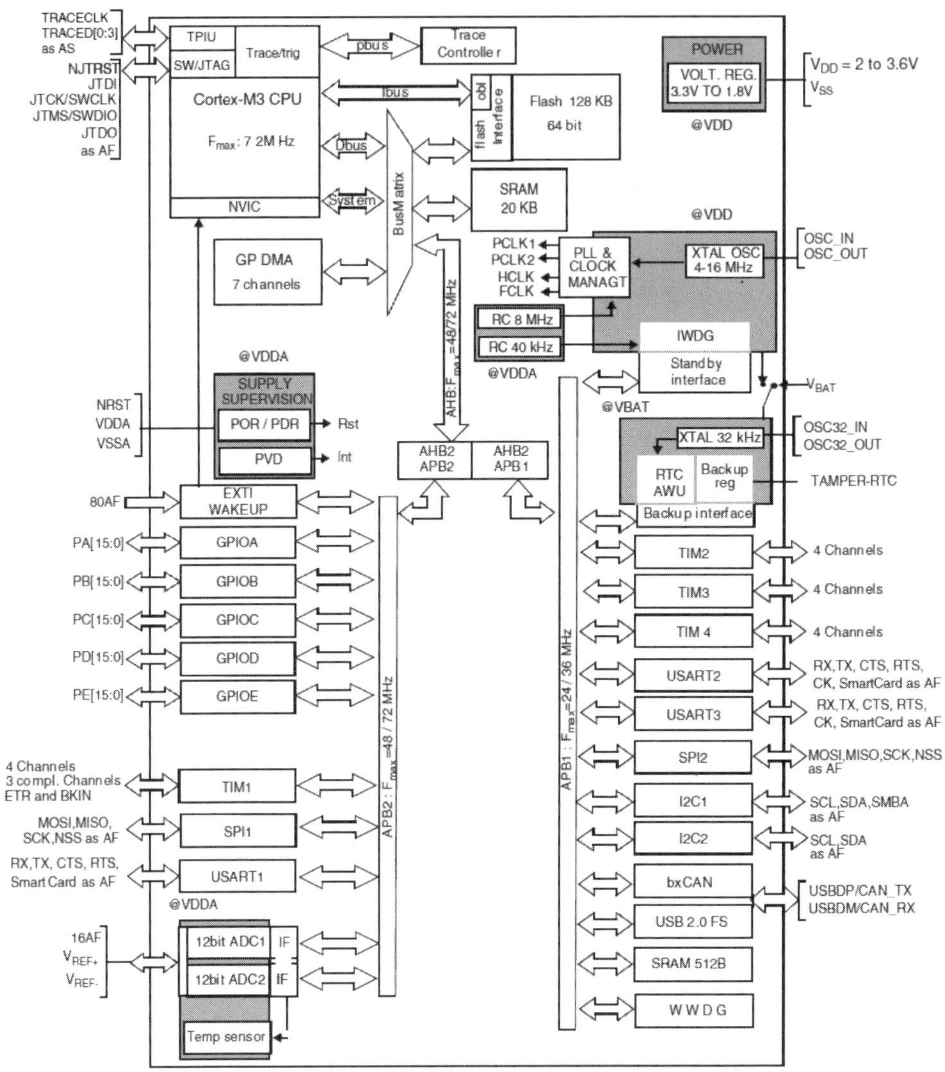

STM32F103xx family 사이는 호환성이 보장되며 다음 세가지로 구분된다.

- Low density devide: STM32F103x4, STM32F103x6
- Medium density devide: STM32F103x8, STM32F103xB
- High density devide: STM32F103xC, STM32F103xD, STM32F103xE

위의 구분에 따라 포함되는 메모리의 크기, 주변장치의 종류 및 개수, 핀 수는 다음에 정리하였다. 본 과정에서 사용하는 STM32F103RB는 medium density device이다.

<table>
<tr><th rowspan="3">Pinout</th><th colspan="2">Low-density devices</th><th colspan="2">Medium-density devices</th><th colspan="3">High-density devices</th></tr>
<tr><td>16 KB
Flash</td><td>32 KB
Flash[1]</td><td>64 KB
Flash</td><td>128 KB
Flash</td><td>256 KB
Flash</td><td>384 KB
Flash</td><td>512 KB
Flash</td></tr>
<tr><td>6KB RAM</td><td>10KB RAM</td><td>20KB RAM</td><td>20KB RAM</td><td>48KB RAM</td><td>64KB RAM</td><td>64KB RAM</td></tr>
<tr><td>144</td><td></td><td></td><td></td><td></td><td rowspan="3" colspan="3">5 × USARTs
4 × 16-bit timers, 2 × basic timers
3 × SPIs, 2 × I^2Ss, 2 × I2Cs
USB, CAN, 2 × PWM timers
3 × ADCs, 2 × DACs. 1 × SDIO
FSMC(100 and 144 pins)</td></tr>
<tr><td>100</td><td></td><td></td><td rowspan="4" colspan="2">3 × USARTs
3 × 16-bit timers
2 × SPIs, 2 × I^2Cs, USB,
CAN, 1 × PWM timer
2 × ADCs</td></tr>
<tr><td>64</td><td rowspan="3" colspan="2">2 × USARTs
2 × 16-bit timers
1 × SPI, 1 ×I^2C, USB,
CAN, 1 ×PWM timer
2 × ADCs</td></tr>
<tr><td>48</td><td></td><td></td><td></td></tr>
<tr><td>36</td><td></td><td></td><td></td></tr>
</table>

6.3 개요

6.3.1 내장 Flash와 SRAM을 갖는 ARM Cortex-M3 core

최신의 ARM Cortex-M3 processor를 내장하여, 저가의 고성능 응용에 적합하도록 개발되었다. 빠른 인터럽트 응답을 유지하면서 적은 핀 수와 저 전력 동작을 지원한다. STM32F103xx family은 ARM core를 내장하고 있어 ARM의 개발 툴과 소프트웨어와 호환된다.

6.3.2 내장 Flash memory

프로그램과 데이터 저장을 위하여 64 혹은 128 Kbytes의 Flash 메모리를 내장하고 있다

6.3.3 CRC(cyclic redundancy check) 계산 장치

CRC(cyclic redundancy check) 계산 장치는 데이터 전송과 저장에서 무결성을 보장하기 위하여 사용된다. EN/IEC 60335-1 표준에 따라 Flash memory의 무결성을 검사한다. CRC 계산 장치는 링크될 때 생성되어 메모리에 저장된 값과 실시간으로 생성된 값을 비교한다.

6.3.4 Embedded SRAM

20Kbytes의 내장 SRAM에 CPU clock(0 wait states)의 고속으로 접근할 수 있다.

6.3.5 Nested vectored interrupt controller(NVIC)

STM32F103xx family는 최대 43개의 maskable 인터럽트 채널(16개의 Cortex-M3 인터럽트 라인을 제외하고)과 16개의 우선순위를 지원하는 NVIC를 내장하고 있다.

· 밀접하게 연결된 NVIC으로 인터럽트 처리에 지연 감소

· Core로 직접 인터럽트 entry vector table address 전달

· 밀접하게 연결된 NVIC와 core 인터페이스

· 인터럽터의 조기 처리(early processing) 지원

· 나중에 도착한 높은 우선 순위 인터럽트 처리

· tail-chaining 지원

· Processor state 자동 저장

· 부하 없이 인터럽트 종료시 entry 복구

NVIC는 인터럽터 지연을 최소화하면서 유연하게 인터럽트를 관리할 수 있도록 해준다.

6.3.6 외부 interrupt/event 제어기(EXTI)

외부 interrupt/event 제어기는 interrupt/event 요청을 처리하기 위한 19개의 edge 검출선으로 구성된다. 각 검출선은 각각 별도로 rising/ falling/both edge에 동작할 수 있으며, 각각을 별도로 mask할 수 있다. pending register는 인터럽터 요청 상태를 저장한다. EXTI는 내부 APB2 클록보다 짧은 펄스를 갖는 외부 인터럽터를 검출할 수 있다. 최대 80 GPIO가 16개의 외부 인터럽트 선에 연결될 수 있다.

6.3.7 Boot modes

startup 단계에서 boot pins으로 다음 3가지 중 하나의 boot 모드를 선택할 수 있다.

· Boot from User Flash

· Boot from System Memory

· Boot from embedded SRAM

Boot loader는 System Memory에 위치하며, USART1을 이용하여 Flash memory를 다시 프로그램 할 때 사용된다.

6.3.8 Clocks and startup

System clock은 startup 동안 선택된다. reset 후에는 내부 RC 8MHz 발진기가 기본 CPU clock으로 사용된다. 외부 4-16MHz clock이 선택될 수 있으며 고장 검출 기능이 동작된다. 고장이 검출되면 자동으로 내부 RC 발진기로 전환되며, 소프트웨어 인터럽트가 발생된다. 같은 방법으로 필요하다면 간접적으로 사용되는 수정발진기, 공진기 혹은 발진기의 고장등 PLL clock entry에 대해서도 인터럽트로 관리가 가능하다.

다양한 prescaler로 AHB의 주파수, 고속 APB(APB2), 저속 APB(APB1) 영역을 설정할 수 있다. AHB와 APB2의 최대 주파수는 72MHz이고, APB1의 최대 속도는 36MHz까지 허용된다.

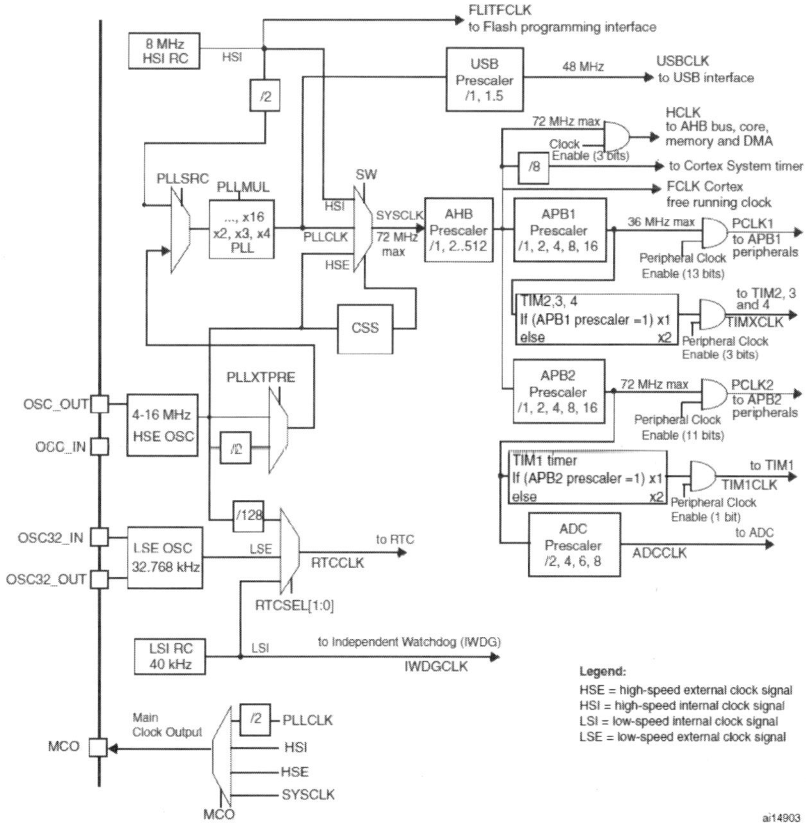

6.3.9 Voltage regulator

regulator는 3가지 동작 모드가 있다. main(MR), low power(LPR) and power down.

- MR은 보통의 regulation 모드에서 사용(Run)
- LPR은 Stop 모드에서 사용
- Power down은 Standby 모드에서 사용: regulator 출력은 high impedance 상태: 핵심 회로의 전원은 차단, 레지스터와 SRAM 내용은 망실

Reset후 regulator는 항상 활성화되며 Standby 모드에서 비활성화 되어 high impedance 출력을 제공한다.

6.3.10 저전력 모드(Low-power modes)

STM32F103xx은 전력소비와 짧은 startup 시간, 사용 가능한 resource를 고려하여 다음 3가지 저전력 모드를 제공한다.

- Sleep mode: Sleep 모드에서는 CPU 만 정지되고 다른 주변장치는 동작을 계속한다. interrupt/event로 CPU를 wakeup 상태로 바꿀 수 있다.
- Stop mode: Stop 모드는 SRAM과 레지스터의 내용을 유지하는 전력소비가 가장 작은 모드이다. 1.8V 영역의 모든 clock은 정지하고, PLL, HSI RC, HSE 수정 발진자가 비활성화 된다. Voltage regulator는 정상 혹은 저전력 모드가 될 수 있다. 16개의 외부 선, PVD 출력, RTC 알람, USB wakeup 중 하나인 EXTI 선으로 Stop 모드에서 벗어날 수 있다.
- Standby mode: Standby 모드가 가장 전력을 적게 소비하는 모드이며 내부 voltage regulator가 정지하여 1.8V 영역 전원 전체가 꺼진다. PLL, HSI RC, HSE 수정 발진자도 꺼진다. Standby 모드에서는 SRAM과 레지스터 내용도 지워진다. (Backup 영역 있지 않고 Standby 회로가 없다면) 외부 reset(NRST핀) 혹은 IWDG reset, WKUP 핀의 rising edge, RTC 알람에 의해서 Standby 모드에서 벗어날 수 있다.

주의: RTC, IWDG 및 해당 clock sources는 Stop 혹은 Standby 모드에서도 정지하지 않음.

6.3.11 전원(Power) 공급 방법

- VDD = 2.0~3.6V: I/O와 내부 regulator에 VDD 핀을 통하여 외부 전원 공급
- VSSA, VDDA = 2.0~3.6V: ADC, reset block, RC, PLL에 외부 analog 전원 공급(ADC가 사

용되는 경우 VDDA 최소 전압은 2.4V). VDDA와 VSSA는 각각 VDD와 VSS에 연결

- VBAT = 1.8~3.6V: VDD가 없는 경우 RTC, 외부 clock 32kHz oscillator, backup registers (through power switch)에 전원 공급

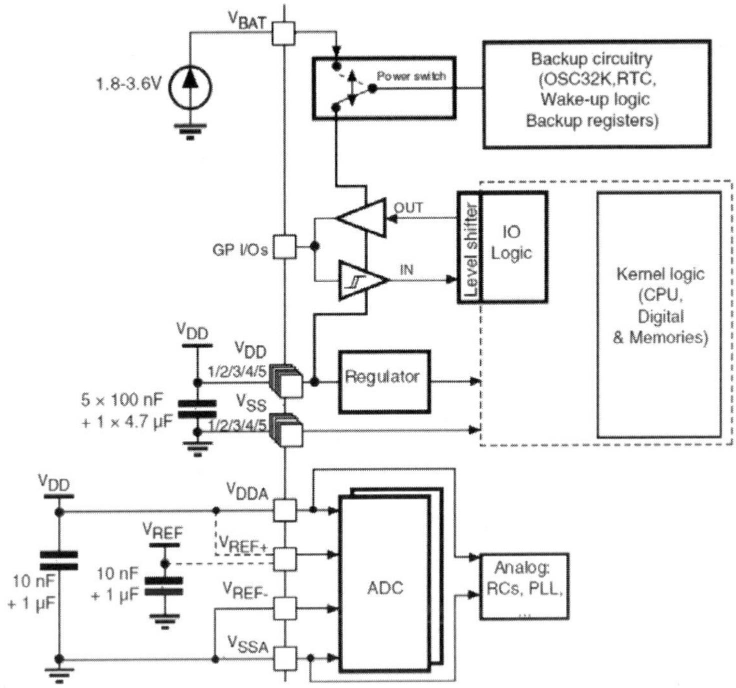

6.3.12 DMA(Direct Memory Access)

memory-to-memory, peripheral-to-memory, memory-to-peripheral 데이터 전송을 지원하는 7-채널 범용 DMA를 포함하고 있다. DMA 제어기는 circular buffer 관리를 통하여 end of buffer에 도달한 경우에 인터럽트의 발생을 피할 수 있다. 각 채널은 지정된 하드웨어 DMA 요청에 연결되어 있으며 각 채널의 요청에 응답하는 소프트웨어에 의하여 처리된다. 소프트웨어로 source, destination, 전송 크기 등을 설정할 수 있다.

DMA는 주요 주변장치(SPI, I2C, USART, general-purpose and advanced-control timers TIMx and ADC)와 같이 사용될 수 있다.

6.3.13 RTC(real-time clock) and backup registers

RTC 와 backup register의 전원은 VDD가 있으면 VDD로 아니면 VBAT으로 공급된다. backup 레지스터는 10개의 16비트 레지스터로 VDD가 제공되지 않을 때 사용자의 데이터 20바이트를 보관하는데 사용될 수 있다.

RTC는 시계 기능을 하는 계수기로 캘런더 기능과 알람 인터럽트, 주기적 인터럽트를 발생시키는 데 사용될 수 있다. RTC는 외부에 32.768kHz 발진기 혹은 공진기를 사용하거나, 내부의 저전력 발진기(40KHz)를 사용하거나, 외부 clock을 128로 나누어 사용할 수 있다. RTC는 외부 512Hz 출력을 확인 비교하여 교정할 수 있다. RTC 내부에는 프로그램 가능한 32비트의 계수기(긴 시간 설정 가능) 값을 Compare register의 값과 비교하여 알람을 발생시킨다. 20비트 prescaler를 조정하여 시각용 clock을 생성할 수 있으며, 기본적으로는 32.768KHz 클럭에 대하여 1초 단위의 시각용 clock을 제공한다.

6.3.14 타이머와 watchdogs

STM32F103RB는 1개의 advanced-control timer(TIM1), 3개의 범용 타이머(TIM2,3,4), 2개 watchdog 타이머와 1개의 SysTick 타이머를 내장하고 있다. 다음에 advance-control 타이머와 일반 범용 타이머의 비교를 나타내었다.

Timer	Counter resolution	Counter type	Prescaler factor	DMA request generation	Capture/compare channels	Complementary outputs
TIM1	16-bit	Up, down, up/down	Any integer between 1 and 65536	Yes	4	Yes
TIM2, TIM3, TIM4	16-bit	Up, down, up/down	Any integer between 1 and 65536	Yes	4	No

Advanced-control timer(TIM1)

TIM1은 6채널에 다중화된 3상 PWM으로 보이며, 프로그램으로 dead-time이 삽입된 PWM 출력을 갖는다. 또한 범용 타이머로도 동작할 수 있으며 4개의 독립적인 채널은 1) Input capture, 2) Output compare, 3) PWM generation(edge- or center-aligned modes), 4) One-pulse mode output으로 사용될 수 있다.

만약 범용 16비트 타이머로 사용되면 다른 TIMX(2,3,4)와 같은 특징을 갖는다. 16비트 PWM 발생기로 사용되면 0-100%까지 모듈레이션이 가능하다. debug 모드에서는 동작을 멈추고 PWM 출력이 비활성화되어 이 출력에 연결된 출력이 꺼진다. 범용 TIM과 같은 구조를 가지며 많은 특성이 비슷하다. 따라서 TIM1은 동기화나 event chaining를 위하여 Timer Link 기능을 이용하여 다른 TIM과 같이 사용할 수 있다.

범용 타이머(TIMx)

STM32F103xx는 최대 3개의 동기 가능한 범용 타이머를 내장하고 있다. 이들은 16비트 prescaler, 16비트, auto-reload up/down counter를 기반으로 구성되며, 4개의 채널이 독립적으로 input capture/output compare, PWM 혹은 one-pulse mode output 동작으로 설정되어 사용될 수 있다. 따라서 3개 타이머에 대하여 최대 12까지 input captures/ output compares/PWM을 구성할 수 있다. TIM1과 Timer Link 기능을 이용하여 동기화나 event chaining에 동시에 사용할 수 있으며, debug 모드에서는 동작을 멈춘다. 모든 범용 타이머는 PWM 출력을 제공할 수 있으며, 각각 별도로 DMA 요청을 생성할 수 있다. 범용 타이머는 quadrature(incremental) encoder 신호와 1에서 3개까지 hall-effect 센서의 디지털 출력을 처리할 수 있다.

Independent watchdog

독립 watchdog은 12-bit downcounter와 8-bit prescaler를 기반으로 구성되며, 독립된 내부 40kHz RC를 이용하므로 main clock과 독립적으로 동작할 수 있으며, Stop이나 Standby 모드에서도 동작한다. 어떤 장치가 문제가 생긴 경우 초기화시키기 위한 watchdog으로 동작과 응용 프로그램의 timeout을 확인하는 free-running timer로 동작으로 사용될 수 있으며, debug 모드에서는 동작을 멈춘다.

Window watchdog

Window watchdog은 7-bit downcounter로 구성되며 free-running으로 설정될 수도 있다. 어떤 장치가 문제가 생긴 경우 초기화시키기 위한 watchdog으로 동작하며 독립 watchdog과 달리 main clock을 사용한다. 조기경보(early warning) 인터럽터 기능이 있으며, debug 모드에서는 동작을 멈춘다.

SysTick timer

이 타이머는 운영체계(OS)에서 사용을 위해 제공되지만 표준 downcounter로도 동작할 수 있다. 다음의 특징을 갖는다.

· A 24-bit downcounter

· Autoreload capability

· Maskable system interrupt generation when the counter reaches 0

· Programmable clock source

6.3.15 I² C bus

최대 2개의 I^2C bus interfaces가 다중 master 모드와 slave 모드로 동작한다. 또한 표준 모드와 fast 모드를 지원하며, dual slave addressing (7-bit only)과 master 모드에서 7/10-bit addressing을 모두 지원한다. 하드웨어 CRC 생성기/확인기가 내장되어 있으며, DMA를 지원하며, SM Bus 2.0/PM Bus를 지원한다.

6.3.16 USART(Universal synchronous/asynchronous receiver transmitter)

USART interfaces 중 1개는 최대 4.5Mbit/s 통신을 지원하며, 나머지는 2.25Mbit/s까지의 통신을 지원한다. CTS와 RTS 신호를 하드웨어로 관리하며, IrDA SIR ENDEC은 ISO 7816를 만족하며 LIN Master/Slave 기능을 가진다. DMA를 지원한다.

6.3.17 Serial peripheral interface(SPI)

최대 2개의 SPI가 master 혹은 slave 모드로 최대 18Mbits/s 속도로 전이중, 단방향(simplex)으로 통신할 수 있다. 3-bit prescaler로 8가지 master 모드 주파수를 선택할 수 있고, 8비트 혹은 16비트 frame을 사용할 수 있다. 하드웨어 CRC 생성기/확인기는 기본 SD Card/MMC 모드를 지원한다. DMA를 지원한다.

6.3.18 Controller area network(CAN)

CAN은 구격 2.0A 와 B (active)를 만족하며 최대속도는 1Mbit/s 이다. 11비트 indentifier를 갖는 표준 frame 뿐 아니라 29비트 identifier를 갖는 확장 frame도 송수신할 수 있다. 3개의 송신 mailbox와 2개의 3단 수신 FIFO와 14개의 설정 가능한 filter bank를 갖는다,

6.3.19 Universal serial bus(USB)

STM32F103xx에 내장된 USB interface는 최대속도(12 Mbit/s)로 구현되었으며, 소프트웨어로 설정 가능한 endpoint 설정과 대기/재시작 지원 기능을 갖는다. 내부 주 PLL (clock 원은 HSE 수정발진자로 설정되어야 함)에서 생성된 48MHz clock이 별도로 사용된다.

6.3.20 GPIOs(general-purpose inputs/outputs)

모든 GPIO 핀은 소프트웨어로 output (push-pull or open-drain), input (with or without pull-up or pull-down) 혹은 주변장치 기능 중에서 선택 가능하다. 대부분의 GPIO핀은 다른 기능을 갖는 핀과 선택적으로 사용되며 높은 출력 전류를 제공한다. 입출력의 기능 선택은 중복 설정으로 잘못된 동작을 방지하기 위하여 필요하다면 lock을 걸 수도 있다. APB2의 IO는 최대 18MHz의 toggling speed를 갖는다.

6.3.21 ADC(analog-to-digital converter)

STM32F103xx에는 2개의 12-bit analog-to-digital converters가 내장되어있다. 각 ADC는 최대 16개의 외부 채널을 공유하며, singleshot 혹은 scan 모드로 변환을 수행한다. Scan 모드에서는 선택된 analog 입력들에 대하여 자동으로 변환이 이루어진다.

추가 기능은 1) Simultaneous sample and hold, 2) Interleaved sample and hold, 3) Single shunt 기능이 있으며, DMA를 지원한다.

Analog watchdog 기능으로 선택 채널에서 변환된 전압의 정밀한 감시가 가능하다. 미리 정해진 임계치를 벗어나는 경우 인터럽트가 발생한다.

ADC와 타이머의 동기를 위하여 범용 타이머(TIMx)와 advanced- control 타이머(TIM1)에서 발생한 event를 내부에서 ADC의 시작 신호, 주입 신호, DMA 동작 신호에 연결하여 사용할 수 있다.

6.3.22 Temperature sensor

온도 센서는 온도에 따라 2V < VDDA < 3.6V 사이의 전압을 출력한다. 온도센서는 내부에서 ADC12_IN16 input channel과 연결되어 디지털 출력을 제공한다.

6.3.23 Serial wire JTAG debug port(SWJ-DP)

ARM SWJ-DP Interface가 내장되어 있으며, target과 연결할 JTAG probe와 serial wire debug port가 결합되어 있다. JTAG TMS 와 TCK 핀은 SWDIO 와 SWCLK 핀과 공유되고, PMS 핀에 지정된 동작을 수행하여 JTAG-DP 와 SW-DP 사이의 전환이 이루어진다.

6.4 Memory Mapping

STM32F103xx의 memory map은 다음과 같다.

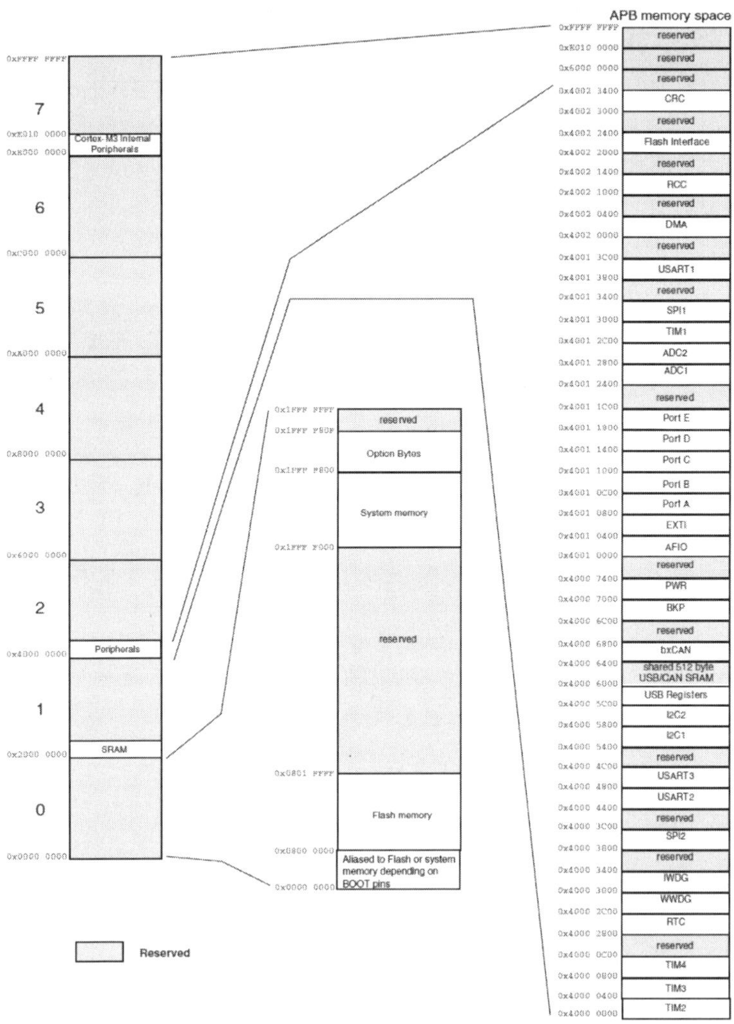

7. Reset and Clock Control(RCC)

STM32의 리셋 및 clock 제어기(Reset and Clock Controller: RCC)는 크게 리셋 제어기와 clock 제어기로 구분된다.

7.1. 리셋 제어

리셋 제어기 회로는 시스템 리셋, 전원 리셋, 백업 영역 리셋의 3가지 종류로 나누어진다. 시스템 리셋과 전원 리셋은 그림 7.1과 같은 구조를 가진다. 시스템 내부에서 발생한 리셋은 NRST 단자를 통해 외부로도 출력된다.

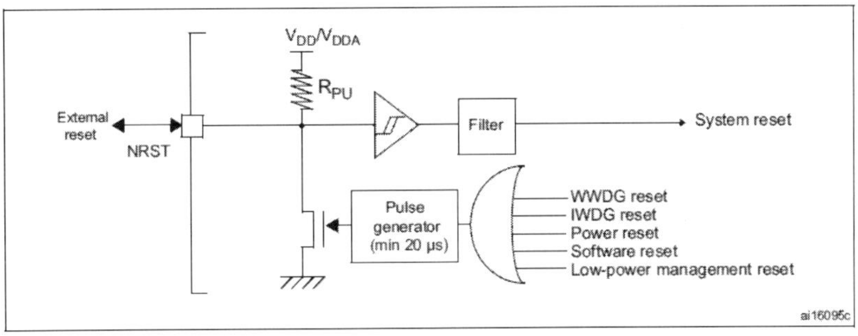

그림 7.1 리셋 회로 구조

7.1.1 시스템 리셋(system reset)

시스템 리셋은 clock 제어기에 있는 RCC_CSR 레지스터와 백업 영역에 있는 레지스터들을 제외한 모든 레지스터를 디폴트 값으로 만들며 다음 경우에 리셋이 발생한다.

- NRST 단자에 low level 신호가 입력되는 경우(외부 리셋)
- 윈도우 워치독 회로에서 타임아웃이 발생하는 경우(WWDG 리셋)
- 독립 워치독 회로에서 타임아웃이 발생하는 경우(IWDG 리셋)
- SCB_AIRCR 레지스터의 SYSRESETREQ 비트가 세트될 경우(소프트웨어 리셋)
- 저전력 관리 리셋이 발생하는 경우(저전력 관리 리셋)

리셋 원인은 제어/상태 레지스터(RCC_CSR)의 리셋 플래그의 확인을 통해 알 수 있다.

7.1.2 전원 리셋(power reset)

전원 리셋은 백업 영역의 레지스터를 제외한 모든 레지스터를 디폴트 값으로 만들며, 다음 경우에 전원 리셋이 발생한다.

- 전원 투입 또는 전원 제거 리셋이 발생하는 경우(POR/PDR 리셋)
- 대기모드에서 벗어나는 경우

7.1.3 백업 영역 리셋(backup domain reset)

백업 영역 리셋은 RTC 레지스터와 RCC_BDCR 레지스터를 리셋시켜 디폴트 값으로 만들며, 다음 경우에 백업 영역 리셋이 발생한다.

- RCC_BDCR 레지스터의 BDRST 비트 세트에 의해 발생하는 소프트웨어 리셋
- VDD나 VBAT 전원이 모두 꺼져 있다가 둘 중 하나 이상이 켜지는 경우

7.2. Clock 제어

시스템 clock(system clock)을 발생하는 소스로 다음 3가지 서로 다른 clock 소스가 사용될 수 있다.

- HSI oscillator clock
- HSE oscillator clock
- PLL clock

그 밖에 2차적인 clock 소스로서 다음과 같은 소스가 있다.

- Independent watchdog이나 RTC에서 사용하기 위한 40kHz low speed internal RC(LSI RC)
- RTC에서 사용하기 위한 32.768kHz low speed external crystal(LSE crystal)

HSI oscillator clock

HSI clock 신호는 내부 RC 오실레이터로부터 발생하는 8MHz clock 신호로서 직접 SYSCLK에 공급되거나 2분주된 후에 PLL clock 소스로 공급된다. HSI RC 오실레이터는 저전력 클럭 소스이며 스타트업 시간이 HSE보다 빠르지만, 주파수의 정밀도가 낮은 단점이 있다.

HSE oscillator clock

HSE(High Speed External) clock 신호는 OSC_IN, OSC_OUT 단자에 연결되는 다음과 같은

두 개의 clock 소스에 의해 동작한다.

· HSE external crystal/ceramic resonator

· HSE user external clock

PLL clock

PLL(Phase-Locked Loop) clock은 HSI 또는 HSE clock을 입력받아 보다 높은 주파수를 발생하는 clock으로 다음 두 개 중 하나의 clock 소스를 주파수를 배가시켜 제공한다.

· 반으로 나뉜 HSI clock

· HSE 또는 PLL2 클럭

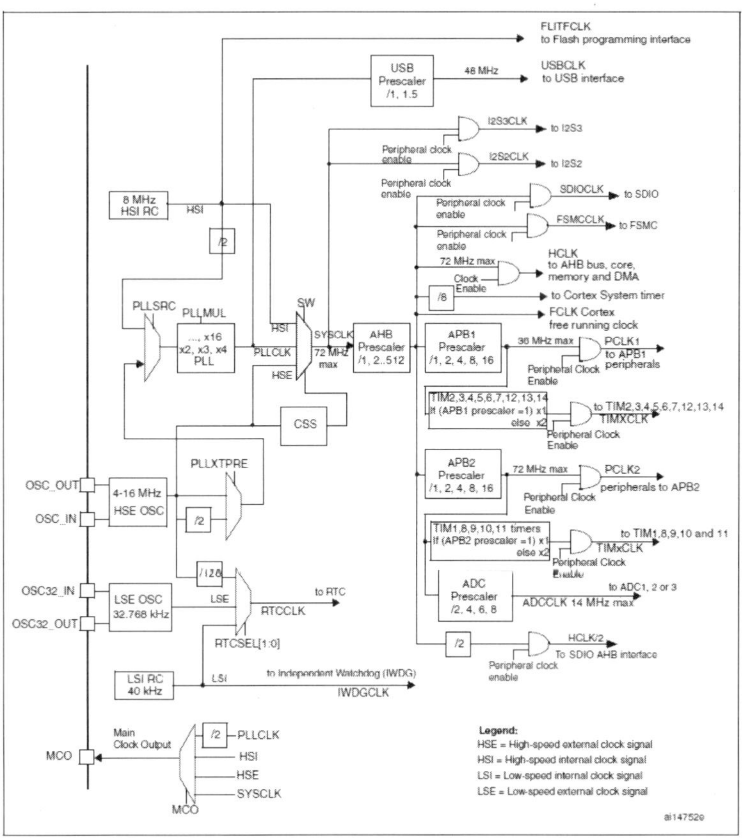

1. When the HSI is used as a PLL clock input, the maximum system clock frequency that can be achieved is 64 MHz.
2. For full details about the internal and external clock source characteristics, please refer to the "Electrical characteristics" section in your device datasheet.

그림 7.2 Clock tree

System clock(SYSCLK) selection

시스템 리셋 후, HSI 오실레이터는 시스템 clock으로 선택된다. Clock 소스는 바로 사용되거나 PLL을 통해야 시스템 clock으로 사용된다. Clock 제어 레지스터(RCC_CR)에서의 상태 비트는 clock이 준비되어 있고 clock이 현재 시스템 clock으로 사용되는지를 가리킨다.

MCO(Microcontroller Clock Output) 신호는 MCU 내부의 clock 신호를 외부로 출력할 수 있다. Clock 설정 레지스터(RCC_CFGR)의 MCO[3:0]비트 설정을 통해 다음 8가지 중 하나가 외부로 출력된다.

- SYSCLK
- HSI
- HSE
- PLL clock divide by 2 selected
- PPL2 clock selected
- PLL3 clock devide by 2 selected
- XT1 external 3-25MHz oscillator clock selected (for Ethernet)
- PPL3 clock selected (for Ethernet)

7.3. Reset and Clock Control(RCC) 레지스터

7.3.1 Clock 제어 레지스터(RCC_CR)

- Address offset: 0x00
- Reset value: 0x0000 XX83 where X is undefined.
- Access: no wait state, word, half-word and byte access

31	30	29	28	27	26	25	24	23	22	21	20	19	18	17	16
Reserved						PLL RDY	PLLON	Reserved				CSS ON	HSE BYP	HSE RDY	HSE ON
						r	rw					rw	rw	r	rw

15	14	13	12	11	10	9	8	7	6	5	4	3	2	1	0
HSICAL[7:0]								HSITRIM[4:0]					Res.	HSI RDY	HSION
r	r	r	r	r	r	r	r	rw	rw	rw	rw	rw		r	rw

Bits 31:26 Reserved, must be kept at reset value.

Bit 25 PLLRDY: PLL clock ready flag. Set by hardware to indicate that the PLL is locked.
0: PLL unlocked, 1: PLL locked

Bit 24 PLLON: PLL enable. Set and cleared by software to enable PLL. Cleared by hardware when entering Stop or Standby mode. This bit can not be reset if the PLL clock is used as system clock or is selected to become the system clock.
0: PLL OFF, 1: PLL ON

Bits 23:20 Reserved, must be kept at reset value.

Bit 19 CSSON: Clock security system enable. Set and cleared by software to enable the clock security system. When CSSON is set, the clock detector is enabled by hardware when the HSE oscillator is ready, and disabled by hardware if a HSE clock failure is detected.
0: Clock detector OFF
1: Clock detector ON (Clock detector ON if the HSE oscillator is ready , OFF if not).

Bit 18 HSEBYP: External high-speed clock bypass. Set and cleared by software to bypass the oscillator with an external clock. The external clock must be enabled with the HSEON bit set, to be used by the device. The HSEBYP bit can be written only if the HSE oscillator is disabled.
0: external 4-16 MHz oscillator not bypassed
1: external 4-16 MHz oscillator bypassed with external clock

Bit 17 HSERDY: External high-speed clock ready flag. Set by hardware to indicate that the HSE oscillator is stable. This bit needs 6 cycles of the HSE oscillator clock to fall down after HSEON reset.
0: HSE oscillator not ready
1: HSE oscillator ready

Bit 16 HSEON: HSE clock enable. Set and cleared by software. Cleared by hardware to stop the HSE oscillator when entering Stop or Standby mode. This bit cannot be reset if the HSE oscillator is used directly or indirectly as the system clock.
0: HSE oscillator OFF
1: HSE oscillator ON

Bits 15:8 HSICAL[7:0]: Internal high-speed clock calibration. These bits are initialized automatically at startup.

Bits 7:3 HSITRIM[4:0]: Internal high-speed clock trimming. These bits provide an additional user-programmable trimming value that is added to the HSICAL[7:0] bits. It can be programmed to adjust to variations in voltage and temperature that influence the frequency

of the internal HSI RC.
The default value is 16, which, when added to the HSICAL value, should trim the HSI to 8MHz ± 1%. The trimming step (Fhsitrim) is around 40 kHz between two consecutive HSICAL steps.

Bit 2 Reserved, must be kept at reset value.

Bit 1 HSIRDY: Internal high-speed clock ready flag. Set by hardware to indicate that internal 8 MHz RC oscillator is stable. After the HSION bit is cleared, HSIRDY goes low after 6 internal 8 MHz RC oscillator clock cycles.
0: internal 8 MHz RC oscillator not ready
1: internal 8 MHz RC oscillator ready

Bit 0 HSION: Internal high-speed clock enable. Set and cleared by software. Set by hardware to force the internal 8 MHz RC oscillator ON when leaving Stop or Standby mode or in case of failure of the external 4-16 MHz oscillator used directly or indirectly as system clock. This bit cannot be reset if the internal 8 MHz RC is used directly or indirectly as system clock or is selected to become the system clock.
0: internal 8 MHz RC oscillator OFF
1: internal 8 MHz RC oscillator ON

7.3.2 Clock 설정 레지스터(RCC_CFGR)

- Address offset: 0x04
- Reset value: 0x0000 0000
- Access: 0 ≤ wait state ≤ 2, word, half-word and byte access
- 1 or 2 wait states inserted only if the access occurs during clock source switch.

31	30	29	28	27	26	25	24	23	22	21	20	19	18	17	16
Reserved					MCO[2:0]			Res.	USB PRE	PLLMUL[3:0]				PLL XTPRE	PLL SRC
					rw	rw	rw		rw	rw	rw	rw	rw	rw	rw

15	14	13	12	11	10	9	8	7	6	5	4	3	2	1	0
ADCPRE[1:0]		PPRE2[2:0]			PPRE1[2:0]			HPRE[3:0]				SWS[1:0]		SW[1:0]	
rw	rw	rw	rw	rw	rw	rw	rw	rw	rw	rw	rw	r	r	rw	rw

Bits 31:27 Reserved, must be kept at reset value.

Bits 26:24 MCO: Microcontroller clock output. Set and cleared by software.
0xx: No clock
100: System clock (SYSCLK) selected

101: HSI clock selected

110: HSE clock selected

111: PLL clock divided by 2 selected

Note: This clock output may have some truncated cycles at startup or during MCO clock source switching. When the System Clock is selected to output to the MCO pin, make sure that this clock does not exceed 50 MHz (the maximum IO speed).

Bit 22 USBPRE: USB prescaler. Set and cleared by software to generate 48 MHz USB clock. This bit must be valid before enabling the USB clock in the RCC_APB1ENR register. This bit can't be reset if the USB clock is enabled.

0: PLL clock is divided by 1.5

1: PLL clock is not divided

Bits 21:18 PLLMUL: PLL multiplication factor. These bits are written by software to define the PLL multiplication factor. These bits can be written only when PLL is disabled.

Caution: The PLL output frequency must not exceed 72 MHz.

0000: PLL input clock x 2

0001: PLL input clock x 3

0010: PLL input clock x 4

0011: PLL input clock x 5

0100: PLL input clock x 6

0101: PLL input clock x 7

0110: PLL input clock x 8

0111: PLL input clock x 9

1000: PLL input clock x 10

1001: PLL input clock x 11

1010: PLL input clock x 12

1011: PLL input clock x 13

1100: PLL input clock x 14

1101: PLL input clock x 15

1110: PLL input clock x 16

1111: PLL input clock x 16

Bit 17 PLLXTPRE: HSE divider for PLL entry. Set and cleared by software to divide HSE before PLL entry. This bit can be written only when PLL is disabled.

0: HSE clock not divided

1: HSE clock divided by 2

Bit 16 PLLSRC: PLL entry clock source. Set and cleared by software to select PLL clock

source. This bit can be written only when PLL is disabled.
0: HSI oscillator clock / 2 selected as PLL input clock
1: HSE oscillator clock selected as PLL input clock

Bits 15:14 ADCPRE: ADC prescaler. Set and cleared by software to select the frequency of the clock to the ADCs.
00: PCLK2 divided by 2
01: PCLK2 divided by 4
10: PCLK2 divided by 6
11: PCLK2 divided by 8

Bits 13:11 PPRE2: APB high-speed prescaler(APB2). Set and cleared by software to control the division factor of the APB high-speed clock(PCLK2).
0xx: HCLK not divided
100: HCLK divided by 2
101: HCLK divided by 4
110: HCLK divided by 8
111: HCLK divided by 16

Bits 10:8 PPRE1: APB low-speed prescaler(APB1). Set and cleared by software to control the division factor of the APB low-speed clock(PCLK1). Warning: the software has to set correctly these bits to not exceed 36 MHz on this domain.
0xx: HCLK not divided
100: HCLK divided by 2
101: HCLK divided by 4
110: HCLK divided by 8
111: HCLK divided by 16

Bits 7:4 HPRE: AHB prescaler. Set and cleared by software to control the division factor of the AHB clock.
0xxx: SYSCLK not divided
1000: SYSCLK divided by 2
1001: SYSCLK divided by 4
1010: SYSCLK divided by 8
1011: SYSCLK divided by 16
1100: SYSCLK divided by 64
1101: SYSCLK divided by 128
1110: SYSCLK divided by 256
1111: SYSCLK divided by 512

Note: The prefetch buffer must be kept on when using a prescaler different from 1 on the AHB clock.

Bits 3:2 SWS: System clock switch status. Set and cleared by hardware to indicate which clock source is used as system clock.

00: HSI oscillator used as system clock

01: HSE oscillator used as system clock

10: PLL used as system clock

11: not applicable

Bits 1:0 SW: System clock switch. Set and cleared by software to select SYSCLK source. Set by hardware to force HSI selection when leaving Stop and Standby mode or in case of failure of the HSE oscillator used directly or indirectly as system clock (if the Clock Security System is enabled).

00: HSI selected as system clock

01: HSE selected as system clock

10: PLL selected as system clock

11: not allowed

7.3.3 Clock interrupt 레지스터(RCC_CIR)

- Address offset: 0x08
- Reset value: 0x0000 0000
- Access: no wait state, word, half-word and byte access

31	30	29	28	27	26	25	24	23	22	21	20	19	18	17	16
Reserved								CSSC	Reserved		PLL RDYC	HSE RDYC	HSI RDYC	LSE RDYC	LSI RDYC
								w			w	w	w	w	w
15	**14**	**13**	**12**	**11**	**10**	**9**	**8**	**7**	**6**	**5**	**4**	**3**	**2**	**1**	**0**
Reserved			PLL RDYIE	HSE RDYIE	HSI RDYIE	LSE RDYIE	LSI RDYIE	CSSF	Reserved		PLL RDYF	HSE RDYF	HSI RDYF	LSE RDYF	LSI RDYF
			rw	rw	rw	rw	rw	r			r	r	r	r	r

Bits 31:24 Reserved, must be kept at reset value.

Bit 23 CSSC: Clock security system interrupt clear. This bit is set by software to clear the CSSF flag. 0: No effect, 1: Clear CSSF flag

Bits 22:21 Reserved, must be kept at reset value.

Bit 20 PLLRDYC: PLL ready interrupt clear. This bit is set by software to clear the PLLRDYF flag. 0: No effect, 1: PLLRDYF cleared

Bit 19 HSERDYC: HSE ready interrupt clear. This bit is set by software to clear the HSERDYF flag. 0: No effect, 1: HSERDYF cleared

Bit 18 HSIRDYC: HSI ready interrupt clear. This bit is set software to clear the HSIRDYF flag. 0: No effect, 1: HSIRDYF cleared

Bit 17 LSERDYC: LSE ready interrupt clear. This bit is set by software to clear the LSERDYF flag. 0: No effect, 1: LSERDYF cleared

Bit 16 LSIRDYC: LSI ready interrupt clear. This bit is set by software to clear the LSIRDYF flag. 0: No effect, 1: LSIRDYF cleared

Bits 15:13 Reserved, must be kept at reset value.

Bit 12 PLLRDYIE: PLL ready interrupt enable. Set and cleared by software to enable/disable interrupt caused by PLL lock.
0: PLL lock interrupt disabled
1: PLL lock interrupt enabled

Bit 11 HSERDYIE: HSE ready interrupt enable. Set and cleared by software to enable/disable interrupt caused by the external 4-16 MHz oscillator stabilization.
0: HSE ready interrupt disabled
1: HSE ready interrupt enabled

Bit 10 HSIRDYIE: HSI ready interrupt enable. Set and cleared by software to enable/disable interrupt caused by the internal 8 MHz RC oscillator stabilization.
0: HSI ready interrupt disabled
1: HSI ready interrupt enabled

Bit 9 LSERDYIE: LSE ready interrupt enable. Set and cleared by software to enable/disable interrupt caused by the external 32 kHz oscillator stabilization.
0: LSE ready interrupt disabled
1: LSE ready interrupt enabled

Bit 8 LSIRDYIE: LSI ready interrupt enable. Set and cleared by software to enable/disable interrupt caused by internal RC 40 kHz oscillator stabilization.
0: LSI ready interrupt disabled
1: LSI ready interrupt enabled

Bit 7 CSSF: Clock security system interrupt flag. Set by hardware when a failure is detected in the external 4-16 MHz oscillator. Cleared by software setting the CSSC bit.
0: No clock security interrupt caused by HSE clock failure
1: Clock security interrupt caused by HSE clock failure

Bits 6:5 Reserved, must be kept at reset value.

Bit 4 PLLRDYF: PLL ready interrupt flag. Set by hardware when the PLL locks and PLLRDYDIE is set. Cleared by software setting the PLLRDYC bit.
0: No clock ready interrupt caused by PLL lock
1: Clock ready interrupt caused by PLL lock

Bit3 HSERDYF: HSE ready interrupt flag. Set by hardware when External High Speed clock becomes stable and HSERDYDIE is set. Cleared by software setting the HSERDYC bit.
0: No clock ready interrupt caused by the external 4-16 MHz oscillator
1: Clock ready interrupt caused by the external 4-16 MHz oscillator

Bit 2 HSIRDYF: HSI ready interrupt flag. Set by hardware when the Internal High Speed clock becomes stable and HSIRDYDIE is set. Cleared by software setting the HSIRDYC bit.
0: No clock ready interrupt caused by the internal 8 MHz RC oscillator
1: Clock ready interrupt caused by the internal 8 MHz RC oscillator

Bit 1 LSERDYF: LSE ready interrupt flag. Set by hardware when the External Low Speed clock becomes stable and LSERDYDIE is set. Cleared by software setting the LSERDYC bit.
0: No clock ready interrupt caused by the external 32 kHz oscillator
1: Clock ready interrupt caused by the external 32 kHz oscillator

Bit 0 LSIRDYF: LSI ready interrupt flag. Set by hardware when the internal low speed clock becomes stable and LSIRDYDIE is set. Cleared by software setting the LSIRDYC bit.
0: No clock ready interrupt caused by the internal RC 40 kHz oscillator
1: Clock ready interrupt caused by the internal RC 40 kHz oscillator

7.3.4 APB2 주변장치 리셋 레지스터(RCC_APB2RSTR)

- Address offset: 0x0C
- Reset value: 0x00000 0000
- Access: no wait state, word, half-word and byte access

<table>
<tr><td>31</td><td>30</td><td>29</td><td>28</td><td>27</td><td>26</td><td>25</td><td>24</td><td>23</td><td>22</td><td>21</td><td>20</td><td>19</td><td>18</td><td>17</td><td>16</td></tr>
<tr><td colspan="10" rowspan="2">Reserved</td><td>TIM11 RST</td><td>TIM10 RST</td><td>TIM9 RST</td><td colspan="3" rowspan="2">Reserved</td></tr>
<tr><td>rw</td><td>rw</td><td>rw</td></tr>
<tr><td>15</td><td>14</td><td>13</td><td>12</td><td>11</td><td>10</td><td>9</td><td>8</td><td>7</td><td>6</td><td>5</td><td>4</td><td>3</td><td>2</td><td>1</td><td>0</td></tr>
<tr><td>ADC3 RST</td><td>USART1 RST</td><td>TIM8 RST</td><td>SPI1 RST</td><td>TIM1 RST</td><td>ADC2 RST</td><td>ADC1 RST</td><td>IOPG RST</td><td>IOPF RST</td><td>IOPE RST</td><td>IOPD RST</td><td>IOPC RST</td><td>IOPB RST</td><td>IOPA RST</td><td>Res.</td><td>AFIO RST</td></tr>
<tr><td>rw</td><td>rw</td><td>rw</td><td>rw</td><td>rw</td><td>rw</td><td>rw</td><td>rw</td><td>rw</td><td>rw</td><td>rw</td><td>rw</td><td>rw</td><td>rw</td><td>Res.</td><td>rw</td></tr>
</table>

Bits 31:22 Reserved, must be kept at reset value.

Bit 21 TIM11RST: TIM11 timer reset. Set and cleared by software.

0: No effect, 1: Reset TIM11 timer

Bit 20 TIM10RST: TIM10 timer reset. Set and cleared by software.

0: No effect, 1: Reset TIM10 timer

Bit 19 TIM9RST: TIM9 timer reset. Set and cleared by software.

0: No effect, 1: Reset TIM9 timer

Bits 18:16 Reserved, always read as 0.

Bit 15 ADC3RST: ADC3 interface reset. Set and cleared by software.

0: No effect, 1: Reset ADC3 interface

Bit 14 USART1RST: USART1 reset. Set and cleared by software.

0: No effect, 1: Reset USART1

Bit 13 TIM8RST: TIM8 timer reset. Set and cleared by software.

0: No effect, 1: Reset TIM8 timer

Bit 12 SPI1RST: SPI1 reset. Set and cleared by software.

0: No effect, 1: Reset SPI1

Bit 11 TIM1RST: TIM1 timer reset. Set and cleared by software.

0: No effect, 1: Reset TIM1 timer

Bit 10 ADC2RST: ADC 2 interface reset. Set and cleared by software.

0: No effect, 1: Reset ADC 2 interface

Bit 9 ADC1RST: ADC 1 interface reset. Set and cleared by software.

0: No effect, 1: Reset ADC 1 interface

Bit 8 IOPGRST: IO port G reset. Set and cleared by software.

0: No effect, 1: Reset IO port G

Bit 7 IOPFRST: IO port F reset. Set and cleared by software.

0: No effect, 1: Reset IO port F

Bit 6 IOPERST: IO port E reset. Set and cleared by software.

0: No effect, 1: Reset IO port E

Bit 5 IOPDRST: IO port D reset. Set and cleared by software.

0: No effect, 1: Reset IO port D

Bit 4 IOPCRST: IO port C reset. Set and cleared by software.

0: No effect, 1: Reset IO port C

Bit 3 IOPBRST: IO port B reset. Set and cleared by software.

0: No effect, 1: Reset IO port B

Bit 2 IOPARST: IO port A reset. Set and cleared by software.

0: No effect, 1: Reset IO port A

Bit 1 Reserved, must be kept at reset value.

Bit 0 AFIORST: Alternate function IO reset. Set and cleared by software.

0: No effect, 1: Reset Alternate Function

7.3.5 APB1 주변장치 리셋 레지스터(RCC_APB1RSTR)

- Address offset: 0x10
- Reset value: 0x0000 0000
- Access: no wait state, word, half-word and byte access

31	30	29	28	27	26	25	24	23	22	21	20	19	18	17	16
Reserved		DAC RST	PWR RST	BKP RST	Res.	CAN RST	Res.	USB RST	I2C2 RST	I2C1 RST	UART5 RST	UART4 RST	USART 3 RST	USART 2 RST	Res.
		rw	rw	rw		rw		rw	rw	rw	rw	rw	rw	rw	

15	14	13	12	11	10	9	8	7	6	5	4	3	2	1	0
SPI3 RST	SPI2 RST	Reserved		WWDG RST	Reserved		TIM14 RST	TIM13 RST	TIM12 RST	TIM7 RST	TIM6 RST	TIM5 RST	TIM4 RST	TIM3 RST	TIM2 RST
rw	rw			rw			rw	rw	rw	rw	rw	rw	rw	rw	rw

Bits 31:30 Reserved, must be kept at reset value.

Bit 29 DACRST: DAC interface reset. Set and cleared by software.
0: No effect, 1: Reset DAC interface

Bit 28 PWRRST: Power interface reset. Set and cleared by software.
0: No effect, 1: Reset power interface

Bit 27 BKPRST: Backup interface reset. Set and cleared by software.
0: No effect, 1: Reset backup interface

Bit 26 Reserved, must be kept at reset value.

Bit 25 CANRST: CAN reset. Set and cleared by software.
0: No effect, 1: Reset CAN

Bit 24 Reserved, always read as 0.

Bit 23 USBRST: USB reset. Set and cleared by software.
0: No effect, 1: Reset USB

Bit 22 I2C2RST: I2C2 reset. Set and cleared by software.
0: No effect, 1: Reset I2C2

Bit 21 I2C1RST: I2C1 reset. Set and cleared by software.
0: No effect, 1: Reset I2C1

Bit 20 UART5RST: USART5 reset. Set and cleared by software.
0: No effect, 1: Reset USART5

Bit 19 UART4RST: USART4 reset. Set and cleared by software.
0: No effect, 1: Reset USART4

Bit 18 USART3RST: USART3 reset. Set and cleared by software.
0: No effect, 1: Reset USART3

Bit 17 USART2RST: USART2 reset. Set and cleared by software.
0: No effect, 1: Reset USART2

Bit 16 Reserved, must be kept at reset value.

Bit 15 SPI3RST: SPI3 reset. Set and cleared by software.
0: No effect, 1: Reset SPI3

Bit 14 SPI2RST: SPI2 reset. Set and cleared by software.
0: No effect, 1: Reset SPI2

Bits 13:12 Reserved, must be kept at reset value.

Bit 11 WWDGRST: Window watchdog reset. Set and cleared by software.
0: No effect, 1: Reset window watchdog

Bits 10:9 Reserved, must be kept at reset value.

Bit 8 TIM14RST: TIM14 timer reset. Set and cleared by software.
0: No effect, 1: Reset TIM14

Bit 7 TIM13RST: TIM13 timer reset. Set and cleared by software.
0: No effect, 1: Reset TIM13

Bit 6 TIM12RST: TIM12 timer reset. Set and cleared by software.
0: No effect, 1: Reset TIM12

Bit 5 TIM7RST: TIM7 timer reset. Set and cleared by software.
0: No effect, 1: Reset TIM7

Bit 4 TIM6RST: TIM6 timer reset. Set and cleared by software.
0: No effect, 1: Reset TIM6

Bit 3 TIM5RST: TIM5 timer reset. Set and cleared by software.
0: No effect, 1: Reset TIM5

Bit 2 TIM4RST: TIM4 timer reset. Set and cleared by software.
0: No effect, 1: Reset TIM4

Bit 1 TIM3RST: TIM3 timer reset. Set and cleared by software.
0: No effect, 1: Reset TIM3

Bit 0 TIM2RST: TIM2 timer reset. Set and cleared by software.
0: No effect, 1: Reset TIM2

7.3.6 AHB 주변장치 clock 허용 레지스터(RCC_AHBENR)

- Address offset: 0x14
- Reset value: 0x0000 0014
- Access: no wait state, word, half-word and byte access
- Note: When the peripheral clock is not active, the peripheral register values may not be readable by software and the returned value is always 0x0.

31	30	29	28	27	26	25	24	23	22	21	20	19	18	17	16
Reserved															
15	14	13	12	11	10	9	8	7	6	5	4	3	2	1	0
Reserved					SDIO EN	Res.	FSMC EN	Res.	CRCE N	Res.	FLITF EN	Res.	SRAM EN	DMA2 EN	DMA1 EN
					rw		rw		rw		rw		rw	rw	rw

Bits 31:11 Reserved, must be kept at reset value.

Bit 10 SDIOEN: SDIO clock enable. Set and cleared by software.
0: SDIO clock disabled
1: SDIO clock enabled

Bits 9 Reserved, always read as 0.

Bit 8 FSMCEN: FSMC clock enable. Set and cleared by software.
0: FSMC clock disabled
1: FSMC clock enabled

Bit 7 Reserved, always read as 0.

Bit 6 CRCEN: CRC clock enable. Set and cleared by software.
0: CRC clock disabled
1: CRC clock enabled

Bit 5 Reserved, must be kept at reset value.

Bit 4 FLITFEN: FLITF clock enable. Set and cleared by software to disable/ enable FLITF clock during Sleep mode.
0: FLITF clock disabled during Sleep mode
1: FLITF clock enabled during Sleep mode

Bit 3 Reserved, must be kept at reset value.

Bit 2 SRAMEN: SRAM interface clock enable. Set and cleared by software to disable/enable SRAM interface clock during Sleep mode.

0: SRAM interface clock disabled during Sleep mode

1: SRAM interface clock enabled during Sleep mode

Bit 1 DMA2EN: DMA2 clock enable. Set and cleared by software.

0: DMA2 clock disabled

1: DMA2 clock enabled

Bit 0 DMA1EN: DMA1 clock enable. Set and cleared by software.

0: DMA1 clock disabled

1: DMA1 clock enabled

7.3.7 APB2 주변장치 clock 허용 레지스터(RCC_APB2ENR)

- Address: 0x18
- Reset value: 0x0000 0000
- Access: word, half-word and byte access
- No wait states, except if the access occurs while an access to a peripheral in the APB2 domain is on going. In this case, wait states are inserted until the access to APB2 peripheral is finished.
- Note: When the peripheral clock is not active, the peripheral register values may not be readable by software and the returned value is always 0x0.

31	30	29	28	27	26	25	24	23	22	21	20	19	18	17	16
Reserved										TIM11 EN	TIM10 EN	TIM9 EN	Reserved		
										rw	rw	rw			
15	**14**	**13**	**12**	**11**	**10**	**9**	**8**	**7**	**6**	**5**	**4**	**3**	**2**	**1**	**0**
ADC3 EN	USART 1EN	TIM8 EN	SPI1 EN	TIM1 EN	ADC2 EN	ADC1 EN	IOPG EN	IOPF EN	IOPE EN	IOPD EN	IOPC EN	IOPB EN	IOPA EN	Res.	AFIO EN
rw	rw	rw	rw	rw	rw	rw	rw	rw	rw	rw	rw	rw	rw		rw

Bits 31:22 Reserved, must be kept at reset value.

Bit 21 TIM11EN: TIM11 timer clock enable. Set and cleared by software.

0: TIM11 timer clock disabled

1: TIM11 timer clock enabled

Bit 20 TIM10EN: TIM10 timer clock enable. Set and cleared by software.

0: TIM10 timer clock disabled

1: TIM10 timer clock enabled

Bit 19 TIM9EN: TIM9 timer clock enable. Set and cleared by software.

0: TIM9 timer clock disabled

1: TIM9 timer clock enabled

Bits 18:16 Reserved, always read as 0.

Bit 15 ADC3EN: ADC3 interface clock enable. Set and cleared by software.

0: ADC3 interface clock disabled

1: ADC3 interface clock enabled

Bit 14 USART1EN: USART1 clock enable. Set and cleared by software.

0: USART1 clock disabled

1: USART1 clock enabled

Bit 13 TIM8EN: TIM8 Timer clock enable. Set and cleared by software.

0: TIM8 timer clock disabled

1: TIM8 timer clock enabled

Bit 12 SPI1EN: SPI1 clock enable. Set and cleared by software.

0: SPI1 clock disabled

1: SPI1 clock enabled

Bit 11 TIM1EN: TIM1 timer clock enable. Set and cleared by software.

0: TIM1 timer clock disabled

1: TIM1 timer clock enabled

Bit 10 ADC2EN: ADC 2 interface clock enable. Set and cleared by software.

0: ADC 2 interface clock disabled

1: ADC 2 interface clock enabled

Bit 9 ADC1EN: ADC 1 interface clock enable. Set and cleared by software.

0: ADC 1 interface disabled

1: ADC 1 interface clock enabled

Bit 8 IOPGEN: IO port G clock enable. Set and cleared by software.

0: IO port G clock disabled

1: IO port G clock enabled

Bit 7 IOPFEN: IO port F clock enable. Set and cleared by software.

0: IO port F clock disabled

1: IO port F clock enabled

Bit 6 IOPEEN: IO port E clock enable. Set and cleared by software.

0: IO port E clock disabled

1: IO port E clock enabled

Bit 5 IOPDEN: IO port D clock enable. Set and cleared by software.

0: IO port D clock disabled

1: IO port D clock enabled

Bit 4 IOPCEN: IO port C clock enable. Set and cleared by software.

0: IO port C clock disabled

1: IO port C clock enabled

Bit 3 IOPBEN: IO port B clock enable. Set and cleared by software.

0: IO port B clock disabled

1: IO port B clock enabled

Bit 2 IOPAEN: IO port A clock enable. Set and cleared by software.

0: IO port A clock disabled

1: IO port A clock enabled

Bit 1 Reserved, must be kept at reset value.

Bit 0 AFIOEN: Alternate function IO clock enable. Set and cleared by software.

0: Alternate Function IO clock disabled

1: Alternate Function IO clock enabled

7.3.8 APB1 주변장치 clock 허용 레지스터(RCC_APB1ENR)

- Address: 0x1C
- Reset value: 0x0000 0000
- Access: word, half-word and byte access

· No wait state, except if the access occurs while an access to a peripheral on APB1 domain is on going. In this case, wait states are inserted until this access to APB1 peripheral is finished.

· Note: When the peripheral clock is not active, the peripheral register values may not be readable by software and the returned value is always 0x0.

31	30	29	28	27	26	25	24	23	22	21	20	19	18	17	16
Reserved		DAC EN	PWR EN	BKP EN	Res.	CAN EN	Res.	USB EN	I2C2 EN	I2C1 EN	UART5E N	UART4E N	USART3 EN	USART2 EN	Res.
		rw	rw	rw		rw		rw	rw	rw	rw	rw	rw	rw	

15	14	13	12	11	10	9	8	7	6	5	4	3	2	1	0
SPI3 EN	SPI2 EN	Reserved		WWD GEN	Reserved		TIM14 EN	TIM13 EN	TIM12 EN	TIM7 EN	TIM6 EN	TIM5 EN	TIM4 EN	TIM3 EN	TIM2 EN
rw	rw			rw			rw	rw	rw	rw	rw	rw	rw	rw	rw

Bits 31:30 Reserved, must be kept at reset value.

Bit 29 DACEN: DAC interface clock enable. Set and cleared by software.

0: DAC interface clock disabled

1: DAC interface clock enable

Bit 28 PWREN: Power interface clock enable. Set and cleared by software.

0: Power interface clock disabled

1: Power interface clock enable

Bit 27 BKPEN: Backup interface clock enable. Set and cleared by software.

0: Backup interface clock disabled

1: Backup interface clock enabled

Bit 26 Reserved, must be kept at reset value.

Bit 25 CANEN: CAN clock enable. Set and cleared by software.

0: CAN clock disabled

1: CAN clock enabled

Bit 24 Reserved, always read as 0.

Bit 23 USBEN: USB clock enable. Set and cleared by software.

0: USB clock disabled

1: USB clock enabled

Bit 22 I2C2EN: I2C2 clock enable. Set and cleared by software.

0: I2C2 clock disabled

1: I2C2 clock enabled

Bit 21 I2C1EN: I2C1 clock enable. Set and cleared by software.

0: I2C1 clock disabled

1: I2C1 clock enabled

Bit 20 UART5EN: USART5 clock enable. Set and cleared by software.

0: USART5 clock disabled

1: USART5 clock enabled

Bit 19 UART4EN: USART4 clock enable. Set and cleared by software.

0: USART4 clock disabled

1: USART4 clock enabled

Bit 18 USART3EN: USART3 clock enable. Set and cleared by software.

0: USART3 clock disabled

1: USART3 clock enabled

Bit 17 USART2EN: USART2 clock enable. Set and cleared by software.

0: USART2 clock disabled

1: USART2 clock enabled

Bits 16 Reserved, always read as 0.

Bit 15 SPI3EN: SPI 3 clock enable. Set and cleared by software.

0: SPI 3 clock disabled

1: SPI 3 clock enabled

Bit 14 SPI2EN: SPI2 clock enable. Set and cleared by software.

0: SPI2 clock disabled

1: SPI2 clock enabled

Bits 13:12 Reserved, must be kept at reset value.

Bit 11 WWDGEN: Window watchdog clock enable. Set and cleared by software.

0: Window watchdog clock disabled

1: Window watchdog clock enabled

Bits 10:9 Reserved, must be kept at reset value.

Bit 8 TIM14EN: TIM14 timer clock enable. Set and cleared by software.
0: TIM14 clock disabled
1: TIM14 clock enabled

Bit 7 TIM13EN: TIM13 timer clock enable. Set and cleared by software.
0: TIM13 clock disabled
1: TIM13 clock enabled

Bit 6 TIM12EN: TIM12 timer clock enable. Set and cleared by software.
0: TIM12 clock disabled
1: TIM12 clock enabled

Bit 5 TIM7EN: TIM7 timer clock enable. Set and cleared by software.
0: TIM7 clock disabled
1: TIM7 clock enabled

Bit 4 TIM6EN: TIM6 timer clock enable. Set and cleared by software.
0: TIM6 clock disabled
1: TIM6 clock enabled

Bit 3 TIM5EN: TIM5 timer clock enable. Set and cleared by software.
0: TIM5 clock disabled
1: TIM5 clock enabled

Bit 2 TIM4EN: TIM4 timer clock enable. Set and cleared by software.
0: TIM4 clock disabled
1: TIM4 clock enabled

Bit 1 TIM3EN: TIM3 timer clock enable. Set and cleared by software.
0: TIM3 clock disabled
1: TIM3 clock enabled

Bit 0 TIM2EN: TIM2 timer clock enable. Set and cleared by software.
0: TIM2 clock disabled
1: TIM2 clock enabled

7.3.9 백업 영역 제어 레지스터(RCC_BDCR)

- Address offset: 0x20
- Reset value: 0x0000 0000, reset by Backup domain Reset.
- Access: 0 ≤ wait state ≤ 3, word, half-word and byte access
- Wait states are inserted in case of successive accesses to this register.

31	30	29	28	27	26	25	24	23	22	21	20	19	18	17	16
Reserved															BDRST
															rw

15	14	13	12	11	10	9	8	7	6	5	4	3	2	1	0
RTC EN	Reserved					RTCSEL[1:0]		Reserved					LSE BYP	LSE RDY	LSEON
rw						rw	rw						rw	r	rw

Bits 31:17 Reserved, must be kept at reset value.

Bit 16 BDRST: Backup domain software reset. Set and cleared by software.
0: Reset not activated
1: Resets the entire Backup domain

Bit 15 RTCEN: RTC clock enable. Set and cleared by software.
0: RTC clock disabled
1: RTC clock enabled

Bits 14:10 Reserved, must be kept at reset value.

Bits 9:8 RTCSEL[1:0]: RTC clock source selection. Set by software to select the clock source for the RTC. Once the RTC clock source has been selected, it cannot be changed anymore unless the Backup domain is reset. The BDRST bit can be used to reset them.
00: No clock
01: LSE oscillator clock used as RTC clock
10: LSI oscillator clock used as RTC clock
11: HSE oscillator clock divided by 128 used as RTC clock

Bits 7:3 Reserved, must be kept at reset value.

Bit 2 LSEBYP: External low-speed oscillator bypass. Set and cleared by software to bypass oscillator in debug mode. This bit can be written only when the external 32 kHz oscillator is disabled.
0: LSE oscillator not bypassed

1: LSE oscillator bypassed

Bit 1 LSERDY: External low-speed oscillator ready. Set and cleared by hardware to indicate when the external 32 kHz oscillator is stable. After the LSEON bit is cleared, LSERDY goes low after 6 external low-speed oscillator clock cycles.

0: External 32 kHz oscillator not ready

1: External 32 kHz oscillator ready

Bit 0 LSEON: External low-speed oscillator enable. Set and cleared by software.

0: External 32 kHz oscillator OFF

1: External 32 kHz oscillator ON

7.3.10 제어/상태 레지스터(RCC_CSR)

- Address: 0x24
- Reset value: 0x0C00 0000, reset by system Reset, except reset flags by power Reset only.
- Access: 0 ≤ wait state ≤ 3, word, half-word and byte access
- Wait states are inserted in case of successive accesses to this register.

31	30	29	28	27	26	25	24	23	22	21	20	19	18	17	16
LPWR RSTF	WWDG RSTF	IWDG RSTF	SFT RSTF	POR RSTF	PIN RSTF	Res.	RMVF	Reserved							
rw	rw	rw	rw	rw	rw		rw								
15	**14**	**13**	**12**	**11**	**10**	**9**	**8**	**7**	**6**	**5**	**4**	**3**	**2**	**1**	**0**
Reserved														LSI RDY	LSION
														r	rw

Bit 31 LPWRRSTF: Low-power reset flag. Set by hardware when a Low-power management reset occurs. Cleared by writing to the RMVF bit.

0: No Low-power management reset occurred

1: Low-power management reset occurred

Bit 30 WWDGRSTF: Window watchdog reset flag. Set by hardware when a window watchdog reset occurs. Cleared by writing to the RMVF bit.

0: No window watchdog reset occurred

1: Window watchdog reset occurred

Bit 29 IWDGRSTF: Independent watchdog reset flag. Set by hardware when an independent watchdog reset from VDD domain occurs. Cleared by writing to the RMVF bit.

0: No watchdog reset occurred

1: Watchdog reset occurred

Bit 28 SFTRSTF: Software reset flag. Set by hardware when a software reset occurs. Cleared by writing to the RMVF bit.

0: No software reset occurred

1: Software reset occurred

Bit 27 PORRSTF: POR/PDR reset flag. Set by hardware when a POR/PDR reset occurs. Cleared by writing to the RMVF bit.

0: No POR/PDR reset occurred

1: POR/PDR reset occurred

Bit 26 PINRSTF: PIN reset flag. Set by hardware when a reset from the NRST pin occurs. Cleared by writing to the RMVF bit.

0: No reset from NRST pin occurred

1: Reset from NRST pin occurred

Bit 25 Reserved, must be kept at reset value.

Bit 24 RMVF: Remove reset flag. Set by software to clear the reset flags.

0: No effect

1: Clear the reset flags

Bits 23:2 Reserved, must be kept at reset value.

Bit 1 LSIRDY: Internal low-speed oscillator ready. Set and cleared by hardware to indicate when the internal RC 40 kHz oscillator is stable. After the LSION bit is cleared, LSIRDY goes low after 3 internal RC 40 kHz oscillator clock cycles.

0: Internal RC 40 kHz oscillator not ready

1: Internal RC 40 kHz oscillator ready

Bit 0 LSION: Internal low-speed oscillator enable. Set and cleared by software.

0: Internal RC 40 kHz oscillator OFF

1: Internal RC 40 kHz oscillator ON

8. General Purpose I/O(GPIO)

I/O 장치는 마이크로프로세서가 주변장치와 통신하기 위해 범용으로 사용되는 입출력 포트이다. STM32의 범용 I/O는 병렬로 16비트씩의 데이터를 입출력하기 위한 가장 기본적인 주변장치다.

8.1 GPIO 기능

각각의 범용 I/O 포트는 다음과 같은 레지스터를 갖는다.

· two 32-bit configuration registers(GPIOx_CRL, GPIOx_CRH)

· two 32-bit data registers(GPIOx_IDR, GPIOx_ODR)

· a 32-bit set/reset register(GPIOx_BSRR)

· a 16-bit reset register(GPIOx_BRR)

· a 32-bit locking register(GPIOx_LCKR)

또한 데이터시트에 기술된 각각의 범용 I/O 포트의 특징적인 하드웨어 특성에 따라, 각 포트의 비트는 아래와 같은 개별 모드에 대해 소프트웨어에 의해 개별적으로 설정할 수 있다.

· Input floating

· Input pull-up

· Input-pull-down

· Analog

· Output open-drain

· Output push-pull

· Alternate function push-pull

· Alternate function open-drain

I/O 포트의 각 비트는 개별적으로 프로그램이 가능하도록 되어있다. 하지만 I/O 포트 레지스터는 32비트 워드로 접근해야만 한다. 또한 GPIOx_BSRR, GPIOx_BRR 레지스터는 어떤 GPIO 레지스터에도 빠르게 읽고 수정할 수 있도록 하는데 그 목적이 있다. 이는 읽거나 수정하려는 접근 사이에 IRQ가 발생할 위험을 없앤다.

GPIO에서 표준 I/O 포트의 각 핀의 기본 구조는 그림 8.1과 같다. GPIO 포트의 핀 설정은 표 8.1과 같다. CNFy 2비트를 이용하여 출력모드, 입력모드, 부가기능 모드 등의 핀 별 입출력 방식을 설정하고, MODE 2비트는 출력 모드를 설정한다. 각 비트를 설정하기 위한 GPIO 레지스터는 다음 절에서 자세하게 다룬다.

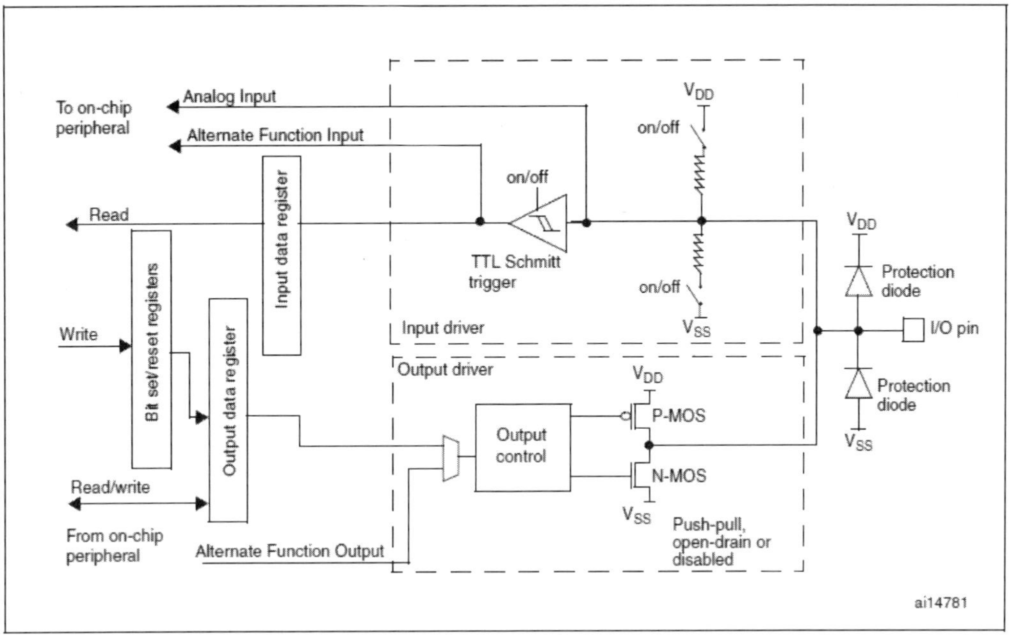

그림 8.1 표준 I/O 포트 비트의 기본 구조

표 8.1 GPIO 포트 비트 설정(위)과 출력 모드(MODE) 비트(아래)

Configuration mode		CNF1	CNF0	MODE1	MODE0	PxODR register
General purpose output	Push-pull	0	0	01 10 11 아래 표 참조		0 or 1
	Open-drain		1			0 or 1
Alternate Function output	Push-pull	1	0			don't care
	Open-drain		1			don't care
Input	Analog	0	0	00		don't care
	Input floating		1			don't care
	Input pull-down	1	0			0
	Input pull-up					1

MODE[1:0]	Meaning
00	Reserved
01	Max. output speed 10 MHz
10	Max. output speed 2 MHz
11	Max. output speed 50 MHz

8.1.1 입력 모드(Input Configuration)

I/O 포트가 입력 모드로 설정되면 그림 8.2와 같이 동작하며, 이 때 특징을 요약하면 다음과 같다.

- 출력 회로는 GPIO 핀에 연결되지 않도록 차단됨
- 모든 입력 신호는 슈미트 트리거(Schmitt trigger) 회로를 통해 입력됨
- I/O 핀에 인가된 데이터는 매 APB2 클럭 주기마다 샘플링되어 입력 데이터 레지스터(Input Data Register: GPIOx_IDR)에 저장됨
- 입력 데이터는 입력 데이터 레지스터(Input Data Register: GPIOx_ IDR)를 통해 읽음

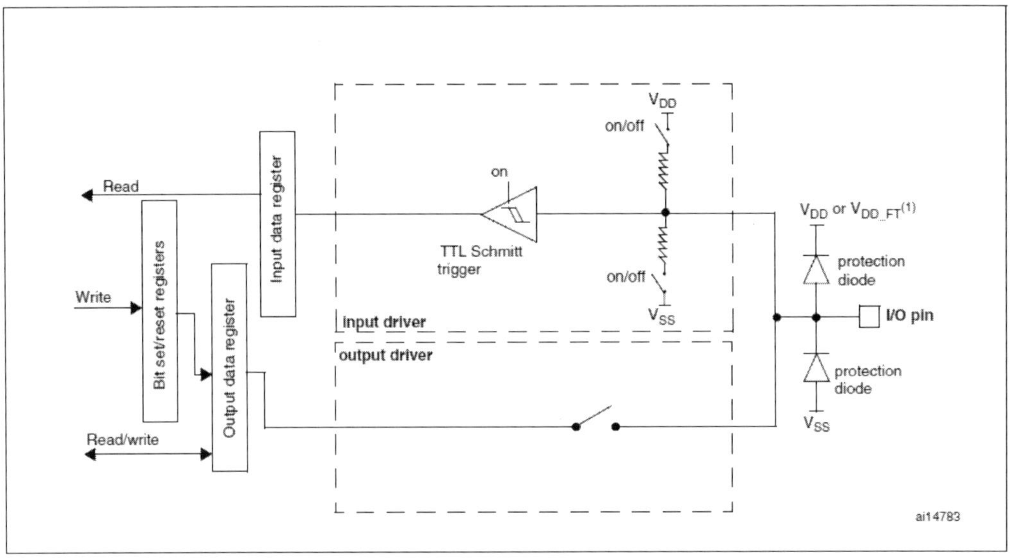

1. V_{DD_FT} is a potential specific to five-volt tolerant I/Os and different from V_{DD}.

그림 8.2 GPIO의 입력 모드 동작(floating/pull-up/pull-down)

8.1.2 출력 모드(Output Configuration)

I/O 포트가 출력 모드로 설정되면 그림 8.3과 같이 동작하며, 이 때 특징을 요약하면 다음과 같다.

- 출력 회로가 연결됨
  - Open Drain Mode: '0'을 출력하면 하단의 N-MOS 트랜지스터가 ON되어 sink current가 흐를 수 있지만, '1'을 출력하더라도 상단의 P-MOS 트랜지스터가 항상 OFF 상태이므로 출력 신호가 하이 임피던스(Hi-Z)로 됨

- Push-Pull Mode: '0'을 출력하면 하단의 N-MOS 트랜지스터가 ON되어 sink current가 흘러들어올 수 있고, '1'을 출력하면 상단의 P-MOS 트랜지스터가 ON되어 부하로 source current가 흘러 들어갈 수 있음

· 출력 데이터는 출력 데이터 레지스터(Output Data Register: GPIOx_ ODR)를 통해 출력하며, GPIOx_BSRR 또는 GPIOx_BRR 레지스터를 사용하여 비트 단위로 데이터를 출력할 수 있음
· 모든 입력 신호는 슈미트 트리거(Schmitt trigger) 회로를 통해 입력되므로 데이터 입력이 가능함
· I/O 핀에 인가된 데이터는 매 APB2 클럭 주기마다 샘플링되어 입력 데이터 레지스터(Input Data Register: GPIOx_IDR)에 저장됨
· 입력 데이터는 입력 데이터 레지스터(Input Data Register: GPIOx_ IDR)를 통해 읽음

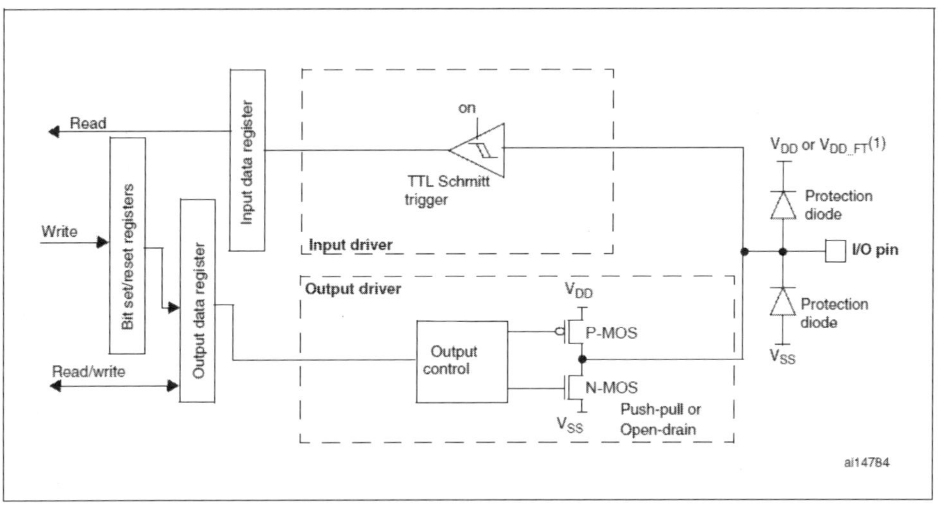

1. V_{DD_FT} is a potential specific to five-volt tolerant I/Os and different from V_{DD}.

그림 8.3 GPIO의 출력 모드 동작

8.1.3 부가기능 모드(Alternate Function Configuration)

I/O 포트가 부가기능 모드로 설정되면 그림 8.4와 같이 동작하며, 이 때 특징을 요약하면 다음과 같다.

· 출력 회로가 출력 데이터 레지스터(Output Data Register: GPIOx_ ODR)와 분리 차단되고, 지정된 주변장치의 출력 신호와 연결됨
· 출력 회로를 open drain 또는 push-pull 모드로 설정할 수 있음

· open drain과 push-pull 출력 회로의 동작은 출력 모드와 동일함
· 모든 입력 신호는 슈미트 트리거(Schmitt trigger) 회로를 통해 입력되므로 데이터 입력이 가능함
· I/O 핀에 인가된 데이터는 매 APB2 클럭 주기마다 샘플링되어 입력 데이터 레지스터 (Input Data Register: GPIOx_IDR)에 저장됨
· 입력 데이터는 입력 데이터 레지스터(Input Data Register: GPIOx_ IDR)를 통해 읽음

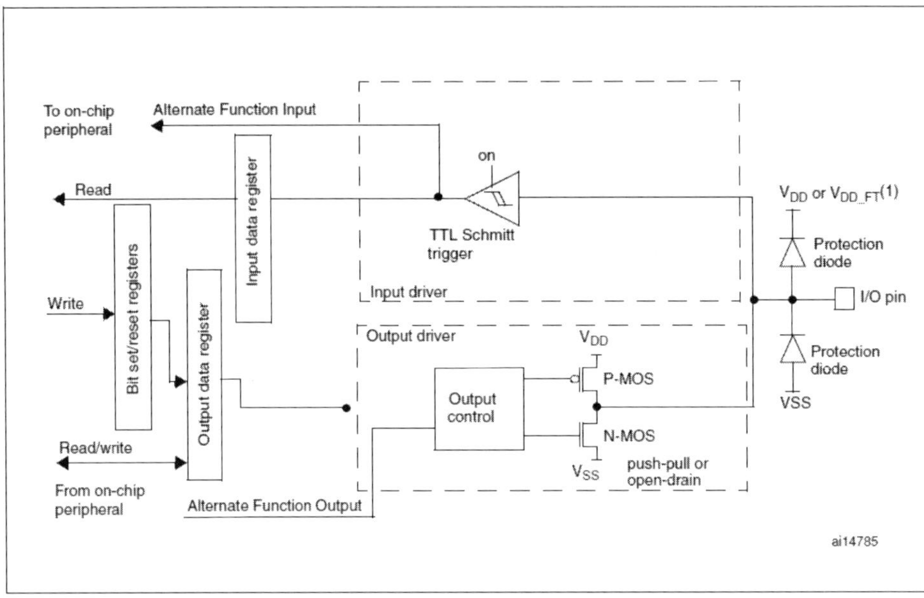

1. V_{DD_FT} is a potential specific to five-volt tolerant I/Os and different from V_{DD}.

그림 8.4 GPIO의 부가기능 모드 동작

8.1.4 아날로그 모드(Analog Configuration)

I/O 포트가 아날로그 모드로 설정되면 그림 8.5와 같이 동작하며, 이 때 특징을 요약하면 다음과 같다.

· 출력 회로는 GPIO 핀에 연결되지 않도록 차단됨
· pull-up, pull-down 저항이 차단되어, 아날로그 모드에서의 핀 상태는 대부분 하이 임피던스 (Hi-Z) 상태가 됨
· 슈미트 트리거(Schmitt trigger) 회로는 차단되고 슈미트 트리거 출력은 강제적으로 항상 '0'이 되어 입력 데이터 레지스터(Input Data Register: GPIOx_IDR)를 읽으면 항상 '0'으로 읽힘

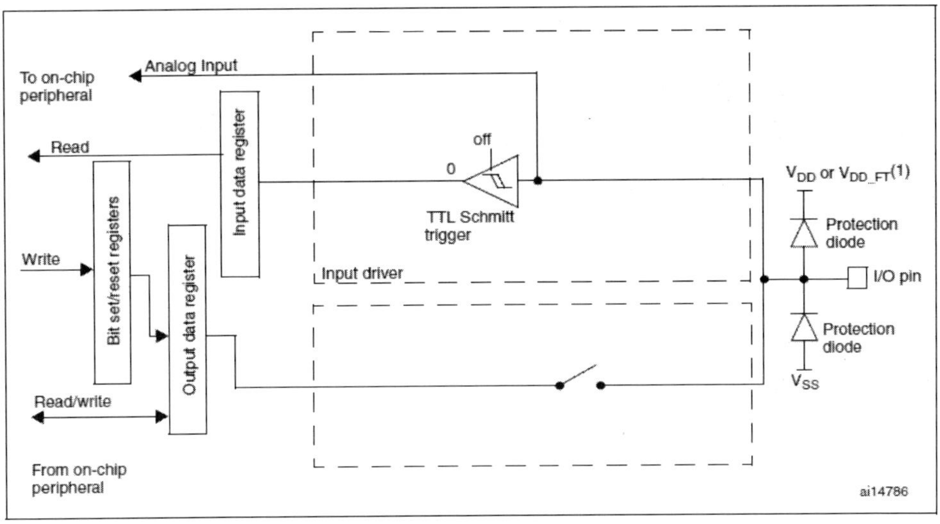

그림 8.5 GPIO의 아날로그 모드 동작

8.2 GPIO 레지스터

다음 표는 GPIO의 레지스터와 그 초기값을 나타내었다.

표 8.2 GPIO register map과 초기 값

Offset	Register	31	30	29	28	27	26	25	24	23	22	21	20	19	18	17	16	15	14	13	12	11	10	9	8	7	6	5	4	3	2	1	0
0x00	GPIOx_CRL	CNF7 [1:0]		MODE7 [1:0]		CNF6 [1:0]		MODE6 [1:0]		CNF5 [1:0]		MODE5 [1:0]		CNF4 [1:0]		MODE4 [1:0]		CNF3 [1:0]		MODE3 [1:0]		CNF2 [1:0]		MODE2 [1:0]		CNF1 [1:0]		MODE1 [1:0]		CNF0 [1:0]		MODE0 [1:0]	
	Reset value	0	1	0	0	0	1	0	0	0	1	0	0	0	1	0	0	0	1	0	0	0	1	0	0	0	1	0	0	0	1	0	0
0x04	GPIOx_CRH	CNF15 [1:0]		MODE15 [1:0]		CNF14 [1:0]		MODE14 [1:0]		CNF13 [1:0]		MODE13 [1:0]		CNF12 [1:0]		MODE12 [1:0]		CNF11 [1:0]		MODE11 [1:0]		CNF10 [1:0]		MODE10 [1:0]		CNF9 [1:0]		MODE9 [1:0]		CNF8 [1:0]		MODE8 [1:0]	
	Reset value	0	1	0	0	0	1	0	0	0	1	0	0	0	1	0	0	0	1	0	0	0	1	0	0	0	1	0	0	0	1	0	0
0x08	GPIOx_IDR	Reserved																IDRy															
	Reset value																	0	0	0	0	0	0	0	0	0	0	0	0	0	0	0	0
0x0C	GPIOx_ODR	Reserved																ODRy															
	Reset value																	0	0	0	0	0	0	0	0	0	0	0	0	0	0	0	0
0x10	GPIOx_BSRR	BR[15:0]																BSR[15:0]															
	Reset value	0	0	0	0	0	0	0	0	0	0	0	0	0	0	0	0	0	0	0	0	0	0	0	0	0	0	0	0	0	0	0	0
0x14	GPIOx_BRR	Reserved																BR[15:0]															
	Reset value																	0	0	0	0	0	0	0	0	0	0	0	0	0	0	0	0
0x18	GPIOx_LCKR	Reserved															LCKK	LCK[15:0]															
	Reset value																0	0	0	0	0	0	0	0	0	0	0	0	0	0	0	0	0

8.2.1 포트 설정 레지스터(GPIOx_CRL, GPIOx_CRH)

포트 설정 레지스터는 GPIO 기본 핀 설정 레지스터로써 MODE로는 입출력을 설정하고, CNFy는 핀 별 입출력 방식을 설정한다. 포트 설정 레지스터는 A~G 포트에 대해 각각 GPIOx_CRL, GPIOx_CRH인 32bit 레지스터가 존재하며 각각 0~7핀, 8~15핀 등 총 16개 핀의 동작을 설정한다.

Port configuration register low(GPIOx_CRL, x=A...G)

- Address offset: 0x00
- Reset value: 0x4444 4444

31	30	29	28	27	26	25	24	23	22	21	20	19	18	17	16
CNF7[1:0]		MODE7[1:0]		CNF6[1:0]		MODE6[1:0]		CNF5[1:0]		MODE5[1:0]		CNF4[1:0]		MODE4[1:0]	
rw	rw	rw	rw	rw	rw	rw	rw	rw	rw	rw	rw	rw	rw	rw	rw
15	**14**	**13**	**12**	**11**	**10**	**9**	**8**	**7**	**6**	**5**	**4**	**3**	**2**	**1**	**0**
CNF3[1:0]		MODE3[1:0]		CNF2[1:0]		MODE2[1:0]		CNF1[1:0]		MODE1[1:0]		CNF0[1:0]		MODE0[1:0]	
rw	rw	rw	rw	rw	rw	rw	rw	rw	rw	rw	rw	rw	rw	rw	rw

CNFy[1:0]: Port x configuration bits (y=0...7)	Input mode (MODE[1:0]=00)	00: Analog mode 01: Floating input (reset state) 10: Input with pull-up / pull-down 11: Reserved
	Output mode (MODE[1:0] > 00)	00: General purpose output push-pull 01: General purpose output Open-drain 10: Alternate function output Push-pull 11: Alternate function output Open-drain
MODEy[1:0]: Port x mode bits (y=0...7)	00: Input mode (reset state) 01: Output mode, max speed 10 MHz. 10: Output mode, max speed 2 MHz. 11: Output mode, max speed 50 MHz.	

Port configuration register High(GPIOx_CRH, x=A...G)

- Address offset: 0x04
- Reset value: 0x4444 4444

31	30	29	28	27	26	25	24	23	22	21	20	19	18	17	16
CNF15[1:0]		MODE15[1:0]		CNF14[1:0]		MODE14[1:0]		CNF13[1:0]		MODE13[1:0]		CNF12[1:0]		MODE12[1:0]	
rw	rw	rw	rw	rw	rw	rw	rw	rw	rw	rw	rw	rw	rw	rw	rw
15	**14**	**13**	**12**	**11**	**10**	**9**	**8**	**7**	**6**	**5**	**4**	**3**	**2**	**1**	**0**
CNF11[1:0]		MODE11[1:0]		CNF10[1:0]		MODE10[1:0]		CNF9[1:0]		MODE9[1:0]		CNF8[1:0]		MODE8[1:0]	
rw	rw	rw	rw	rw	rw	rw	rw	rw	rw	rw	rw	rw	rw	rw	rw

<table>
<tr><td rowspan="2">CNFy[1:0]:
Port x configuration bits (y=8...15)</td><td>Input mode
(MODE[1:0]=00)</td><td>00: Analog mode
01: Floating input (reset state)
10: Input with pull-up / pull-down
11: Reserved</td></tr>
<tr><td>Output mode
(MODE[1:0] > 00)</td><td>00: General purpose output push-pull
01: General purpose output Open-drain
10: Alternate function output Push-pull
11: Alternate function output Open-drain</td></tr>
<tr><td>MODEy[1:0]:
Port x mode bits (y=8...15)</td><td colspan="2">00: Input mode (reset state)
01: Output mode, max speed 10 MHz.
10: Output mode, max speed 2 MHz.
11: Output mode, max speed 50 MHz.</td></tr>
</table>

8.2.2 입력 데이터 레지스터(GPIOx_IDR, x=A...G)

GPIO 입력 데이터 레지스터로 입력 시 들어오는 데이터를 저장하는 레지스터이다. IDRy(y=0...15)는 각 핀과 연결되어 들어오는 데이터를 저장한다.

- Address offset: 0x08h
- Reset value: 0x0000 XXXX

31	30	29	28	27	26	25	24	23	22	21	20	19	18	17	16
Reserved															
15	14	13	12	11	10	9	8	7	6	5	4	3	2	1	0
IDR15	IDR14	IDR13	IDR12	IDR11	IDR10	IDR9	IDR8	IDR7	IDR6	IDR5	IDR4	IDR3	IDR2	IDR1	IDR0
r	r	r	r	r	r	r	r	r	r	r	r	r	r	r	r

Bits 31:16 Reserved, must be kept at reset value.

Bits 15:0 **IDRy**: Port input data (y= 0 . 15)
These bits are read only and can be accessed in Word mode only. They contain the input value of the corresponding I/O port.

8.2.3 출력 데이터 레지스터(GPIOx_ODR, x=A...G)

GPIO 출력 데이터 레지스터로 출력 시에만 유용하다. ODRy(y=0...15)에 저장된 값을 각 핀의 출력으로 전달한다.

- Address offset: 0x0Ch
- Reset value: 0x0000 0000

31	30	29	28	27	26	25	24	23	22	21	20	19	18	17	16
Reserved															
15	14	13	12	11	10	9	8	7	6	5	4	3	2	1	0
ODR15	ODR14	ODR13	ODR12	ODR11	ODR10	ODR9	ODR8	ODR7	ODR6	ODR5	ODR4	ODR3	ODR2	ODR1	ODR0
rw	rw	rw	rw	rw	rw	rw	rw	rw	rw	rw	rw	rw	rw	rw	rw

Bits 31:16 Reserved, must be kept at reset value.

Bits 15:0 **ODRy:** Port output data (y= 0 .. 15)

These bits can be read and written by software and can be accessed in Word mode only.

Note: For atomic bit set/reset, the ODR bits can be individually set and cleared by writing to the GPIOx_BSRR register (x = A .. G).

8.2.4 세트/리셋 레지스터(GPIOx_BSRR, x=A...G)

포트 비트 세트/리셋 레지스터는 GPIOx_ODR의 해당 비트를 세트하거나 리셋시킨다. GPIOx_ODR 레지스터의 해당 비트가 세트되면 해당 핀에 '1', 리셋되면 '0'값이 출력되며, 세트하기 위해서는 BSy (y=0...15)의 해당 비트를 '1'설정하고, 리셋하려면 BRy(y=0...15)의 해당 비트를 '1'로 설정한다.

· Address offset: 0x10h

· Reset value: 0x0000 0000

31	30	29	28	27	26	25	24	23	22	21	20	19	18	17	16
BR15	BR14	BR13	BR12	BR11	BR10	BR9	BR8	BR7	BR6	BR5	BR4	BR3	BR2	BR1	BR0
w	w	w	w	w	w	w	w	w	w	w	w	w	w	w	w
15	14	13	12	11	10	9	8	7	6	5	4	3	2	1	0
BS15	BS14	BS13	BS12	BS11	BS10	BS9	BS8	BS7	BS6	BS5	BS4	BS3	BS2	BS1	BS0
w	w	w	w	w	w	w	w	w	w	w	w	w	w	w	w

Bits 31:16 **BRy:** Port x Reset *bit y (y= 0 .. 15)*

These bits are write-only and can be accessed in Word mode only.

0: No action on the corresponding ODRx bit

1: Reset the corresponding ODRx bit

Note: If both BSx and BRx are set, BSx has priority.

Bits 15:0 **BSy:** Port x *Set bit y (y= 0 .. 15)*

These bits are write-only and can be accessed in Word mode only.

0: No action on the corresponding ODRx bit

1: Set the corresponding ODRx bit

8.2.5 리셋 레지스터(GPIOx_BRR, x=A...G)

포트 비트 리셋 레지스터는 GPIOx_ODR 레지스터의 해당 비트를 리셋시킨다. GPIOx_ODR 레지스터의 해당 비트가 리셋되면 포트의 해당 핀에 '0'값이 출력된다.

- Address offset: 0x14h
- Reset value: 0x0000 0000

31	30	29	28	27	26	25	24	23	22	21	20	19	18	17	16
Reserved															
15	14	13	12	11	10	9	8	7	6	5	4	3	2	1	0
BR15	BR14	BR13	BR12	BR11	BR10	BR9	BR8	BR7	BR6	BR5	BR4	BR3	BR2	BR1	BR0
w	w	w	w	w	w	w	w	w	w	w	w	w	w	w	w

Bits 31:16 Reserved

Bits 15:0 **BRy:** Port x Reset bit y (y= 0 .. 15)

These bits are write-only and can be accessed in Word mode only.

0: No action on the corresponding ODRx bit

1: Reset the corresponding ODRx bit

8.2.6 설정 잠금 레지스터(GPIOx_LCKR, x=A...G)

포트 설정 잠금(Port Configuration Lock) 레지스터는 포트 비트의 설정을 잠그는 기능을 하는 레지스터이다.

- Address offset: 0x18h
- Reset value: 0x0000 0000

31	30	29	28	27	26	25	24	23	22	21	20	19	18	17	16
Reserved															LCKK
															rw
15	14	13	12	11	10	9	8	7	6	5	4	3	2	1	0
LCK15	LCK14	LCK13	LCK12	LCK11	LCK10	LCK9	LCK8	LCK7	LCK6	LCK5	LCK4	LCK3	LCK2	LCK1	LCK0
rw	rw	rw	rw	rw	rw	rw	rw	rw	rw	rw	rw	rw	rw	rw	rw

Bits 31:17 Reserved

Bit 16 **LCKK[16]:** Lock key

This bit can be read anytime. It can only be modified using the Lock Key Writing Sequence.

0: Port configuration lock key not active

1: Port configuration lock key active. GPIOx_LCKR register is locked until an MCU reset occurs.

LOCK key writing sequence:

Write 1

Write 0

Write 1

Read 0

Read 1 (this read is optional but confirms that the lock is active)

Note: During the LOCK Key Writing sequence, the value of LCK[15:0] must not change.

Any error in the lock sequence will abort the lock.

Bits 15:0 **LCKy:** Port x Lock bit y (y= 0 .. 15)

These bits are read write but can only be written when the LCKK bit is 0.

0: Port configuration not locked

1: Port configuration locked.

8.3 GPIO 실습

8.3.1 LED 토글 실습

8.3.1.1 실습 개요

본 예제는 GPIO 핀에 연결된 LED를 1초마다 ON/OFF 시키는 프로그램을 실습해본다.

· 출력 포트: PORTB pin9

· RCC APB 주변장치 허용 레지스터2(RCC_APB2ENR)

- Clock 설정: IOPBEN 비트 enable (I/O port B clock enable)
- 주소: 0x4002 1000(RCC 시작 주소) + 0x18(Offset) = 0x4002 1018

  : IOPBEN enable(3번째 비트): (*(volatile unsigned *) 0x40021018) |= 0x8;

· 포트 B 설정 레지스터(GPIOB_CRH)

- 출력 모드 설정: CNF9[1:0] = 00, MODE9[1:0] = 01
- 주소: 0x4001 0C00(GPIO Port B 시작주소) + 0x04(Offset) = 0x4001 0C04

· 포트 B 세트/리셋 레지스터(GPIOB_BSRR)

- 출력 설정: BS9를 '1'로 SET -> Port B 9번 핀으로 '1' (high) 출력
- 주소: 0x4001 0C00(GPIO Port B 시작주소) + 0x10(Offset) = 0x4001 0C10

· 포트 B 리셋 레지스터(GPIOB_BRR)

- 출력 설정: BR9를 '1'로 SET -> Port B 9번 핀으로 '0' (low) 출력
- 주소: 0x4001 0C00(GPIO Port B 시작주소) + 0x14(Offset) = 0x4001 0C14

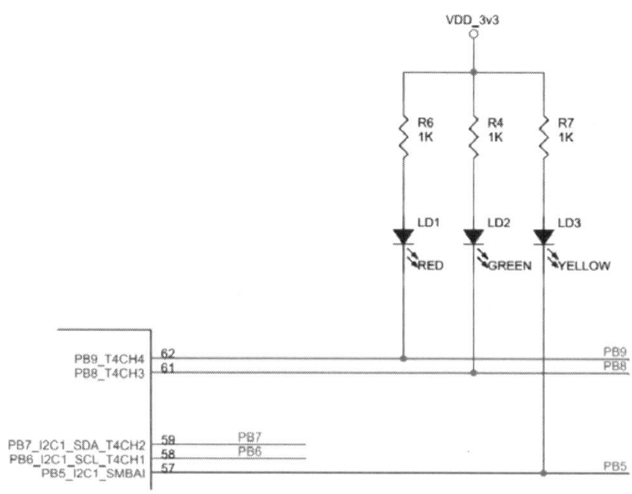

그림 8.6 LED 토글 실습 회로

8.3.1.2 LED 토글 프로그램

```
static void delay_int_count(volatile unsigned int time)
{
  for(; time > 0; time--);
}
int main()
{
  (*(volatile unsigned *) 0x40021018) |= 0x8;   // RCC_APB2ENR에서 PORTB enable
  (*(volatile unsigned *) 0x40010C04) |= 0x10;  // PORTB의 9번핀의 CRH의 output mode 설정
  (*(volatile unsigned *) 0x40010C14) |= 0x200; // PORTB의 9번핀의 BRR레지스터 high LED끔

  delay_int_count(10000);

  (*(volatile unsigned *) 0x40010C10) |= 0x200; // PORTB의 9번핀의 BSRR레지스터 high LED킴
  while(1)
  {
    ;
  }
}
```

8.3.2 LED shift 실습

8.3.2.1 실습 개요

본 예제는 그림 8.6과 같은 회로를 이용하여 GPIO 핀에 연결된 3개의 LED를 1초마다 shift되어 점등되도록 하는 프로그램을 실습해본다.

- 출력 포트: PORTB pin9, pin8, pin5
- RCC APB 주변장치 허용 레지스터2(RCC_APB2ENR)
  - LED 토글 프로그램 설정과 동일
- 포트 B 설정 레지스터(GPIOB_CRL, GPIOB_CRH)
  - 출력 모드 설정: CNFy[1:0] = 00, MODEy[1:0] = 01 (y=5, 8, 9)
- 포트 B 세트/리셋 레지스터(GPIOB_BSRR)
  - 출력 설정: BSy를 ‘1’로 SET -> Port B 9번 핀으로 ‘1’ (high) 출력 (y=5, 8, 9)
- 포트 B 리셋 레지스터(GPIOB_BRR)
  - 출력 설정: BRy를 ‘1’로 SET -> Port B 9번 핀으로 ‘0’ (low) 출력 (y=5, 8, 9)

8.3.2.2 LED shift 프로그램

```
static void delay_int_count(volatile unsigned int nTime)
{
   for(; nTime > 0; nTime--);
}
void delay_1_second(void)
{
   delay_int_count(806596);
}
int main(void)
{
   (*(volatile unsigned *)0x40021018) |= 0x8;
   // PIN #5
   (*(volatile unsigned *)0x40010C00) &= 0xFF0FFFFF;
   (*(volatile unsigned *)0x40010C00) |= 0x100000;
   // PIN #9 & #8
   (*(volatile unsigned *)0x40010C04) &= 0xFFFFFF00;
   (*(volatile unsigned *)0x40010C04) |= 0x10;
   (*(volatile unsigned *)0x40010C04) |= 0x1;
   while(1)
   {
      (*(volatile unsigned *)0x40010C14) |= 0x20;
      delay_1_second();
      (*(volatile unsigned *)0x40010C10) |= 0x20;
      delay_1_second();
      (*(volatile unsigned *)0x40010C14) |= 0x200;
      delay_1_second();
      (*(volatile unsigned *)0x40010C10) |= 0x200;
      delay_1_second();
      (*(volatile unsigned *)0x40010C14) |= 0x100;
      delay_1_second();
      (*(volatile unsigned *)0x40010C10) |= 0x100;
      delay_1_second();
   }
}
```

8.3.3 7-세그먼트 구동 실습

8.3.3.1 실습 개요

본 예제는 Mango-M32 보드에 구현된 7-세그먼트와 그에 연결된 GPIO를 이용하여 7-세그먼트를 구동하는 예제이다. 여기서 7-세그먼트는 0에서 9까지의 숫자를 표시하도록 구성되었으며, 1초마다 0에서부터 차례로 증가하여 9까지 표시하도록 구현했다.

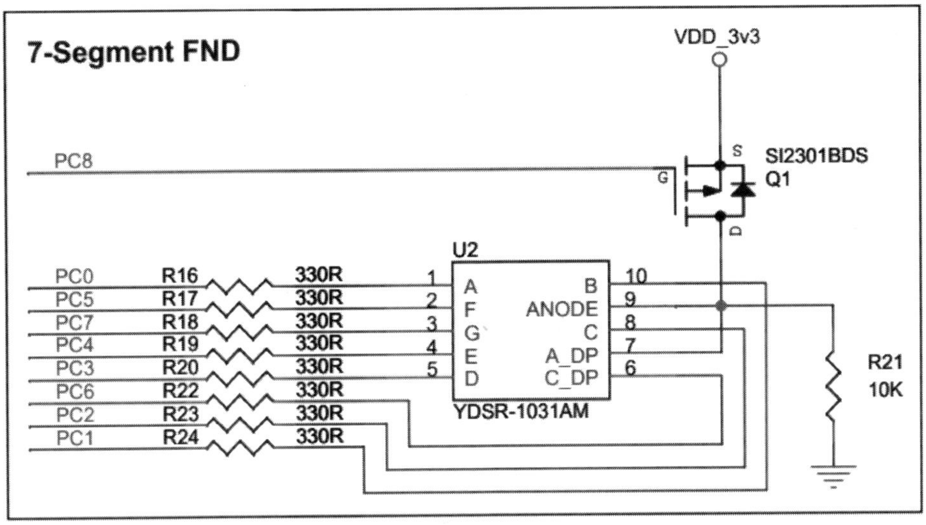

그림 8.7 Mango-M32 보드에 구현된 7-세그먼트 회로

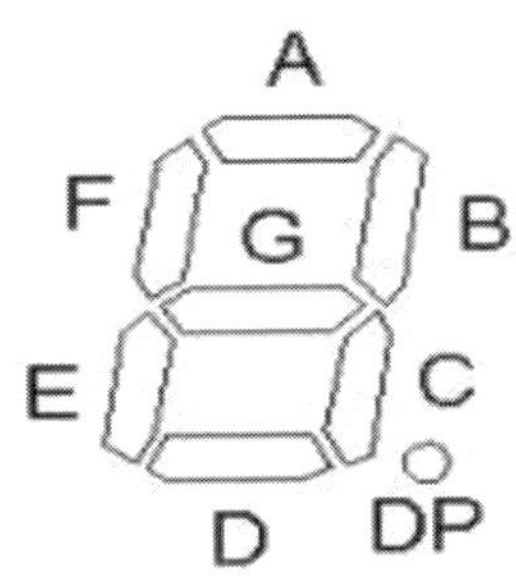

그림 8.8 7-세그먼트 구성

8.3.3.2 7-세그먼트 구동 프로그램

main.c

```
#include "M3_header.h"

static void delay_int_count(volatile unsigned int nTime)
{
   for(; nTime > 0; nTime--);
}

void delay_1_second(void)
{
   delay_int_count(806596);
}
```

```
void delay_100_milli_second(void)
{
   delay_int_count(80660);
}

#define HSI_Value              ((uint32_t)8000000)

void GPIO_Init(GPIO_TypeDef* GPIOx, GPIO_InitTypeDef* GPIO_InitStruct)
{
  uint32_t currentmode = 0x00, currentpin = 0x00, pinpos = 0x00, pos = 0x00;
  uint32_t tmpreg = 0x00, pinmask = 0x00;
/*------------------------- GPIO Mode Configuration --------------------*/
  currentmode = ((uint32_t)GPIO_InitStruct->GPIO_Mode) & ((uint32_t)0x0F);
  if ((((uint32_t)GPIO_InitStruct->GPIO_Mode) & ((uint32_t)0x10)) != 0x00)
  {
    /* Output mode */
    currentmode |= (uint32_t)GPIO_InitStruct->GPIO_Speed;
  }
/*------------------------- GPIO CRL Configuration ---------------------*/
  /* Configure the eight low port pins */
  if (((uint32_t)GPIO_InitStruct->GPIO_Pin & ((uint32_t)0x00FF)) != 0x00)
  {
    tmpreg = GPIOx->CRL;
    for (pinpos = 0x00; pinpos < 0x08; pinpos++)
    {
      pos = ((uint32_t)0x01) << pinpos;
      /* Get the port pins position */
      currentpin = (GPIO_InitStruct->GPIO_Pin) & pos;
     if (currentpin == pos)
      {
        pos = pinpos << 2;
        /* Clear the corresponding low control register bits */
        pinmask = ((uint32_t)0x0F) << pos;
        tmpreg &= ~pinmask;
        /* Write the mode configuration in the corresponding bits */
        tmpreg |= (currentmode << pos);
        /* Reset the corresponding ODR bit */
        if (GPIO_InitStruct->GPIO_Mode == GPIO_Mode_IPD)
        {
          GPIOx->BRR = (((uint32_t)0x01) << pinpos);
        }

    else
       {
         /* Set the corresponding ODR bit */
         if (GPIO_InitStruct->GPIO_Mode == GPIO_Mode_IPU)
         {
```

```
            GPIOx->BSRR = (((uint32_t)0x01) << pinpos);
          }
        }
      }
    }
    GPIOx->CRL = tmpreg;
  }
/*-------------------------- GPIO CRH Configuration ---------------------*/
  /* Configure the eight high port pins */
  if (GPIO_InitStruct->GPIO_Pin > 0x00FF)
  {
    tmpreg = GPIOx->CRH;
    for (pinpos = 0x00; pinpos < 0x08; pinpos++)
    {
      pos = (((uint32_t)0x01) << (pinpos + 0x08));
      /* Get the port pins position */
      currentpin = ((GPIO_InitStruct->GPIO_Pin) & pos);
      currentpin = ((GPIO_InitStruct->GPIO_Pin) & pos);
      if (currentpin == pos)
      {
        pos = pinpos << 2;
        /* Clear the corresponding high control register bits */
        pinmask = ((uint32_t)0x0F) << pos;
        tmpreg &= ~pinmask;
        /* Write the mode configuration in the corresponding bits */
        tmpreg |= (currentmode << pos);
        /* Reset the corresponding ODR bit */
        if (GPIO_InitStruct->GPIO_Mode == GPIO_Mode_IPD)
        {
          GPIOx->BRR = (((uint32_t)0x01) << (pinpos + 0x08));
        }
        /* Set the corresponding ODR bit */
        if (GPIO_InitStruct->GPIO_Mode == GPIO_Mode_IPU)
        {
          GPIOx->BSRR = (((uint32_t)0x01) << (pinpos + 0x08));
        }
      }
    }
    GPIOx->CRH = tmpreg;
  }
}

int main(void)
{
    RCC->APB2ENR |= RCC_APB2Periph_GPIOA;
    RCC->APB2ENR |= RCC_APB2Periph_GPIOB;
```

```
    while(1)
    {
        Seven_Segment_Test();
    }
}
```

seven_segment.c

```
#include "M3_header.h"
#define GPIO_7_SEG_POWER_PIN GPIO_Pin_8
#define GPIO_7_SEG_A_PIN             GPIO_Pin_0
#define GPIO_7_SEG_B_PIN             GPIO_Pin_1
#define GPIO_7_SEG_C_PIN             GPIO_Pin_2
#define GPIO_7_SEG_D_PIN             GPIO_Pin_3
#define GPIO_7_SEG_E_PIN             GPIO_Pin_4
#define GPIO_7_SEG_F_PIN             GPIO_Pin_5
#define GPIO_7_SEG_G_PIN             GPIO_Pin_7
#define GPIO_7_SEG_DP_PIN            GPIO_Pin_6
#define GPIO_7_SEG         GPIOC

void PowerOn_7_SEG(void)
{
    GPIO_7_SEG->BRR |= GPIO_7_SEG_POWER_PIN;
}

void PowerOff_7_SEG(void)
{
    GPIO_7_SEG->BSRR |= GPIO_7_SEG_POWER_PIN;
}

void On_7_SEG_OnePin(uint16_t pinNum)
{
    GPIO_7_SEG->BRR |= pinNum;
}

void Off_7_SEG_OnePin(uint16_t pinNum)
{
    GPIO_7_SEG->BSRR |= pinNum;
}

void On_7_SEG_AllPin(void)
{
    On_7_SEG_OnePin
        (GPIO_7_SEG_A_PIN | GPIO_7_SEG_B_PIN | GPIO_7_SEG_C_PIN
         | GPIO_7_SEG_D_PIN | GPIO_7_SEG_E_PIN | GPIO_7_SEG_F_PIN
         | GPIO_7_SEG_G_PIN | GPIO_7_SEG_DP_PIN);
}
```

```
void Off_7_SEG_AllPin(void)
{
    Off_7_SEG_OnePin
        (GPIO_7_SEG_A_PIN | GPIO_7_SEG_B_PIN | GPIO_7_SEG_C_PIN
         | GPIO_7_SEG_D_PIN | GPIO_7_SEG_E_PIN | GPIO_7_SEG_F_PIN
         | GPIO_7_SEG_G_PIN | GPIO_7_SEG_DP_PIN);
}

void OutPut_7_SEG_Number(unsigned int num)
{
    Off_7_SEG_AllPin();

    switch(num)
    {
    case 0:
        On_7_SEG_OnePin
            (GPIO_7_SEG_A_PIN | GPIO_7_SEG_B_PIN | GPIO_7_SEG_C_PIN
            | GPIO_7_SEG_D_PIN | GPIO_7_SEG_E_PIN | GPIO_7_SEG_F_PIN);
        break;
    case 1:
        On_7_SEG_OnePin
            (GPIO_7_SEG_B_PIN | GPIO_7_SEG_C_PIN);
        break;
    case 2:
        On_7_SEG_OnePin
            (GPIO_7_SEG_A_PIN | GPIO_7_SEG_B_PIN | GPIO_7_SEG_D_PIN
            | GPIO_7_SEG_E_PIN | GPIO_7_SEG_G_PIN);
        break;
    case 3:
        On_7_SEG_OnePin
            (GPIO_7_SEG_A_PIN | GPIO_7_SEG_B_PIN | GPIO_7_SEG_C_PIN
            | GPIO_7_SEG_D_PIN | GPIO_7_SEG_G_PIN);
        break;
    case 4:
        On_7_SEG_OnePin
            (GPIO_7_SEG_B_PIN | GPIO_7_SEG_C_PIN
            | GPIO_7_SEG_F_PIN | GPIO_7_SEG_G_PIN);
        break;
    case 5:
        On_7_SEG_OnePin
            (GPIO_7_SEG_A_PIN | GPIO_7_SEG_C_PIN | GPIO_7_SEG_D_PIN
            | GPIO_7_SEG_F_PIN | GPIO_7_SEG_G_PIN);
        break;
    case 6:
        On_7_SEG_OnePin
            (GPIO_7_SEG_A_PIN | GPIO_7_SEG_C_PIN | GPIO_7_SEG_D_PIN
            | GPIO_7_SEG_E_PIN | GPIO_7_SEG_F_PIN | GPIO_7_SEG_G_PIN);
```

```
        break;
    case 7:
        On_7_SEG_OnePin
            (GPIO_7_SEG_A_PIN | GPIO_7_SEG_B_PIN | GPIO_7_SEG_C_PIN
            | GPIO_7_SEG_F_PIN);
        break;
    case 8:
        On_7_SEG_OnePin
            (GPIO_7_SEG_A_PIN | GPIO_7_SEG_B_PIN | GPIO_7_SEG_C_PIN
            | GPIO_7_SEG_D_PIN | GPIO_7_SEG_E_PIN | GPIO_7_SEG_F_PIN
            | GPIO_7_SEG_G_PIN);
        break;
    case 9:
        On_7_SEG_OnePin
            (GPIO_7_SEG_A_PIN | GPIO_7_SEG_B_PIN | GPIO_7_SEG_C_PIN
            | GPIO_7_SEG_D_PIN | GPIO_7_SEG_F_PIN | GPIO_7_SEG_G_PIN);
        break;
    }
}

void GPIO_Init(GPIO_TypeDef* GPIOx, GPIO_InitTypeDef* GPIO_InitStruct);

void Seven_Segment_Test(void)
{
    GPIO_InitTypeDef GPIO_InitStructure;
    int i;

    RCC->APB2ENR |= RCC_APB2Periph_GPIOC;
    GPIO_InitStructure.GPIO_Pin
        = GPIO_7_SEG_POWER_PIN | GPIO_7_SEG_A_PIN | GPIO_7_SEG_B_PIN
          | GPIO_7_SEG_C_PIN | GPIO_7_SEG_D_PIN | GPIO_7_SEG_E_PIN
          | GPIO_7_SEG_F_PIN | GPIO_7_SEG_G_PIN | GPIO_7_SEG_DP_PIN;
    GPIO_InitStructure.GPIO_Speed = GPIO_Speed_50MHz;
    GPIO_InitStructure.GPIO_Mode = GPIO_Mode_Out_PP;
    GPIO_Init(GPIO_7_SEG, &GPIO_InitStructure);

    PowerOn_7_SEG();

    delay_1_second();
    Off_7_SEG_AllPin();

    for(i=0; i<10; i++)
    {
        OutPut_7_SEG_Number(i);
        delay_1_second();
    }
}
```

9. Interrupts

9.1 Nested Vectored Interrupt 제어기(NVIC)

STM32F103xx family는 최대 43개의 maskable 인터럽트 채널(16개의 Cortex-M3 인터럽트 라인을 제외하고)과 16개의 우선순위를 지원하는 NVIC를 내장하고 있다. NVIC의 vector table은 명령어가 아닌 명령이 실행될 주소가 들어가 있어 인터럽터 지연을 최소화하면서 유연하게 인터럽트를 관리할 수 있도록 해준다. NVIC의 특징은 다음과 같다.

· 68 (not including the sixteen Cortex-M3 interrupt lines)

· 16 programmable priority levels(4 bits of interrupt priority are used)

- Priority level은 0~15 사이의 값을 가지며 0이 가장 높은 우선순위를 의미함

· Low-latency exception and interrupt handling

· Power management control

· Implementation of System Control Registers

9.1.1 SysTick calibration value register

SysTick 캘리브레이션 값은 9000으로 설정되어 있다. 이는 SysTick clock을 1 ms를 기본 reference time으로 주어지며 9 MHz까지 설정할 수 있다.(max HCLK/8)

9.1.2 Interrupt and exception vectors

다음은 STM32F10xxx의 vector table이다. 회색 처리된 부분의 Cortex-M3의 기본 exception 부분이며, 이외 부분이 STM32F10xxx의 디바이스 영역이다. 아래 vector table에서 회색으로 표시된 부분은 시스템 인터럽트로 인터럽트의 차단이 불가하다.

Position	Priority	Type of priority	Acronym	Description	Address
	-	-	-	Reserved	0x0000_0000
	-3	fixed	Reset	Reset	0x0000_0004
	-2	fixed	NMI	Non maskable interrupt. The RCC Clock Security System (CSS) is linked to the NMI vector.	0x0000_0008
	-1	fixed	HardFault	All class of fault	0x0000_000C
	0	settable	MemManage	Memory management	0x0000_0010
	1	settable	BusFault	Prefetch fault, memory access fault	0x0000_0014
	2	settable	UsageFault	Undefined instruction or illegal state	0x0000_0018
	-	-	-	Reserved	0x0000_001C - 0x0000_002B
	3	settable	SVCall	System service call via SWI instruction	0x0000_002C
	4	settable	Debug Monitor	Debug Monitor	0x0000_0030
	-	-	-	Reserved	0x0000_0034
	5	settable	PendSV	Pendable request for system service	0x0000_0038
	6	settable	SysTick	System tick timer	0x0000_003C
0	7	settable	WWDG	Window watchdog interrupt	0x0000_0040
1	8	settable	PVD	PVD through EXTI Line detection interrupt	0x0000_0044
2	9	settable	TAMPER	Tamper interrupt	0x0000_0048
3	10	settable	RTC	RTC global interrupt	0x0000_004C
4	11	settable	FLASH	Flash global interrupt	0x0000_0050
5	12	settable	RCC	RCC global interrupt	0x0000_0054
6	13	settable	EXTI0	EXTI Line0 interrupt	0x0000_0058
7	14	settable	EXTI1	EXTI Line1 interrupt	0x0000_005C
8	15	settable	EXTI2	EXTI Line2 interrupt	0x0000_0060
9	16	settable	EXTI3	EXTI Line3 interrupt	0x0000_0064
10	17	settable	EXTI4	EXTI Line4 interrupt	0x0000_0068
11	18	settable	DMA1_Channel1	DMA1 Channel1 global interrupt	0x0000_006C
12	19	settable	DMA1_Channel2	DMA1 Channel2 global interrupt	0x0000_0070

Position	Priority	Type of priority	Acronym	Description	Address
13	20	settable	DMA1_Channel3	DMA1 Channel3 global interrupt	0x0000_0074
14	21	settable	DMA1_Channel4	DMA1 Channel4 global interrupt	0x0000_0078
15	22	settable	DMA1_Channel5	DMA1 Channel5 global interrupt	0x0000_007C
16	23	settable	DMA1_Channel6	DMA1 Channel6 global interrupt	0x0000_0080
17	24	settable	DMA1_Channel7	DMA1 Channel7 global interrupt	0x0000_0084
18	25	settable	ADC1_2	ADC1 and ADC2 global interrupt	0x0000_0088
19	26	settable	USB_HP_CAN_TX	USB High Priority or CAN TX interrupts	0x0000_008C
20	27	settable	USB_LP_CAN_RX0	USB Low Priority or CAN RX0 interrupts	0x0000_0090
21	28	settable	CAN_RX1	CAN RX1 interrupt	0x0000_0094
22	29	settable	CAN_SCE	CAN SCE interrupt	0x0000_0098
23	30	settable	EXTI9_5	EXTI Line[9:5] interrupts	0x0000_009C
24	31	settable	TIM1_BRK	TIM1 Break interrupt	0x0000_00A0
25	32	settable	TIM1_UP	TIM1 Update interrupt	0x0000_00A4
26	33	settable	TIM1_TRG_COM	TIM1 Trigger and Commutation interrupts	0x0000_00A8
27	34	settable	TIM1_CC	TIM1 Capture Compare interrupt	0x0000_00AC
28	35	settable	TIM2	TIM2 global interrupt	0x0000_00B0
29	36	settable	TIM3	TIM3 global interrupt	0x0000_00B4
30	37	settable	TIM4	TIM4 global interrupt	0x0000_00B8
31	38	settable	I2C1_EV	I^2C1 event interrupt	0x0000_00BC
32	39	settable	I2C1_ER	I^2C1 error interrupt	0x0000_00C0
33	40	settable	I2C2_EV	I^2C2 event interrupt	0x0000_00C4
34	41	settable	I2C2_ER	I^2C2 error interrupt	0x0000_00C8
35	42	settable	SPI1	SPI1 global interrupt	0x0000_00CC
36	43	settable	SPI2	SPI2 global interrupt	0x0000_00D0
37	44	settable	USART1	USART1 global interrupt	0x0000_00D4
38	45	settable	USART2	USART2 global interrupt	0x0000_00D8
39	46	settable	USART3	USART3 global interrupt	0x0000_00DC
40	47	settable	EXTI15_10	EXTI Line[15:10] interrupts	0x0000_00E0

Position	Priority	Type of priority	Acronym	Description	Address
41	48	settable	RTCAlarm	RTC alarm through EXTI line interrupt	0x0000_00E4
42	49	settable	USBWakeup	USB wakeup from suspend through EXTI line interrupt	0x0000_00E8
43	50	settable	TIM8_BRK	TIM8 Break interrupt	0x0000_00EC
44	51	settable	TIM8_UP	TIM8 Update interrupt	0x0000_00F0
45	52	settable	TIM8_TRG_COM	TIM8 Trigger and Commutation interrupts	0x0000_00F4
46	53	settable	TIM8_CC	TIM8 Capture Compare interrupt	0x0000_00F8
47	54	settable	ADC3	ADC3 global interrupt	0x0000_00FC
48	55	settable	FSMC	FSMC global interrupt	0x0000_0100
49	56	settable	SDIO	SDIO global interrupt	0x0000_0104
50	57	settable	TIM5	TIM5 global interrupt	0x0000_0108
51	58	settable	SPI3	SPI3 global interrupt	0x0000_010C
52	59	settable	UART4	UART4 global interrupt	0x0000_0110
53	60	settable	UART5	UART5 global interrupt	0x0000_0114
54	61	settable	TIM6	TIM6 global interrupt	0x0000_0118
55	62	settable	TIM7	TIM7 global interrupt	0x0000_011C
56	63	settable	DMA2_Channel1	DMA2 Channel1 global interrupt	0x0000_0120
57	64	settable	DMA2_Channel2	DMA2 Channel2 global interrupt	0x0000_0124
58	65	settable	DMA2_Channel3	DMA2 Channel3 global interrupt	0x0000_0128
59	66	settable	DMA2_Channel4_5	DMA2 Channel4 and DMA2 Channel5 global interrupts	0x0000_012C

9.2 외부 Interrupt/Event 제어기(EXTI)

외부 interrupt/event 제어기는 interrupt/event 요청을 처리하기 위한 19개의 edge 검출선으로 구성된다. 각 검출선은 각각 별도로 rising/ falling/both edge에 동작할 수 있으며, 각각을 별도로 mask할 수 있다. pending register는 인터럽터 요청 상태를 저장한다. EXTI는 내부 APB2 클록

보다 짧은 펄스를 갖는 외부 인터럽터를 검출할 수 있다. 최대 80 GPIO가 16개의 외부 인터럽트 선에 연결될 수 있다. EXTI 제어기의 주요 특징은 다음과 같다.

· Independent trigger and mask on each interrupt/event line

· Dedicated status bit for each interrupt line

· Generation of up to 20 software event/interrupt requests

· Detection of external signal with pulse width lower than APB2 clock period. Refer to the electrical characteristics section of the datasheet for details on this parameter.

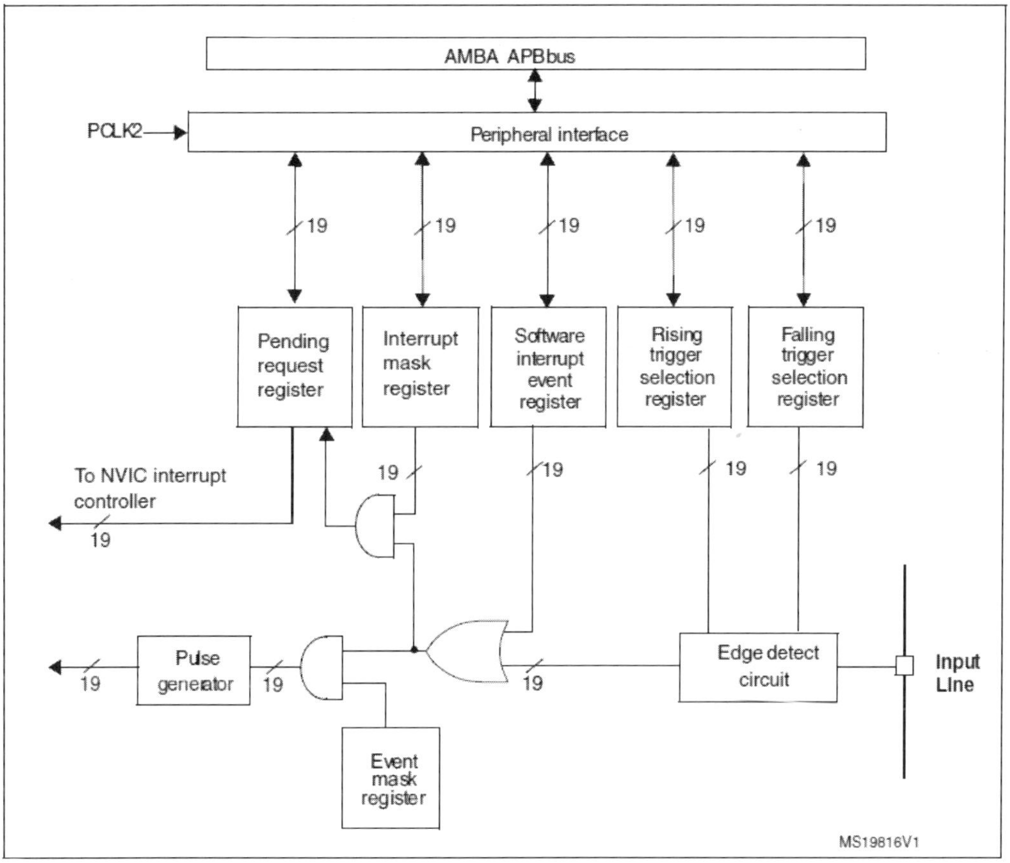

그림 9.1 외부 interrupt/event 제어기 블록 다이어그램

External interrupt/event GPIO mapping 부분은 0~15까지 총 16개가 연결이 되어 있다. GPIO Line으로 보면 16x7로 총 112개로 구성되며, 16, 17 18는 다른 연결 부분에 연결되어 있다.

16, 17, 18 EXTI 라인들이 연결되어 있는 핀들은 아래와 같다.

· EXTI line 16은 PVD output과 연결되어 있다.
· EXTI line 17은 RTC Alarm과 연결되어 있다.
· EXTI line 18은 USB Wakeup event와 연결되어 있다.

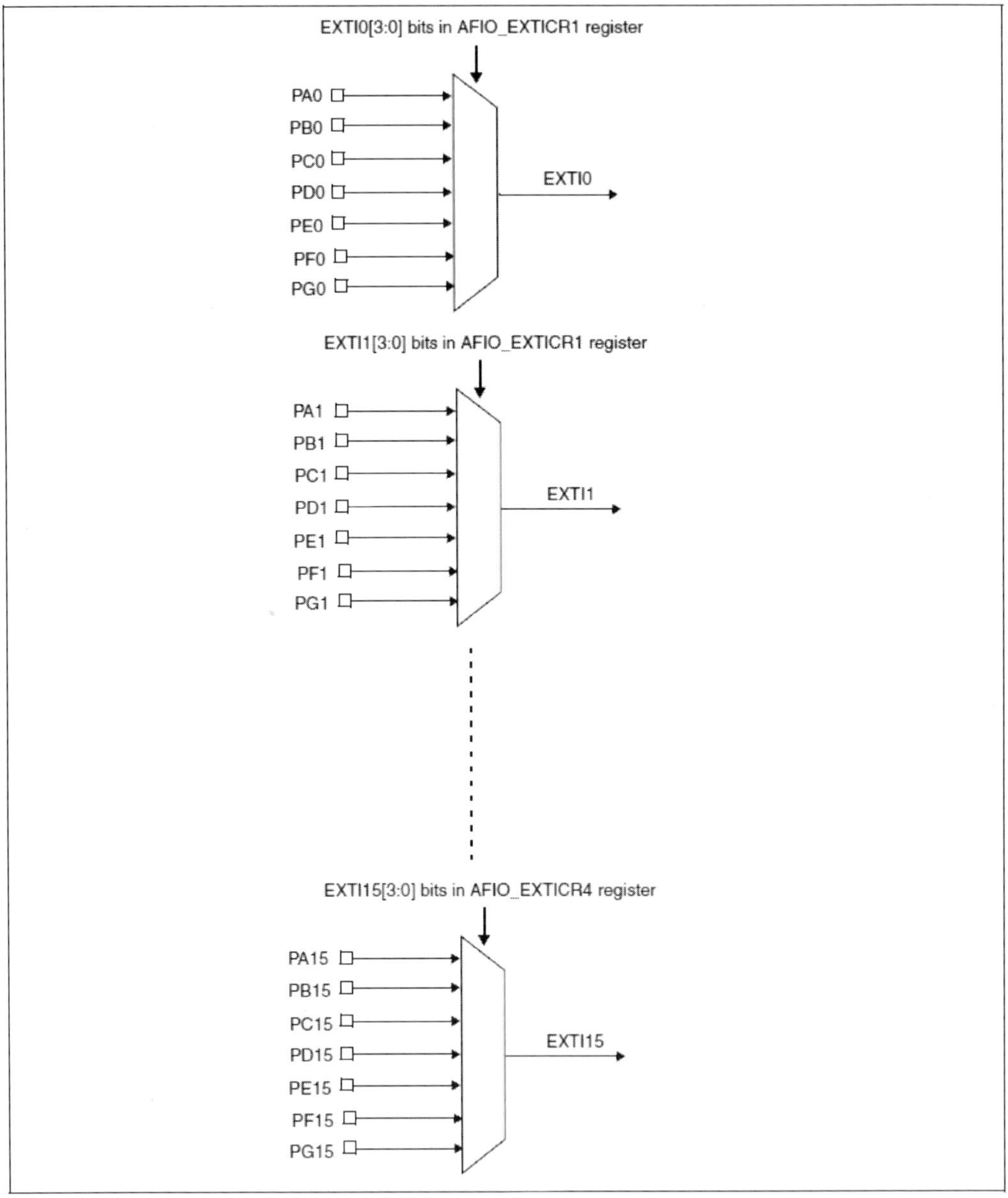

그림 9.2 외부 interrupt/event GPIO mapping

9.3 EXTI 레지스터

9.3.1 Interrupt mask register(EXTI_IMR)

EXTI_IMR 레지스터는 외부 interrupt 발생 허용 여부를 설정하는 레지스터로, 인터럽트 발생을 원하는 MR 번호를 세트하여 interrupt 발생을 허용한다.

- Address offset: 0x00
- Reset value: 0x0000 0000

31	30	29	28	27	26	25	24	23	22	21	20	19	18	17	16
Reserved												MR19	MR18	MR17	MR16
												rw	rw	rw	rw

15	14	13	12	11	10	9	8	7	6	5	4	3	2	1	0
MR15	MR14	MR13	MR12	MR11	MR10	MR9	MR8	MR7	MR6	MR5	MR4	MR3	MR2	MR1	MR0
rw	rw	rw	rw	rw	rw	rw	rw	rw	rw	rw	rw	rw	rw	rw	rw

Bits 31:20 Reserved, must be kept at reset value (0).

Bits 19:0 **MRx:** Interrupt Mask on line x
0: Interrupt request from Line x is masked
1: Interrupt request from Line x is not masked
Note: Bit 19 is used in connectivity line devices only and is reserved otherwise.

9.3.2 Event mask register(EXTI_EMR)

EXTI_EMR 레지스터는 외부 event 발생 허용 여부를 설정하는 레지스터로, 인터럽트 발생을 원하는 MR 번호를 세트하여 event 발생을 허용한다.

- Address offset: 0x04
- Reset value: 0x0000 0000

31	30	29	28	27	26	25	24	23	22	21	20	19	18	17	16
Reserved												MR19	MR18	MR17	MR16
												rw	rw	rw	rw

15	14	13	12	11	10	9	8	7	6	5	4	3	2	1	0
MR15	MR14	MR13	MR12	MR11	MR10	MR9	MR8	MR7	MR6	MR5	MR4	MR3	MR2	MR1	MR0
rw	rw	rw	rw	rw	rw	rw	rw	rw	rw	rw	rw	rw	rw	rw	rw

Bits 31:20 Reserved, must be kept at reset value (0).

Bits 19:0 **MRx:** Event mask on line x
0: Event request from Line x is masked
1: Event request from Line x is not masked
Note: Bit 19 is used in connectivity line devices only and is reserved otherwise.

9.3.3 Rising trigger selection register(EXTI_RTSR)

EXTI_RTSR 레지스터는 interrupt를 rising trigger edge로 설정하는 레지스터로, 원하는 TR을 세트하여 설정한다.

- Address offset: 0x08
- Reset value: 0x0000 0000

31	30	29	28	27	26	25	24	23	22	21	20	19	18	17	16
Reserved												TR19	TR18	TR17	TR16
												rw	rw	rw	rw
15	14	13	12	11	10	9	8	7	6	5	4	3	2	1	0
TR15	TR14	TR13	TR12	TR11	TR10	TR9	TR8	TR7	TR6	TR5	TR4	TR3	TR2	TR1	TR0
rw	rw	rw	rw	rw	rw	rw	rw	rw	rw	rw	rw	rw	rw	rw	rw

Bits 31:20 Reserved, must be kept at reset value (0).

Bits 19:0 **TRx:** Rising trigger event configuration bit of line x

0: Rising trigger disabled (for Event and Interrupt) for input line

1: Rising trigger enabled (for Event and Interrupt) for input line.

Note: Bit 19 is used in connectivity line devices only and is reserved otherwise.

9.3.4 Falling trigger selection register(EXTI_FTSR)

EXTI_FTSR 레지스터는 interrupt를 falling trigger edge로 설정하는 레지스터로, 원하는 TR을 세트하여 설정한다.

- Address offset: 0x0C
- Reset value: 0x0000 0000

31	30	29	28	27	26	25	24	23	22	21	20	19	18	17	16
Reserved												TR19	TR18	TR17	TR16
												rw	rw	rw	rw
15	14	13	12	11	10	9	8	7	6	5	4	3	2	1	0
TR15	TR14	TR13	TR12	TR11	TR10	TR9	TR8	TR7	TR6	TR5	TR4	TR3	TR2	TR1	TR0
rw	rw	rw	rw	rw	rw	rw	rw	rw	rw	rw	rw	rw	rw	rw	rw

Bits 31:20 Reserved, must be kept at reset value (0).

Bits 19:0 **TRx:** Falling trigger event configuration bit of line x

0: Falling trigger disabled (for Event and Interrupt) for input line

1: Falling trigger enabled (for Event and Interrupt) for input line.

Note: Bit 19 used in connectivity line devices and is reserved otherwise.

9.3.5 Pending register(EXTI_PR)

Interrupt의 rising 또는 falling trigger가 발생하면 EXTI_PR 레지스터의 해당 PR 비트가 '1'로 세트된다.

· Address offset: 0x14

· Reset value: 0x0000 0000

31	30	29	28	27	26	25	24	23	22	21	20	19	18	17	16
Reserved												PR19	PR18	PR17	PR16
												rc_w1	rc_w1	rc_w1	rc_w1

15	14	13	12	11	10	9	8	7	6	5	4	3	2	1	0
PR15	PR14	PR13	PR12	PR11	PR10	PR9	PR8	PR7	PR6	PR5	PR4	PR3	PR2	PR1	PR0
rc_w1	rc_w1	rc_w1	rc_w1	rc_w1	rc_w1	rc_w1	rc_w1	rc_w1	rc_w1	rc_w1	rc_w1	rc_w1	rc_w1	rc_w1	rc_w1

Bits 31:20 Reserved, must be kept at reset value (0).

Bits 19:0 **PRx:** Pending bit

0: No trigger request occurred

1: selected trigger request occurred

This bit is set when the selected edge event arrives on the external interrupt line. This bit is cleared by writing a '1' into the bit.

Note: Bit 19 is used in connectivity line devices only and is reserved otherwise.

9.4 Interrupt 실습

9.4.1 외부 interrupt 실습 개요

본 예제는 스위치를 통해 외부 인터럽트 입력을 받아 7-세그먼트의 숫자를 9에서 0까지 1식 감소시키는 예제이다. 본 예제는 Mango-M32 보드에 있는 7-세그먼트와 USER 스위치를 이용하며, USER 스위치(SW4)의 입력을 통한 USERKEY는 PA1에 연결되어 있다. 7-세그먼트는 8.3.3절의 그림 8.7과 같이 회로가 구성되어 있다.

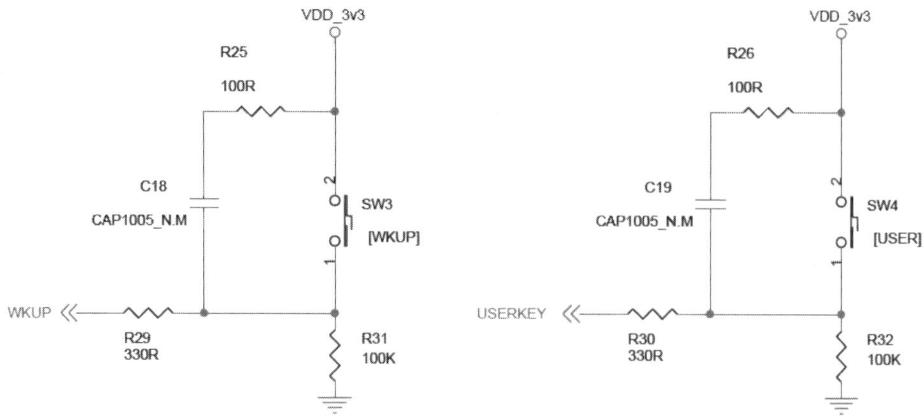

그림 9.3 Mango-M32 보드의 스위치 회로

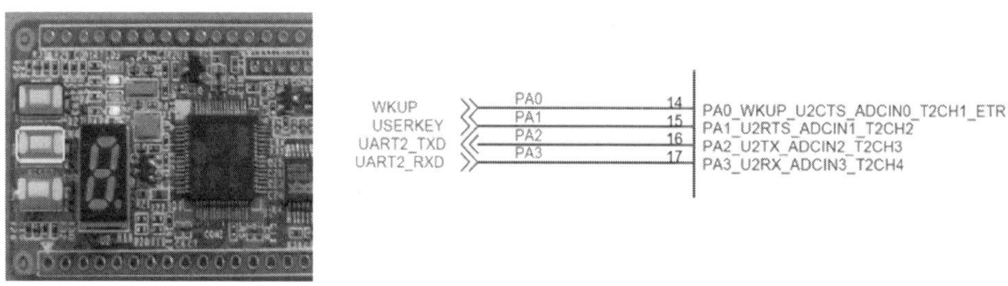

그림 9.4 Mango-M32 보드의 key 입력 연결

본 예제에서는 USER 스위치를 누르게 되면 외부 인터럽트가 발생하고 해당 인터럽트 핸들러인 EXTI1_IRQHandler 함수가 실행된다. 따라서 원하는 작업을 EXTI1_IRQHandler 함수 내에 작성하면 스위치가 눌릴 때마다 원하는 작업을 수행할 수 있다.

9.4.2 외부 interrupt 실습 프로그램

main.c

```
#include "it_config.h"


extern __IO uint32_t StartUpCounter;


RCC_ClocksTypeDef  rcc_clocks;
```

```
int main(void)
{
    /* System Clocks Configuration */
    RCC_Configuration();

    RCC->APB2ENR |= RCC_APB2Periph_GPIOA;
    RCC->APB2ENR |= RCC_APB2Periph_GPIOB;

    RCC_GetClocksFreq(&rcc_clocks);

    /* NVIC configuration */
    NVIC_Configuration();

    /* Configure the GPIO ports */
    GPIO_Configuration();

    /* EXTI configuration */
    EXTI_Configuration();

    /* Setup SysTick Timer for 1 msec interrupts  */
    if (SysTick_Config(rcc_clocks.SYSCLK_Frequency / 1000))
    {
        /* Capture error */
        while (1);
    }
    while(1)
    {
            Seven_Segment_Test();
    }
}
```

it_config.c

```
#include "it_config.h"

static volatile uint32_t TimingDelay;

void delay_1_second(void)
{
    Delay(1000);
}
```

```
void delay_100_milli_second(void)
{
   Delay(100);
}

__IO uint32_t StartUpCounter = 0;

void RCC_Configuration(void)
{
   __IO uint32_t  HSEStatus = 0;

   /* SYSCLK, HCLK, PCLK2 and PCLK1 configuration ---------------------------*/
   /* Enable HSE */
   RCC->CR |= ((uint32_t)RCC_CR_HSEON);

   /* Wait till HSE is ready and if Time out is reached exit */
   do
   {
      HSEStatus = RCC->CR & RCC_CR_HSERDY;
      StartUpCounter++;
   } while((HSEStatus == 0) && (StartUpCounter != HSEStartUp_TimeOut));

   /* Flash 2 wait state */
   FLASH->ACR |= (uint32_t)FLASH_ACR_LATENCY_2;

   /* HCLK = SYSCLK */
   RCC->CFGR |= (uint32_t)RCC_CFGR_HPRE_DIV1;

   /* PCLK2 = HCLK */
   RCC->CFGR |= (uint32_t)RCC_CFGR_PPRE2_DIV1;

   /*  PLL configuration: PLLCLK = HSE * 9 = 72 MHz */
   RCC->CFGR |= (uint32_t)(RCC_CFGR_PLLSRC_HSE | RCC_CFGR_PLLMULL6);

   /* Enable PLL */
   RCC->CR |= RCC_CR_PLLON;

   /* Wait till PLL is ready */
   while((RCC->CR & RCC_CR_PLLRDY) == 0){;}

   /* Select PLL as system clock source */
```

```
    RCC->CFGR |= (uint32_t)RCC_CFGR_SW_PLL;

    /* Wait till PLL is used as system clock source */
    while ((RCC->CFGR & (uint32_t)RCC_CFGR_SWS) != (uint32_t)0x08){;}
}

#define NVIC_VectTab_RAM            ((uint32_t)0x20000000)
#define NVIC_VectTab_FLASH          ((uint32_t)0x08000000)

void NVIC_SetVectorTable(uint32_t NVIC_VectTab, uint32_t Offset)
{
  SCB->VTOR = NVIC_VectTab | (Offset & (uint32_t)0x1FFFFF80);
}
void NVIC_Configuration(void)
{
    NVIC_InitTypeDef NVIC_InitStructure;

    /* Set the Vector Table base location at 0x08000000 */
    NVIC_SetVectorTable(NVIC_VectTab_FLASH, 0x0);

    /* Configure one bit for preemption priority */
    NVIC_PriorityGroupConfig(NVIC_PriorityGroup_0);

    /* Enable the EXTI0 Interrupt */
    NVIC_InitStructure.NVIC_IRQChannel = EXTI0_IRQn;
    NVIC_InitStructure.NVIC_IRQChannelPreemptionPriority = 0;
    NVIC_InitStructure.NVIC_IRQChannelSubPriority = 0;
    NVIC_InitStructure.NVIC_IRQChannelCmd = ENABLE;
    NVIC_Init(&NVIC_InitStructure);

    /* Enable the EXTI1 Interrupt */
    NVIC_InitStructure.NVIC_IRQChannel = EXTI1_IRQn;
    NVIC_InitStructure.NVIC_IRQChannelPreemptionPriority = 0;
    NVIC_InitStructure.NVIC_IRQChannelSubPriority = 1;
    NVIC_InitStructure.NVIC_IRQChannelCmd = ENABLE;
    NVIC_Init(&NVIC_InitStructure);
}

void GPIO_Configuration(void)
{
    GPIO_InitTypeDef GPIO_InitStructure;
```

```
    // Key configuration ...
    /* Configure gpio as input : Button Left-WKUP */
    GPIO_InitStructure.GPIO_Pin = GPIO_KEY1_PIN;
    GPIO_InitStructure.GPIO_Mode = GPIO_Mode_IN_FLOATING;
    GPIO_Init(GPIO_KEY, &GPIO_InitStructure);

    /* Configure gpio as input : Button Right-USER */
    GPIO_InitStructure.GPIO_Pin = GPIO_KEY2_PIN;
    GPIO_InitStructure.GPIO_Mode = GPIO_Mode_IN_FLOATING;
    GPIO_Init(GPIO_KEY, &GPIO_InitStructure);

    // LED configuration ...

    /* Configure gpio as output : LED1, LED2, LED3 */
    GPIO_InitStructure.GPIO_Pin = GPIO_LED1_PIN | GPIO_LED2_PIN | GPIO_LED3_PIN ;
    GPIO_InitStructure.GPIO_Speed = GPIO_Speed_50MHz;
    GPIO_InitStructure.GPIO_Mode = GPIO_Mode_Out_PP;
    GPIO_Init(GPIO_LED, &GPIO_InitStructure);
}

void EXTI_Configuration(void)
{
    EXTI_InitTypeDef EXTI_InitStructure;

    /* Configure gpio as input : Button Left-WKUP */
    /* Connect EXTI Line to gpio pin */
    GPIO_EXTILineConfig(GPIO_PORTSOURCE_KEY, GPIO_PINSOURCE_KEY1);

    /* Configure EXTI Line to generate an interrupt */
    EXTI_InitStructure.EXTI_Line    = GPIO_EXTI_Line_KEY1;
    EXTI_InitStructure.EXTI_Mode    = EXTI_Mode_Interrupt;
    EXTI_InitStructure.EXTI_Trigger = EXTI_Trigger_Falling;
    EXTI_InitStructure.EXTI_LineCmd = ENABLE;
    EXTI_Init(&EXTI_InitStructure);

    /* Configure gpio as input : Button Right-USER */
    /* Connect EXTI Line to gpio pin */
    GPIO_EXTILineConfig(GPIO_PORTSOURCE_KEY, GPIO_PINSOURCE_KEY2);

    /* Configure EXTI Line to generate an interrupt */
    EXTI_InitStructure.EXTI_Line    = GPIO_EXTI_Line_KEY2;
```

```
    EXTI_InitStructure.EXTI_Mode    = EXTI_Mode_Interrupt;
    EXTI_InitStructure.EXTI_Trigger = EXTI_Trigger_Falling;
    EXTI_InitStructure.EXTI_LineCmd = ENABLE;
    EXTI_Init(&EXTI_InitStructure);
}

void Delay(__IO uint32_t nTime)
{
  TimingDelay = nTime;

  while(TimingDelay != 0);
}

void TimingDelay_Decrement(void)
{
  if (TimingDelay != 0x00)
  {
    TimingDelay--;
  }
}
```

seven_segment.c

```
#include "it_config.h"

#define GPIO_7_SEG_POWER_PIN        GPIO_Pin_8
#define GPIO_7_SEG_A_PIN            GPIO_Pin_0
#define GPIO_7_SEG_B_PIN            GPIO_Pin_1
#define GPIO_7_SEG_C_PIN            GPIO_Pin_2
#define GPIO_7_SEG_D_PIN            GPIO_Pin_3
#define GPIO_7_SEG_E_PIN            GPIO_Pin_4
#define GPIO_7_SEG_F_PIN            GPIO_Pin_5
#define GPIO_7_SEG_G_PIN            GPIO_Pin_7
#define GPIO_7_SEG_DP_PIN           GPIO_Pin_6
#define GPIO_7_SEG                  GPIOC

void PowerOn_7_SEG(void)
{
    GPIO_7_SEG->BRR |= GPIO_7_SEG_POWER_PIN;
}
```

```
void PowerOff_7_SEG(void)
{
    GPIO_7_SEG->BSRR |= GPIO_7_SEG_POWER_PIN;
}

void On_7_SEG_OnePin(uint16_t pinNum)
{
    GPIO_7_SEG->BRR |= pinNum;
}

void Off_7_SEG_OnePin(uint16_t pinNum)
{
    GPIO_7_SEG->BSRR |= pinNum;
}

void Off_7_SEG_AllPin(void)
{
    Off_7_SEG_OnePin
        (GPIO_7_SEG_A_PIN | GPIO_7_SEG_B_PIN | GPIO_7_SEG_C_PIN
        | GPIO_7_SEG_D_PIN | GPIO_7_SEG_E_PIN | GPIO_7_SEG_F_PIN
        | GPIO_7_SEG_G_PIN | GPIO_7_SEG_DP_PIN);
}

void OutPut_7_SEG_Number(unsigned int num)
{
    Off_7_SEG_AllPin();

    switch(num)
    {
    case 0:
        On_7_SEG_OnePin
            (GPIO_7_SEG_A_PIN | GPIO_7_SEG_B_PIN | GPIO_7_SEG_C_PIN
            | GPIO_7_SEG_D_PIN | GPIO_7_SEG_E_PIN | GPIO_7_SEG_F_PIN);
        break;
    case 1:
        On_7_SEG_OnePin
            (GPIO_7_SEG_B_PIN | GPIO_7_SEG_C_PIN);
        break;
    case 2:
        On_7_SEG_OnePin
            (GPIO_7_SEG_A_PIN | GPIO_7_SEG_B_PIN | GPIO_7_SEG_D_PIN
```

```
            | GPIO_7_SEG_E_PIN | GPIO_7_SEG_G_PIN);
        break;
    case 3:
        On_7_SEG_OnePin
            (GPIO_7_SEG_A_PIN | GPIO_7_SEG_B_PIN | GPIO_7_SEG_C_PIN
            | GPIO_7_SEG_D_PIN | GPIO_7_SEG_G_PIN);
        break;
    case 4:
        On_7_SEG_OnePin
            (GPIO_7_SEG_B_PIN | GPIO_7_SEG_C_PIN
            | GPIO_7_SEG_F_PIN | GPIO_7_SEG_G_PIN);
        break;
    case 5:
        On_7_SEG_OnePin
            (GPIO_7_SEG_A_PIN | GPIO_7_SEG_C_PIN | GPIO_7_SEG_D_PIN
            | GPIO_7_SEG_F_PIN | GPIO_7_SEG_G_PIN);
        break;
    case 6:
        On_7_SEG_OnePin
            (GPIO_7_SEG_A_PIN | GPIO_7_SEG_C_PIN | GPIO_7_SEG_D_PIN
            | GPIO_7_SEG_E_PIN | GPIO_7_SEG_F_PIN | GPIO_7_SEG_G_PIN);
        break;
    case 7:
        On_7_SEG_OnePin
            (GPIO_7_SEG_A_PIN | GPIO_7_SEG_B_PIN | GPIO_7_SEG_C_PIN
            | GPIO_7_SEG_F_PIN);
        break;
    case 8:
        On_7_SEG_OnePin
            (GPIO_7_SEG_A_PIN | GPIO_7_SEG_B_PIN | GPIO_7_SEG_C_PIN
            | GPIO_7_SEG_D_PIN | GPIO_7_SEG_E_PIN | GPIO_7_SEG_F_PIN
            | GPIO_7_SEG_G_PIN);
        break;
    case 9:
        On_7_SEG_OnePin
            (GPIO_7_SEG_A_PIN | GPIO_7_SEG_B_PIN | GPIO_7_SEG_C_PIN
            | GPIO_7_SEG_D_PIN | GPIO_7_SEG_F_PIN | GPIO_7_SEG_G_PIN);
        break;
    }
}
```

```
void GPIO_Init(GPIO_TypeDef* GPIOx, GPIO_InitTypeDef* GPIO_InitStruct);

void Seven_Segment_Test(void)
{

   GPIO_InitTypeDef GPIO_InitStructure;
   int i;

   RCC->APB2ENR |= RCC_APB2Periph_GPIOC;

   /* Configure gpio as output : LED1, LED2, LED3 */
   GPIO_InitStructure.GPIO_Pin
      = GPIO_7_SEG_POWER_PIN | GPIO_7_SEG_A_PIN | GPIO_7_SEG_B_PIN
        | GPIO_7_SEG_C_PIN | GPIO_7_SEG_D_PIN | GPIO_7_SEG_E_PIN
        | GPIO_7_SEG_F_PIN | GPIO_7_SEG_G_PIN | GPIO_7_SEG_DP_PIN;
   GPIO_InitStructure.GPIO_Speed = GPIO_Speed_50MHz;
   GPIO_InitStructure.GPIO_Mode = GPIO_Mode_Out_PP;
   GPIO_Init(GPIO_7_SEG, &GPIO_InitStructure);

   PowerOn_7_SEG();

   OutPut_7_SEG_Number(print_num_return());
   delay_1_second();
}
```

stm.c

```
#include "it_config.h"
int print_num = 0;

int print_num_return()
{
   if(print_num < 0 ) print_num = 9;
   if(print_num > 9 ) print_num = 0;
   return print_num;
}
#define CFGR_SWS_Mask            ((uint32_t)0x0000000C)
#define CFGR_PLLMull_Mask        ((uint32_t)0x003C0000)
#define CFGR_PLLSRC_Mask         ((uint32_t)0x00010000)
#define CFGR_PLLXTPRE_Mask       ((uint32_t)0x00020000)
#define CFGR_HPRE_Set_Mask       ((uint32_t)0x000000F0)
#define CFGR_PPRE1_Set_Mask      ((uint32_t)0x00000700)
```

```c
#define CFGR_PPRE2_Set_Mask       ((uint32_t)0x00003800)
#define CFGR_ADCPRE_Set_Mask      ((uint32_t)0x0000C000)
static __I uint8_t APBAHBPrescTable[16] = {0, 0, 0, 0, 1, 2, 3, 4, 1, 2, 3, 4, 6, 7, 8, 9};
static __I uint8_t ADCPrescTable[4] = {2, 4, 6, 8};

void GPIO_Init(GPIO_TypeDef* GPIOx, GPIO_InitTypeDef* GPIO_InitStruct)
{
  uint32_t currentmode = 0x00, currentpin = 0x00, pinpos = 0x00, pos = 0x00;
  uint32_t tmpreg = 0x00, pinmask = 0x00;
/*---------------------------- GPIO Mode Configuration -----------------------*/
  currentmode = ((uint32_t)GPIO_InitStruct->GPIO_Mode) & ((uint32_t)0x0F);
  if ((((uint32_t)GPIO_InitStruct->GPIO_Mode) & ((uint32_t)0x10)) != 0x00)
  {
    /* Output mode */
    currentmode |= (uint32_t)GPIO_InitStruct->GPIO_Speed;
  }
/*---------------------------- GPIO CRL Configuration ------------------------*/
  /* Configure the eight low port pins */
  if (((uint32_t)GPIO_InitStruct->GPIO_Pin & ((uint32_t)0x00FF)) != 0x00)
  {
    tmpreg = GPIOx->CRL;
    for (pinpos = 0x00; pinpos < 0x08; pinpos++)
    {
      pos = ((uint32_t)0x01) << pinpos;
      /* Get the port pins position */
      currentpin = (GPIO_InitStruct->GPIO_Pin) & pos;
      if (currentpin == pos)
      {
        pos = pinpos << 2;
        /* Clear the corresponding low control register bits */
        pinmask = ((uint32_t)0x0F) << pos;
        tmpreg &= ~pinmask;
        /* Write the mode configuration in the corresponding bits */
        tmpreg |= (currentmode << pos);
        /* Reset the corresponding ODR bit */
        if (GPIO_InitStruct->GPIO_Mode == GPIO_Mode_IPD)
        {
          GPIOx->BRR = (((uint32_t)0x01) << pinpos);
        }
               else
        {
```

```
        /* Set the corresponding ODR bit */
        if (GPIO_InitStruct->GPIO_Mode == GPIO_Mode_IPU)
        {
          GPIOx->BSRR = (((uint32_t)0x01) << pinpos);
        }
      }
    }
  }
  GPIOx->CRL = tmpreg;
 }
/*---------------------------- GPIO CRH Configuration ------------------------*/
 /* Configure the eight high port pins */
 if (GPIO_InitStruct->GPIO_Pin > 0x00FF)
 {
   tmpreg = GPIOx->CRH;
   for (pinpos = 0x00; pinpos < 0x08; pinpos++)
   {
     pos = (((uint32_t)0x01) << (pinpos + 0x08));
     /* Get the port pins position */
     currentpin = ((GPIO_InitStruct->GPIO_Pin) & pos);
     if (currentpin == pos)
     {
       pos = pinpos << 2;
       /* Clear the corresponding high control register bits */
       pinmask = ((uint32_t)0x0F) << pos;
       tmpreg &= ~pinmask;
       /* Write the mode configuration in the corresponding bits */
       tmpreg |= (currentmode << pos);
       /* Reset the corresponding ODR bit */
       if (GPIO_InitStruct->GPIO_Mode == GPIO_Mode_IPD)
       {
         GPIOx->BRR = (((uint32_t)0x01) << (pinpos + 0x08));
       }
       /* Set the corresponding ODR bit */
       if (GPIO_InitStruct->GPIO_Mode == GPIO_Mode_IPU)
       {
         GPIOx->BSRR = (((uint32_t)0x01) << (pinpos + 0x08));
       }
     }
   }
   GPIOx->CRH = tmpreg;
```

```
  }
}

void NVIC_SetPriority(IRQn_Type IRQn, uint32_t priority)
{
  if(IRQn < 0) {
    SCB->SHP[((uint32_t)(IRQn) & 0xF)-4] = ((priority << (8 - __NVIC_PRIO_BITS)) & 0xff); } /* set Priority for
Cortex-M3 System Interrupts */
  else {
    NVIC->IP[(uint32_t)(IRQn)] = ((priority << (8 - __NVIC_PRIO_BITS)) & 0xff);    }        /* set Priority for device
specific Interrupts */
}

uint32_t SysTick_Config(uint32_t ticks)
{
  if (ticks > SYSTICK_MAXCOUNT)  return (1);      /* Reload value impossible */
  SysTick->LOAD  =  (ticks & SYSTICK_MAXCOUNT) - 1;          /* set reload register */
  NVIC_SetPriority (SysTick_IRQn, (1<<__NVIC_PRIO_BITS) - 1);
/* set Priority for Cortex-M0 System Interrupts */
  SysTick->VAL   =  (0x00);                       /* Load the SysTick Counter Value */
  SysTick->CTRL = (1 << SYSTICK_CLKSOURCE) | (1<<SYSTICK_ENABLE) | (1<<SYSTICK_TICKINT); /* Enable SysTick IRQ and
SysTick Timer */
  return (0);                                            /* Function successful */
}

void SysTick_Handler(void)
{
    TimingDelay_Decrement();
}

ITStatus EXTI_GetITStatus(uint32_t EXTI_Line)
{
  ITStatus bitstatus = RESET;
  uint32_t enablestatus = 0;

  enablestatus =  EXTI->IMR & EXTI_Line;
  if (((EXTI->PR & EXTI_Line) != (uint32_t)RESET) && (enablestatus != (uint32_t)RESET))
  {
    bitstatus = SET;
  }
  else
  {
```

```
    bitstatus = RESET;
  }
  return bitstatus;
}
```

void EXTI_ClearITPendingBit(uint32_t EXTI_Line)

```
{
  EXTI->PR = EXTI_Line;
}
```

void EXTI1_IRQHandler(void)

```
{
    if(EXTI_GetITStatus(GPIO_EXTI_Line_KEY2) != RESET) {
        EXTI_ClearITPendingBit(GPIO_EXTI_Line_KEY2);

    print_num--;
    }
}

#define AIRCR_VECTKEY_MASK    ((uint32_t)0x05FA0000)
```

void NVIC_PriorityGroupConfig(uint32_t NVIC_PriorityGroup)

```
{
  /* Set the PRIGROUP[10:8] bits according to NVIC_PriorityGroup value */
  SCB->AIRCR = AIRCR_VECTKEY_MASK | NVIC_PriorityGroup;
}
```

void NVIC_Init(NVIC_InitTypeDef* NVIC_InitStruct)

```
{
  uint32_t tmppriority = 0x00, tmppre = 0x00, tmpsub = 0x0F;

  if (NVIC_InitStruct->NVIC_IRQChannelCmd != DISABLE)
  {
    /* Compute the Corresponding IRQ Priority --------------------------------*/
    tmppriority = (0x700 - ((SCB->AIRCR) & (uint32_t)0x700))>> 0x08;
    tmppre = (0x4 - tmppriority);
    tmpsub = tmpsub >> tmppriority;

    tmppriority = (uint32_t)NVIC_InitStruct->NVIC_IRQChannelPreemptionPriority << tmppre;
    tmppriority |=  NVIC_InitStruct->NVIC_IRQChannelSubPriority & tmpsub;
    tmppriority = tmppriority << 0x04;
```

```
    NVIC->IP[NVIC_InitStruct->NVIC_IRQChannel] = tmppriority;

    /* Enable the Selected IRQ Channels --------------------------------------*/
    NVIC->ISER[NVIC_InitStruct->NVIC_IRQChannel >> 0x05] =
      (uint32_t)0x01 << (NVIC_InitStruct->NVIC_IRQChannel & (uint8_t)0x1F);
  }
  else
  {
    /* Disable the Selected IRQ Channels -------------------------------------*/
    NVIC->ICER[NVIC_InitStruct->NVIC_IRQChannel >> 0x05] =
      (uint32_t)0x01 << (NVIC_InitStruct->NVIC_IRQChannel & (uint8_t)0x1F);
  }
}
```

stm.h

```
#ifndef __STM_H
#define __STM_H

#include <stdint.h>
#include <stdio.h>
#include "it_config.h"

typedef enum
{
  GPIO_Speed_10MHz = 1,
  GPIO_Speed_2MHz,
  GPIO_Speed_50MHz
}GPIOSpeed_TypeDef;

typedef enum
{ GPIO_Mode_AIN = 0x0,
  GPIO_Mode_IN_FLOATING = 0x04,
  GPIO_Mode_IPD = 0x28,
  GPIO_Mode_IPU = 0x48,
  GPIO_Mode_Out_OD = 0x14,
  GPIO_Mode_Out_PP = 0x10,
  GPIO_Mode_AF_OD = 0x1C,
  GPIO_Mode_AF_PP = 0x18
}GPIOMode_TypeDef;
```

```
typedef struct
{
  uint16_t GPIO_Pin;
  GPIOSpeed_TypeDef GPIO_Speed;
  GPIOMode_TypeDef GPIO_Mode;
}GPIO_InitTypeDef;

typedef enum
{
  Bit_RESET = 0,
  Bit_SET
}BitAction;

typedef enum
{
  RESET = 0,
  SET = !RESET
}FlagStatus, ITStatus;

typedef enum
{
  DISABLE = 0,
  ENABLE = !DISABLE
}FunctionalState;

#define GPIO_Pin_0              ((uint16_t)0x0001)  /*!< Pin 0 selected */
#define GPIO_Pin_1              ((uint16_t)0x0002)  /*!< Pin 1 selected */
#define GPIO_Pin_2              ((uint16_t)0x0004)  /*!< Pin 2 selected */
#define GPIO_Pin_3              ((uint16_t)0x0008)  /*!< Pin 3 selected */
#define GPIO_Pin_4              ((uint16_t)0x0010)  /*!< Pin 4 selected */
#define GPIO_Pin_5              ((uint16_t)0x0020)  /*!< Pin 5 selected */
#define GPIO_Pin_6              ((uint16_t)0x0040)  /*!< Pin 6 selected */
#define GPIO_Pin_7              ((uint16_t)0x0080)  /*!< Pin 7 selected */
#define GPIO_Pin_8              ((uint16_t)0x0100)  /*!< Pin 8 selected */
#define GPIO_Pin_9              ((uint16_t)0x0200)  /*!< Pin 9 selected */
#define GPIO_Pin_10             ((uint16_t)0x0400)  /*!< Pin 10 selected */
#define GPIO_Pin_11             ((uint16_t)0x0800)  /*!< Pin 11 selected */
#define GPIO_Pin_12             ((uint16_t)0x1000)  /*!< Pin 12 selected */
#define GPIO_Pin_13             ((uint16_t)0x2000)  /*!< Pin 13 selected */
#define GPIO_Pin_14             ((uint16_t)0x4000)  /*!< Pin 14 selected */
#define GPIO_Pin_15             ((uint16_t)0x8000)  /*!< Pin 15 selected */
#define GPIO_Pin_All            ((uint16_t)0xFFFF)  /*!< All pins selected */
```

```
#define GPIO_PortSourceGPIOA        ((uint8_t)0x00)
#define GPIO_PortSourceGPIOB        ((uint8_t)0x01)
#define GPIO_PortSourceGPIOC        ((uint8_t)0x02)
#define GPIO_PortSourceGPIOD        ((uint8_t)0x03)
#define GPIO_PortSourceGPIOE        ((uint8_t)0x04)
#define GPIO_PortSourceGPIOF        ((uint8_t)0x05)
#define GPIO_PortSourceGPIOG        ((uint8_t)0x06)

#define GPIO_PinSource0             ((uint8_t)0x00)
#define GPIO_PinSource1             ((uint8_t)0x01)
#define GPIO_PinSource2             ((uint8_t)0x02)
#define GPIO_PinSource3             ((uint8_t)0x03)
#define GPIO_PinSource4             ((uint8_t)0x04)
#define GPIO_PinSource5             ((uint8_t)0x05)
#define GPIO_PinSource6             ((uint8_t)0x06)
#define GPIO_PinSource7             ((uint8_t)0x07)
#define GPIO_PinSource8             ((uint8_t)0x08)
#define GPIO_PinSource9             ((uint8_t)0x09)
#define GPIO_PinSource10            ((uint8_t)0x0A)
#define GPIO_PinSource11            ((uint8_t)0x0B)
#define GPIO_PinSource12            ((uint8_t)0x0C)
#define GPIO_PinSource13            ((uint8_t)0x0D)
#define GPIO_PinSource14            ((uint8_t)0x0E)
#define GPIO_PinSource15            ((uint8_t)0x0F)

#define EXTI_Line0      ((uint32_t)0x00001)
#define EXTI_Line1      ((uint32_t)0x00002)
#define EXTI_Line2      ((uint32_t)0x00004)

#define RCC_APB2Periph_AFIO         ((uint32_t)0x00000001)
#define RCC_APB2Periph_GPIOA        ((uint32_t)0x00000004)
#define RCC_APB2Periph_GPIOB        ((uint32_t)0x00000008)
#define RCC_APB2Periph_GPIOC        ((uint32_t)0x00000010)

#ifdef __cplusplus
#define     __I     volatile                /*!< defines 'read only' permissions      */
#else
#define     __I     volatile const          /*!< defines 'read only' permissions      */
#endif
#define     __O     volatile                /*!< defines 'write only' permissions     */
#define     __IO    volatile                /*!< defines 'read / write' permissions   */
```

```
typedef struct
{
  __IO uint32_t CR;
  __IO uint32_t CFGR;
  __IO uint32_t CIR;
  __IO uint32_t APB2RSTR;
  __IO uint32_t APB1RSTR;
  __IO uint32_t AHBENR;
  __IO uint32_t APB2ENR;
  __IO uint32_t APB1ENR;
  __IO uint32_t BDCR;
  __IO uint32_t CSR;
#ifdef STM32F10X_CL
  __IO uint32_t AHBRSTR;
  __IO uint32_t CFGR2;
#endif /* STM32F10X_CL */
} RCC_TypeDef;

typedef struct
{
  __IO uint32_t CRL;
  __IO uint32_t CRH;
  __IO uint32_t IDR;
  __IO uint32_t ODR;
  __IO uint32_t BSRR;
  __IO uint32_t BRR;
  __IO uint32_t LCKR;
} GPIO_TypeDef;

typedef struct
{
  __IO uint32_t ACR;
  __IO uint32_t KEYR;
  __IO uint32_t OPTKEYR;
  __IO uint32_t SR;
  __IO uint32_t CR;
  __IO uint32_t AR;
  __IO uint32_t RESERVED;
  __IO uint32_t OBR;
  __IO uint32_t WRPR;
} FLASH_TypeDef;
```

```
typedef struct
{
  uint32_t SYSCLK_Frequency;  /*!< returns SYSCLK clock frequency expressed in Hz */
  uint32_t HCLK_Frequency;    /*!< returns HCLK clock frequency expressed in Hz */
  uint32_t PCLK1_Frequency;   /*!< returns PCLK1 clock frequency expressed in Hz */
  uint32_t PCLK2_Frequency;   /*!< returns PCLK2 clock frequency expressed in Hz */
  uint32_t ADCCLK_Frequency;  /*!< returns ADCCLK clock frequency expressed in Hz */
}RCC_ClocksTypeDef;

typedef struct
{
  __IO uint32_t EVCR;
  __IO uint32_t MAPR;
  __IO uint32_t EXTICR[4];
} AFIO_TypeDef;

typedef struct
{
  __IO uint32_t IMR;
  __IO uint32_t EMR;
  __IO uint32_t RTSR;
  __IO uint32_t FTSR;
  __IO uint32_t SWIER;
  __IO uint32_t PR;
} EXTI_TypeDef;

#define SYSTICK_ENABLE          0
#define SYSTICK_TICKINT         1
#define SYSTICK_CLKSOURCE       2
#define SYSTICK_MAXCOUNT     ((1<<24) -1)

typedef struct
{
  __IO uint32_t CTRL;
  __IO uint32_t LOAD;
  __IO uint32_t VAL;
  __I  uint32_t CALIB;
} SysTick_Type;

typedef struct
{
```

```
  __I  uint32_t CPUID;
  __IO uint32_t ICSR;
  __IO uint32_t VTOR;
  __IO uint32_t AIRCR;
  __IO uint32_t SCR;
  __IO uint32_t CCR;
  __IO uint8_t  SHP[12];
  __IO uint32_t SHCSR;
  __IO uint32_t CFSR;
  __IO uint32_t HFSR;
  __IO uint32_t DFSR;
  __IO uint32_t MMFAR;
  __IO uint32_t BFAR;
  __IO uint32_t AFSR;
  __I  uint32_t PFR[2];
  __I  uint32_t DFR;
  __I  uint32_t ADR;
  __I  uint32_t MMFR[4];
  __I  uint32_t ISAR[5];
} SCB_Type;

typedef struct
{
  __IO uint32_t ISER[8];
       uint32_t RESERVED0[24];
  __IO uint32_t ICER[8];
       uint32_t RSERVED1[24];
  __IO uint32_t ISPR[8];
       uint32_t RESERVED2[24];
  __IO uint32_t ICPR[8];
       uint32_t RESERVED3[24];
  __IO uint32_t IABR[8];
       uint32_t RESERVED4[56];
  __IO uint8_t  IP[240];
       uint32_t RESERVED5[644];
  __O  uint32_t STIR;
}  NVIC_Type;

#define __NVIC_PRIO_BITS          4
#define SCS_BASE              (0xE000E000)
#define SysTick_BASE          (SCS_BASE +  0x0010)
```

```
#define NVIC_BASE           (SCS_BASE +  0x0100)
#define SCB_BASE            (SCS_BASE +  0x0D00)
#define PERIPH_BASE           ((uint32_t)0x40000000)
#define APB1PERIPH_BASE       PERIPH_BASE
#define APB2PERIPH_BASE       (PERIPH_BASE + 0x10000)
#define AHBPERIPH_BASE        (PERIPH_BASE + 0x20000)
#define AFIO_BASE            (APB2PERIPH_BASE + 0x0000)
#define EXTI_BASE            (APB2PERIPH_BASE + 0x0400)
#define GPIOA_BASE           (APB2PERIPH_BASE + 0x0800)
#define GPIOB_BASE           (APB2PERIPH_BASE + 0x0C00)
#define GPIOC_BASE           (APB2PERIPH_BASE + 0x1000)
#define GPIOD_BASE           (APB2PERIPH_BASE + 0x1400)
#define GPIOE_BASE           (APB2PERIPH_BASE + 0x1800)
#define GPIOF_BASE           (APB2PERIPH_BASE + 0x1C00)
#define GPIOG_BASE           (APB2PERIPH_BASE + 0x2000)
#define RCC_BASE             (AHBPERIPH_BASE + 0x1000)
#define FLASH_R_BASE          (AHBPERIPH_BASE + 0x2000)
#define RCC                 ((RCC_TypeDef *) RCC_BASE)
#define FLASH               ((FLASH_TypeDef *) FLASH_R_BASE)
#define GPIOA               ((GPIO_TypeDef *) GPIOA_BASE)
#define GPIOB               ((GPIO_TypeDef *) GPIOB_BASE)
#define GPIOC               ((GPIO_TypeDef *) GPIOC_BASE)
#define GPIOD               ((GPIO_TypeDef *) GPIOD_BASE)
#define GPIOE               ((GPIO_TypeDef *) GPIOE_BASE)
#define GPIOF               ((GPIO_TypeDef *) GPIOF_BASE)
#define GPIOG               ((GPIO_TypeDef *) GPIOG_BASE)
#define SCB                 ((SCB_Type *)          SCB_BASE)
#define SysTick              ((SysTick_Type *)      SysTick_BASE)
#define NVIC                ((NVIC_Type *)          NVIC_BASE)
#define AFIO                ((AFIO_TypeDef *) AFIO_BASE)
#define EXTI                ((EXTI_TypeDef *) EXTI_BASE)
#define HSI_Value        ((uint32_t)8000000)
#define HSE_Value        ((uint32_t)12000000)
#define  RCC_CR_HSEON                        ((uint32_t)0x00010000)
#define  RCC_CR_HSERDY                       ((uint32_t)0x00020000)
#define HSEStartUp_TimeOut        ((uint16_t)0x0500)

#define  FLASH_ACR_PRFTBE                    ((uint8_t)0x10)
#define  FLASH_ACR_LATENCY                   ((uint8_t)0x03)
#define  FLASH_ACR_LATENCY_2                 ((uint8_t)0x02)
```

```
#define  RCC_CFGR_HPRE_DIV1              ((uint32_t)0x00000000)
#define  RCC_CFGR_PPRE2_DIV1             ((uint32_t)0x00000000)
#define  RCC_CFGR_PPRE1_DIV2             ((uint32_t)0x00000400)

#define  RCC_CFGR_PLLSRC                 ((uint32_t)0x00010000)
#define  RCC_CFGR_PLLXTPRE               ((uint32_t)0x00020000)
#define  RCC_CFGR_PLLMULL                ((uint32_t)0x003C0000)

#define  RCC_CFGR_PLLSRC_HSE             ((uint32_t)0x00010000)
#define  RCC_CFGR_PLLMULL6               ((uint32_t)0x00100000)

#define  RCC_CR_PLLON                    ((uint32_t)0x01000000)
#define  RCC_CR_PLLRDY                   ((uint32_t)0x02000000)

#define  RCC_CFGR_SW                     ((uint32_t)0x00000003)
#define  RCC_CFGR_SW_PLL                 ((uint32_t)0x00000002)
#define  RCC_CFGR_SWS                    ((uint32_t)0x0000000C)

/* functions */

uint8_t GPIO_ReadInputDataBit(GPIO_TypeDef* GPIOx, uint16_t GPIO_Pin);
void RCC_GetClocksFreq(RCC_ClocksTypeDef* RCC_Clocks);
void GPIO_Init(GPIO_TypeDef* GPIOx, GPIO_InitTypeDef* GPIO_InitStruct);

/* interrupt handler functions */

void SysTick_Handler(void);
void RTC_IRQHandler(void);
void FLASH_IRQHandler(void);
void RCC_IRQHandler(void);
void EXTI0_IRQHandler(void);
void EXTI1_IRQHandler(void);
void EXTI2_IRQHandler(void);
void EXTI3_IRQHandler(void);
void EXTI4_IRQHandler(void);
void EXTI15_10_IRQHandler(void);
void RTCAlarm_IRQHandler(void);

typedef enum IRQn
{
  SysTick_IRQn             = -1,
```

```
  RTC_IRQn                    = 3,
  FLASH_IRQn                  = 4,
  RCC_IRQn                    = 5,
  EXTI0_IRQn                  = 6,
  EXTI1_IRQn                  = 7,
  EXTI2_IRQn                  = 8,
  EXTI3_IRQn                  = 9,
  EXTI4_IRQn                  = 10,
  EXTI15_10_IRQn              = 40,
} IRQn_Type;

uint32_t SysTick_Config(uint32_t ticks);

typedef struct
{
  uint8_t NVIC_IRQChannel;
  uint8_t NVIC_IRQChannelPreemptionPriority;
  uint8_t NVIC_IRQChannelSubPriority;
  FunctionalState NVIC_IRQChannelCmd;
} NVIC_InitTypeDef;

#define NVIC_PriorityGroup_0         ((uint32_t)0x700)

typedef enum
{
  EXTI_Mode_Interrupt = 0x00,
  EXTI_Mode_Event = 0x04
}EXTIMode_TypeDef;

typedef enum
{
  EXTI_Trigger_Rising = 0x08,
  EXTI_Trigger_Falling = 0x0C,
  EXTI_Trigger_Rising_Falling = 0x10
}EXTITrigger_TypeDef;

typedef struct
{
  uint32_t EXTI_Line;
  EXTIMode_TypeDef EXTI_Mode;
  EXTITrigger_TypeDef EXTI_Trigger;
```

```
  FunctionalState EXTI_LineCmd;
}EXTI_InitTypeDef;

void NVIC_PriorityGroupConfig(uint32_t NVIC_PriorityGroup);
void NVIC_Init(NVIC_InitTypeDef* NVIC_InitStruct);
void GPIO_EXTILineConfig(uint8_t GPIO_PortSource, uint8_t GPIO_PinSource);
void EXTI_Init(EXTI_InitTypeDef* EXTI_InitStruct);

#endif /* __STM_H */

// stm.h end
```

it_config.h

```
#ifndef __HW_CONFIG_H
#define __HW_CONFIG_H

#include <stdint.h>
#include <stdio.h>
#include "stm.h"

#define GPIO_LED          GPIOB
#define GPIO_KEY          GPIOA
#define GPIO_USART        GPIOA


#define GPIO_LED1_PIN      GPIO_Pin_9 /* RED */
#define GPIO_LED2_PIN      GPIO_Pin_5 /* YELLOW */
#define GPIO_LED3_PIN      GPIO_Pin_8 /* BLUE */

#define GPIO_KEY1_PIN      GPIO_Pin_0 /* LEFT_WKUP */
#define GPIO_KEY2_PIN      GPIO_Pin_1 /* RIGHT_USER */

#define GPIO_USART_Rx_Pin   GPIO_Pin_10
#define GPIO_USART_Tx_Pin   GPIO_Pin_9

#define GPIO_PORTSOURCE_KEY      GPIO_PortSourceGPIOA
#define GPIO_PINSOURCE_KEY1      GPIO_PinSource0
#define GPIO_PINSOURCE_KEY2      GPIO_PinSource1
#define GPIO_EXTI_Line_KEY1      EXTI_Line0
#define GPIO_EXTI_Line_KEY2      EXTI_Line1
```

```
int print_num_return(void);

void LED_On_Red (void);
void LED_Off_Red (void);
void LED_On_Yellow (void);
void LED_Off_Yellow (void);
void LED_On_Blue (void);
void LED_Off_Blue (void);
void LED_On_All (void);
void LED_Off_All (void);

void LED_Test (void);
void KEY_Test (void);
void Seven_Segment_Test (void);

void delay_1_second(void);
void delay_100_milli_second(void);

void RCC_Configuration(void);
void NVIC_Configuration(void);
void GPIO_Configuration(void);
void EXTI_Configuration(void);

void Delay(__IO uint32_t nTime);
void TimingDelay_Decrement(void);

#endif  /* __HW_CONFIG_H */
//it_config.h end
```

10. Timer

STM32에 구현된 타이머는 시스템이 관장하는 제한된 SysTick Timer, independent watchdog timer(IWDG), window watchdog timer(WWDG), 그리고 advanced-control timer와 general-purpose timer 등이 있다.

- Advanced-control timers(TIM1&TIM8): STM32F103RB에는 TIM1만 존재
- General-purpose timer(TIMx - TIM2, TIM3, TIM4 and TIM5) timer:
  STM32F103RB에는 TIM2, TIM3, TIM4 등 3개의 timer가 존재
- Basic timer(TIM6&7): STM32F103RB에는 포함되어 있지 않음

<table>
<tr><th rowspan="3">Pinout</th><th colspan="2">Low-density devices</th><th colspan="2">Medium-density devices</th><th colspan="3">High-density devices</th></tr>
<tr><th>16 KB Flash</th><th>32 KB Flash[1]</th><th>64 KB Flash</th><th>128 KB Flash</th><th>256 KB Flash</th><th>384 KB Flash</th><th>512 KB Flash</th></tr>
<tr><th>6KB RAM</th><th>10KB RAM</th><th>20KB RAM</th><th>20KB RAM</th><th>48KB RAM</th><th>64KB RAM</th><th>64KB RAM</th></tr>
<tr><td>144</td><td></td><td></td><td></td><td></td><td colspan="3" rowspan="3">5 × USARTs
4 × 16-bit timers, 2 × basic timers
3 × SPIs, 2 × I^2Ss, 2 × I2Cs
USB, CAN, 2 × PWM timers
3 × ADCs, 2 × DACs. 1 × SDIO
FSMC(100 and 144 pins)</td></tr>
<tr><td>100</td><td></td><td></td><td colspan="2" rowspan="4">3 × USARTs
3 × 16-bit timers
2 × SPIs, 2 × I^2Cs, USB,
CAN, 1 × PWM timer
2 × ADCs</td></tr>
<tr><td>64</td><td colspan="2" rowspan="3">2 × USARTs
2 × 16-bit timers
1 × SPI, 1 ×I^2C, USB,
CAN, 1 ×PWM timer
2 × ADCs</td></tr>
<tr><td>48</td><td></td><td></td><td></td></tr>
<tr><td>36</td><td></td><td></td><td></td></tr>
</table>

그림 10.1 STM32F103xx family 특징

10.1 General-purpose timer(TIM2~4)

10.1.1 General-purpose timer 특징

General-purpose timer(TIM2~4)의 특징은 다음과 같다.

- 16비트 업/다운 카운터
- 16비트 프로그램가능한 프리스케일러
- 4개의 독립채널(Input Capture, Output Capture, PWM generation, One-Oulse mode output)
- 타이머를 컨트롤하기 위한 동기화 회로
- 오버플로우/언더플로우, 카운터초기화, 트리거 이벤트, 인풋캡쳐, 아웃풋캡쳐 인터럽트

· 다음 이벤트에 대해서 인터럽트 발생

1. 업데이트(counter overflow/underflow, counter initialization by software or internal/external trigger)
2. 트리거 이벤트(counter start, stop, initialization or internal/external trigger)
3. 인풋캡처
4. 아웃풋캡처

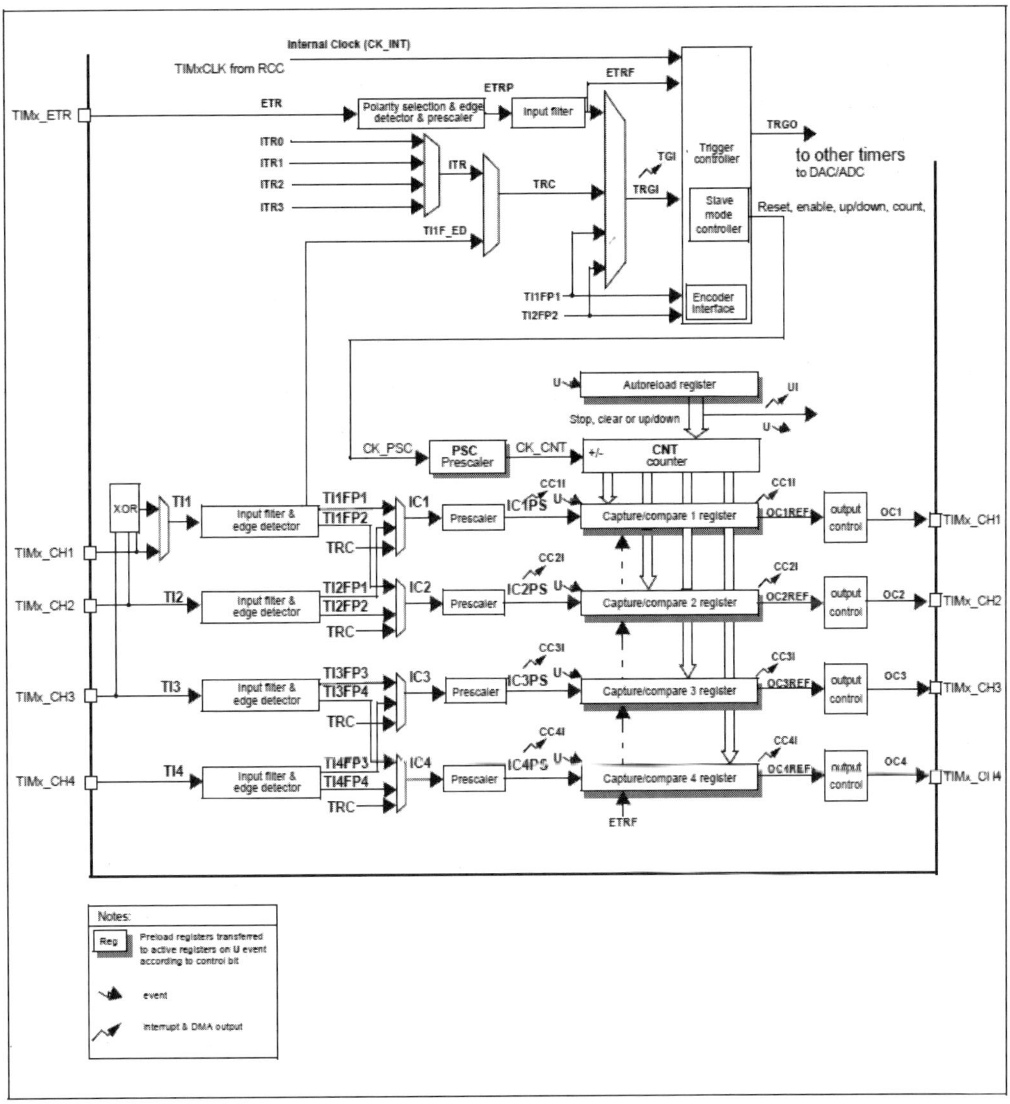

그림 10.2 General-purpose timer 블록 다이어그램

10.1.2 General-purpose timer 구조와 동작

10.1.2.1 Time-base unit

프로그램이 가능한 타이머의 핵심 블록은 auto-reload 레지스터를 갖는 16비트 카운터이다. 카운터는 up, down 또는 up and down을 카운트할 수 있다. 그리고 카운터 clock은 프리스케일러에 의해 나누어질 수 있다. 카운터가 동작 중에도 카운터, auto-reload 레지스터와 프리스케일러 레지스터는 소프트웨어에 의해 읽고 쓸 수 있다.

Time-base unit은 다음을 포함하고 있다.

- Counter Register(TIMx_CNT)
- Prescaler Register(TIMx_PSC)
- Auto-Reload Register(TIMx_ARR)

Prescaler

프리스케일러는 카운터 clock 주파수를 1~65536의 숫자로 나눌 수 있다. TIMx_PSC 레지스터를 조절하면 된다. 새로 바뀐 프리스케일러 비율은 다음 업데이트 이벤트에 쓰인다. 그림 10.3은 프리스케일러에 따른 카운터의 동작을 보여준다. 카운터는 TIMx_CR1 레지스터의 counter enable bit(CEN)이 세트되어 있을 때만 동작하며, 프리스케일된 CK_CNT 출력에 의해 카운트된다. 새로운 프리스케일러 값은 바로 반영되지 않고 업데이트 이벤트 이후에 적용된다.

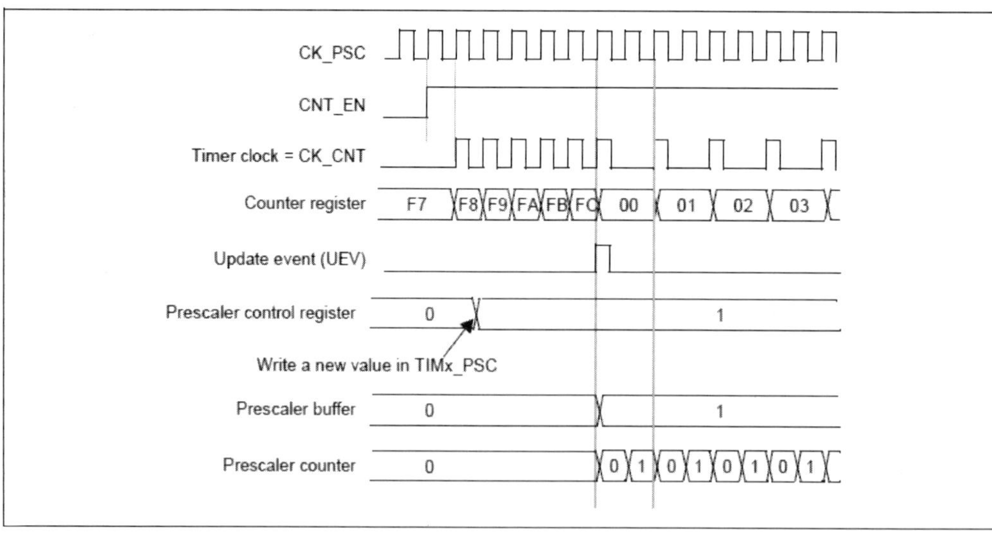

그림 10.3 Counter timing diagram with prescaler division change from 1 to 2

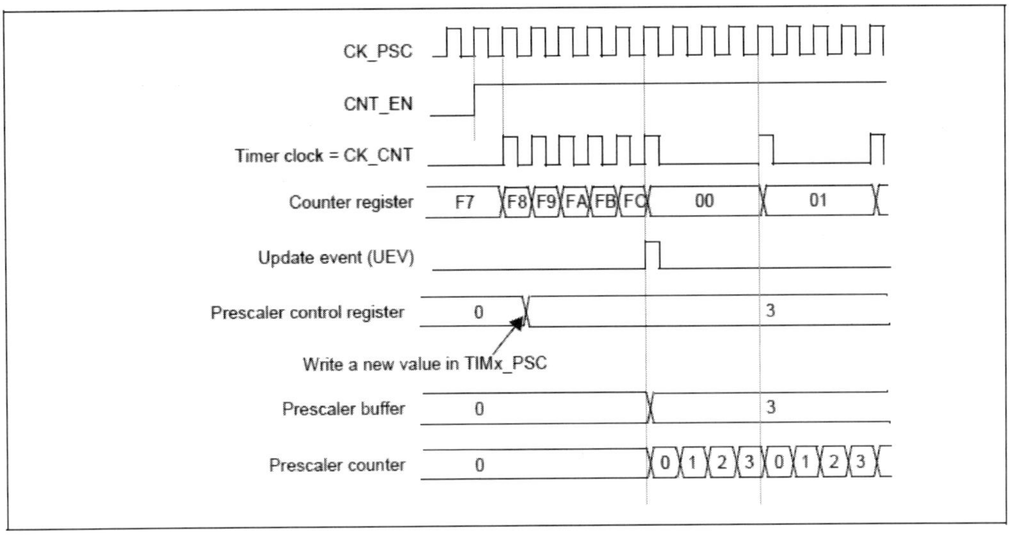

그림 10.4 Counter timing diagram with prescaler division change form 1 to 4

10.1.2.2 Counter modes

Upcounting mode

Upcounting mode에서 카운터는 clock 신호의 입력에 따라 0에서 auto-reload 레지스터(TIMx_ARR)에 설정된 값까지 증가하며 카운트를 하고, 설정된 값을 넘어가면 overflow event가 발생한 후 카운터가 클리어되면서 0에서 다시 카운트를 시작한다.

업데이트 이벤트(UEV)는 각각의 카운트 overflow에 의해 발생되거나 TIMx_EGR 레지스터의 UG(Update Generation) bit를 세팅에 의해 발생될 수 있다. UEV가 발생하면 카운터를 클리어하고 preload 버퍼에 저장되어 있던 설정값을 해당 레지스터(TIMx_PSC, TIMx_ARR)로 갱신한다. 만약 반복 카운터 사용 시, 반복 카운터 레지스터(TIMx_RCR)에 지정된 횟수만큼 overflow가 반복되었을 때 UEV가 발생한다.

TIMx_CR1 레지스터의 UDIS비트를 1로 설정하면 업데이트 이벤트(UEV)가 발생하지 않는다. 이것은 shadow 레지스터가 preload 레지스터에 새로운 값이 쓰여지는 동안 업데이트되는 것을 방지하기 위한 것이다. 이 경우 버퍼의 설정값을 해당 레지스터로 업데이트하지는 않지만 카운터와 프리스케일러 레지스터는 다시 초기화되어 0부터 시작한다.

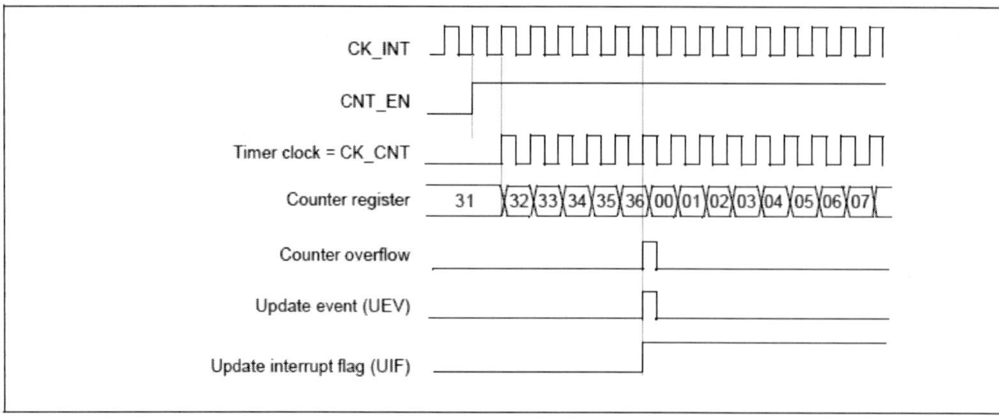

그림 10.5 Counter timing diagram, internal clock divided by 1

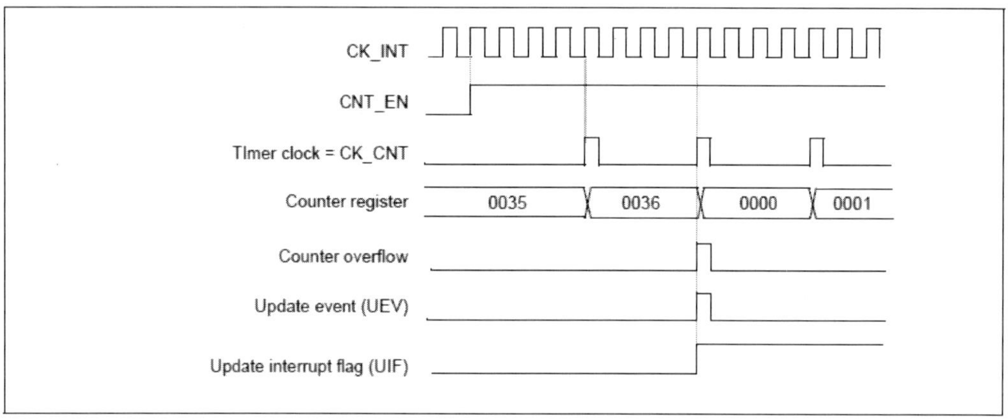

그림 10.6 Counter timing diagram, internal clock divided by 4

그림 10.5, 10.6은 각각 프리스케일러가 1과 4인 경우 업데이트 이벤트가 발생하여 카운터가 0부터 다시 시작하는 것을 보인다. 여기서 TIMx_ARR 레지스터는 0x36으로 설정되어 있다고 가정한다.

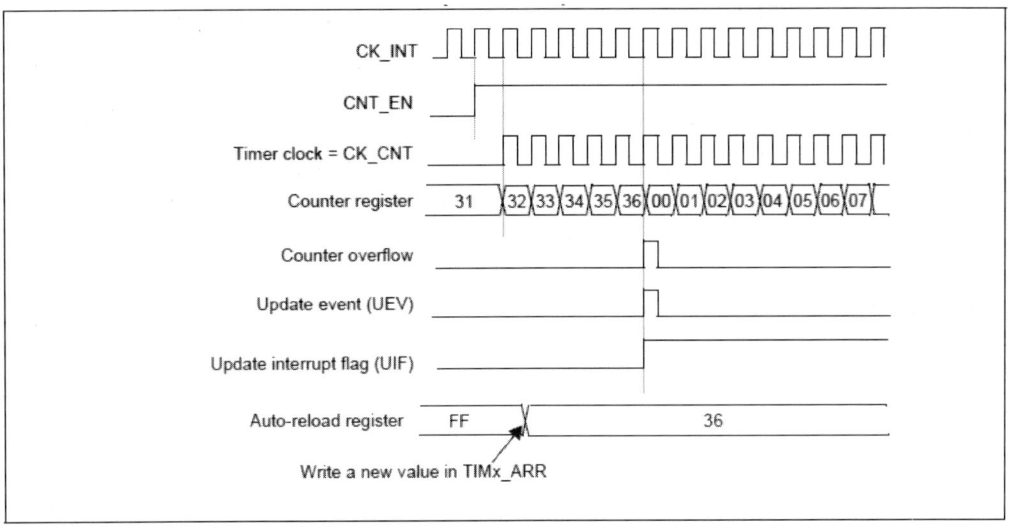

그림 10.7 Counter timing diagram, Update event when ARPE=0 (TIMx ARR not preloaded)

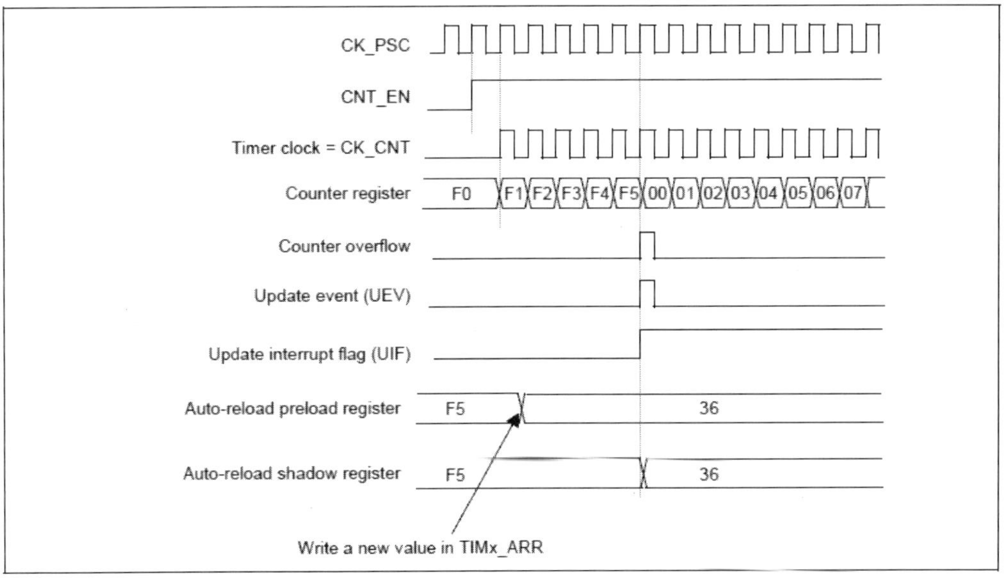

그림 10.8 Counter timing diagram, Update event when ARPE=1 (TIMx ARR preloaded)

Update event가 발생할 때 모든 레지스터들은 업데이트 되고 업데이트 플래그(UIF bit in TIMx_SR register)는 세트된다.

- 프리스케일러의 버퍼는 preload value에 리로드됨(TIMx_PSC 레지스터)
- auto-reload shadow register는 preload value가 업데이트 됨(TIMx_ARR)

Auto-reload 레지스터(TIMx_ARR)에 값을 변경하는 경우 preload 버퍼를 사용할지 여부를 지정할 수 있다. 즉, TIMx_CR1 레지스터에서 ARPE=1로 설정하면 사용자가 TIMx_ARR의 값을 변경하더라도 즉시 적용하지 않고 버퍼에 저장되어 있다가 업데이트 이벤트가 발생할 때 이 값이 해당 레지스터로 옮겨져 갱신된다. 그림 10.7과 10.8은 버퍼를 사용하지 않는 경우와 사용하는 경우 TIMx_ARR의 값을 0xFF에서 0x36으로 변경하는 동작을 각각 보여주고 있다.

Downcounting mode

Downcounting mode에서 카운터는 clock 신호의 입력에 따라 auto- reload 레지스터(TIMx_ARR)에 설정된 값에서 0까지 감소하며 카운트하여, 0값이 되면 underflow event가 발생하고 카운터는 TIMx_ARR의 값으로 auto-reload되어 다시 카운트한다.

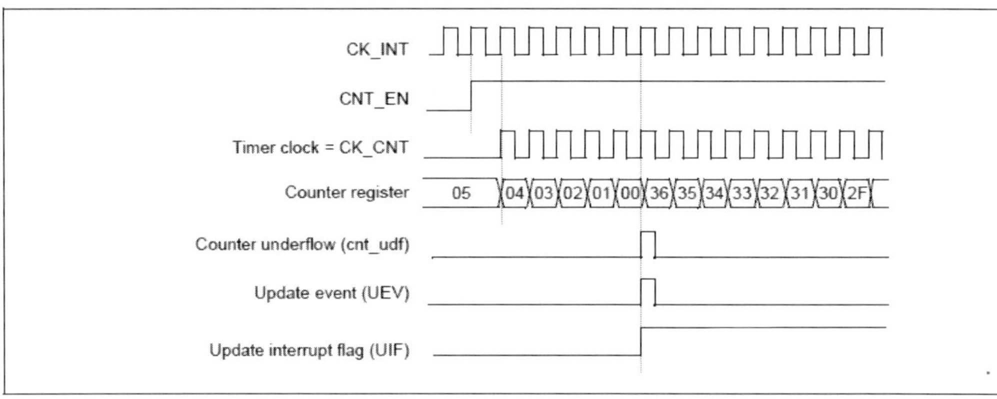

그림 10.9 Counter timing diagram, internal clock divided by 1

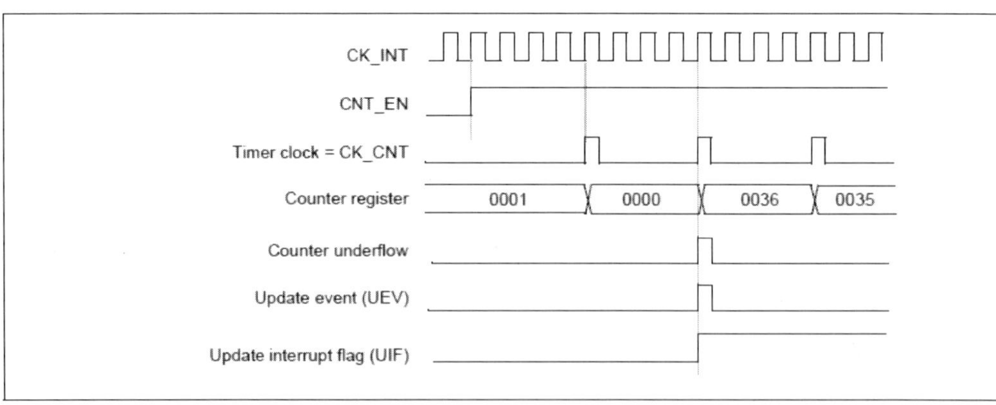

그림 10.10 Counter timing diagram, internal clock divided by 4

업데이트 이벤트(UEV)는 카운터가 underflow되거나 TIMx_EGR 레지스터의 UG(Update Generation) 비트를 1로 설정할 경우 발생한다. 이 경우 카운터를 auto-reload하고 preload 버퍼에 저장되어 있던 설정값을 해당 레지스터(TIMx_PSC, TIMx_ARR)로 갱신한다. 만약 반복 카운터 사용 시, 반복 카운터 레지스터(TIMx_RCR)에 지정된 횟수만큼 underflow가 반복되었을 때 UEV가 발생한다.

TIMx_CR1 레지스터의 UDIS비트를 1로 설정하면 업데이트 이벤트(UEV)가 발생하지 않는다. 이 경우 버퍼의 설정값을 해당 레지스터로 업데이트하지는 않지만 카운터는 auto-reload되며 프리스케일러 레지스터는 다시 초기화되어 0부터 시작한다.

Center-aligned mode(up/down counting)

Center-aligned mode에서 카운터는 clock 신호의 입력에 따라 auto- reload 레지스터(TIMx_ARR)에 설정된 값까지 증가했다가 다시 감소하여 0으로 돌아오는 동작을 수행한다. 이 때 카운터는 overflow event와 underflow event를 모두 발생시키는데, overflow event는 증가하는 과정에서 TIMx_ARR - 1 값에 도달하면 발생하고 underflow event는 감소하는 과정에서 1값에 도달하면 발생한다. 이러한 동작에 따라 발생하는 카운터의 파형을 보면 최고점을 중심으로 좌우 대칭이 되므로 center-aligned 카운터 모드라 하는데, 이 모드에서는 TIMx_CR1 레지스터의 DIR 비트를 설정할 수 없다.

Center-aligned mode는 TIMx_CR1 레지스터의 CMS[1:0] 비트를 01~ 11로 설정하며, 이 때 출력 모드로 설정된 채널에서 출력 비교 인터럽트 플래그는 다음과 같을 때 세트된다.

- CMS = 01, Center aligned mode 1, downcount
- CMS = 10, Center aligned mode 2, upcount
- CMS = 11, Center aligned mode 3, up and down

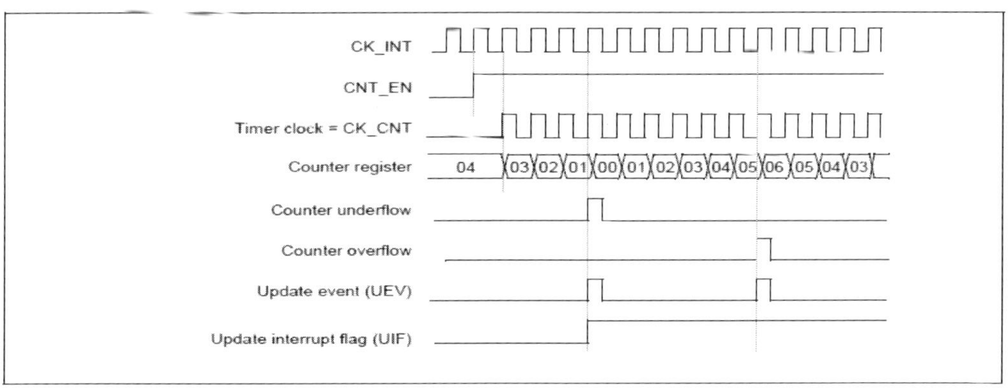

그림 10.11 Counter timing diagram, internal clock divided by 1, TIMx ARR=0x6

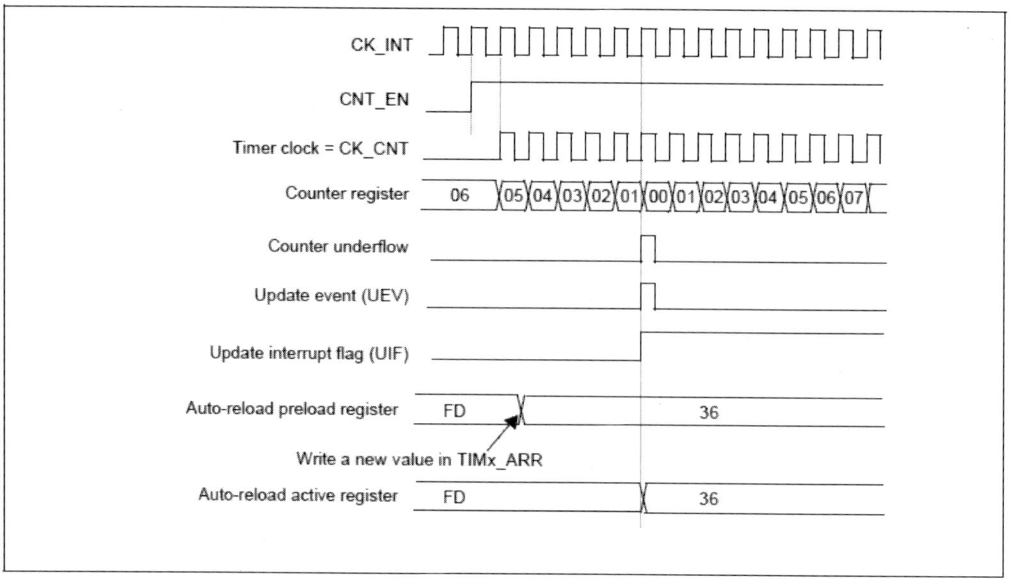

그림 10.12 Counter timing diagram, Update event with ARPE=1(underflow)

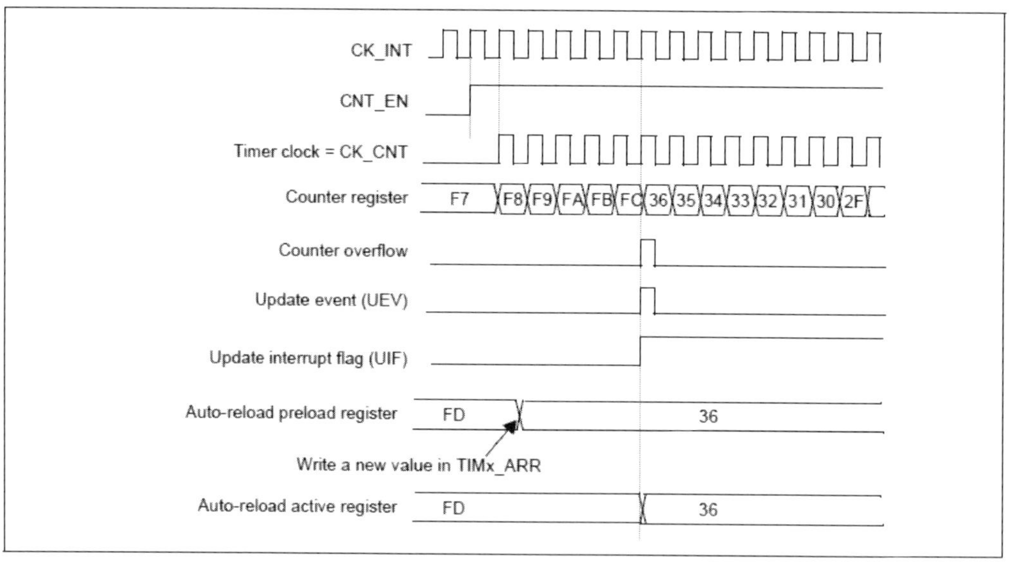

그림 10.13 Counter timing diagram, Update event with ARPE=1(overflow)

업데이트 이벤트(UEV)는 카운터가 overflow 또는 underflow되거나 TIMx_EGR 레지스터의 UG(Update Generation) 비트를 1로 설정할 경우 발생한다. 이 경우 카운터를 auto-reload하고 preload 버퍼에 저장되어 있던 설정값을 해당 레지스터(TIMx_PSC, TIMx_ARR)로 갱신한다.

TIMx_CR1 레지스터의 UDIS비트를 1로 설정하면 업데이트 이벤트(UEV)가 발생하지 않는다. 이 경우 버퍼의 설정값을 해당 레지스터로 업데이트하지는 않지만 카운터는 정상적으로 동작한다.

10.1.2.3 Capture/compare channels

General-purpose 타이머의 캡쳐/비교 채널은 입력 캡쳐 기능과 출력 비교 기능을 수행할 수 있다. 출력 비교에서 PWM 출력 기능이 중요하며, 각 채널에는 캡쳐/비교 레지스터 TIMx_CCRx를 가지고 있으며, 이 레지스터는 각각 1개씩의 preload 레지스터를 가지고 있어 이를 통해 해당 레지스터를 액세스한다.

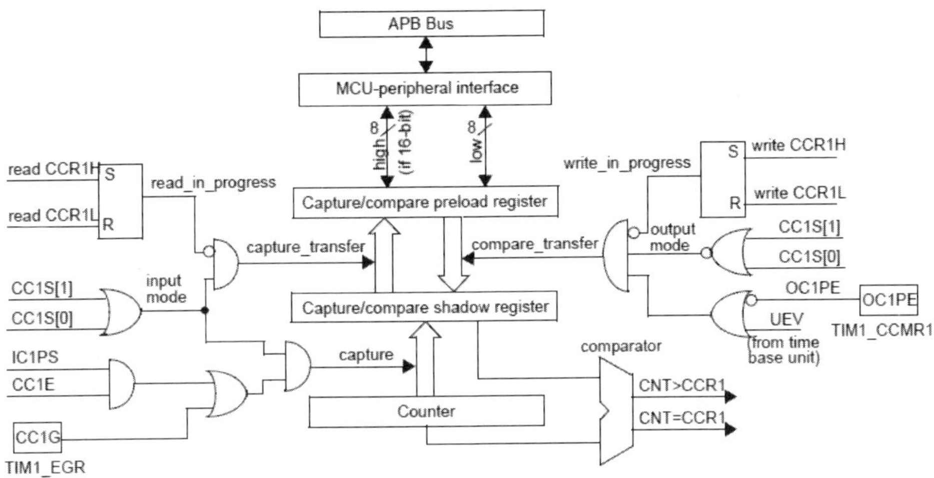

그림 10.14 Capture/Compare channel: main circuit(channel 1)

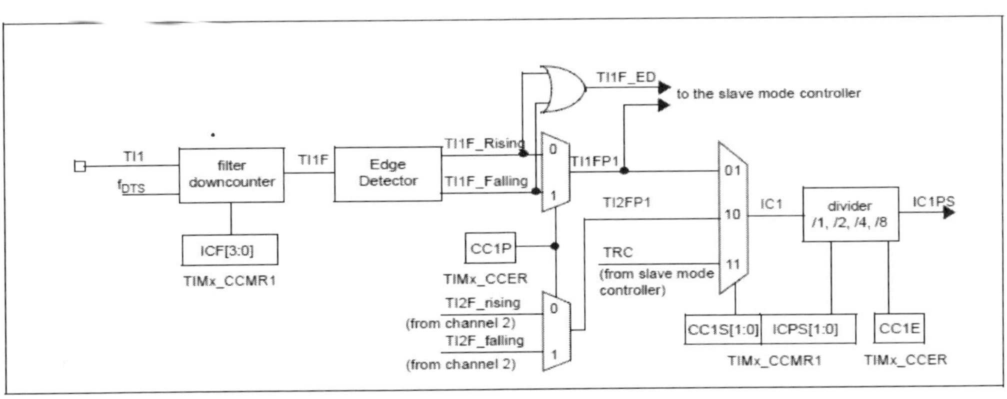

그림 10.15 Capture/compare channel: input stage(channel 1)

캡쳐/비교 채널의 내부 구조는 그림 10.14와 같고, 내부 중 입력단은 그림 10.15와 같다. 각 채널의 입력 단자에서 들어오는 신호 TIMx_CHx는 내부에서 TIx로 변경되고, 이것은 필터를 거쳐 TIxF로 변경되며, 다시 edge detector를 거쳐 TIxFPy 신호가 된다. 이 신호는 다시 프리스케일러를 거쳐 최종적으로 ICxPS가 되어 입력 캡쳐 트리거 신호로 사용된다.

출력단 구조는 그림 10.16과 같다. 출력단에서는 카운터 값과 캡쳐/비교 레지스터의 값을 비교하여 대소관계 신호를 만들고, 이것이 출력모드 제어기를 거치면 기본 출력파형 신호 OCxREF 신호로 바뀐다.

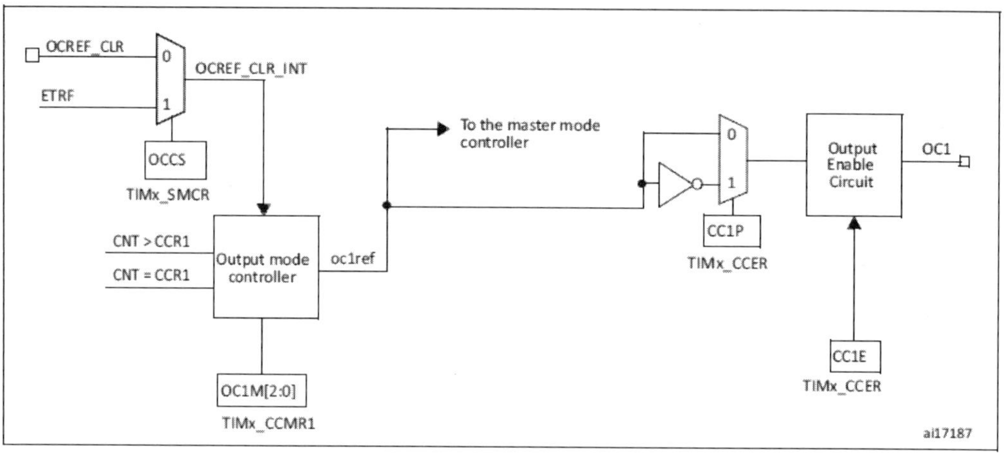

그림 10.16 Output stage of capture/compare channel(channel 1)

10.1.2.4 Input capture mode

입력 캡쳐 모드에서 캡쳐/비교 레지스터(TIMx_CCRx)는 ICx 신호에 캡쳐 트리거 신호가 들어올 때 현재의 카운터 값을 캡쳐하여 저장한다. 이 때 상태 레지스터 TIMx_SR의 CCXIF 플래그를 1로 설정하고 인터럽트가 발생하게 되거나 설정이 되어 있다면 DMA request가 발생하게 된다. 만약 CCXIF=1로 설정되어 있을 때 또다시 캡쳐가 발생하면 오버 캡쳐 에러가 되어 상태 레지스터 TIMx_SR의 CCxOF를 1로 설정한다. CCxIF 플래그는 TIMx_CCRx 레지스터 값을 읽으면 클리어되며, 해당 비트를 소프트웨어적으로 0으로 클리어할 수 있다.

다음은 트리거 신호 TI1을 이용하여 TIMx_CCR1에 카운터 값을 캡쳐하기 위한 설정 과정을 보여준다.

· active input 선택: TIMx_CCR1이 TI1 input에 연결되어야 한다. 이를 위해서 TIMx_CCMR1 register의 CC1S[1:0]에 01을 설정해 준다. CC1s 값이 0이 아닌 값을 갖게 되면 이것은

input mode로 설정하는 것이고, 이때부터 TIMx_CCR1 register는 read-only가 된다.

- input filter duration 설정: TIMx_CCMRx register의 ICxF bits를 설정한다. 예를 들면 input신호가 toggle될 때 최초에는 안정된 신호가 나오지 않을 수 있다. 만약 5클럭 정도의 시간이 지나야 안정이 된다.면 이 필더 값을 5 이상의 값을 선택해서 새로운 레벨이 감지되었을 때 필터에 설정한 값 이상의 연속된 샘플이 얻어졌을 때 capture가 일어날 수 있도록 설정할 수 있다. IC1F를 011로 설정하면 8번의 클럭 동안 연속한 같은 값의 샘플이 들어와야 capture를 하도록 만들 수 있다.
- 신호의 변화를 rising edge나 falling edge에서 인식하게 만들 수 있다. TIMx_CCER register의 CC1P bit를 0으로 만들면 rising edge에서 신호를 인지한다.
- input prescaler 설정: 신호의 변화 즉 transition이 발생하는 상황이 몇 번 동안 일어나야 capture를 할 것인지를 결정할 수 있다. TIMx_CCMR1 register의 IC1PS bits를 0으로 설정하면 입력 프리스케일러 기능을 끄는 것이고 매 변화마다 측정이 될 것이다. 이 값이 1이면 2번 2면 4번 3이면 8번의 변화가 일어났을 때 측정이 되게 된다.
- TIMx_CCER register CC1E bit를 설정해서 비로소 capture 작업이 수행될 수 있도록 enable 시키게 된다.
- 필요하다면 TIMx_DIER register의 CC1IE bit를 설정해서 관련한 인터럽트가 발생할 수 있도록 설정한다. 또한 TIMx_DIER register의 CC1DE bit를 설정해서 DMA request가 일어나도록 만들 수도 있다.

트리거 신호 TI1에 의해 채널1의 캡쳐 트리거가 발생하면 다음과 같이 입력 캡쳐 동작을 수행한다.

- 카운터 레지스터 TIMx_CNT 값이 TIMx_CCR1 레지스터에 캡쳐되어 저장된다.
- 상태 레지스터 TIMx_SR의 CC1IF 인터럽트 플래그가 설정된다. 인터럽트 플래그가 클리어되지 않은 상태에서 입력 캡쳐가 수행되면 오버 캡쳐 에러가 발생하여 CC1OF 플래그가 1로 설정된다.
- TIMx_DIER 레지스터에서 CC1IE 비트가 1로 설정되어 있었다면 인터럽트가 발생하고 해당하는 인터럽트 핸들러가 호출된다.
- TIMx_DIER 레지스터에서 CC1DE 비트가 1로 설정되어 있었다면 DMA request가 생성된다.

10.1.2.5 PWM input mode

PWM 입력 모드는 입력 캡쳐 모드의 특별한 형태로 1개의 TIx 신호에서 2개의 ICx 신호가 연결되고, 이 2개의 ICx 신호는 active edge가 서로 반대로 동작하며, 2개의 TIxFPx 신호중에서 1개는 트리거 신호로 사용되고 슬레이브 모드 컨트롤러는 리셋 모드로 설정된다. 이를 이용해서 인터럽트가 발생하도록 설정하는 것이다.

예를 들면 TI1 신호의 rising edge에서 IC1, IC2의 캡쳐 부분이 reset되고, 이후 falling edge에서 IC2 캡쳐가 일어나고, 다시 rising edge에서 IC1 capture가 일어나며, 이 때 비로소 인터럽트가 발생해서 두 capture된 값을 비교해서 한번에 PWM 신호의 입력 주파수 duty cycle을 알아낼 수 있다.

그림 10.17은 입력신호 TI1에 대해 TIMx_CCR1 레지스터로 펄스의 주기를 측정하고 TIMx_CCR2 레지스터로 듀티비(duty cycle)을 측정하는 예를 보여준다. 이를 위해 다음과 같이 설정한다.

- TIMx_CCMR1 레지스터의 CC1S[1:0] 비트를 01로 설정해서 TIMx_ CCR1에 대한 입력으로 TI1을 입력으로 받도록 설정한다.
- TIMx_CCER 레지스터의 CC1P 비트를 0으로 설정해서 rising edge에서 동작하도록 TI1FP1에 대한 polarity를 설정한다. 이 때 이 설정의 영향은 TIMx_CCR1에 대한 capture와 counter clear의 둘 다에서 사용하게 된다.
- TIMx_CCMR1 레지스터의 CC2S[1:0] 비트를 10으로 설정해서 TIMx_ CCR2에 대한 입력으로 TI1을 입력으로 받도록 설정한다.
- TIMx_CCER 레지스터의 CC2P 비트를 1로 설정해서 falling edge에서 동작하도록 TI1FP2에 대한 입력으로 TI1을 입력으로 받도록 설정한다.
- TIMx_SMCR 레지스터의 TS[2:0] 비트를 101로 설정해서 valid trigger input으로 TI1FP1이 선택되도록 설정한다.
- TIMx_SMCR 레지스터의 SMS[2:0] 비트를 100으로 설정해서 slave mode controller를 reset mode로 선택한다. 이것은 선택되어진 trigger input(TRGI)의 rising edge에서 counter와 레지스터의 update 되게 된다.
- TIMx_CCER 레지스터의 CC1E와 CC2E 비트를 각각 1로 설정해서 capture를 허용.

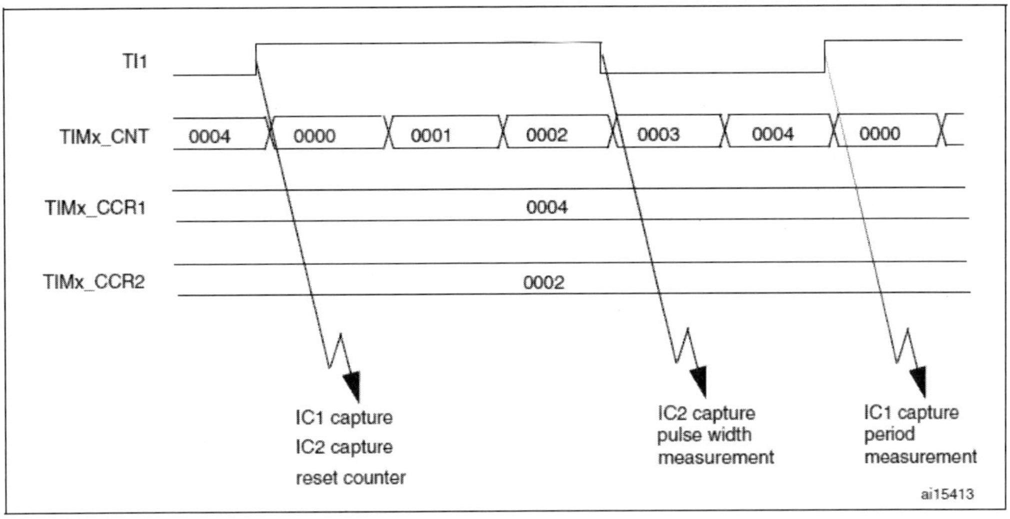

1. The PWM input mode can be used only with the TIMx_CH1/TIMx_CH2 signals due to the fact that only TI1FP1 and TI2FP2 are connected to the slave mode controller.

그림 10.17 PWM input mode timing

10.1.2.6 Output compare mode

출력 비교 모드는 카운터의 값과 캡쳐/비교 레지스터의 값을 비교하여 출력파형을 발생하는 모드로 비교 매치가 발생하면 다음과 같은 동작이 수행된다.

- 출력핀의 값을 TIMx_CCMRx 레지스터의 CCxM 비트에서 지정한대로 출력하며, 출력신호의 극성은 TIMx_CCER 레지스터의 CCxP 비트에서 지정한대로 동작한다.
- TIMx_SR 레지스터의 인터럽트 프래그 CCxIF를 1로 설정시킨다. TIMx_DIER 레지스터의 CCxIE가 1로 설정되어 있으면 인터럽트가 발생한다.
- TIMx_DIER 레지스터의 인터럽트 프래그 CCxDE가 1로 설정되어 있고, TIMx_CR2 레지스터의 CCDS가 0으로 설정되어 있으면 DMA request가 발생한다.

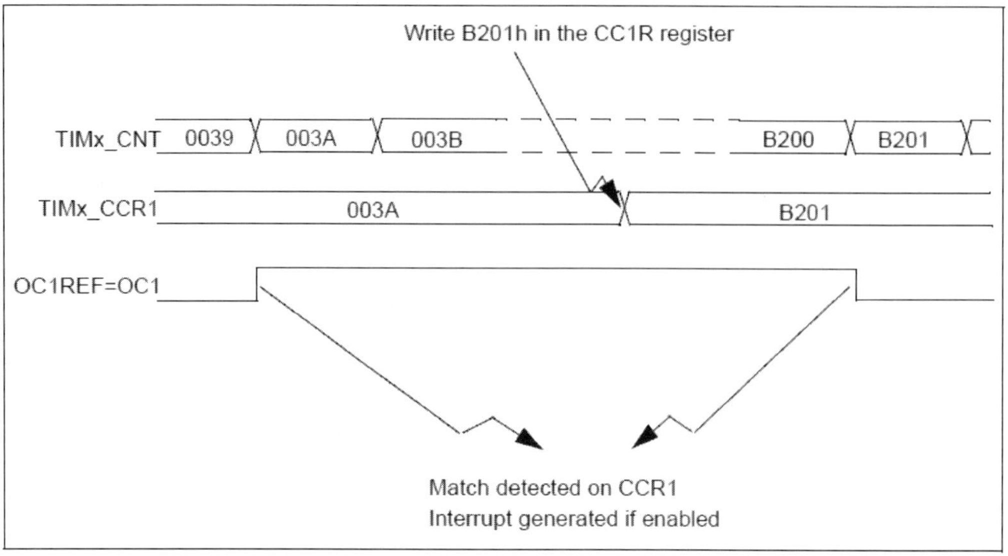

그림 10.18 Output compare mode, toggle on OC1

출력비교 모드에서 업데이트 이벤트는 OCxREF와 OCx 출력에 아무런 영향을 주지 않는다. 출력비교 모드는 단일 펄스모드로 사용될 수 있고, 설정 순서는 다음과 같다.

- 카운터의 clock 소스를 선택한다.
- TIMx_ARR 레지스터 및 TIMxCCRx 레지스터 값을 지정한다.
- 비교 매치에서 인터럽트 발생을 원하면 CCxIE를 1로 설정한다.
- 출력 모드를 설정하고 CCxE를 1로 설정하여 출력 신호를 설정한다. 출력 모드는 CCxM[2:0]으로 설정한다.
- TIMx_CR1 레지스터의 CEN을 1로 설정하여 카운터를 허용한다.

10.1.2.7 PWM mode

PWM(Pulse Width Modulation) 모드는 출력비교 모드의 일종으로 TIMx_ARR 레지스터에 의해 결정되는 주파수와 TIMx_CCRx 레지스터에 의해 결정되는 듀티비(duty cycle)를 갖는 PWM 신호를 출력한다. PWM 모드는 4개의 OCx 채널 각각에 대해 독립적으로 설정할 수 있으며, TIMx_CCMRx 레지스터의 OCxM[2:0] 비트에 따라 PWM mode 1 또는 PWM mode 2를 사용할 수 있다.

- PWM의 모드 : TIMx_CCMRx register의 OCxM bit를 설정함으로써 선택

110 : PWM mode 1

- upcounting mode : TIMx_CNT < TIMx_CCR인 경우에만 active (OC1REF='1')이고 그 외에는 inactive(OC1REF='0')이 된다. TIMx_CNT = TIMx_CCR인 경우는 inactive모드이다.
- downcounting mode : TIMx_CNT < TIMx_CCR인 경우에만 active (OC1REF='1')이고 그 외에는 inactive(OC1REF='0')이 된다. TIMx_CNT = TIMx_CCR인 경우는 active모드이다.

111 : PWM mode 2 : mode 1의 반대이다.

PWM 모드는 TIMx_CR1 레지스터의 CMS[1:0] 비트 설정에 따라 edge-aligned mode 또는 center-aligned mode로 PWM 신호를 발생한다.

edge-aligned mode

이 모드는 타이머가 upcounting 또는 downcounting 모드로 동작할 때 PWM 신호를 발생하는 모드로 신호는 1주기 내에서 중앙 정렬되지 않는다.

· Upcounting 모드: TIMx_CR1 레지스터 DIR이 0인 경우
  - PWM mode 1의 경우 TIMx_CNT < TIMx_CCRx일 때 OCxREF가 1로 설정되고, 반대일 경우 0으로 설정된다.
  - 만약 TIMx_CCRx 레지스터를 TIMx_ARR 레지스터보다 값을 크게 설정하면 OCxREF가 항상 1값을 가지게 되어 듀티비가 100%가 되며, TIMx_CCRx 레지스터를 0으로 설정하면 OCxREF가 항상 0값을 가지게 되어 듀티비가 0%가 된다.

· Downcounting 모드: TIMx_CR1 레지스터 DIR이 1인 경우
  - PWM mode 1의 경우 TIMx_CNT > TIMx_CCRx일 때 OCxREF가 0으로 설정되고, 반대일 경우 1로 설정된다.
  - 만약 TIMx_CCRx 레지스터를 TIMx_ARR 레지스터보다 값을 크게 설정하면 OCxREF가 항상 1값을 가지게 되어 듀티비가 100%가 되며, 이 모드에서는 듀티비가 0%이 될 수 없다.

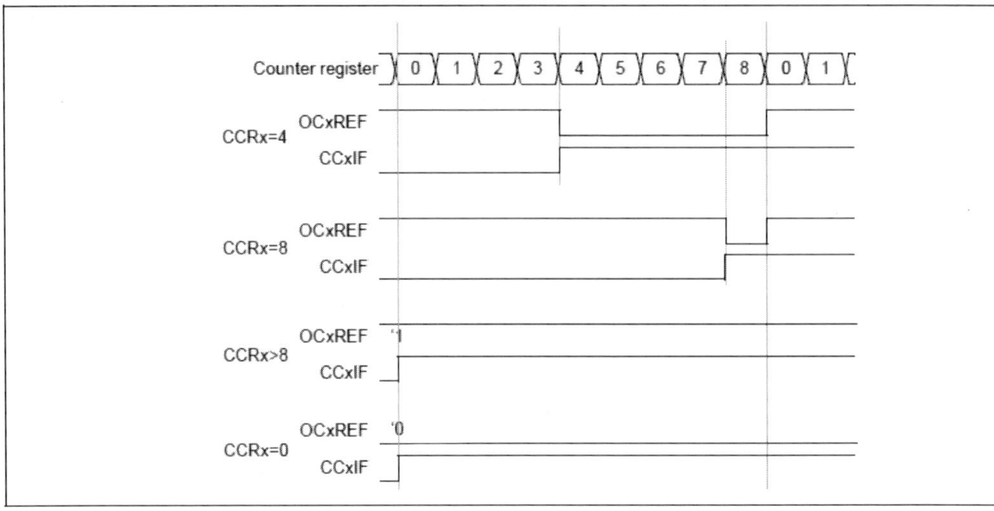

그림 10.19 Edge-aligned PWM waveforms(ARR=8)

center-aligned mode

이 모드는 타이머가 upcounting/downcounting 모드로 동작할 때 PWM 신호를 발생하는 모드로 신호는 1주기 내에서 중앙 정렬된다. TIMx_CRx 레지스터에서 CMS[1:0] 비트가 00이 아닌 경우에 설정되며 OCRxREF는 카운터가 증가하다가 비교 매치될 때 클리어되고, 감소하다가 비교 매치될 때 세트된다. 비교 매치 인터럽트 플래그는 카운터가 증가하다가 비교 매치가 되었을 때 세트되도록 설정할 수도 있고 감소할 때 세트되도록 설정할 수도 있다.

그림 10.20은 TIMx_ARR 레지스터의 값을 8로 설정하였을 때 여러 TIMx_CCRx 레지스터 값에 따라 PWM 출력 신호가 어떻게 발생하는지를 보여준다. 그림 10.20에서 화살표는 TIMx_CRx 레지스터의 CMS[1:0] 비트를 어떻게 설정하는지에 따라 인터럽트 플래그 OCxIF가 어느 순간에 1로 설정되는지를 보여준다.

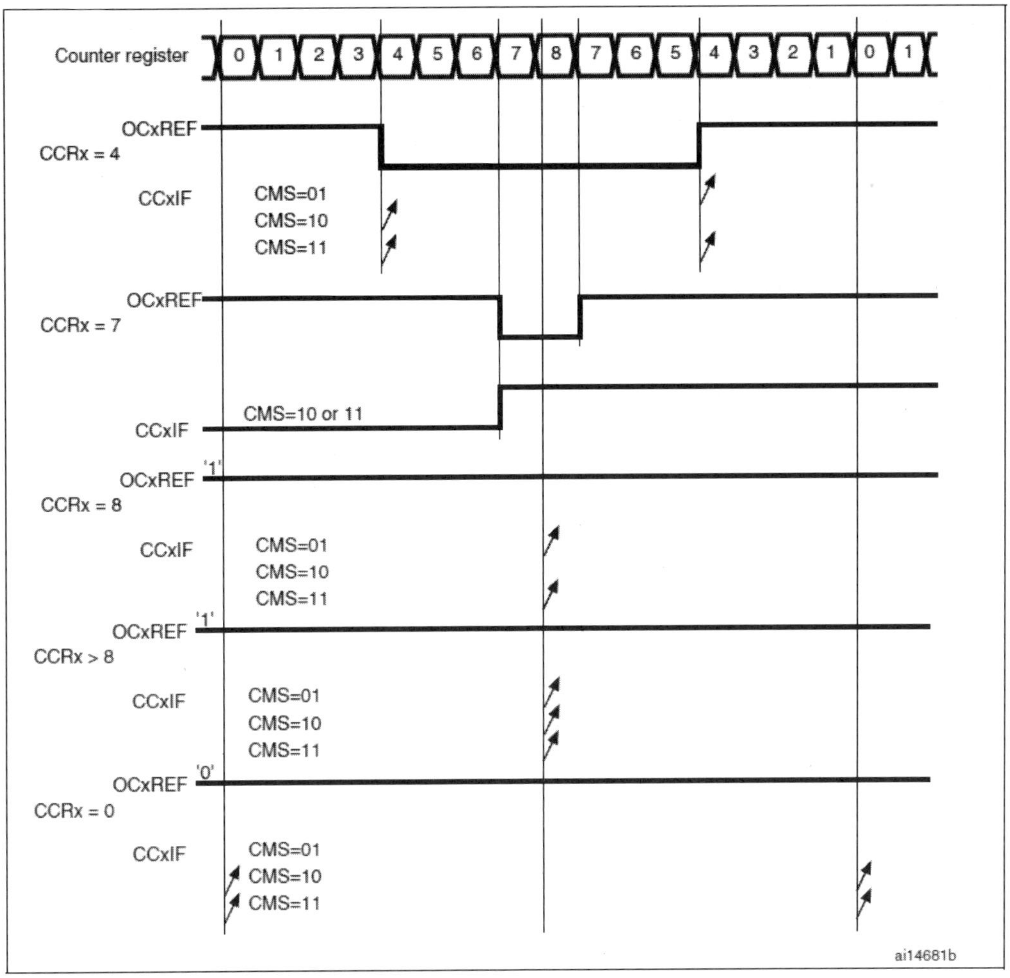

그림 10.20 Center-aligned PWM waveforms(ARR=8)

10.2 General-purpose timer(TIM2~4) 레지스터

10.2.1 TIMx control register 1(TIMx_CR1)

- Address offset: 0x00
- Reset value: 0x0000

15	14	13	12	11	10	9	8	7	6	5	4	3	2	1	0
Reserved						CKD[1:0]		ARPE	CMS		DIR	OPM	URS	UDIS	CEN
						rw	rw	rw	rw	rw	rw	rw	rw	rw	rw

Bits 15:10 Reserved, must be kept at reset value.

Bits 9:8 CKD: Clock division. This bit-field indicates the division ratio between the timer clock (CK_INT) frequency and sampling clock used by the digital filters (ETR, TIx),

00: tDTS = tCK_INT

01: tDTS = 2 × tCK_INT

10: tDTS = 4 × tCK_INT

11: Reserved

Bit 7 ARPE: Auto-reload preload enable.

0: TIMx_ARR register is not buffered

1: TIMx_ARR register is buffered

Bits 6:5 CMS: Center-aligned mode selection

00: Edge-aligned mode. The counter counts up or down depending on the direction bit(DIR).

01: Center-aligned mode 1. The counter counts up and down alternatively. Output compare interrupt flags of channels configured in output (CCxS=00 in TIMx_CCMRx register) are set only when the counter is counting down.

10: Center-aligned mode 2. The counter counts up and down alternatively. Output compare interrupt flags of channels configured in output (CCxS=00 in TIMx_CCMRx register) are set only when the counter is counting up.

11: Center-aligned mode 3. The counter counts up and down alternatively. Output compare interrupt flags of channels configured in output (CCxS=00 in TIMx_CCMRx register) are set both when the counter is counting up or down.

Note: It is not allowed to switch from edge-aligned mode to center-aligned mode as long as the counter is enabled (CEN=1)

Bit 4 DIR: Direction

0: Counter used as upcounter

1: Counter used as downcounter

Note: This bit is read only when the timer is configured in Center-aligned mode or Encodermode.

Bit 3 OPM: One-pulse mode

0: Counter is not stopped at update event

1: Counter stops counting at the next update event (clearing the bit CEN)

Bit 2 URS: Update request source. This bit is set and cleared by software to select the UEV event sources.

0: Any of the following events generate an update interrupt or DMA request if enabled.

These events can be:

- Counter overflow/underflow

- Setting the UG bit
- Update generation through the slave mode controller

1: Only counter overflow/underflow generates an update interrupt or DMA request if enabled.

Bit 1 UDIS: Update disable. This bit is set and cleared by software to enable/disable UEV event generation.

0: UEV enabled. The Update (UEV) event is generated by one of the following events:

- Counter overflow/underflow
- Setting the UG bit
- Update generation through the slave mode controller

Buffered registers are then loaded with their preload values.

1: UEV disabled. The Update event is not generated, shadow registers keep their value (ARR, PSC, CCRx). However the counter and the prescaler are reinitialized if the UG bit is set or if a hardware reset is received from the slave mode controller.

Bit 0 CEN: Counter enable

0: Counter disabled

1: Counter enabled

Note: External clock, gated mode and encoder mode can work only if the CEN bit has been previously set by software. However trigger mode can set the CEN bit automatically by hardware.

CEN is cleared automatically in one-pulse mode, when an update event occurs.

10.2.2 TIMx control register 2(TIMx_CR2)

- Address offset: 0x04
- Reset value: 0x0000

15	14	13	12	11	10	9	8	7	6	5	4	3	2	1	0
Reserved								TI1S	MMS[2:0]			CCDS	Reserved		
								rw	rw	rw	rw	rw			

Bits 15:8 Reserved, must be kept at reset value.

Bit 7 TI1S: TI1 selection

0: The TIMx_CH1 pin is connected to TI1 input

1: The TIMx_CH1, CH2 and CH3 pins are connected to the TI1 input (XOR combination)

Bits 6:4 MMS[2:0]: Master mode selection. These bits allow to select the information to be sent in master mode to slave timers for synchronization (TRGO). The combination is as follows:

000: Reset - the UG bit from the TIMx_EGR register is used as trigger output (TRGO). If the reset is generated by the trigger input (slave mode controller configured in reset mode) then the signal on TRGO is delayed compared to the actual reset.

001: Enable - the Counter enable signal, CNT_EN, is used as trigger output (TRGO). It is useful to start several timers at the same time or to control a window in which a slave timer is enabled. The Counter Enable signal is generated by a logic OR between CEN control bit and the trigger input when configured in gated mode. When the Counter Enable signal is controlled by the trigger input, there is a delay on TRGO, except if the master/slave mode is selected (see the MSM bit description in TIMx_SMCR register).

010: Update - The update event is selected as trigger output (TRGO). For instance a master timer can then be used as a prescaler for a slave timer.

011: Compare Pulse - The trigger output send a positive pulse when the CC1IF flag is to be set (even if it was already high), as soon as a capture or a compare match occurred. (TRGO)

100: Compare - OC1REF signal is used as trigger output (TRGO)

101: Compare - OC2REF signal is used as trigger output (TRGO)

110: Compare - OC3REF signal is used as trigger output (TRGO)

111: Compare - OC4REF signal is used as trigger output (TRGO)

Bit 3 CCDS: Capture/compare DMA selection

0: CCx DMA request sent when CCx event occurs

1: CCx DMA requests sent when update event occurs

Bits 2:0 Reserved, must be kept at reset value.

10.2.3 TIMx slave mode control register(TIMx_SMCR)

- Address offset: 0x08
- Reset value: 0x0000

15	14	13	12	11	10	9	8	7	6	5	4	3	2	1	0
ETP	ECE	ETPS[1:0]		ETF[3:0]				MSM	TS[2:0]			Res.	SMS[2:0]		
rw	rw	rw	rw	rw	rw	rw	rw	rw	rw	rw	rw		rw	rw	rw

Bit 15 ETP: External trigger polarity. This bit selects whether ETR or ETR is used for trigger operations

0: ETR is non-inverted, active at high level or rising edge

1: ETR is inverted, active at low level or falling edge

Bit 14 ECE: External clock enable. This bit enables External clock mode 2.

0: External clock mode 2 disabled

1: External clock mode 2 enabled. The counter is clocked by any active edge on the ETRF signal.

1: Setting the ECE bit has the same effect as selecting external clock mode 1 with TRGI connected to ETRF (SMS=111 and TS=111).

2: It is possible to simultaneously use external clock mode 2 with the following slave modes: reset mode, gated mode and trigger mode. Nevertheless, TRGI must not be connected to ETRF in this case (TS bits must not be 111).

3: If external clock mode 1 and external clock mode 2 are enabled at the same time, the external clock input is ETRF.

Bits 13:12 ETPS: External trigger prescaler. External trigger signal ETRP frequency must be at most 1/4 of CK_INT frequency. A prescaler can be enabled to reduce ETRP frequency. It is useful when inputting fast external clocks.

00: Prescaler OFF

01: ETRP frequency divided by 2

10: ETRP frequency divided by 4

11: ETRP frequency divided by 8

Bits 11:8 ETF[3:0]: External trigger filter. This bit-field then defines the frequency used to sample ETRP signal and the length of the digital filter applied to ETRP. The digital filter is made of an event counter in which N events are needed to validate a transition on the output:

0000: No filter, sampling is done at fDTS1000: fSAMPLING=fDTS/8, N=6

0001: fSAMPLING=fCK_INT, N=21001: fSAMPLING=fDTS/8, N=8

0010: fSAMPLING=fCK_INT, N=41010: fSAMPLING=fDTS/16, N=5

0011: fSAMPLING=fCK INT, N=8 1011: fSAMPLING=fDTS/16, N=6

0100: fSAMPLING=fDTS/2, N=61100: fSAMPLING=fDTS/16, N-0

0101: fSAMPLING=fDTS/2, N=81101: fSAMPLING=fDTS/32, N=5

0110: fSAMPLING=fDTS/4, N=6 1110: fSAMPLING=fDTS/32, N=6

0111: fSAMPLING=fDTS/4, N=81111: fSAMPLING=fDTS/32, N=8

Bit 7 MSM: Master/Slave mode

0: No action

1: The effect of an event on the trigger input (TRGI) is delayed to allow a perfect synchronization between the current timer and its slaves (through TRGO). It is useful if we want to synchronize several timers on a single external event.

Bits 6:4 TS: Trigger selection. This bit-field selects the trigger input to be used to synchronize the counter.

000: Internal Trigger 0 (ITR0).

001: Internal Trigger 1 (ITR1).

010: Internal Trigger 2 (ITR2).

011: Internal Trigger 3 (ITR3).

100: TI1 Edge Detector (TI1F_ED)

101: Filtered Timer Input 1 (TI1FP1)

110: Filtered Timer Input 2 (TI2FP2)

111: External Trigger input (ETRF)

Note: These bits must be changed only when they are not used (e.g. when SMS=000) to avoid wrong edge detections at the transition.

Bit 3 Reserved, must be kept at reset value.

Bits 2:0 SMS: Slave mode selection. When external signals are selected the active edge of the trigger signal (TRGI) is linked to the polarity selected on the external input (see Input Control register and Control Register description.

000: Slave mode disabled - if CEN = '1 then the prescaler is clocked directly by the internal clock.

001: Encoder mode 1 - Counter counts up/down on TI2FP2 edge depending on TI1FP1 level.

010: Encoder mode 2 - Counter counts up/down on TI1FP1 edge depending on TI2FP2 level.

011: Encoder mode 3 - Counter counts up/down on both TI1FP1 and TI2FP2 edges depending on the level of the other input.

100: Reset Mode - Rising edge of the selected trigger input (TRGI) reinitializes the counter and generates an update of the registers.

101: Gated Mode - The counter clock is enabled when the trigger input (TRGI) is high. The counter stops (but is not reset) as soon as the trigger becomes low. Both start and stop of the counter are controlled.

110: Trigger Mode - The counter starts at a rising edge of the trigger TRGI (but it is not reset). Only the start of the counter is controlled.

111: External Clock Mode 1 - Rising edges of the selected trigger (TRGI) clock the counter.

Note: The gated mode must not be used if TI1F_ED is selected as the trigger input (TS=100). Indeed, TI1F_ED outputs 1 pulse for each transition on TI1F, whereas the gated mode checks the level of the trigger signal.

10.2.4 TIMx DMA/Interrupt enable register(TIMx_DIER)

- Address offset: 0x0C
- Reset value: 0x0000

15	14	13	12	11	10	9	8	7	6	5	4	3	2	1	0
Res.	TDE	Res	CC4DE	CC3DE	CC2DE	CC1DE	UDE	Res.	TIE	Res	CC4IE	CC3IE	CC2IE	CC1IE	UIE
	rw		rw	rw	rw	rw	rw		rw		rw	rw	rw	rw	rw

Bit 15 Reserved, must be kept at reset value.

Bit 14 TDE: Trigger DMA request enable
0: Trigger DMA request disabled.
1: Trigger DMA request enabled.

Bit 13 Reserved, always read as 0

Bit 12 CC4DE: Capture/Compare 4 DMA request enable
0: CC4 DMA request disabled.
1: CC4 DMA request enabled.

Bit 11 CC3DE: Capture/Compare 3 DMA request enable
0: CC3 DMA request disabled.
1: CC3 DMA request enabled.

Bit 10 CC2DE: Capture/Compare 2 DMA request enable
0: CC2 DMA request disabled.
1: CC2 DMA request enabled.

Bit 9 CC1DE: Capture/Compare 1 DMA request enable
0: CC1 DMA request disabled.
1: CC1 DMA request enabled.

Bit 8 UDE: Update DMA request enable
0: Update DMA request disabled.
1: Update DMA request enabled.

Bit 7 Reserved, must be kept at reset value.

Bit 6 TIE: Trigger interrupt enable

0: Trigger interrupt disabled.

1: Trigger interrupt enabled.

Bit 5 Reserved, must be kept at reset value.

Bit 4 CC4IE: Capture/Compare 4 interrupt enable

0: CC4 interrupt disabled.

1: CC4 interrupt enabled.

Bit 3 CC3IE: Capture/Compare 3 interrupt enable

0: CC3 interrupt disabled.

1: CC3 interrupt enabled.

Bit 2 CC2IE: Capture/Compare 2 interrupt enable

0: CC2 interrupt disabled.

1: CC2 interrupt enabled.

Bit 1 CC1IE: Capture/Compare 1 interrupt enable

0: CC1 interrupt disabled.

1: CC1 interrupt enabled.

Bit 0 UIE: Update interrupt enable

0: Update interrupt disabled.

1: Update interrupt enabled.

10.2.5 TIMx status register(TIMx_SR)

- Address offset: 0x10
- Reset value: 0x0000

15	14	13	12	11	10	9	8	7	6	5	4	3	2	1	0
Reserved			CC4OF	CC3OF	CC2OF	CC1OF	Reserved		TIF	Res	CC4IF	CC3IF	CC2IF	CC1IF	UIF
			rc_w0	rc_w0	rc_w0	rc_w0			rc_w0		rc_w0	rc_w0	rc_w0	rc_w0	rc_w0

Bit 15:13 Reserved, must be kept at reset value.

Bit 12 CC4OF: Capture/Compare 4 overcapture. flag refer to CC1OF description

Bit 11 CC3OF: Capture/Compare 3 overcapture. flag refer to CC1OF description

Bit 10 CC2OF: Capture/compare 2 overcapture. flag refer to CC1OF description

Bit 9 CC1OF: Capture/Compare 1 overcapture flag. This flag is set by hardware only when the corresponding channel is configured in input capture mode. It is cleared by software by writing it to '0'.

0: No overcapture has been detected.

1: The counter value has been captured in TIMx_CCR1 register while CC1IF flag was already set

Bits 8:7 Reserved, must be kept at reset value.

Bit 6 TIF: Trigger interrupt flag. This flag is set by hardware on trigger event (active edge detected on TRGI input when the slave mode controller is enabled in all modes but gated mode, both edges in case gated mode is selected). It is cleared by software.

0: No trigger event occurred.

1: Trigger interrupt pending.

Bit 5 Reserved, must be kept at reset value.

Bit 4 CC4IF: Capture/Compare 4 interrupt flag. refer to CC1IF description

Bit 3 CC3IF: Capture/Compare 3 interrupt flag. refer to CC1IF description

Bit 2 CC2IF: Capture/Compare 2 interrupt flag. refer to CC1IF description

Bit 1 CC1IF: Capture/compare 1 interrupt flag. If channel CC1 is configured as output: This flag is set by hardware when the counter matches the compare value, with some exception in center-aligned mode (refer to the CMS bits in the TIMx_CR1 register description). It is cleared by software.

0: No match.

1: The content of the counter TIMx_CNT has matched the content of the TIMx_CCR1 register.

If channel CC1 is configured as input: This bit is set by hardware on a capture. It is cleared by software or by reading the TIMx_CCR1 register.

0: No input capture occurred.

1: The counter value has been captured in TIMx_CCR1 register (An edge has been detected on IC1 which matches the selected polarity).

Bit 0 UIF: Update interrupt flag

- This bit is set by hardware on an update event. It is cleared by software.

0: No update occurred.

1: Update interrupt pending. This bit is set by hardware when the registers are updated:

- At overflow or underflow and if the UDIS=0 in the TIMx_CR1 register.
- When CNT is reinitialized by software using the UG bit in TIMx_EGR register, if URS=0 and UDIS=0 in the TIMx_CR1 register.
- When CNT is reinitialized by a trigger event (refer to the synchro control register description),

if URS=0 and UDIS=0 in the TIMx_CR1 register.

10.2.6 TIMx event generation register(TIMx_EGR)

- Address offset: 0x14
- Reset value: 0x0000

15	14	13	12	11	10	9	8	7	6	5	4	3	2	1	0
Reserved									TG	Res.	CC4G	CC3G	CC2G	CC1G	UG
									w		w	w	w	w	w

Bits 15:7 Reserved, must be kept at reset value.

Bit 6 TG: Trigger generation. This bit is set by software in order to generate an event, it is automatically cleared by hardware.
0: No action
1: The TIF flag is set in TIMx_SR register. Related interrupt or DMA transfer can occur if enabled.

Bit 5 Reserved, must be kept at reset value.

Bit 4 CC4G: Capture/compare 4 generation. refer to CC1G description

Bit 3 CC3G: Capture/compare 3 generation. refer to CC1G description

Bit 2 CC2G: Capture/compare 2 generation. refer to CC1G description

Bit 1 CC1G: Capture/compare 1 generation. This bit is set by software in order to generate an event, it is automatically cleared by hardware.
0: No action
1: A capture/compare event is generated on channel 1:
If channel CC1 is configured as output:
CC1IF flag is set, Corresponding interrupt or DMA request is sent if enabled.
If channel CC1 is configured as input:

The current value of the counter is captured in TIMx_CCR1 register. The CC1IF flag is set, the corresponding interrupt or DMA request is sent if enabled. The CC1OF flag is set if the CC1IF flag was already high.

Bit 0 UG: Update generation. This bit can be set by software, it is automatically cleared by hardware.

0: No action

1: Re-initialize the counter and generates an update of the registers. Note that the prescaler counter is cleared too (anyway the prescaler ratio is not affected). The counter is cleared if the center-aligned mode is selected or if DIR=0 (upcounting), else it takes the auto-reload value (TIMx_ARR) if DIR=1 (downcounting).

10.2.7 TIMx capture/compare mode register 1(TIMx_CCMR1)

- Address offset: 0x18
- Reset value: 0x0000

The channels can be used in input (capture mode) or in output (compare mode). The direction of a channel is defined by configuring the corresponding CCxS bits. All the other bits of this register have a different function in input and in output mode. For a given bit, OCxx describes its function when the channel is configured in output, ICxx describes its function when the channel is configured in input. So you must take care that the same bit can have a different meaning for the input stage and for the output stage.

<table>
<tr><td>15</td><td>14</td><td>13</td><td>12</td><td>11</td><td>10</td><td>9</td><td>8</td><td>7</td><td>6</td><td>5</td><td>4</td><td>3</td><td>2</td><td>1</td><td>0</td></tr>
<tr><td>OC2CE</td><td colspan="3">OC2M[2:0]</td><td>OC2PE</td><td>OC2FE</td><td colspan="2" rowspan="2">CC2S[1:0]</td><td>OC1CE</td><td colspan="3">OC1M[2:0]</td><td>OC1PE</td><td>OC1FE</td><td colspan="2" rowspan="2">CC1S[1:0]</td></tr>
<tr><td colspan="4">IC2F[3:0]</td><td colspan="2">IC2PSC[1:0]</td><td colspan="4">IC1F[3:0]</td><td colspan="2">IC1PSC[1:0]</td></tr>
<tr><td>rw</td><td>rw</td><td>rw</td><td>rw</td><td>rw</td><td>rw</td><td>rw</td><td>rw</td><td>rw</td><td>rw</td><td>rw</td><td>rw</td><td>rw</td><td>rw</td><td>rw</td><td>rw</td></tr>
</table>

Output compare mode

Bit 15 OC2CE: Output compare 2 clear enable

Bits 14:12 OC2M[2:0]: Output compare 2 mode

Bit 11 OC2PE: Output compare 2 preload enable

Bit 10 OC2FE: Output compare 2 fast enable

Bits 9:8 CC2S[1:0]: Capture/Compare 2 selection

This bit-field defines the direction of the channel (input/output) as well as the used input.

00: CC2 channel is configured as output

01: CC2 channel is configured as input, IC2 is mapped on TI2

10: CC2 channel is configured as input, IC2 is mapped on TI1

11: CC2 channel is configured as input, IC2 is mapped on TRC. This mode is working only if an internal trigger input is selected through the TS bit (TIMx_SMCR register)

Note: CC2S bits are writable only when the channel is OFF (CC2E = 0 in TIMx_CCER).

Bit 7 OC1CE: Output compare 1 clear enable

OC1CE: Output Compare 1 Clear Enable

0: OC1Ref is not affected by the ETRF input

1: OC1Ref is cleared as soon as a High level is detected on ETRF input

Bits 6:4 OC1M: Output compare 1 mode

These bits define the behavior of the output reference signal OC1REF from which OC1 and OC1N are derived. OC1REF is active high whereas OC1 and OC1N active level depends on CC1P and CC1NP bits.

000: Frozen - The comparison between the output compare register TIMx_CCR1 and the counter TIMx_CNT has no effect on the outputs.(this mode is used to generate a timing base).

001: Set channel 1 to active level on match. OC1REF signal is forced high when the counter TIMx_CNT matches the capture/compare register 1 (TIMx_CCR1).

010: Set channel 1 to inactive level on match. OC1REF signal is forced low when the counter TIMx_CNT matches the capture/compare register 1 (TIMx_CCR1).

011: Toggle - OC1REF toggles when TIMx_CNT=TIMx_CCR1.

100: Force inactive level - OC1REF is forced low.

101: Force active level - OC1REF is forced high.

110: PWM mode 1 - In upcounting, channel 1 is active as long as TIMx_CNT<TIMx_CCR1 else inactive. In downcounting, channel 1 is inactive (OC1REF='0) as long as TIMx_CNT>TIMx_CCR1 else active (OC1REF=1).

111: PWM mode 2 - In upcounting, channel 1 is inactive as long as TIMx_CNT<TIMx_CCR1 else active. In downcounting, channel 1 is active as long as TIMx_CNT> TIMx_CCR1 else inactive.

Note: In PWM mode 1 or 2, the OCREF level changes only when the result of the comparison changes or when the output compare mode switches from "frozen" mode to "PWM" mode.

Bit 3 OC1PE: Output compare 1 preload enable

0: Preload register on TIMx_CCR1 disabled. TIMx_CCR1 can be written at anytime, the new value is taken in account immediately.

1: Preload register on TIMx_CCR1 enabled. Read/Write operations access the preload register. TIMx_CCR1 preload value is loaded in the active register at each update event.

Note:

1: These bits can not be modified as long as LOCK level 3 has been programmed (LOCK bits in TIMx_BDTR register) and CC1S=00 (the channel is configured in output).

2: The PWM mode can be used without validating the preload register only in onepulse mode (OPM bit set in TIMx_CR1 register). Else the behavior is not guaranteed.

Bit 2 OC1FE: Output compare 1 fast enable

This bit is used to accelerate the effect of an event on the trigger in input on the CC output.

0: CC1 behaves normally depending on counter and CCR1 values even when the trigger is ON. The minimum delay to activate CC1 output when an edge occurs on the trigger input is 5 clock cycles.

1: An active edge on the trigger input acts like a compare match on CC1 output. Then, OC is set to the compare level independently from the result of the comparison. Delay to sample the trigger input and to activate CC1 output is reduced to 3 clock cycles. OCFE acts only if the channel is configured in PWM1 or PWM2 mode.

Bits 1:0 CC1S: Capture/Compare 1 selection

This bit-field defines the direction of the channel (input/output) as well as the used input.

00: CC1 channel is configured as output.

01: CC1 channel is configured as input, IC1 is mapped on TI1.

10: CC1 channel is configured as input, IC1 is mapped on TI2.

11: CC1 channel is configured as input, IC1 is mapped on TRC. This mode is working only if an internal trigger input is selected through TS bit (TIMx_SMCR register)

Note: CC1S bits are writable only when the channel is OFF (CC1E = 0 in TIMx_CCER).

Input capture mode

Bits 15:12 IC2F: Input capture 2 filter

Bits 11:10 IC2PSC[1:0]: Input capture 2 prescaler

Bits 9:8 CC2S: Capture/compare 2 selection

This bit-field defines the direction of the channel (input/output) as well as the used input.

00: CC2 channel is configured as output.

01: CC2 channel is configured as input, IC2 is mapped on TI2.

10: CC2 channel is configured as input, IC2 is mapped on TI1.

11: CC2 channel is configured as input, IC2 is mapped on TRC. This mode is working only if an internal trigger input is selected through TS bit (TIMx_SMCR register)

Note: CC2S bits are writable only when the channel is OFF (CC2E = 0 in TIMx_CCER).

Bits 7:4 IC1F: Input capture 1 filter

This bit-field defines the frequency used to sample TI1 input and the length of the digital filter applied to TI1. The digital filter is made of an event counter in which N events are needed to validate a transition on the output:

0000: No filter, sampling is done at fDTS
0001: fSAMPLING=fCK_INT, N=2
0010: fSAMPLING=fCK_INT, N=4
0011: fSAMPLING=fCK_INT, N=8
0100: fSAMPLING=fDTS/2, N=6
0101: fSAMPLING=fDTS/2, N=8
0110: fSAMPLING=fDTS/4, N=6
0111: fSAMPLING=fDTS/4, N=8
1000: fSAMPLING=fDTS/8, N=6
1001: fSAMPLING=fDTS/8, N=8
1010: fSAMPLING=fDTS/16, N=5
1011: fSAMPLING=fDTS/16, N=6
1100: fSAMPLING=fDTS/16, N=8
1101: fSAMPLING=fDTS/32, N=5
1110: fSAMPLING=fDTS/32, N=6
1111: fSAMPLING=fDTS/32, N=8

Bits 3:2 IC1PSC: Input capture 1 prescaler

This bit-field defines the ratio of the prescaler acting on CC1 input (IC1).
The prescaler is reset as soon as CC1E=0 (TIMx_CCER register).
00: no prescaler, capture is done each time an edge is detected on the capture input
01: capture is done once every 2 events
10: capture is done once every 4 events
11: capture is done once every 8 events

Bits 1:0 CC1S: Capture/Compare 1 selection

This bit-field defines the direction of the channel (input/output) as well as the used input.
00: CC1 channel is configured as output
01: CC1 channel is configured as input, IC1 is mapped on TI1
10: CC1 channel is configured as input, IC1 is mapped on TI2
11: CC1 channel is configured as input, IC1 is mapped on TRC. This mode is working only if an internal trigger input is selected through TS bit (TIMx_SMCR register)

Note: CC1S bits are writable only when the channel is OFF (CC1E = 0 in TIMx_CCER).

10.2.8 TIMx capture/compare mode register 2(TIMx_CCMR2)

- Address offset: 0x1C
- Reset value: 0x0000
- Refer to the above CCMR1 register description.

15	14	13	12	11	10	9	8	7	6	5	4	3	2	1	0
OC4CE	OC4M[2:0]			OC4PE	OC4FE	CC4S[1:0]		OC3CE	OC3M[2:0]			OC3PE	OC3FE	CC3S[1:0]	
IC4F[3:0]				IC4PSC[1:0]				IC3F[3:0]				IC3PSC[1:0]			
rw	rw	rw	rw	rw	rw	rw	rw	rw	rw	rw	rw	rw	rw	rw	rw

Output compare mode

Bit 15 OC4CE: Output compare 4 clear enable

Bits 14:12 OC4M: Output compare 4 mode

Bit 11 OC4PE: Output compare 4 preload enable

Bit 10 OC4FE: Output compare 4 fast enable

Bits 9:8 CC4S: Capture/Compare 4 selection

This bit-field defines the direction of the channel (input/output) as well as the used input.

00: CC4 channel is configured as output

01: CC4 channel is configured as input, IC4 is mapped on TI4

10: CC4 channel is configured as input, IC4 is mapped on TI3

11: CC4 channel is configured as input, IC4 is mapped on TRC. This mode is working only if an internal trigger input is selected through TS bit (TIMx_SMCR register)

Note: CC4S bits are writable only when the channel is OFF (CC4E = 0 in TIMx_CCER).

Bit 7 OC3CE: Output compare 3 clear enable

Bits 6:4 OC3M: Output compare 3 mode

Bit 3 OC3PE: Output compare 3 preload enable

Bit 2 OC3FE: Output compare 3 fast enable

Bits 1:0 CC3S: Capture/Compare 3 selection

This bit-field defines the direction of the channel (input/output) as well as the used input.

00: CC3 channel is configured as output

01: CC3 channel is configured as input, IC3 is mapped on TI3

10: CC3 channel is configured as input, IC3 is mapped on TI4

11: CC3 channel is configured as input, IC3 is mapped on TRC. This mode is working only if an internal trigger input is selected through TS bit (TIMx_SMCR register)

Note: CC3S bits are writable only when the channel is OFF (CC3E = 0 in TIMx_CCER).

Input capture mode

Bits 15:12 IC4F: Input capture 4 filter

Bits 11:10 IC4PSC: Input capture 4 prescaler

Bits 9:8 CC4S: Capture/Compare 4 selection

This bit-field defines the direction of the channel (input/output) as well as the used input.

00: CC4 channel is configured as output

01: CC4 channel is configured as input, IC4 is mapped on TI4

10: CC4 channel is configured as input, IC4 is mapped on TI3

11: CC4 channel is configured as input, IC4 is mapped on TRC. This mode is working only if an internal trigger input is selected through TS bit (TIMx_SMCR register)

Note: CC4S bits are writable only when the channel is OFF (CC4E = 0 in TIMx_CCER).

Bits 7:4 IC3F: Input capture 3 filter

Bits 3:2 IC3PSC: Input capture 3 prescaler

Bits 1:0 CC3S: Capture/Compare 3 selection

This bit-field defines the direction of the channel (input/output) as well as the used input.

00: CC3 channel is configured as output

01: CC3 channel is configured as input, IC3 is mapped on TI3

10: CC3 channel is configured as input, IC3 is mapped on TI4

11: CC3 channel is configured as input, IC3 is mapped on TRC. This mode is working only if an internal trigger input is selected through TS bit (TIMx_SMCR register)

Note: CC3S bits are writable only when the channel is OFF (CC3E = 0 in TIMx_CCER).

10.2.9 TIMx capture/compare enable register(TIMx_CCER)

- Address offset: 0x20
- Reset value: 0x0000

15	14	13	12	11	10	9	8	7	6	5	4	3	2	1	0
Reserved		CC4P	CC4E	Reserved		CC3P	CC3E	Reserved		CC2P	CC2E	Reserved		CC1P	CC1E
		rw	rw			rw	rw			rw	rw			rw	rw

Bits 15:14 Reserved, must be kept at reset value.

Bit 13 CC4P: Capture/Compare 4 output polarity
refer to CC1P description

Bit 12 CC4E: Capture/Compare 4 output enable
refer to CC1E description

Bits 11:10 Reserved, must be kept at reset value.

Bit 9 CC3P: Capture/Compare 3 output polarity
refer to CC1P description

Bit 8 CC3E: Capture/Compare 3 output enable
refer to CC1E description

Bits 7:6 Reserved, must be kept at reset value.

Bit 5 CC2P: Capture/Compare 2 output polarity
refer to CC1P description

Bit 4 CC2E: Capture/Compare 2 output enable
refer to CC1E description

Bits 3:2 Reserved, must be kept at reset value.

Bit 1 CC1P: Capture/Compare 1 output polarity
CC1 channel configured as output:
0: OC1 active high.
1: OC1 active low.

CC1 channel configured as input:

This bit selects whether IC1 or IC1 is used for trigger or capture operations.

0: non-inverted: capture is done on a rising edge of IC1. When used as external trigger, IC1 is non-inverted.

1: inverted: capture is done on a falling edge of IC1. When used as external trigger, IC1 is inverted.

Bit 0 CC1E: Capture/Compare 1 output enable

CC1 channel configured as output:

0: Off - OC1 is not active.

1: On - OC1 signal is output on the corresponding output pin.

CC1 channel configured as input:

This bit determines if a capture of the counter value can actually be done into the input capture/compare register 1 (TIMx_CCR1) or not.

0: Capture disabled.

1: Capture enabled.

10.2.10 TIMx counter(TIMx_CNT)

- Address offset: 0x24
- Reset value: 0x0000

15	14	13	12	11	10	9	8	7	6	5	4	3	2	1	0
CNT[15:0]															
rw	rw	rw	rw	rw	rw	rw	rw	rw	rw	rw	rw	rw	rw	rw	rw

Bits 15:0 CNT[15:0]: Counter value

10.2.11 TIMx prescaler(TIMx_PSC)

- Address offset: 0x28
- Reset value: 0x0000

15	14	13	12	11	10	9	8	7	6	5	4	3	2	1	0
PSC[15:0]															
rw	rw	rw	rw	rw	rw	rw	rw	rw	rw	rw	rw	rw	rw	rw	rw

Bits 15:0 PSC[15:0]: Prescaler value

The counter clock frequency CK_CNT is equal to fCK_PSC / (PSC[15:0] + 1).

PSC contains the value to be loaded in the active prescaler register at each update event.

10.2.12 TIMx auto-reload register(TIMx_ARR)

- Address offset: 0x2C
- Reset value: 0x0000

15	14	13	12	11	10	9	8	7	6	5	4	3	2	1	0
ARR[15:0]															
rw	rw	rw	rw	rw	rw	rw	rw	rw	rw	rw	rw	rw	rw	rw	rw

Bits 15:0 ARR[15:0]: Prescaler value

ARR is the value to be loaded in the actual auto-reload register.

Refer to the Section 15.3.1: Time-base unit on page 362 for more details about ARR update and behavior. The counter is blocked while the auto-reload value is null.

10.2.13 TIMx capture/compare register 1(TIMx_CCR1)

- Address offset: 0x34
- Reset value: 0x0000

15	14	13	12	11	10	9	8	7	6	5	4	3	2	1	0
CCR1[15:0]															
rw	rw	rw	rw	rw	rw	rw	rw	rw	rw	rw	rw	rw	rw	rw	rw

Bits 15:0 CCR1[15:0]: Capture/Compare 1 value

If channel CC1 is configured as output:

CCR1 is the value to be loaded in the actual capture/compare 1 register (preload value).

It is loaded permanently if the preload feature is not selected in the TIMx_CCMR1 register (bit OC1PE). Else the preload value is copied in the active capture/compare 1 register when an update event occurs. The active capture/compare register contains the value to be compared to the counter TIMx_CNT and signaled on OC1 output.

If channel CC1is configured as input:

CCR1 is the counter value transferred by the last input capture 1 event (IC1).

10.2.14 TIMx capture/compare register 2(TIMx_CCR2)

- Address offset: 0x38
- Reset value: 0x0000

15	14	13	12	11	10	9	8	7	6	5	4	3	2	1	0
CCR2[15:0]															
rw	rw	rw	rw	rw	rw	rw	rw	rw	rw	rw	rw	rw	rw	rw	rw

Bits 15:0 CCR2[15:0]: Capture/Compare 2 value

If channel CC2 is configured as output:

CCR2 is the value to be loaded in the actual capture/compare 2 register (preload value). It is loaded permanently if the preload feature is not selected in the TIMx_CCMR2 register (bit OC2PE). Else the preload value is copied in the active capture/compare 2 register when an update event occurs. The active capture/compare register contains the value to be compared to the counter TIMx_CNT and signalled on OC2 output.

If channel CC2 is configured as input:

CCR2 is the counter value transferred by the last input capture 2 event (IC2).

10.2.15 TIMx capture/compare register 3(TIMx_CCR3)

- Address offset: 0x3C
- Reset value: 0x0000

15	14	13	12	11	10	9	8	7	6	5	4	3	2	1	0
CCR3[15:0]															
rw	rw	rw	rw	rw	rw	rw	rw	rw	rw	rw	rw	rw	rw	rw	rw

Bits 15:0 CCR3[15:0]: Capture/Compare value

If channel CC3 is configured as output:

CCR3 is the value to be loaded in the actual capture/compare 3 register (preload value). It is loaded permanently if the preload feature is not selected in the TIMx_CCMR3 register (bit OC3PE). Else the preload value is copied in the active capture/compare 3 register when an update event occurs. The active capture/compare register contains the value to be compared to the counter TIMx_CNT and signaled on OC3 output.

If channel CC3 is configured as input:

CCR3 is the counter value transferred by the last input capture 3 event (IC3).

10.2.16 TIMx capture/compare register 4(TIMx_CCR4)

- Address offset: 0x40
- Reset value: 0x0000

15	14	13	12	11	10	9	8	7	6	5	4	3	2	1	0
CCR4[15:0]															
rw	rw	rw	rw	rw	rw	rw	rw	rw	rw	rw	rw	rw	rw	rw	rw

Bits 15:0 CCR4[15:0]: Capture/Compare value

1. if CC4 channel is configured as output (CC4S bits):

CCR4 is the value to be loaded in the actual capture/compare 4 register (preload value). It is loaded permanently if the preload feature is not selected in the TIMx_CCMR4 register (bit OC4PE). Else the preload value is copied in the active capture/compare 4 register when an update event occurs. The active capture/compare register contains the value to be compared to the counter TIMx_CNT and signalled on OC4 output.

2. if CC4 channel is configured as input (CC4S bits in TIMx_CCMR4 register):

CCR4 is the counter value transferred by the last input capture 4 event (IC4).

10.2.17 TIMx DMA control register(TIMx_DCR)

- Address offset: 0x48
- Reset value: 0x0000

15	14	13	12	11	10	9	8	7	6	5	4	3	2	1	0
Reserved			DBL[4:0]					Reserved			DBA[4:0]				
			rw	rw	rw	rw	rw				rw	rw	rw	rw	rw

Bits 15:13 Reserved, must be kept at reset value.

Bits 12:8 DBL[4:0]: DMA burst length

This 5-bit vector defines the number of DMA transfers (the timer recognizes a burst transfer when a read or a write access is done to the TIMx_DMAR address).

00000: 1 transfer,

00001: 2 transfers,

00010: 3 transfers,

...

10001: 18 transfers.

Bits 7:5 Reserved, must be kept at reset value.

Bits 4:0 DBA[4:0]: DMA base address

This 5-bit vector defines the base-address for DMA transfers (when read/write access are done through the TIMx_DMAR address). DBA is defined as an offset starting from the address of the TIMx_CR1 register.

Example:

00000: TIMx_CR1,

00001: TIMx_CR2,

00010: TIMx_SMCR,

...

Example: Let us consider the following transfer: DBL = 7 transfers & DBA = TIMx_CR1. In this case the transfer is done to/from 7 registers starting from the TIMx_CR1 address.

10.2.18 TIMx DMA address for full transfer(TIMx_DMAR)

- Address offset: 0x4C
- Reset value: 0x0000

15	14	13	12	11	10	9	8	7	6	5	4	3	2	1	0
DMAB[15:0]															
rw	rw	rw	rw	rw	rw	rw	rw	rw	rw	rw	rw	rw	rw	rw	rw

Bits 15:0 DMAB[15:0]: DMA register for burst accesses
A read or write operation to the DMAR register accesses the register located at the address (TIMx_CR1 address) + (DBA + DMA index) x 4 where TIMx_CR1 address is the address of the control register 1, DBA is the DMA base address configured in TIMx_DCR register, DMA index is automatically controlled by the DMA transfer, and ranges from 0 to DBL (DBL configured in TIMx_DCR).

10.3 Timer 실습

10.3.1 TIM2를 이용한 7-세그먼트와 LED 구동

72Mhz의 클럭을 받아서 주기와 프리스케일을 조절하여 모듈에 장착된 LED와 7-세그먼트를 구동하는 프로그램 작성한다. LED들의 깜빡임의 주기는 2초이고, 7-세그먼트는 1초마다 1씩 카운트되어 0~9 숫자를 표시한다. 9를 넘으면 다시 0부터 카운트가 시작된다.

LED에 연결된 핀들은 B9, B8, B5번에 해당되며, 각 LED는 해당하는 GPIO핀의 출력이 LOW일 때 점등되는 구조이다. 7-세그먼트의 연결된 핀들을 보면 C0~C7핀들이 세그먼트의 LED에 해당되고 GPIO핀의 출력이 LOW일 때 점등된다. 세그먼트는 C8핀이 Low일 때 사용가능하며, C8핀이 High일 때에는 C0~C7핀을 다른 목적의 GPIO로 활용할 수 있다.

다음 수식을 이용하여 원하는 시간 n초의 주기를 가진 카운터를 얻는다.

$$1\,clock\text{의 주기} = \frac{prescaler+1}{72MHz},\quad 1\,clock\text{의 주파수} = \frac{1}{1\,clock\text{의 주기}}$$
$$n\text{초} : 1\text{초} = x\,clock : 1\,clock\text{의 주파수}$$
$$x\,clock = n \times 1\,clock\text{의 주파수}$$

본 예제에서는 prescaler 값을 59999로 주어서 1clock의 주기를 1/1200초로 구하였다. 1초를 얻기 위해서는 카운터를 1200까지 카운트하면 된다. 또한 1초마다 인터럽트를 실행시키기 위해서 주기를 1200으로 설정한다. 카운트가 1200번에 해당하면 overflow가 발생하고 인터럽트 플래그가 세트되며 TIM2_IRQHandler() 의 내용이 실행된다.

- PB9, PB8, PB5 : LED핀
- C0~C7 : 7-Segment LED
- 프리스케일 : 60000
- 1clock의 주기 : 1/1200초
- period : 1200, -> 1Hz
- 1초마다 TIM2_IRQHandler함수 호출, LED는 1초마다 점등, 7-segment는 업카운트

main.c

```
#include "stm32f10x.h"                    // stm32f103의 기본 헤더파일
#include "stm32f10x_it.h"       // 인터럽트 헤더파일
#include "platform_config.h"    // 플랫폼
#include "stm32f10x_tim.h"      // 타이머 헤더파일
#include "misc.h"               // NVIC 헤더파일
#include "stm32f10x_rcc.h"      // RCC 헤더파일
#include <stdio.h>

static void delay_int_count(volatile unsigned int nTime)
{
   for ( ; nTime > 0 ; nTime--);
}

// platform_config.h에 seg함수에서 사용한 것들이 정의되어있음
void seg(uint16_t n) // 7-세그먼트 함수, n에 숫자를 넣으면 해당숫자가 켜짐
{
   GPIOC->BSRR |= 0xff; // all off
   GPIOC->BRR |= 0xff; // all on
   switch(n)
   {
      case 0:
         GPIOC->BSRR |= GPIO_7SEG_0; break;
      case 1:
         GPIOC->BSRR |= GPIO_7SEG_1; break;
```

```
        case 2:
            GPIOC->BSRR |= GPIO_7SEG_2; break;
        case 3:
            GPIOC->BSRR |= GPIO_7SEG_3; break;
        case 4:
            GPIOC->BSRR |= GPIO_7SEG_4; break;
        case 5:
            GPIOC->BSRR |= GPIO_7SEG_5; break;
        case 6:
            GPIOC->BSRR |= GPIO_7SEG_6; break;
        case 7:
            GPIOC->BSRR |= GPIO_7SEG_7; break;
        case 8:
            GPIOC->BSRR |= GPIO_7SEG_8; break;
        case 9:
            GPIOC->BSRR |= GPIO_7SEG_9; break;
    }
}

int i = 0;
int j = 0;

void TIM2_IRQHandler(void) // TIM2 인터럽트 플래그가 올라갔을 때 실행되는 부분
{
    TIM_ClearITPendingBit(TIM2, TIM_IT_Update); // 인터럽트 플래그 클리어
    if ( i == 0 )
    GPIOB_BRR |= (GPIO_LED1_PIN | GPIO_LED2_PIN |GPIO_LED3_PIN); // LED1,2,3 ON
    else
    GPIOB_BSRR |= (GPIO_LED1_PIN | GPIO_LED2_PIN |GPIO_LED3_PIN); // LED1,2,3 OFF
    i++;
    i = i % 2;
    j++;
    j = j % 10;
    seg(j); // 세그먼트 함수 콜
}

void RCC_Configuration(void)
{
```

```
    SystemInit(); //
    // Tim2는 apb1에서 클럭 공급받고 enable해야함
    RCC_APB1PeriphClockCmd(RCC_APB1Periph_TIM2, ENABLE);
}

void NVIC_Configuration(void)
{
    NVIC_InitTypeDef NVIC_InitStructure; // 구조체 선언

#ifdef  VECT_TAB_RAM
    /* Set the Vector Table base location at 0x20000000 */
    NVIC_SetVectorTable(NVIC_VectTab_RAM, 0x0);
#else  /* VECT_TAB_FLASH  */
    /* Set the Vector Table base location at 0x08000000 */
    NVIC_SetVectorTable(NVIC_VectTab_FLASH, 0x0);
#endif
    /* Configure one bit for preemption priority */
    NVIC_PriorityGroupConfig(NVIC_PriorityGroup_0);
    /* Enable the TIM2 Interrupt */
    NVIC_InitStructure.NVIC_IRQChannel = TIM2_IRQn; // TIM2_IRQ 사용
    NVIC_InitStructure.NVIC_IRQChannelPreemptionPriority = 0;
    NVIC_InitStructure.NVIC_IRQChannelSubPriority = 0;
    NVIC_InitStructure.NVIC_IRQChannelCmd = ENABLE;
    NVIC_Init(&NVIC_InitStructure);
}

void TIM_Configuration(void)
{
    TIM_TimeBaseInitTypeDef  TIM_TimeBaseStructure; // 구조체 선언
    /* TIM2 configuration */

    TIM_TimeBaseStructure.TIM_Period = 0x4AF ; // 1200Hz에서 1200번을 카운트 하면 1초
    TIM_TimeBaseStructure.TIM_Prescaler = 0xEA5F; // 72MHz -> 1200Hz, 1 count 당 1/1200 초
    // TIMx_CR1 레지스터
    TIM_TimeBaseStructure.TIM_ClockDivision = TIM_CKD_DIV1;
    TIM_TimeBaseStructure.TIM_CounterMode = TIM_CounterMode_Up; // upcount 모드
    TIM_TimeBaseStructure.TIM_RepetitionCounter = 0x0000;
    TIM_TimeBaseInit(TIM2, &TIM_TimeBaseStructure);
```

```
    /* TIM2 enable counter */
    TIM_Cmd(TIM2, ENABLE); // 카운터 enable
    /* Immediate load of TIM2 Precaler value */
    TIM_PrescalerConfig(TIM2, 0xEA5F, TIM_PSCReloadMode_Immediate);
    /* Clear TIM2 update pending flag */
    TIM_ClearFlag(TIM2, TIM_FLAG_Update);
    /* Enable TIM2 Update interrupt */
    TIM_ITConfig(TIM2, TIM_IT_Update, ENABLE);
}

int main(void)
{
   // platform_config.h 참조
    RCC_APB2ENR |= (RCC_APB2Periph_GPIOB | RCC_APB2Periph_GPIOC);
    GPIOB->CRL |= 0x100000; // B5 출력
    GPIOB->CRH |= 0x11; // B8, B9 출력
    GPIOC->CRL |= 0x11111111; // C0~C7 출력
    GPIOC->CRH |= 0x1; // C8 출력

    // 구성요소들 선언
    RCC_Configuration();
    NVIC_Configuration();
    TIM_Configuration();

    while(1)
    {
    }

    return 0;
}
```

platform_config.h

```
/*
 * (C) COPYRIGHT 2009 CRZ
 *
 * File Name : platform_config.h
 * Author    : POOH
 * Version   : V1.0
```

```
 * Date      : 08/12/2009
 */

#ifndef __PLATFORM_CONFIG_H
#define __PLATFORM_CONFIG_H

/* Includes */
#include <stdint.h>

/* typedefs */

typedef enum // 출력속도
{
   GPIO_Speed_10MHz = 1,
   GPIO_Speed_2MHz,
   GPIO_Speed_50MHz
} GPIOSpeed_TypeDef;

typedef enum // 출력모드
{
   GPIO_Mode_Out_PP = 0x00,
   GPIO_Mode_Out_OD = 0x01,
   GPIO_Mode_AF_PP  = 0x10,
   GPIO_Mode_AF_OD  = 0x11
} GPIOMode_Output_TypeDef;

/* defines */
// 핀배열들의 정의
#define GPIO_Pin_0              ((uint16_t)0x0001)  /*!< Pin 0 selected */
#define GPIO_Pin_1              ((uint16_t)0x0002)  /*!< Pin 1 selected */
#define GPIO_Pin_2              ((uint16_t)0x0004)  /*!< Pin 2 selected */
#define GPIO_Pin_3              ((uint16_t)0x0008)  /*!< Pin 3 selected */
#define GPIO_Pin_4              ((uint16_t)0x0010)  /*!< Pin 4 selected */
#define GPIO_Pin_5              ((uint16_t)0x0020)  /*!< Pin 5 selected */
#define GPIO_Pin_6              ((uint16_t)0x0040)  /*!< Pin 6 selected */
#define GPIO_Pin_7              ((uint16_t)0x0080)  /*!< Pin 7 selected */
#define GPIO_Pin_8              ((uint16_t)0x0100)  /*!< Pin 8 selected */
#define GPIO_Pin_9              ((uint16_t)0x0200)  /*!< Pin 9 selected */
```

```
#define GPIO_Pin_10             ((uint16_t)0x0400)  /*!< Pin 10 selected */
#define GPIO_Pin_11             ((uint16_t)0x0800)  /*!< Pin 11 selected */
#define GPIO_Pin_12             ((uint16_t)0x1000)  /*!< Pin 12 selected */
#define GPIO_Pin_13             ((uint16_t)0x2000)  /*!< Pin 13 selected */
#define GPIO_Pin_14             ((uint16_t)0x4000)  /*!< Pin 14 selected */
#define GPIO_Pin_15             ((uint16_t)0x8000)  /*!< Pin 15 selected */
#define GPIO_Pin_All            ((uint16_t)0xFFFF)  /*!< All pins selected */

// B5, B8, B9핀 선언
#define GPIO_LED1_PIN           GPIO_Pin_9 /* RED */
#define GPIO_LED2_PIN           GPIO_Pin_5 /* YELLOW */
#define GPIO_LED3_PIN           GPIO_Pin_8 /* BLUE */

// 7 segment
#define GPIO_7SEG_0      (uint16_t)(GPIO_Pin_7)
#define GPIO_7SEG_1      (uint16_t)(GPIO_Pin_0|GPIO_Pin_3|GPIO_Pin_4|GPIO_Pin_5|GPIO_Pin_7)
#define GPIO_7SEG_2      (uint16_t)(GPIO_Pin_2|GPIO_Pin_5)
#define GPIO_7SEG_3      (uint16_t)(GPIO_Pin_4|GPIO_Pin_5)
#define GPIO_7SEG_4      (uint16_t)(GPIO_Pin_0|GPIO_Pin_3|GPIO_Pin_4)
#define GPIO_7SEG_5      (uint16_t)(GPIO_Pin_1|GPIO_Pin_4)
#define GPIO_7SEG_6      (uint16_t)(GPIO_Pin_1)
#define GPIO_7SEG_7      (uint16_t)(GPIO_Pin_3|GPIO_Pin_4|GPIO_Pin_7)
#define GPIO_7SEG_8      (uint16_t)0
#define GPIO_7SEG_9      (uint16_t)(GPIO_Pin_4)

#define RCC_APB2Periph_AFIO      ((uint32_t)0x00000001)
#define RCC_APB2Periph_GPIOA     ((uint32_t)0x00000004)
#define RCC_APB2Periph_GPIOB     ((uint32_t)0x00000008)
#define RCC_APB2Periph_GPIOC     ((uint32_t)0x00000010)
#define RCC_APB2Periph_GPIOD     ((uint32_t)0x00000020)
#define RCC_APB2Periph_GPIOE     ((uint32_t)0x00000040)
#define RCC_APB2Periph_GPIOF     ((uint32_t)0x00000080)
#define RCC_APB2Periph_GPIOG     ((uint32_t)0x00000100)
#define RCC_APB2Periph_ADC1      ((uint32_t)0x00000200)
#define RCC_APB2Periph_ADC2      ((uint32_t)0x00000400)
#define RCC_APB2Periph_TIM1      ((uint32_t)0x00000800)
#define RCC_APB2Periph_SPI1      ((uint32_t)0x00001000)
#define RCC_APB2Periph_TIM8      ((uint32_t)0x00002000)
```

```
#define RCC_APB2Periph_USART1      ((uint32_t)0x00004000)
#define RCC_APB2Periph_ADC3        ((uint32_t)0x00008000)

// GPIO 선언
#define RCC_APB2ENR               (*(volatile unsigned *)0x40021018)
#define GPIOB_CRL                 (*(volatile unsigned *)0x40010C00)
#define GPIOB_CRH                 (*(volatile unsigned *)0x40010C04)
#define GPIOC_CRL                 (*(volatile unsigned *)0x40011000)
#define GPIOC_CRH                 (*(volatile unsigned *)0x40011004)
#define GPIOB_BSRR                (*(volatile unsigned *)0x40010C10)
#define GPIOB_BRR                 (*(volatile unsigned *)0x40010C14)
#define GPIOC_BSRR                (*(volatile unsigned *)0x40011010)
#define GPIOC_BRR                 (*(volatile unsigned *)0x40011014)

/* functions */

void LED_Test (void);
void delay_1_second(void);

#endif /* __PLATFORM_CONFIG_H */
```

10.3.2 TIM4의 채널들을 이용한 output 출력

본 예제에서는 72Mhz의 클럭을 받아서 주기와 프리스케일을 조절하여 모듈의 GPIO핀으로 출력시킨다. TIM4를 사용하고, 4개의 채널 중 2개의 GPIO핀으로 High와 Low출력을 토글시킨다. 각각의 핀은 다른 주기값을 가진다.

그림 10.21을 보면 TIM4의 4개의 채널에 해당하는 핀들이 있다. 여기에서는 PB6과 PB7을 사용하며, PB6에는 주기가 1Hz인 펄스파를, PB7에는 주기가 0.5Hz인 펄스파를 출력한다.

Alternate function	TIM4_REMAP = 0	TIM4_REMAP = 1[1]
TIM4_CH1	PB6	PD12
TIM4_CH2	PB7	PD13
TIM4_CH3	PB8	PD14
TIM4_CH4	PB9	PD15

그림 10.21 TIM4 alternate function remapping

본 예제에서는 72Mhz를 프리스케일과 주기를 변경하여 1200Hz의 카운터를 만들었고, period의 값을 1200으로 주었다. CCR1_Val과 CCR2_Val의 값이 카운터의 값과 일치하면 TIM4 핸들러가 실행된다.

채널 1에서 카운터를 CCR1_Val(600)만큼 세기 때문에 0.5초마다 채널1의 인터럽트 플래그가 세트된다. 채널 2에서는 카운터를 CCR2_ Val(1200)만큼 세기 때문에 1초마다 채널2의 인터럽트 플래그가 세트된다. 각각의 인터럽트 플래그에 의해 TIM4 핸들러가 실행이 되면 출력값을 토글시켜 채널1은 1Hz 펄스를, 채널2는 0.5Hz 펄스를 생성한다.

- PB6, PB7 : 펄스파 출력단
- 프리스케일 : 60000
- 1clock의 주기 : 1/1200초
- peroid : 1200, -> 1Hz
- CCR1_Val과 CCR2_Val은 같은 카운트를 공유하지만 리셋 주기는 다름
- CCR1_Val이 600만큼 셀 때, TIM4_IRQHandler를 호출하고 리셋
- CCR2_Val이 1200만큼 셀 때, TIM4_IRQHandler를 호출하고 리셋
- TIM4_IRQHandler에서는 어떤 것에 의해 인터럽트 플래그가 세트 되었는지 체크

```
#include "stm32f10x.h"                    // stm32f103의 기본 헤더파일
#include "stm32f10x_it.h"       // 인터럽트 헤더파일
#include "platform_config.h"    // 플랫폼
#include "stm32f10x_tim.h"      // 타이머 헤더파일
#include "misc.h"               // NVIC 헤더파일
#include "stm32f10x_rcc.h"      // RCC 헤더파일
#include "stm32f10x_gpio.h"     // GPIO 헤더파일
#include <stdio.h>

uint16_t capture = 0;
__IO uint16_t CCR1_Val = 599;   // 채널 1, count가 599이면 인터럽트 발생, 1Hz
__IO uint16_t CCR2_Val = 1199;  // 채널 2, count가 1199이면 인터럽트 발생 0.5Hz

void GPIO_Configuration(void)
{
   GPIO_InitTypeDef GPIO_InitStructure;

   GPIO_InitStructure.GPIO_Pin = GPIO_Pin_6|GPIO_Pin_7|GPIO_Pin_8|GPIO_Pin_9;
   GPIO_InitStructure.GPIO_Mode = GPIO_Mode_Out_PP;
```

```
    GPIO_InitStructure.GPIO_Speed = GPIO_Speed_50MHz;
    GPIO_Init(GPIOB, &GPIO_InitStructure); // GPIOB 설정 초기화
}

void seg(uint16_t n) // 7-세그먼트 함수, n에 숫자를 넣으면 해당숫자가 켜짐
{
    GPIOC->BSRR |= 0xff; // all off
    GPIOC->BRR |= 0xff; // all on
    switch(n)
    {
        case 0:
            GPIOC->BSRR |= GPIO_7SEG_0; break;
        case 1:
            GPIOC->BSRR |= GPIO_7SEG_1; break;
        case 2:
            GPIOC->BSRR |= GPIO_7SEG_2; break;
        case 3:
            GPIOC->BSRR |= GPIO_7SEG_3; break;
        case 4:
            GPIOC->BSRR |= GPIO_7SEG_4; break;
        case 5:
            GPIOC->BSRR |= GPIO_7SEG_5; break;
        case 6:
            GPIOC->BSRR |= GPIO_7SEG_6; break;
        case 7:
            GPIOC->BSRR |= GPIO_7SEG_7; break;
        case 8:
            GPIOC->BSRR |= GPIO_7SEG_8; break;
        case 9:
            GPIOC->BSRR |= GPIO_7SEG_9; break;
    }
}

int i = 0;
int j = 0;
int k = 0;

void TIM4_IRQHandler(void) // TIM4 인터럽트 플래그가 올라갔을 때 실행되는 부분
{
```

```
    // 라이브러리 함수를 이용, TIM4의 채널1의 인터럽트 체크
    if ( TIM_GetITStatus(TIM4, TIM_IT_CC1) != RESET ) {
        i++;
        i = i % 2;

        seg(k);
        TIM_ClearITPendingBit(TIM4, TIM_IT_CC1); // 인터럽트 플래그 클리어
        if ( i == 0 ) GPIO_WriteBit(GPIOB, GPIO_Pin_6, 1);
        else GPIO_WriteBit(GPIOB, GPIO_Pin_6, 0);
        capture = TIM_GetCapture1(TIM4);
        TIM_SetCompare1(TIM4, (capture + CCR1_Val)%1200); // 다음 캡쳐값 지정
    }
    // 라이브러리 함수를 이용, TIM4의 채널2의 인터럽트 체크
    else if ( TIM_GetITStatus(TIM4, TIM_IT_CC2) != RESET ) {
        j++;
        j= j % 2;
        k++;
        k = k % 10;
            seg(k);
        TIM_ClearITPendingBit(TIM4, TIM_IT_CC2); // 인터럽트 플래그 클리어
        if ( j == 0 ) GPIO_WriteBit(GPIOB, GPIO_Pin_7, 1); // 라이브러리함수, 핀의 출력결정
        else GPIO_WriteBit(GPIOB, GPIO_Pin_7, 0);
        capture = TIM_GetCapture2(TIM4); // 현재 카운트 값 캐치
        TIM_SetCompare2(TIM4, (capture + CCR2_Val) % 1200 ); // 다음 캡쳐값 지정
    }
}

void RCC_Configuration(void)
{
    SystemInit();
    /* Enable TIM4 clock */
    // Tim2는 apb1에서 클럭 공급받고 enable해야함
    RCC_APB1PeriphClockCmd(RCC_APB1Periph_TIM4, ENABLE);
}

void NVIC_Configuration(void) // 구조체 선언
{
    NVIC_InitTypeDef NVIC_InitStructure;
```

```
#ifdef  VECT_TAB_RAM
   /* Set the Vector Table base location at 0x20000000 */
   NVIC_SetVectorTable(NVIC_VectTab_RAM, 0x0);
#else  /* VECT_TAB_FLASH  */
   /* Set the Vector Table base location at 0x08000000 */
   NVIC_SetVectorTable(NVIC_VectTab_FLASH, 0x0);
#endif

   /* Configure one bit for preemption priority */
   NVIC_PriorityGroupConfig(NVIC_PriorityGroup_0);
   /* Enable the TIM4 Interrupt */
   NVIC_InitStructure.NVIC_IRQChannel = TIM4_IRQn; // TIM4_IRQ 사용
   NVIC_InitStructure.NVIC_IRQChannelPreemptionPriority = 0;
   NVIC_InitStructure.NVIC_IRQChannelSubPriority = 0;
   NVIC_InitStructure.NVIC_IRQChannelCmd = ENABLE;
   NVIC_Init(&NVIC_InitStructure);
}

void TIM_Configuration(void)
{
   TIM_TimeBaseInitTypeDef  TIM_TimeBaseStructure;
   TIM_OCInitTypeDef  TIM_OCInitStructure;
   /* TIM4 configuration */
   TIM_TimeBaseStructure.TIM_Period = 1200 ; // 1200Hz에서 1200번을 카운트 하면 1초
   TIM_TimeBaseStructure.TIM_Prescaler = 59999; // 72MHz -> 1200Hz, 1 count 당 1/1200 초
   TIM_TimeBaseStructure.TIM_ClockDivision = TIM_CKD_DIV1;
   TIM_TimeBaseStructure.TIM_CounterMode = TIM_CounterMode_Up; // upcount 모드
   TIM_TimeBaseStructure.TIM_RepetitionCounter = 0x0000;
   TIM_TimeBaseInit(TIM4, &TIM_TimeBaseStructure);

   // TIM_OCMode_Timing = 0x0, 비교결과로 output에 영향을 미치지 않는 모드
   TIM_OCInitStructure.TIM_OCMode = TIM_OCMode_Timing;
   // 출력핀 enable
   TIM_OCInitStructure.TIM_OutputState = TIM_OutputState_Enable;
   TIM_OCInitStructure.TIM_Pulse = CCR1_Val;
   TIM_OCInitStructure.TIM_OCPolarity = TIM_OCPolarity_High;
   TIM_OC1Init(TIM4, &TIM_OCInitStructure); // oc1 enable
   TIM_OC1PreloadConfig(TIM4, TIM_OCPreload_Disable);
```

```
    TIM_OCInitStructure.TIM_OutputState = TIM_OutputState_Enable;
    TIM_OCInitStructure.TIM_Pulse = CCR2_Val;
    TIM_OC2Init(TIM4, &TIM_OCInitStructure); // oc2 enable
    TIM_OC2PreloadConfig(TIM4, TIM_OCPreload_Disable);

    /* TIM4 enable counter */
    TIM_Cmd(TIM4, ENABLE); // 카운터 enable

    /* Immediate load of TIM4 Precaler value */
    //TIM_PrescalerConfig(TIM4, 0xEA5F, TIM_PSCReloadMode_Immediate);

    /* Clear TIM4 update pending flag */
    TIM_ClearFlag(TIM4, TIM_FLAG_Update);

    /* TIM IT enable */
    TIM_ITConfig(TIM4, TIM_IT_CC1|TIM_IT_CC2, ENABLE);
}

void delay_1_second(void)
{
    delay_int_count(806596);
}

int main(void)
{
    RCC_APB2ENR |= (RCC_APB2Periph_GPIOB | RCC_APB2Periph_GPIOC);
    GPIOB->CRL |= 0x11000000; // B6, B7 출력
    GPIOB->CRH |= 0x11; // B8, B9 출력
    GPIOC->CRL |= 0x11111111; // 0~7
    GPIOC->CRH |= 0x1; // 8

    GPIO_Configuration();
    RCC_Configuration();
    NVIC_Configuration();
    TIM_Configuration();

    // RCC_ClocksTypeDef rcc_clocks;
    while(1)
    {
```

```
    }

    return 0;
}
```

10.3.3 TIM4의 채널들을 이용한 PWM 펄스 출력

본 예제는 주기를 일정하게 한 후에 각 채널마다 OCx의 값을 달리하여 출력핀에 듀티비가 다른 PWM파형을 출력하는 예제이다.

GPIO_Configuration() 함수 안에서 출력 모드를 변경하였고, 72MHz를 그대로 사용하여 주기를 1000으로 주었다. 그리고 PWM1모드를 사용하였고, Interrupt는 사용하지 않았다. 그리고 CCR1_Val은 500이고 CCR2_Val은 250이다. 듀티비를 50%와 25%의 PWM파형을 핀 PB6과 PB7에 출력한다. 둘의 주기는 같고 듀티비만 다르다. 메인 함수의 while문 안에 TIM_OC1Init() 함수로 OC값을 조절하여 듀티비를 조절 할 수 있으며,while문이 실행되면 PB6 출력단의 듀티비가 증감을 반복한다.

- PB6, PB7 : 펄스파 출력단
- 프리스케일 : 1
- 1clock의 주기 : 1/72000000
- period : 1000, -> 72Khz
- CCR1_Val이 500만큼 센 후 출력을 clear 듀티비는 50%
- CCR2_Val이 250만큼 센 후 출력을 clear 듀티비는 25%

```
#include "stm32f10x.h"                    // stm32f103의 기본 헤더파일
#include "stm32f10x_it.h"        // 인터럽트 헤더파일
#include "platform_config.h"     // 플랫폼
#include "stm32f10x_tim.h"       // 타이머 헤더파일
#include "misc.h"                // NVIC 헤더파일
#include "stm32f10x_rcc.h"       // RCC 헤더파일
#include "stm32f10x_gpio.h"      // RCC 헤더파일
#include <stdio.h>

static void delay_int_count(volatile unsigned int nTime)
{
    for ( ; nTime > 0 ; nTime--);
```

```
}

// 출력단에서의 출력 토들시점을 조정하기 위한 변수
uint16_t capture = 0;
uint16_t CCR1_Val = 500;
uint16_t CCR2_Val = 250;

void GPIO_Configuration(void)
{
    GPIO_InitTypeDef GPIO_InitStructure;

    GPIO_InitStructure.GPIO_Pin = GPIO_Pin_6|GPIO_Pin_7|GPIO_Pin_8|GPIO_Pin_9;
    GPIO_InitStructure.GPIO_Mode = GPIO_Mode_AF_PP; // alternate function으로 동작하도록 설정
    GPIO_InitStructure.GPIO_Speed = GPIO_Speed_50MHz;
    GPIO_Init(GPIOB, &GPIO_InitStructure);
}

void seg(uint16_t n)
{
    GPIOC->BSRR |= 0xff; // all off
    GPIOC->BRR |= 0xff; // all on
    switch(n)
    {
        case 0:
            GPIOC->BSRR |= GPIO_7SEG_0; break;
        case 1:
            GPIOC->BSRR |= GPIO_7SEG_1; break;
        case 2:
            GPIOC->BSRR |= GPIO_7SEG_2; break;
        case 3:
            GPIOC->BSRR |= GPIO_7SEG_3; break;
        case 4:
            GPIOC->BSRR |= GPIO_7SEG_4; break;
        case 5:
            GPIOC->BSRR |= GPIO_7SEG_5; break;
        case 6:
            GPIOC->BSRR |= GPIO_7SEG_6; break;
        case 7:
            GPIOC->BSRR |= GPIO_7SEG_7; break;
```

```
        case 8:
            GPIOC->BSRR |= GPIO_7SEG_8; break;
        case 9:
            GPIOC->BSRR |= GPIO_7SEG_9; break;
    }
}

void RCC_Configuration(void)
{
    SystemInit();
    /* Enable TIM4 clock */
    RCC_APB1PeriphClockCmd(RCC_APB1Periph_TIM4, ENABLE);
}

void NVIC_Configuration(void)
{
    NVIC_InitTypeDef NVIC_InitStructure;

#ifdef  VECT_TAB_RAM
    /* Set the Vector Table base location at 0x20000000 */
    NVIC_SetVectorTable(NVIC_VectTab_RAM, 0x0);
#else  /* VECT_TAB_FLASH  */
    /* Set the Vector Table base location at 0x08000000 */
    NVIC_SetVectorTable(NVIC_VectTab_FLASH, 0x0);
#endif

    /* Configure one bit for preemption priority */
    NVIC_PriorityGroupConfig(NVIC_PriorityGroup_0);
    /* Enable the TIM4 Interrupt */
    NVIC_InitStructure.NVIC_IRQChannel = TIM4_IRQn;
    NVIC_InitStructure.NVIC_IRQChannelPreemptionPriority = 0;
    NVIC_InitStructure.NVIC_IRQChannelSubPriority = 0;
    NVIC_InitStructure.NVIC_IRQChannelCmd = ENABLE;
    NVIC_Init(&NVIC_InitStructure);
}

TIM_TimeBaseInitTypeDef  TIM_TimeBaseStructure;
TIM_OCInitTypeDef  TIM_OCInitStructure;
```

```
void TIM_Configuration(void)
{
    /* TIM4 configuration */
    TIM_TimeBaseStructure.TIM_Period = 999;
    /* Time base configuration */
  TIM_TimeBaseStructure.TIM_Period = 999;
  TIM_TimeBaseStructure.TIM_Prescaler = 0;
  TIM_TimeBaseStructure.TIM_ClockDivision = 0;
  TIM_TimeBaseStructure.TIM_CounterMode = TIM_CounterMode_Up;

  TIM_TimeBaseInit(TIM4, &TIM_TimeBaseStructure);

  /* PWM1 Mode configuration: Channel1 */
  TIM_OCInitStructure.TIM_OCMode = TIM_OCMode_PWM1;
  TIM_OCInitStructure.TIM_OutputState = TIM_OutputState_Enable;
  TIM_OCInitStructure.TIM_Pulse = CCR1_Val;
  TIM_OCInitStructure.TIM_OCPolarity = TIM_OCPolarity_High;
  TIM_OC1Init(TIM4, &TIM_OCInitStructure);
  TIM_OC1PreloadConfig(TIM4, TIM_OCPreload_Enable);

  /* PWM1 Mode configuration: Channel2 */
  TIM_OCInitStructure.TIM_OutputState = TIM_OutputState_Enable;
  TIM_OCInitStructure.TIM_Pulse = CCR2_Val;
  TIM_OC2Init(TIM4, &TIM_OCInitStructure);
  TIM_OC2PreloadConfig(TIM4, TIM_OCPreload_Enable); // preload enable

  /* TIM4 enable counter */
  TIM_Cmd(TIM4, ENABLE);
}

void delay_1_second(void)
{
    delay_int_count(806596);
}

int main(void)
{
    int k = 0;
    int a = 0;
```

```
    int i = 0;
    RCC_APB2ENR |= (RCC_APB2Periph_GPIOB | RCC_APB2Periph_GPIOC);
    GPIOB->CRL |= 0x11000000; // PB6, PB7 출력
    GPIOB->CRH |= 0x11; // PB8, PB9 출력
    GPIOC->CRL |= 0x11111111; // PC0~7
    GPIOC->CRH |= 0x1; // PC8

    GPIO_Configuration();
    RCC_Configuration();
    NVIC_Configuration();
    TIM_Configuration();

    delay_int_count(806590);
    while(1)
    {
        // PWM의 핀 PB6의 듀티비를 조절하는 프로그램
        if ( a == 0 ) {
            if ( CCR1_Val >= 900 )
                a = a++;
            CCR1_Val += 5;
            TIM_OCInitStructure.TIM_Pulse = CCR1_Val;
        }
        else {
            if ( CCR1_Val <= 100 )
                a = a--;
            CCR1_Val -= 5;
            TIM_OCInitStructure.TIM_Pulse = CCR1_Val;
        }
        TIM_OC1Init(TIM4, &TIM_OCInitStructure);

        seg(k/100);

        k++;
        k = k % 1000;
        delay_int_count(80659);
    }
    return 0;
}
```

11. 직렬 통신 방식(Serial Communication)

STM32는 USB(Universal Serial Bus), CAN(Controller Area Network), SPI (Serial Peripheral Interface), I2C(Inter Integrated Circuit), USART (Universal Synchronous Asynchronous Receiver Transmitter), ETH(Ethernet) 등 다양한 직렬 통신을 지원한다. 이 장에서는 센서를 연결하는데 가장 많이 사용되는 대표적인 3가지 통신 방식으로 SPI, I2C, USART를 소개한다.

11.1. Serial peripheral interface(SPI)

SPI는 근거리용 고속 동기식 직렬 통신 규격으로 Motorola에서 개발되었다. SPI는 외부 장치와 전/반 이중(full/half duplex), 동기식 직렬통신을 지원한다. STM32의 SPI는 외부 slave 장치에 SCK(clock)을 제공하는 master로 설정될 수 있다. 또한 다중 master 환경에서도 동작할 수 있다.

11.1.1 STM32 SPI 특징

· 3선으로 전 이중 동기전송 지원(Full-duplex synchronous transfers)

· 2선으로 Simplex 동기지원. 양방향 data line을 사용 유무에 무관함

· 8- 혹은 16-bit 전송 frame format 선택 가능

· Master 혹은 slave 동작

· 다중 master mode 지원

· 8 가지 master mode baud rate prescalers(fPCLK/2 max.)

· Slave mode frequency(fPCLK/2 max)

· Master 와 slave 모두 빠른 통신 지원

· 하드웨어와 스프트웨어에 의한 NSS 관리: master/slave 동작의 동적 변경

· Programmable clock polarity and phase

· Programmable data order with MSB-first 혹은 LSB-first shifting

· Interrupt을 지원하는 전용 송수신 flags

· SPI bus busy status flag

· 신뢰성 있는 통신을 위한 Hardware CRC 기능

- 송신 모드에서는 CRC 마지막에 송신
- 마지막 수신 바이트 수신후 자동 CRC error 확인

· Interrupt을 지원하는 Master mode fault, overrun, CRC error flags

· DMA를 지원하는 1-byte 송수신 buffer: Tx and Rx requests

11.1.2 SPI 기능

11.1.2.1 개요

SPI 블록도는 다음 그림과 같으며, 4선을 이용하여 외부장치를 연결한다.

· MISO(Master In Slave Out): Master 모드에서 데이터를 수신하거나 Slave 모드에서 데이터를 송신하는 데 사용한다.

· MOSI(Master Out Slave In): Master 모드에서 데이터를 송신하거나 Slave 모드에서 데이터를 수신하는 데 사용한다.

· SCK(Serial Clock): Master에서 생성하여 Slave로 제공하는 clock 신호이다.

· NSS(Slave Select): Slave 장치의 선택을 위해 사용하며 Master에서 'Chip select' 신호로 사용하여 slave를 선택할 수 있도록 한다.

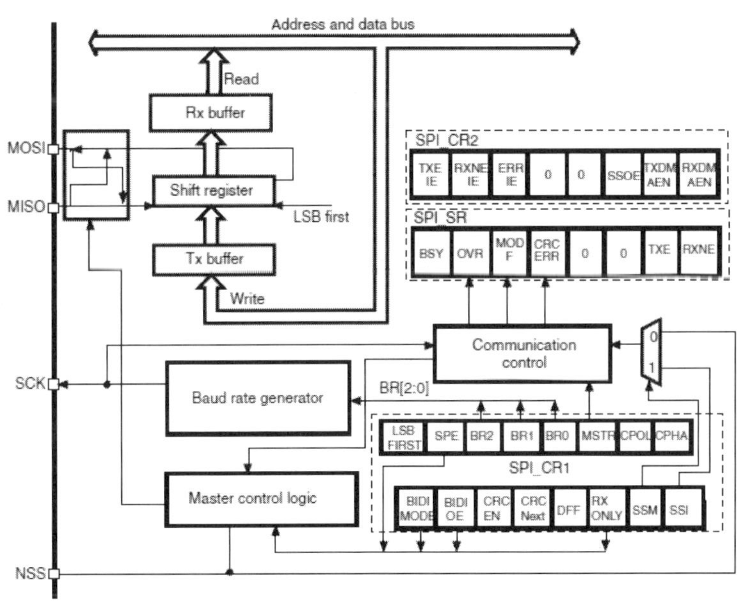

그림 11.1 SPI Block Diagram

단일 master와 단일 slave의 연결은 다음 그림과 같다. MOSI핀은 MOSI핀끼리, MISO핀은 MISO핀끼리 서로 연결하고 SCK에 맞추어 MSB부터 차례로 데이터를 전송한다. 항상 Master가 통신을 시작하고, master가 slave로 MOSI핀을 통하여 데이터를 전달하면 slave는 MISO핀으로 응답한다. 이 동작은 데이터 입력과 출력이 SCK에 동기된 전이중(full duplex) 통신이다.

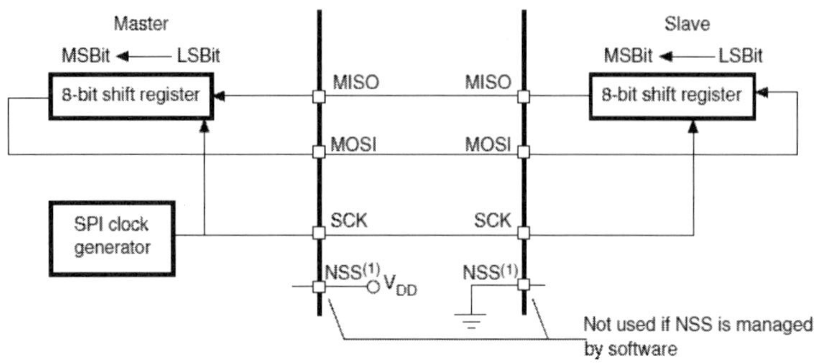

그림 11.2 Single Master / Single Slave Application

Salve select(NSS) 핀 관리

SPI_CR1 레지스터의 SSM 비트를 이용하여 하드웨어 혹은 소프트웨어 관리 기법을 설정할 수 있다.

- 소프트웨어 NSS 관리 (SSM = 1): SPI_CR1 레지스터의 SSI 비트 값이 Slave select에 반영되며 외부 NSS 핀은 다른 용도로 사용할 수 있다.
- 하드웨어 NSS 관리 (SSM = 0): SPI_CR2 레지스터의 SSOE 비트에 따라 두가지 조합이 가능하다.
  - NSS output enabled (SSM = 0, SSOE = 1): master 모드에서 동작할 때만 사용 가능하며, master가 통신을 시작할 때 low로 구동되며 SPI가 disable될 때까지 유지된다.
  - NSS output disabled (SSM = 0, SSOE = 0): master 모드에서 다중 master의 동작을 지원한다. Slave 모드에서는 기존의 동작(NSS가 low면 선택되고, high면 선택되지 않는)을 수행한다.

Clock phase와 clock polarity

SPI_CR1 레지스터의 CPOL, CPHA 비트를 이용하여 소프트웨어로 4가지 동작을 설정할 수 있다. CPOL(clock polarity) 비트는 데이터 전송이 없을 때, clock의 정상상태 값을 결정한다. 이 비트는 master와 slave에 동시에 적용되며, CPOL = 0이면 SCK 핀은 idle 상태에서 low 값을 가지며, CPOL = 1이면 SCK 핀은 idle 상태에서 high 값을 가진다.

CPHA(clock phase) = 1이면 MSBit을 획득하는 strobe를 SCK 핀의 두 번째 edge(CPOL = 0이면 falling edge, CPOL = 1이면 rising edge)로 결정한다. CPHA = 0이면 첫 번째 edge(CPOL = 1이면 falling edge, CPOL = 0이면 rising edge)로 결정한다.

CPOL과 CPHA의 조합으로 4가지 데이터 획득 동작이 가능하며 다음 그림에 정리하였다.

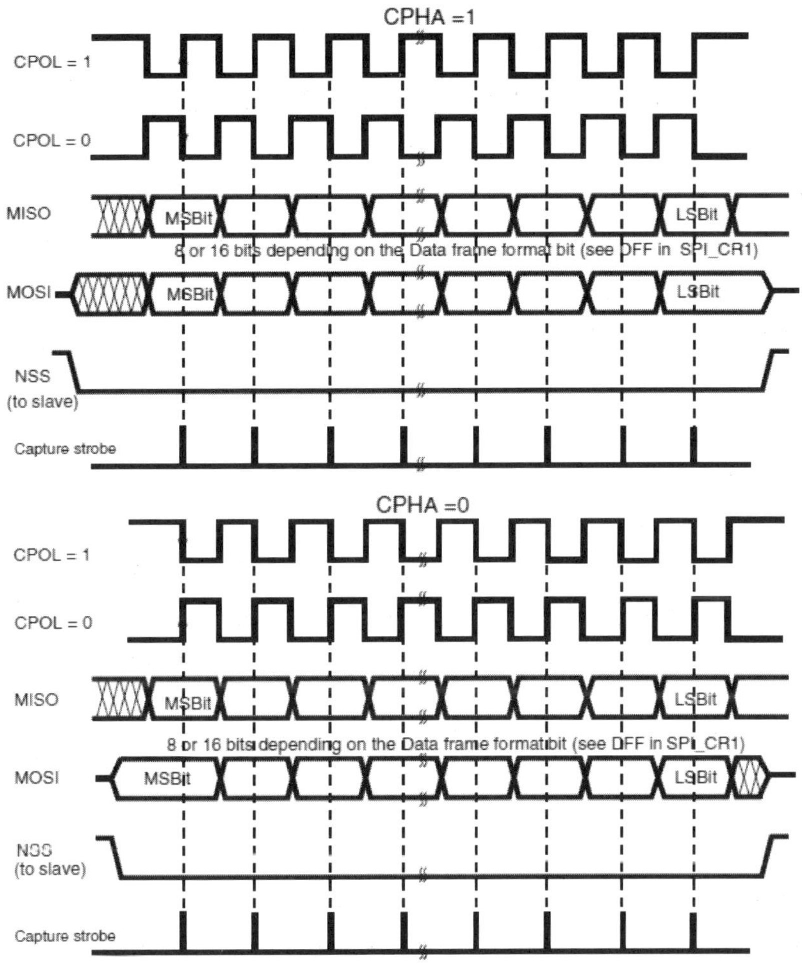

그림 11.3 Data clock timing diagram

Master와 slave는 같은 timing 모드에서 동작해야하며, CPOL/CPHA 비트를 변경하기 전에 SPE 비트를 0으로 두어 SPI 동작을 정지시켜야 한다. SCK의 idle 상태 값은 SPI_CR1에서 선택한 polarity와 일치하여야한다(CPLO=1이면 SCK를 pull up, CPLO=0이면 pull down). 8비트 혹은 16비트 데이터의 선택은 SPI_CR1의 DFF 비트로 설정할 수 있다.

Data frame format

SPI_CR1의 LSBFIRST 비트의 설정으로 MSB와 LSB 중 먼저 전송할 비트를 선택할 수 있다. DFF 비트의 설정으로 8비트와 16비트 동작을 선택할 수 있다. 선택된 데이터 frame format은 데이터 송수신에 모두 적용된다.

11.1.2.2 SPI Slave 모드 설정

Slave 설정에서 clock은 master 장치로부터 SCK 핀을 통하여 받으며, 이 경우 SPI_CR1의 BR[2:0]로 설정되는 baud rate은 데이터 전송 속도에 영향을 주지 않는다.

Master에서 clock을 송신하기 전에 SPI slave가 enable되어 있어야 한다. 그렇지 않은 경우 데이터 전송에 오류가 발생한다. 통신 clock의 처음 edge 이전 혹은 현재 진행 중인 통신이 끝나기 전에 slave의 data register는 ready 상태가 되어야 한다. Slave와 master가 enable 되기 전에 polarity와 phase가 반드시 설정되어야 한다.

이 설정에서 MOSI 핀은 데이터 입력으로 MISO 핀은 데이터 출력으로 동작한다.

초기화 절차

- DFF 비트 설정: 8- 혹은 16 비트 data frame format 결정
- CPOL, CPHA 비트 설정: (Master와 slave 같이) 4가지 데이터 clock timing 중 한 가지 결정
- LSBFIRST 비트 설정: (Master와 slave 같이) MSB와 LSB 중 먼저 보낼 비트 결정
- NSS 핀 설정: 하드웨어 모드에서는 데이터 전송 중 low로 설정되어야하며, 소프트웨어 모드에서는 SPI-CR1 레지스터의 SSM = 1, SSI = 0으로 설정
- MSTR = 0, SPE = 1: 핀을 다른 기능으로 사용하기 위한 설정

송신 절차

Tx buffer에는 CPU가 데이터를 적재시킨다. 송신 절차는 slave 장치가 SCK 핀에서 clock 신호와 MOSI 핀에서 MSB를 받으면 시작된다. 나머지 비트(8비트 데이터인 경우 7비트, 16비트 데이터인 경우 15비트)는 shift 레지스터에 적재되어 clock에 동기되어 차례로 전송된다.

SPI_SR 레지스터의 TXE flag은 Tx buffer의 데이터가 shit 레지스터에 전송될 때 1이 되며, 만약 SPI_CR2 레지스터의 TXEIE 비트가 설정되어 있다면 인터럽트가 발생된다.

수신 절차

수신기에서 데이터 전송이 완료되면 shift 레지스터의 데이터가 Rx Buffer로 옮겨지고

SPI_SR의 RXNE 비트가 설정된다. 만약 SPI_CR2의 RXNEIE 비트가 설정되어 있다면 인터럽트가 발생한다.

SPI_DR 레지스터를 읽으면 Rx Buffer에 저장된 값을 얻을 수 있으며, 이 때 RXNE 비트가 지워진다.

11.1.2.3 SPI master 모드 설정

Master 설정에서는 clock이 SCK 핀을 통하여 공급된다. 이 설정에서 MOSI 핀은 데이터 출력으로 MISO 핀은 데이터 입력으로 동작한다.

초기화 절차

- BR[2:0] 비트 설정: serial clock baud rate 설정
- CPOL, CPHA 비트 설정: (Master와 slave 같이) 4가지 데이터 clock timing 중 한 가지 결정
- DFF 비트 설정: 8- 혹은 16 비트 data frame format 결정
- LSBFIRST 비트 설정: (Master와 slave 같이) MSB와 LSB 중 먼저 보낼 비트 결정
- NSS 핀 설정: 입력 모드로 사용하는 경우 하드웨어 모드에서는 데이터 전송 중 high로 설정되어야하며, 소프트웨어 모드에서는 SPI-CR1 레지스터의 SSM = 1, SSI = 1으로 설정. 출력 모드로 사용하는 경우 SSOE = 1
- MSTR = 1, SPE = 1로 설정되어야 함

송신 절차

CPU가 데이터를 Tx buffer에 적재시킴으로 송신이 시작된다. 첫 비트 전송 동안 데이터는 shift 레지스터로 적재되며 MOSI 핀을 통하여 차례로 전송된다. 첫 비트가 MSB일 지 LSB일 지는 SPI_CR1의 LSBFIRST 설정으로 결정된다. Tx buffer의 데이터가 shift 레지스터로 옮겨질 때 TXE flag이 설정되며 SPI_CR2의 TXEIE가 설정되어있다면 인터럽트도 발생된다.

수신 절차

수신기에서 데이터 전송이 완료되면 shift 레지스터의 데이터가 Rx Buffer로 옮겨지고 SPI_SR의 RXNE 비트가 설정된다. 만약 SPI_CR2의 RXNEIE 비트가 설정되어 있다면 인터럽트가 발생한다.

SPI_DR 레지스터를 읽으면 Rx Buffer에 저장된 값을 얻을 수 있으며, 이 때 RXNE 비트가 지워진다.

전송이 시작되면 Tx buffer에 다음 데이터를 적재함으로써 연속적인 송신이 가능하다. 이 때 TXE flag이 1이 된 후에 다음 데이터를 Tx buffer에 보내야 한다.

Master 장치가 전송과정에서 slave를 de-select해야 되는 구성이라면 NSS 핀은 GPIO로 설정되어야하며 소프트웨어로 변경하여야 한다.

11.1.2.4 SPI Half duplex 통신 모드 설정

SPI를 반이중 통신으로 동작시키는 데는 다음의 2가지 구성 방법이 있다.

1 clock과 1 양방향(bidirectional) 데이터 선 (BIDIMODE = 1)

SPI_CR1 레지스터의 BIDIMODE를 1로 설정하여 사용하며, SCK는 clock으로 master의 MOSI와 slave의 MISO 신호가 데이터 통신에 사용된다. 데이터의 전송방향(입/출력)은 SPI_CR1 레지스터의 BIDIOE 비트로 설정된다. 1이면 출력, 0이면 입력으로 설정된다.

1 clock과 1 단방향(unidirectional) 데이터 선 (BIDIMODE = 0)

이 모드에서는 transmit-only 모드와 receive-only 모드 중 하나로 동작한다.

- Transmit-only 모드: 전 이중 방식(BIDIMODE=0, RXONLY=0)와 비슷한 모드로 데이터는 송신 핀(master 모드의 MOSI, slave 모드의 MISO)으로 전송되며, 수신 핀(master 모드의 MISO, slave 모드의 MOSI)은 다른 용도의 GPIO로 사용될 수 있다. 이 경우 Rx buffer의 값은 의미 없는 내용이 들어 있다.
- Receive-only 모드: SPI_CR2 레지스토의 RXONLY 비트를 설정함으로써 SPI 출력 기능을 정지키고 사용하며, 이 경우 송신 핀(master 모드의 MOSI, slave 모드의 MISO)은 다른 용도의 GPIO로 사용될 수 있다.

Receive-only 모드로 동작시키기 위하여 다음과 같이 구성한다.

- Master 모드: 통신은 즉시 시작하고 SPE 비트가 해제되고 현재의 수신이 멈추면 끝낸다. 이 모드에서는 SPI 통신이 진행되는 동안 BSY flag은 항상 설정되어 있으므로 읽을 필요가 없다.
- Slave 모드: NSS가 pull-down(혹은 소프트웨어 모드에서 SSI 비트가 해제)되고 SCK가 구동되는 동안 계속 수신한다.

11.1.2.5 데이터 송수신 절차

Rx and Tx buffer

수신모드에서는 데이터가 수신된 후 Rx buffer에 저장되고, 송신모드에서는 전송이 시작되기 전에 Tx buffer에 먼저 저장된다. SPI_DR 레지스터에 대한 읽기로 Rx buffer의 내용을 얻을 수 있고, SPI_DR 레지스터에 대한 쓰기로 Tx buffer로 데이터를 전송한다.

Master 모드로 시작

· 전 이중(full duplex) 통신 모드 (BIDIMODE=0, RXONLY=0)
  - SPI_DR 레지스터(Tx buffer)에 데이터를 쓰면 동작을 시작 한다.
  - Tx buffer의 내용이 첫 비트가 전송되는 사이에 8-비트 shift 레지스터로 전달되고, MOSI 핀을 통하여 차례로 전송된다.
  - MISO 핀을 통하여 차례로 shift 레지스터로 수신된 데이터는 SPI_DR 레지스터(Rx buffer)로 전송된다.

· 단 방향 읽기 전용(unidirectional receive-only) 모드 (BIDIMODE=0, RXONLY=1)
  - SPE=1로 설정하면 동작이 시작된다.
  - 수신 기능만 활성화되고 MISO 핀을 통해 shift 레지스터로 입력된 데이터는 SPI_DR 레지스터 (Rx buffer)로 전송된다.

· 양 방향(bidirectional) 송신 모드 (BIDIMODE=1, BIDIOE=1)
  - SPI_DR 레지스터(Tx buffer)에 데이터를 쓰면 동작이 시작된다.
  - Tx buffer의 데이터는 첫 비트가 전송되는 동안 8-비트 shift 레지스터로 전달되어 MOSI 핀을 통하여 차례로 전송된다.
  - 데이터 수신은 되지 않는다.

· 양 방향(bidirectional) 수신 모드 (BIDIMODE=1, BIDIOE=0)
  - SPE=1, BIDIOE=0로 설정하면 동작이 시작된다.
  - MISO 핀을 통해 shift 레지스터로 입력된 데이터는 SPI_DR 레지스터(Rx buffer)로 전송된다.
  - 송신 기능은 비 활성화되고 MOSI 핀을 통하여 아무런 데이터가 출력되지 않는다.

Slave 모드로 시작

· 전 이중(full duplex) 통신 모드 (BIDIMODE=0, RXONLY=0)
  - Slave 장치가 clock 신호와 MOSI 핀을 통하여 첫 비트 신호를 받으면 동작을 시작하고, 나머지 데이터(7 비트)를 shift 레지스터에 차례로 수신한다.

- 동시에 Tx buffer의 내용이 첫 비트가 전송되는 사이에 8-비트 shift 레지스터로 전달되고, MISO 핀을 통하여 차례로 전송된다. SPI master에서 전송을 개시하기 전에 소프트웨어는 데이터를 Tx buffer에 저장해야 한다.

· 단 방향 읽기 전용(unidirectional receive-only) 모드 (BIDIMODE=0, RXONLY=1)
  - Slave 장치가 clock 신호와 MOSI 핀을 통하여 첫 비트 신호를 받으면 동작을 시작하고, 나머지 데이터(7 비트)를 shift 레지스터에 차례로 수신한다.
  - 송신 기능은 비 활성화되고 MISO 핀을 통하여 아무런 데이터가 출력되지 않는다.

· 양 방향(bidirectional) 송신 모드 (BIDIMODE=1, BIDIOE=1)
  - Slave 장치가 clock 신호를 받으면 동작을 시작하고, Tx buffer의 첫 비트가 MISO 핀을 통하여 전송된다.
  - Tx buffer의 데이터는 첫 비트가 전송되는 동안 8-비트 shift 레지스터로 전달되어 MISO 핀을 통하여 차례로 전송된다. SPI master에서 전송을 개시하기 전에 소프트웨어는 데이터를 Tx buffer에 저장해야 한다.
  - 데이터 수신은 되지 않는다.

· 양 방향(bidirectional) 수신 모드 (BIDIMODE=1, BIDIOE=0)
  - Slave 장치가 clock 신호와 MISO 핀을 통하여 첫 비트 신호를 받으면 동작을 시작하고, 나머지 데이터(7 비트)를 shift 레지스터에 차례로 수신한다.
  - MISO 핀을 통해 shift 레지스터로 입력된 데이터는 SPI_DR 레지스터(Rx buffer)로 전송된다.
  - 송신 기능은 비 활성화되고 MISO 핀을 통하여 아무런 데이터가 출력되지 않는다.

데이터 송수신 처리

TXE(Tx buffer Empty) flag은 데이터가 Tx buffer에서 shift 레지스터로 옮겨질 때 설정되며, Tx buffer가 다음 데이터를 받을 준비가 되었음을 나타낸다. TXEIE(TXE interrupt Enable) 비트가 설정되어 있으면 인터럽트가 발생한다. SPI_DR 레지스터(Tx buffer)에 값을 적으면 TXE 비트가 해제된다. 소프트웨어에서는 Tx buffer에 데이터를 쓰기 전에 항상 TXE가 설정되었는지를 확인해야 한다. 그렇지 않으면 이전 데이터 전송이 끝나기 전에 다음 데이터를 겹쳐 쓰는 overwrite가 발생한다.

RXNE(Rx buffer Not Empty) flag은 shift 레지스터에서 Rx buffer로 수신된 데이터가 전달될 때 설정되며, SPI_DR 레지스터(Rx buffer)에 읽을 수 있는 데이터가 준비되었음을 나타낸다. RXNEIE(RXNE Interrupt Enable) 비트가 설정되어 있으면 인터럽트가 발생한다. SPI_DR 레지스터(Rx buffer)에 값을 읽으면 RXNE 비트는 해제된다.

BSY flag은 전송이 끝날 때까지 기다리라는 의미로 마지막 데이터 전송 동안 사용된다.

Master와 slave 모드에서 전이중 송수신 (BIDIMODE=0, RXONLY=0)

다음의 절차에 따라 소프트웨어가 구동되어야 한다.(다음 그림 참고) 이 과정은 RXNE 혹은 TXE flag의 rising edge에서 구동되는 인터럽트 서비스 루틴에서 처리할 수도 있다.

- SPE 비트를 1로 설정하여 SPI를 enable 시킨다.
- SPI_DR에 첫 데이터를 쓴다.(이 과정에서 TXE flag이 해제된다)
- TXE=1이 될 때까지 기다린 후 두 번째 전송할 데이터를 SPI_DR에 쓴다. 그 다음 RXNE=1이 될 때까지 기다린 후 SPI_DR을 읽어 첫 수신 데이터를 얻는다.(이 과정에서 RXNE flag이 해제된다) 이 과정을 (n-1) 데이터에 대하여 수행한다.
- RXNE=1이 될 때까지 기다린 후 마지막 수신된 데이터를 읽는다.
- TXE=1이 될 때까지 기다린 후 BSY가 0dl 되면 SPI를 disable 시킨다.

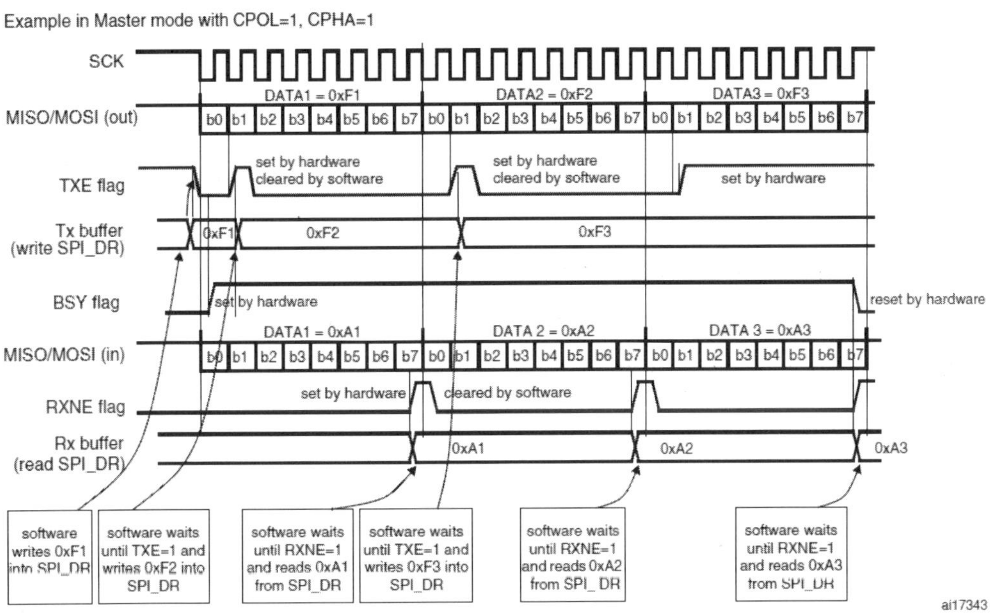

그림 11.4 Master 전이중 통신 모드에서 TXE/RXNE/BSY의 동작(BIDIMODE=0,RXONLY=0)

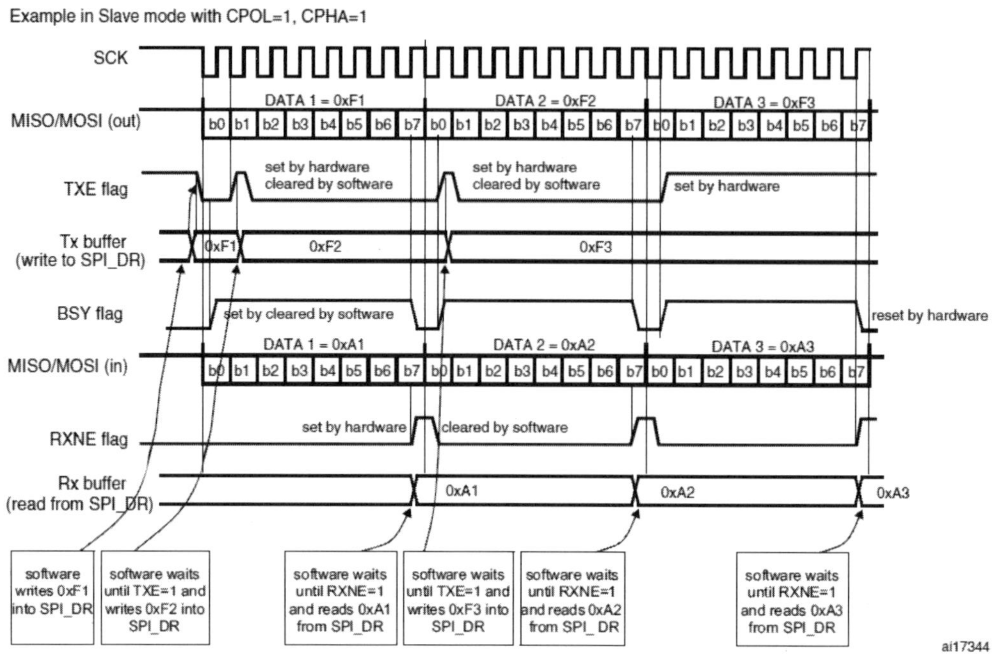

그림 11.5 Slave 전이중 통신 모드에서 TXE/RXNE/BSY의 동작(BIDIMODE=0,RXONLY=0)

Transmit-only 동작 (BIDIMODE=0, RXONLY=0)

다음 그림에 master와 slave에 대한 tranmit-only의 동작을 나타내었다. 소프트웨어는 이 절차에 따라 구동되어야하며, TXE flag의 rising에 동작하는 인터럽트 서비스 루티에서 처리할 수도 있다.

Transmit-only 모드에서는 수신 데이터를 읽지 않으므로 연속해서 두 데이터를 송신하면 SPI_SR의 OVR flag이 설정된다.

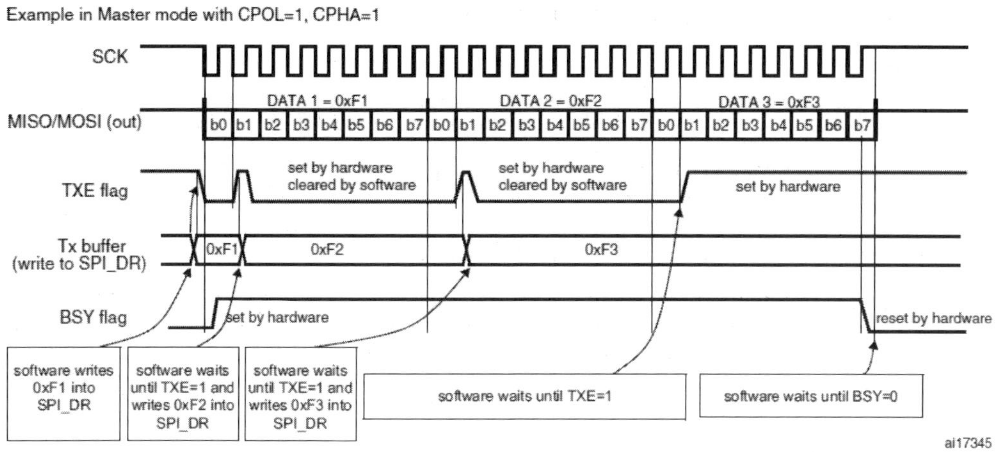

그림 11.6 Master transmit only 모드에서 TXE/BSY의 동작(BIDIMODE=0,RXONLY=0)

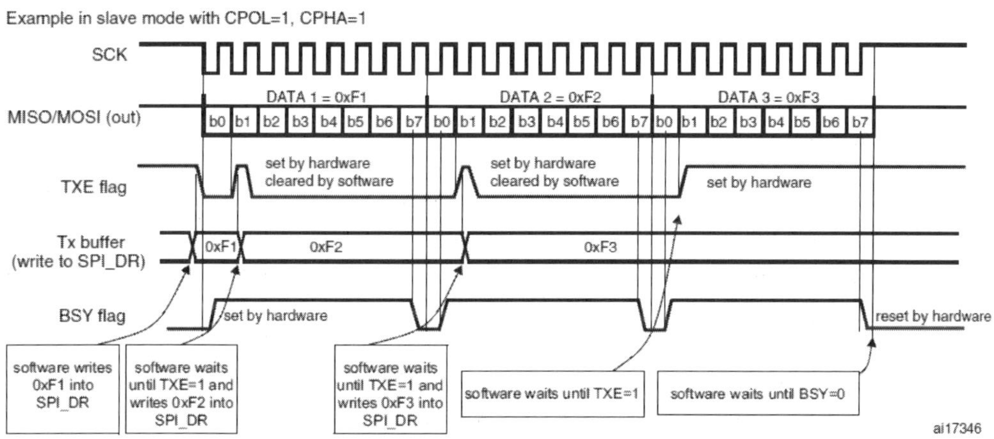

그림 11.7 Slave transmit only 모드에서 TXE/BSY의 동작(BIDIMODE=0,RXONLY=0)

양방향 송신 (BIDIMODE=1, BIDIOE=1)

이 모드는 SPI를 동작시키기 전에 BIDIMODE와 BIDIOE 비트를 1로 설정한다는 것을 제외하고는 위의 transmit-only 모드와 동일하다.

단방향 receve-only 동작 (BIDIMODE=0, RXONLY=1)

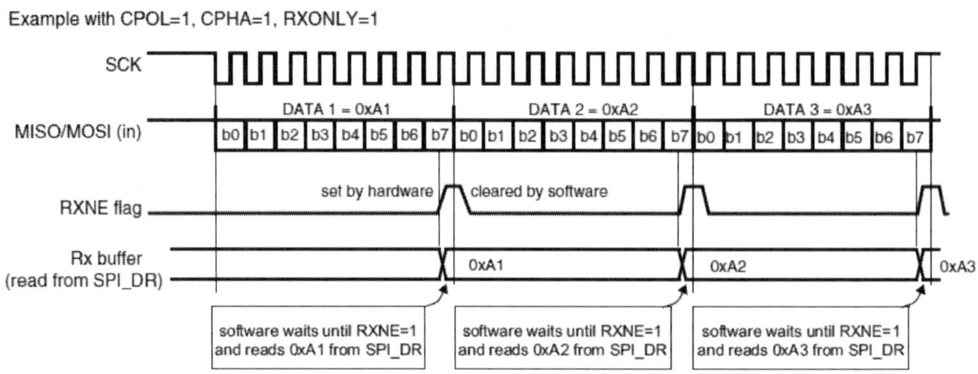

그림 11.8 Receive only 모드에서 RXNE의 동작(BIDIMODE=0,RXONLY=1)

양방향 수신 (BIDIMODE=1, BIDIOE=0)

이 모드는 SPI를 동작시키기 전에 BIDIMODE=0와 BIDIOE=0로 설정한다는 것을 제외하고는 위의 receive-only 모드와 동일하다.

연속(continuous) 전송과 불연속(discontinuous) 전송

Master 모드 데이터 전송에서 소프트웨어의 동작이 충분히 빨라 매 TXE의 발생(혹은 TXE interrupt)을 인지하고 현재 전송중인 데이터의 전송이 끝나기 전에 다음 데이터를 SPI_DR에 적재할 수 있다면 연속 통신이라고 부른다. 연속 통신에서는 각 데이터 사이에 SPI clock이 연속적으로 생성되고 BSY=0이 되지 않는다. 반면에 소프트웨어의 동작이 빠르지 않으며, 한 데이터의 전송이 완료될 때까지 다음 데이터를 적재하지 못해서 데이터와 데이터 사이에 불연속이 발생한다. 이 경우 각 데이터 전송 사이에 BSY=0이 된다.

Master receive-only 모드(RXONLY=1)에서는 항상 연속 전송으로 동작하므로 항상 BSY=1이다. Slave 모드에서 연속 전송은 SPI master 장치에 의하여 결정된다.

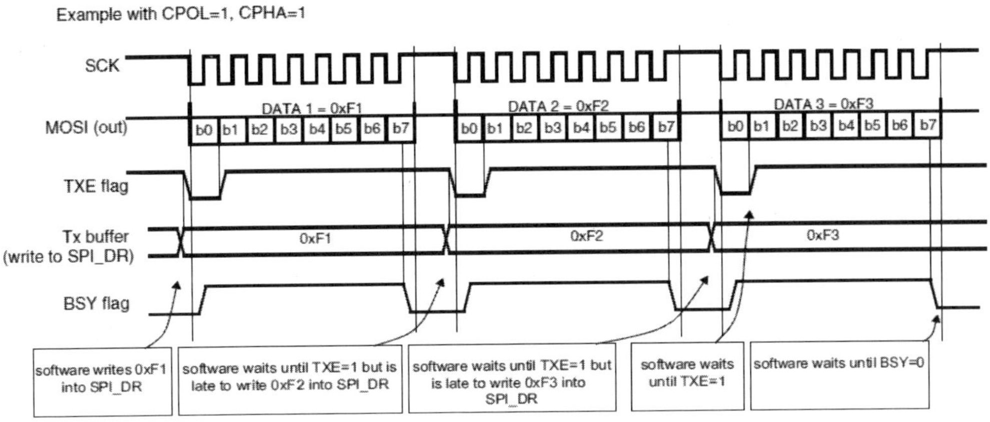

그림 11.9 불연속 송신에서 TXE/BSY의 동작(BIDIMODE=0,RXONLY=0)

11.1.2.6 CRC 계산

통신의 신뢰도를 향상시키기 위해서 사용되는 CRC 계산기는 송신부와 수신부에 별도로 구현되어있다. CRC 계산은 CPHA, CPOL 비트에 정의된 sampling clock의 edge에서 계산되며, 8비트 데이터 형식에 대해서는 CRC8, 16비트 데이터 형식에 대해서는 CRC16의 다른 표준을 사용한다. 다음의 방법으로 CRC를 사용할 수 있다

- CPOL, CPHA, LSBFIRST, BR, SSM, SSI, MSTR의 값을 설정한다.
- SPI-CRCPR 레지스터의 polynomial을 프로그램 한다.
- SPI_CR1의 CRCEN 비트를 설정하여 CRC 동작을 활성화한다. 이 때 SPI_RXCRCR과 SPI_TXCRCR 레지스터가 초기화된다.
- SPI_CR1의 SPE 비트를 설정하여 SPI를 활성화한다.
- 통신을 시작하고 1 byte 혹은 half-word가 남을 때까지 계속 통신한다.
  - 전 이중 통신 혹은 receive-only 모드에서, 소프트웨어로 전송을 제어하고, 마지막 byte 혹은 half-word를 Tx buffer에 쓸 때 SPI_CR1의 CRCNEXT 비트를 설정하여 마지막 바이트의 전송 후 CRC를 전송할 수 있도록 한다.
  - Receive only 모드에서는 두 번째에서 마지막 byte 데이터의 수신 사이에 CRCNEXT 비트를 설정하여 SPI가 마지막 데이터를 수신한 후 CRC phas로 진입할 수 있도록 한다.
- 마지막 byte 혹은 half-word의 전송이 끝난 후 SPI는 CRC 전송 및 확인 절차에 진입한다. 전 이중 통신 혹은 receive-only 모드에서는 수신된 CRC와 계산된 CRC(SPI_RXCRCR)를 비교한다. 만약 틀리면 SPI_SR의 CRCERR flag이 설정되고, SPI_CR2의 ERRIE 비트가 설정되었다면 인터럽트가 발생한다.

11.1.2.7 Status flag

SPI 버스의 상태를 파악하기 위하여 상태 flag이 제공된다.

· Tx buffer empty flag(TXE): 이 flag의 설정은 Tx buffer가 비어있으며, 다음 전송할 데이터를 Tx buffer에 저장할 수 있음을 나타낸다. SPI_DR 레지스터에 데이터를 쓰면 해제된다.

· Rx buffer not empty(RXNE): 이 flag의 설정은 Rx buffer에 제대로 수신된 데이터가 보관되어 있음을 나타낸다. SPI_DR 레지스터를 읽으면 해제된다.

· Busy flag(BSY): 이 flag은 하드웨어로 제어되며 소프트웨어로 설정은 영향을 주지 않는다. BSY flag은 SPI 통신 layer의 동작 상태를 나타낸다. 즉 SPI 통신이 진행 중임을 나타낸다. 한 가지 예외는 master 모드/양방향 수신모드(MSTR=1, BDM=1, BDOE=0)인 경우로 데이터 수신 중 항상 0으로 설정된다.

- BSY flag은 소프트웨어에서 전송의 끝을 감지하고, SPI 동작을 중지하고 Halt 모드(혹은 주변장치의 clock을 중지)로 진입하려는 경우 사용할 수 있다,
- 또한 다중 master 환경에서 충돌 방지에 사용될 수 있다,
- 전송이 시작되면(MSTR=1, BDM=1, BDOE=0 제외) BSY flag은 설정되고, 다음 3가지 경우에 해제된다. 1) 전송이 끝난 경우(연속 전송인 경우 master 모드 제외), 2) SPI가 disable 된 경우, 3) Master 모드 fault (MODF=1) 발생한 경우
- 연속 전송이 아닌 경우, BSY flag은 각 전송 사이에 0의 값을 갖는다. 연속 전송인 경우, 1) master 모드에서는 모든 전송 중에 1로 설정되고, 2) slave 모드에서는 각 전송 사이에 한 SPI clock cycle 동안 0의 값을 갖는다.

11.1.2.8 Disabling SPI

전송이 끝난 후 응용 프로그램에서 SPI를 disable 시켜 (SPE=0로 두어) 통신을 중단시킬 수 있다. 구성에 따라 전송이 진행되고 있는 도중에 SPI를 disable 시키고 Halt 모드에 진입하면 현재의 전송에 문제가 발생하거나 믿을 수 없는 BSY flag을 제공한다. 이런 현상을 피하기 위하여 SPI를 disable 시킬 때는 다음의 절차를 준수해야 한다.

· **Master/slave 전이중 통신 모드 (BIDIMODE=0, RXONLY=0):** 1) 마지막 데이터를 수신하기 위하여 RXNE=1 될 때까지 대기, 2) TXE=1 될 때까지 대기, 3) BSY=0 될 때까지 대기, 4) SPI를 disable 시킴(SPE=0), 이에 따라 Halt 모드(주변 장치 clock disable)로 진입

· **Master/slave 단방향 transmit-only 모드 (BIDIMODE=0, RXONLY=0) 혹은 양방향 전송 모드 (BIDIMODE=1, BIDIOE=1):** SPI_DR에 마지막 데이터를 쓴 이후, 1) TXE=1 될 때까지 대기, 2) BSY=0 될 때까지 대기, 3) SPI를 disable 시킴(SPE=0), 이에 따라 Halt 모드(주변 장치

clock disable)로 진입

· **Master 단방향 receive-only 모드 (MSTR=1, BIDIMODE=0, RXONLY=1) 혹은 양방향 수신 모드 (MSTR=1, BIDIMODE=1, BIDIOE=0):** 이 모드에서는 SPI가 새로운 전송을 시작하지 않도록 다음의 절차를 지켜야 한다. 1) 마지막 RXNE=1 (n-1)이 될 때까지 대기, 2) 이후 SPI를 disable(SPE=0) 시키기 전에 한 SPI clock cycle 동안 대기(소프트웨어 loop 이용), 3) 마지막 RXNE=1 확인 후 Halt 모드(주변 장치 clock disable)로 진입

· **Slave receive-only 모드 (MSTR=0, BIDIMODE=0, RXONLY=1) 혹은 양방향 수신 모드 (MSTR=0, BIDIMODE=1, BIDIOE=0):** 1) 언제든지 SPI를 disable(SPE=0) 시킬 수 있다. 이때 현재 전송은 SPI disable 되기 전에 완료된다. 2) Halt 모드는 BSY=0 될 때까지 대기한 후 진입해야 한다.

11.1.2.9 Error Flags

SPI 통신 과정에서 발생한 오류를 나타내기 위하여 다음의 flag이 사용된다.

Master mode fault(MODF)

· 이 오류는 master 장치가 NSS 하드웨어 모드에서 NSS 핀이 low이거나 소프트웨어 모드에서 SSI 비트가 low인 경우 발생하며, 이 경우 MODF=1이 된다.

· 이 오류가 발생하면 SPI 장치는 다음과 같은 영향을 받는다. 1) MODF=1이 되고, ERRIE=1이라면 인터럽트도 발생한다. 2) SPE=0이 되고, 이에 따라 출력이 중지되고, SPI interface가 disable 된다. 3) MSTR=0 되고, 이에 따라 장치는 slave 모드로 진입한다.

· MODF를 해제하기 위해서는 다음의 소프트웨어 과정이 필요하다. 1) MODF=1인 동안 SPI_SR에 접근(읽기/쓰기)한다. 2) 다음 SPI_CR1에 필요한 값을 쓴다.

· Slave 모드에서는 MODF는 설정되지 않는다. 그러나, 다중 master 환경에서 MODF=1인 상태로 slave 모드로 진입할 수 있으며, 이는 다중 master 동작에 문제가 발생했음을 나타낸다.

Overrun condition(OVR)

· 이 오류는 slave가 아직 이전 데이터를 처리하지 못하여(RXNE를 해제하지 못하여) master가 보낸 새로운 데이터가 덧 씌워질 때 발생한다. Overrun이 발생하면 OVR 비트가 설정되고 ERRIE가 설정되어 있다면 인터럽트도 발생한다.

· 이 경우 master로부터 새로 받은 데이터는 Rx buffer에 저장되지 않는다. Rx buffer를 읽으면 이전 값이며, 이후에 전송된 데이터는 분실된다.
· SPI_SR을 읽고 SPI_DR을 읽으면 OVR 비트가 해제된다.

CRC error(CRCERR)

· SPI_CR1의 CRCEN 비트가 설정되어있는 경우 수신된 데이터의 유효성을 확인하는데 사용된다. Shift 레지스터에 수신된 값과 SPI_RXCRCR 레지스터의 값이 일치하지 않으면 CRCERR 비트가 설정된다.

11.1.2.10 SPI 인터럽트

SPI에서 사용 가능한 인터럽트는 다음과 같다.

표 11.1 SPI interrupt request

Interrupt event	Event flag	Enable Control bit
Transmit buffer empty flag	TXE	TXEIE
Receive buffer not empty flag	RXNE	RXNEIE
Master Mode fault event	MODF	ERRIE
Overrun error	OVR	
CRC error flag	CRCERR	

11.1.3 SPI Registers

다음 표에 SPI에 사용되는 레지스터와 초기 값을 나타내었다.(레지스터 boundary 주소는 Memory map 참고)

표 11.2 SPI register map과 초기 값

Offset	Register	31	30	29	28	27	26	25	24	23	22	21	20	19	18	17	16	15	14	13	12	11	10	9	8	7	6	5	4	3	2	1	0
0x00	SPI_CR1	Reserved																BIDIMODE	BIDIOE	CRCEN	CRCNEXT	DFF	RXONLY	SSM	SSI	LSBFIRST	SPE	BR [2:0]			MSTR	CPOL	CPHA
	Reset value																	0	0	0	0	0	0	0	0	0	0	0	0	0	0	0	0
0x04	SPI_CR2	Reserved																								TXEIE	RXNEIE	ERRIE	Reserved		SSOE	TXDMAEN	RXDMAEN
	Reset value																									0	0	0			0	0	0
0x08	SPI_SR	Reserved																								BSY	OVR	MODF	CRCERR	UDR	CHSIDE	TXE	RXNE
	Reset value																									0	0	0	0	0	0	1	0
0x0C	SPI_DR	Reserved																DR[15:0]															
	Reset value																	0	0	0	0	0	0	0	0	0	0	0	0	0	0	0	0
0x10	SPI_CRCPR	Reserved																CRCPOLY[15:0]															
	Reset value																	0	0	0	0	0	0	0	0	0	0	0	0	0	1	1	1
0x14	SPI_RXCRCR	Reserved																RxCRC[15:0]															
	Reset value																	0	0	0	0	0	0	0	0	0	0	0	0	0	0	0	0
0x18	SPI_TXCRCR	Reserved																TxCRC[15:0]															
	Reset value																	0	0	0	0	0	0	0	0	0	0	0	0	0	0	0	0
0x1C	SPI_I2SCFGR	Reserved																				I2SMOD	I2SE	I2SCFG		PCMSYNC	Reserved	I2SSTD		CKPOL	DATLEN		CHLEN
	Reset value																					0	0	0	0	0		0	0	0	0	0	0
0x20	SPI_I2SPR	Reserved																						MCKOE	ODD	I2SDIV							
	Reset value																							0	0	0	0	0	0	0	0	1	0

11.1.3.1 SPI control register 1(SPI_CR1)

15	14	13	12	11	10	9	8	7	6	5	4	3	2	1	0
BIDI MODE	BIDI OE	CRC EN	CRC NEXT	DFF	RX ONLY	SSM	SSI	*LSB FIRST*	SPE	BR [2:0]			MSTR	CPOL	CPHA
rw	rw	rw	rw	rw	rw	rw	rw	rw	rw	rw	rw	rw	rw	rw	rw

Bit 15 BIDIMODE: Bidirectional data mode enable

0: 2-line unidirectional data mode selected, 1: 1-line bidirectional data mode selected

Bit 14 BIDIOE: Output enable in bidirectional mode. This bit combined with the BIDImode bit

selects the direction of transfer in bidirectional mode
0: Output disabled (receive-only mode), 1: Output enabled (transmit-only mode)
In master mode, the MOSI pin is used while the MISO pin is used in slave mode.

Bit 13 CRCEN: Hardware CRC calculation enable
0: CRC calculation disabled, 1: CRC calculation enabled
Note: This bit should be written only when SPI is disabled(SPE='0') for correct operation.

Bit 12 CRCNEXT: CRC transfer next
0: Data phase (no CRC phase), 1: Next transfer is CRC (CRC phase)
Note: When the SPI is configured in full duplex or transmitter only modes, CRCNEXT must be written as soon as the last data is written to the SPI_DR register. When the SPI is configured in receiver only mode, CRCNEXT must be set after the second last data reception. This bit should be kept cleared when the transfers are managed by DMA.

Bit 11 DFF: Data frame format
0: 8-bit data frame format is selected for transmission/reception
1: 16-bit data frame format is selected for transmission/reception
Note: This bit should be written only when SPI is disabled(SPE='0') for correct operation.

Bit 10 RXONLY: Receive only
This bit combined with the BIDImode bit selects the direction of transfer in 2-line unidirectional mode. This bit is also useful in a multislave system in which this particular slave is not accessed, the output from the accessed slave is not corrupted.
0: Full duplex (Transmit and receive), 1: Output disabled (Receive-only mode)

Bit 9 SSM: Software slave management
When the SSM bit is set, the NSS pin input is replaced with the value from the SSI bit.
0: Software slave management disabled, 1: Software slave management enabled

Bit 8 SSI: Internal slave select
This bit has an effect only when the SSM bit is set. The value of this bit is forced onto the NSS pin and the IO value of the NSS pin is ignored.

Bit 7 LSBFIRST: Frame format
0: MSB transmitted first, 1: LSB transmitted first
Note: This bit should not be changed when communication is ongoing.

Bit 6 SPE: SPI enable

0: Peripheral disabled, 1: Peripheral enabled

When disabling the SPI, follow the procedure described in Section "Disabling the SPI".

Bits 5:3 BR[2:0]: Baud rate control

000: fPCLK/2,   001: fPCLK/4,   010: fPCLK/8,   011: fPCLK/16

100: fPCLK/32,   101: fPCLK/64,   110: fPCLK/128,   111: fPCLK/256

Note: These bits should not be changed when communication is ongoing.

Bit 2 MSTR: Master selection

0: Slave configuration, 1: Master configuration

Note: This bit should not be changed when communication is ongoing.

Bit1 CPOL: Clock polarity

0: CK to 0 when idle, 1: CK to 1 when idle

Note: This bit should not be changed when communication is ongoing.

Bit 0 CPHA: Clock phase

0: The first clock transition is the first data capture edge

1: The second clock transition is the first data capture edge

Note: This bit should not be changed when communication is ongoing.

11.1.3.2 SPI control register 2(SPI_CR2)

15	14	13	12	11	10	9	8	7	6	5	4	3	2	1	0
Reserved								TXEIE	RXNEIE	ERRIE	Res.	Res.	SSOE	TXDMAEN	RXDMAEN
								rw	rw	rw			rw	rw	rw

Bits 15:8 Reserved: must be kept at reset value.

Bit 7 TXEIE: Tx buffer empty interrupt enable

0: TXE interrupt masked ,1: TXE interrupt not masked.

Used to generate an interrupt request when the TXE flag is set.

Bit 6 RXNEIE: RX buffer not empty interrupt enable

0: RXNE interrupt masked, 1: RXNE interrupt not masked.

Used to generate an interrupt request when the RXNE flag is set.

Bit 5 ERRIE: Error interrupt enable

This bit controls the generation of an interrupt when an error condition occurs (CRCERR,

OVR, MODF in SPI mode and UDR, OVR in I2S mode).
0: Error interrupt is masked, 1: Error interrupt is enabled

Bits 4:3 Reserved: must be kept at reset value.

Bit 2 SSOE: SS output enable
0: SS output is disabled in master mode and the cell can work in multimaster configuration
1: SS output is enabled in master mode and when the cell is enabled.
The cell cannot work in a multimaster environment.

Bit 1 TXDMAEN: Tx buffer DMA enable
When this bit is set, the DMA request is made whenever the TXE flag is set.
0: Tx buffer DMA disabled, 1: Tx buffer DMA enabled

Bit 0 RXDMAEN: Rx buffer DMA enable
When this bit is set, the DMA request is made whenever the RXNE flag is set.
0: Rx buffer DMA disabled, 1: Rx buffer DMA enabled

11.1.3.3 SPI status register(SPI_SR)

15	14	13	12	11	10	9	8	7	6	5	4	3	2	1	0
Reserved								BSY	OVR	MODF	CRC ERR	UDR	CHSID E	TXE	RXNE
								r	r	r	rc_w0	r	r	r	r

Bits 15:8 Reserved: must be kept at reset value.

Bit 7 BSY: Busy flag
0: SPI not busy, 1: SPI is busy in communication or Tx buffer is not empty
This flag is set and cleared by hardware. Note: BSY flag must be used with caution.

Bit 6 OVR: Overrun flag
0: No overrun occurred, 1: Overrun occurred
This flag is set by hardware and reset by a software sequence.

Bit 5 MODF: Mode fault
0: No mode fault occurred, 1: Mode fault occurred
This flag is set by hardware and reset by a software sequence.

Bit 4 CRCERR: CRC error flag

0: CRC value received = SPI_RXCRCR value, 1: CRC value received ≠ SPI_RXCRCR value
This flag is set by hardware and cleared by software writing 0.

Bit 3 UDR: Underrun flag (Note: This bit is not used in SPI mode.)

Bit 2 CHSIDE: Channel side (Note: This bit is not used in SPI mode.)

Bit 1 TXE: Transmit buffer empty
0: Tx buffer not empty, 1: Tx buffer empty

Bit 0 RXNE: Receive buffer not empty
0: Rx buffer empty, 1: Rx buffer not empty

11.1.3.4 SPI data register(SPI_DR)

15	14	13	12	11	10	9	8	7	6	5	4	3	2	1	0
DR[15:0]															
rw	rw	rw	rw	rw	rw	rw	rw	rw	rw	rw	rw	rw	rw	rw	rw

Bits 15:0 DR[15:0]: Data register
The data register is split into 2 buffers - one for writing (Transmit Buffer) and another one for reading (Receive buffer). A write to the data register will write into the Tx buffer and a read from the data register will return the value held in the Rx buffer.
Depending on the data frame format selection bit (DFF in SPI_CR1 register), the data sent or received is either 8-bit or 16-bit. This selection has to be made before enabling the SPI to ensure correct operation. For an 8-bit data frame, the buffers are 8-bit and only the LSB of the register (SPI_DR[7:0]) is used for transmission/reception. When in reception mode, the MSB of the register (SPI_DR[15:8]) is forced to 0. For a 16-bit data frame, the buffers are 16-bit and the entire register, SPI_DR[15:0] is used for transmission/reception.

11.1.3.5 SPI CRC polynomial register(SPI_CRCPR)

15	14	13	12	11	10	9	8	7	6	5	4	3	2	1	0
CRCPOLY[15:0]															
rw	rw	rw	rw	rw	rw	rw	rw	rw	rw	rw	rw	rw	rw	rw	rw

Bits 15:0 CRCPOLY[15:0]: CRC polynomial register
This register contains the polynomial for the CRC calculation. The CRC polynomial (0007h) is the reset value of this register. Another polynomial can be configured as required.

11.1.3.6 SPI RX CRC register(SPI_RXCRCR)

15	14	13	12	11	10	9	8	7	6	5	4	3	2	1	0
RXCRC[15:0]															
r	r	r	r	r	r	r	r	r	r	r	r	r	r	r	r

Bits 15:0 RXCRC[15:0]: Rx CRC register
When CRC calculation is enabled, the RxCRC[15:0] bits contain the computed CRC value of the subsequently received bytes. This register is reset when the CRCEN bit in SPI_CR1 register is written to 1. The CRC is calculated serially using the polynomial programmed in the SPI_CRCPR register.
Only the 8 LSB bits are considered when the data frame format is set to be 8-bit data (DFF bit of SPI_CR1 is cleared). CRC calculation is done based on any CRC8 standard. The entire 16-bits of this register are considered when a 16-bit data frame format is selected (DFF bit of the SPI_CR1 register is set). CRC calculation is done based on any CRC16 standard.
Note: A read to this register when the BSY Flag is set could return an incorrect value.

11.1.3.7 SPI TX CRC register(SPI_TXCRCR)

15	14	13	12	11	10	9	8	7	6	5	4	3	2	1	0
TXCRC[15:0]															
r	r	r	r	r	r	r	r	r	r	r	r	r	r	r	r

Bits 15:0 TXCRC[15:0]: Tx CRC register
When CRC calculation is enabled, the TxCRC[7:0] bits contain the computed CRC value of the subsequently transmitted bytes. This register is reset when the CRCEN bit of SPI_CR1 is written to 1. The CRC is calculated serially using the polynomial programmed in the SPI_CRCPR register.
Only the 8 LSB bits are considered when the data frame format is set to be 8-bit data (DFF bit of SPI_CR1 is cleared). CRC calculation is done based on any CRC8 standard. The entire 16-bits of this register are considered when a 16-bit data frame format is selected (DFF bit of the SPI_CR1 register is set). CRC calculation is done based on any CRC16 standard.
Note: A read to this register when the BSY flag is set could return an incorrect value.

11.1.4 SPI 통신 실습

11.1.4.1 시험 준비

전이중 SPI 통신을 실습해본다. STM32F103RB의 내부에 2개의 SPI가 있으므로 이 둘을 이용하여 Loopback 통신 시험을 수행한다. SPI1은 master로 SPI2는 slave로 동작한다. SPI1은 PA4 ~

PA7 Pin을, SPI2는 PB12 ~PB15 Pin을 사용하며 전이중 통신을 위하여 다음과 같이 연결한다.

USART1을 통해서 PC와 연결되며 PC에서는 terminal 프로그램(ex. Token2shell)이 수행된다. (115200bps/8 bit data, no parity, 1 stop 비트)

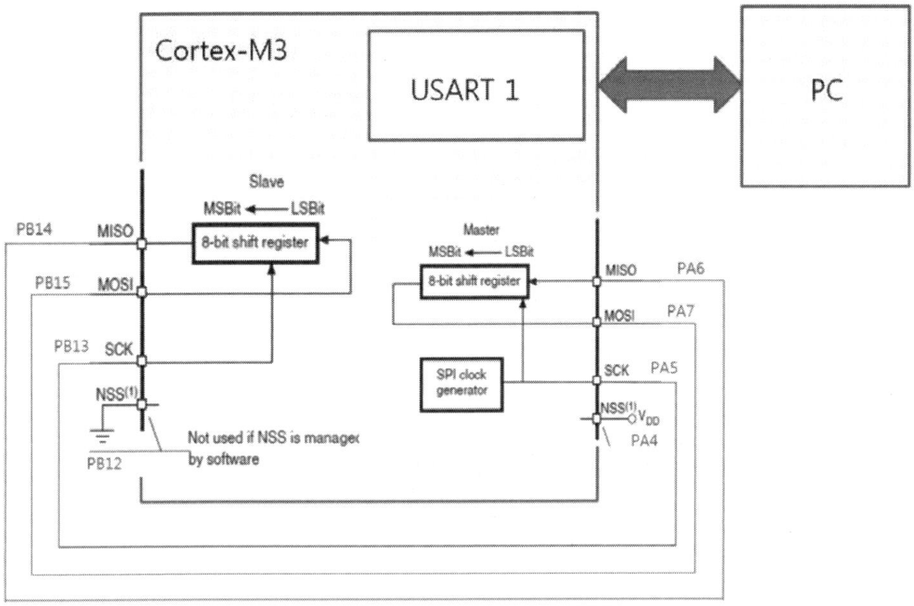

사용하는 망고보드에서는 다음 그림과 같이 연결하여 시험을 수행한다.

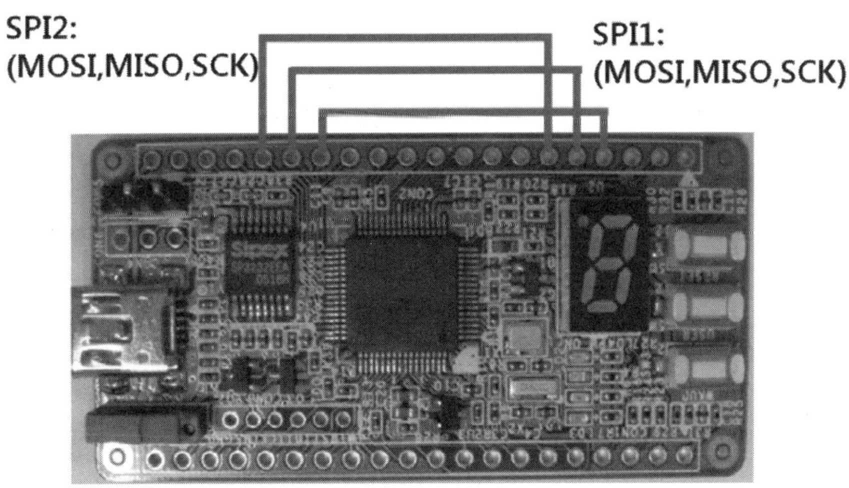

11.1.4.2 통신 시험 알고리즘

SPI1은 master 모드로 설정하고, SPI2는 slave 모드로 설정한 다음, 'SPI loop back test: transfer from SPI1 to SPI2'라는 메시지를 전송하고, 수신을 확인한다.

전체적인 알고리즘은 다음과 같다.

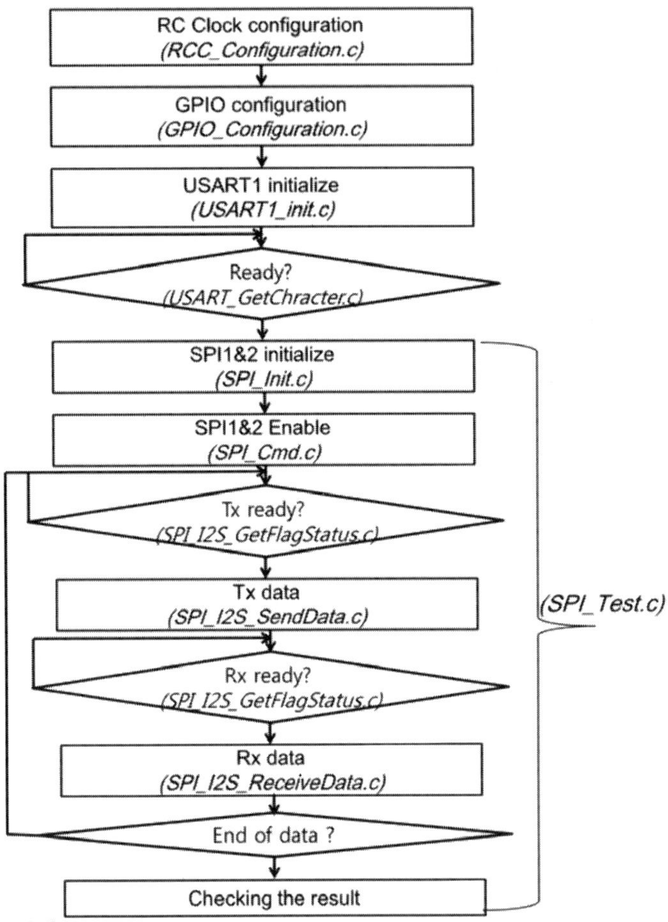

11.1.4.3 통신 시험 프로그램

```
#include "hw_config.h"
typedef enum {FAILED = 0, PASSED = !FAILED} TestStatus;
#define BufferSize 46
SPI_InitTypeDef   SPI_InitStructure;
uint8_t SPI1_Buffer_Tx[BufferSize] = "SPI loop back test: transfer from SPI1 to SPI2";
uint8_t SPI1_Buffer_Rx[BufferSize];
uint8_t TxIdx = 0, RxIdx = 0, k = 0;
volatile TestStatus TransferStatus1 = FAILED;


int main(void)
{
   RCC_Configuration();          /* System Clocks Configuration */
   GPIO_Configuration();         /* Configure the GPIO ports */
   USART1_Init();                /* UART initialization */

   USART_GetCharacter(USART1);
   SPI_Test();
}

void RCC_Configuration(void)
{
   /* Enable SPI1 clock */
   RCC_APB2PeriphClockCmd(SPI1_CLK, ENABLE);
   /* Enable SPI2 clock */
   RCC_APB1PeriphClockCmd(SPI2_CLK, ENABLE);
}

void RCC_APB2PeriphClockCmd(uint32_t RCC_APB2Periph, FunctionalState NewState)
{
  /* Check the parameters */
  assert_param(IS_RCC_APB2_PERIPH(RCC_APB2Periph));
  assert_param(IS_FUNCTIONAL_STATE(NewState));
  if (NewState != DISABLE)
  {
    RCC->APB2ENR |= RCC_APB2Periph;
```

```
  }
  else
  {
    RCC->APB2ENR &= ~RCC_APB2Periph;
  }
}
```

```
void RCC_APB1PeriphClockCmd(uint32_t RCC_APB1Periph, FunctionalState NewState)
{
  /* Check the parameters */
  assert_param(IS_RCC_APB1_PERIPH(RCC_APB1Periph));
  assert_param(IS_FUNCTIONAL_STATE(NewState));
  if (NewState != DISABLE)
  {
    RCC->APB1ENR |= RCC_APB1Periph;
  }
  else
  {
    RCC->APB1ENR &= ~RCC_APB1Periph;
  }
}
```

```
void GPIO_Configuration(void)
{
    /* Configure SPI1 pins: SCK, MISO and MOSI */
    GPIO_InitStructure.GPIO_Pin = SPI1_PIN_SCK | SPI1_PIN_MISO | SPI1_PIN_MOSI;
    GPIO_InitStructure.GPIO_Speed = GPIO_Speed_50MHz;
    GPIO_InitStructure.GPIO_Mode = GPIO_Mode_AF_PP;
    GPIO_Init(SPI1_GPIO, &GPIO_InitStructure);

    /* Configure SPI2 pins: SCK, MISO and MOSI */
    GPIO_InitStructure.GPIO_Pin = SPI2_PIN_SCK | SPI2_PIN_MISO | SPI2_PIN_MOSI;
    GPIO_Init(SPI2_GPIO, &GPIO_InitStructure);
}
```

```
void GPIO_Init(GPIO_TypeDef* GPIOx, GPIO_InitTypeDef* GPIO_InitStruct)
{
```

```
  uint32_t currentmode = 0x00, currentpin = 0x00, pinpos = 0x00, pos = 0x00;
  uint32_t tmpreg = 0x00, pinmask = 0x00;
  /* Check the parameters */
  assert_param(IS_GPIO_ALL_PERIPH(GPIOx));
  assert_param(IS_GPIO_MODE(GPIO_InitStruct->GPIO_Mode));
  assert_param(IS_GPIO_PIN(GPIO_InitStruct->GPIO_Pin));

/*---------------------------- GPIO Mode Configuration -----------------------*/
  currentmode = ((uint32_t)GPIO_InitStruct->GPIO_Mode) & ((uint32_t)0x0F);
  if ((((uint32_t)GPIO_InitStruct->GPIO_Mode) & ((uint32_t)0x10)) != 0x00)
  {
    /* Check the parameters */
    assert_param(IS_GPIO_SPEED(GPIO_InitStruct->GPIO_Speed));
    /* Output mode */
    currentmode |= (uint32_t)GPIO_InitStruct->GPIO_Speed;
  }
/*---------------------------- GPIO CRL Configuration ------------------------*/
  /* Configure the eight low port pins */
  if (((uint32_t)GPIO_InitStruct->GPIO_Pin & ((uint32_t)0x00FF)) != 0x00)
  {
    tmpreg = GPIOx->CRL;
    for (pinpos = 0x00; pinpos < 0x08; pinpos++)
    {
      pos = ((uint32_t)0x01) << pinpos;
      /* Get the port pins position */
      currentpin = (GPIO_InitStruct->GPIO_Pin) & pos;
      if (currentpin == pos)
      {
        pos = pinpos << 2;
        /* Clear the corresponding low control register bits */
        pinmask = ((uint32_t)0x0F) << pos;
        tmpreg &= ~pinmask;
        /* Write the mode configuration in the corresponding bits */
        tmpreg |= (currentmode << pos);
        /* Reset the corresponding ODR bit */
        if (GPIO_InitStruct->GPIO_Mode == GPIO_Mode_IPD)
        {
```

```
        GPIOx->BRR = (((uint32_t)0x01) << pinpos);
      }
      else
      {
        /* Set the corresponding ODR bit */
        if (GPIO_InitStruct->GPIO_Mode == GPIO_Mode_IPU)
        {
          GPIOx->BSRR = (((uint32_t)0x01) << pinpos);
        }
      }
    }
  }
  GPIOx->CRL = tmpreg;
}
/*---------------------------- GPIO CRH Configuration ------------------------*/
/* Configure the eight high port pins */
if (GPIO_InitStruct->GPIO_Pin > 0x00FF)
{
  tmpreg = GPIOx->CRH;
  for (pinpos = 0x00; pinpos < 0x08; pinpos++)
  {
    pos = (((uint32_t)0x01) << (pinpos + 0x08));
    /* Get the port pins position */
    currentpin = ((GPIO_InitStruct->GPIO_Pin) & pos);
    if (currentpin == pos)
    {
      pos = pinpos << 2;
      /* Clear the corresponding high control register bits */
      pinmask = ((uint32_t)0x0F) << pos;
      tmpreg &= ~pinmask;
      /* Write the mode configuration in the corresponding bits */
      tmpreg |= (currentmode << pos);
      /* Reset the corresponding ODR bit */
      if (GPIO_InitStruct->GPIO_Mode == GPIO_Mode_IPD)
      {
        GPIOx->BRR = (((uint32_t)0x01) << (pinpos + 0x08));
      }
```

```
        /* Set the corresponding ODR bit */
        if (GPIO_InitStruct->GPIO_Mode == GPIO_Mode_IPU)
        {
          GPIOx->BSRR = (((uint32_t)0x01) << (pinpos + 0x08));
        }
      }
    }
    GPIOx->CRH = tmpreg;
  }
}
```

void USART1_Init(void)

```
{
    USART_InitTypeDef USART_InitStructure;

    USART_InitStructure.USART_BaudRate   = 115200;
    USART_InitStructure.USART_WordLength = USART_WordLength_8b;
    USART_InitStructure.USART_StopBits   = USART_StopBits_1;
    USART_InitStructure.USART_Parity     = USART_Parity_No ;
    USART_InitStructure.USART_HardwareFlowControl
                                    = USART_HardwareFlowControl_None;
    USART_InitStructure.USART_Mode       = USART_Mode_Rx | USART_Mode_Tx;

    /* Configure the USARTx */
    USART_Init(USART1, &USART_InitStructure);

    /* Enable the USART1 */
    USART_Cmd(USART1, ENABLE);
}
```

void SPI_Test(void)

```
{
printf("SPI_Test()\n");
/*SPI1 Config*/
 SPI_InitStructure.SPI_Direction = SPI_Direction_2Lines_FullDuplex;
    SPI_InitStructure.SPI_Mode = SPI_Mode_Master;
    SPI_InitStructure.SPI_DataSize = SPI_DataSize_8b;
```

```
    SPI_InitStructure.SPI_CPOL = SPI_CPOL_Low;
    SPI_InitStructure.SPI_CPHA = SPI_CPHA_2Edge;
    SPI_InitStructure.SPI_NSS = SPI_NSS_Soft;
    SPI_InitStructure.SPI_BaudRatePrescaler = SPI_BaudRatePrescaler_8;
    SPI_InitStructure.SPI_FirstBit = SPI_FirstBit_LSB;
    SPI_InitStructure.SPI_CRCPolynomial = 7;
    SPI_Init(SPI1, &SPI_InitStructure);

/*SPI2 Config*/
 SPI_InitStructure.SPI_Mode = SPI_Mode_Slave;
    SPI_Init(SPI2, &SPI_InitStructure);

 /* Enable SPI1 */
    SPI_Cmd(SPI1, ENABLE);
    /* Enable SPI2 */
   SPI_Cmd(SPI2, ENABLE);


while (TxIdx < BufferSize)
    {
        /* Wait for SPI1 Tx buffer empty */
        while (SPI_I2S_GetFlagStatus(SPI1, SPI_I2S_FLAG_TXE) == RESET);

        /* Send SPI1 data */
        SPI_I2S_SendData(SPI1, SPI1_Buffer_Tx[TxIdx++]);

        /* Wait for SPI2 data reception */
        while (SPI_I2S_GetFlagStatus(SPI2, SPI_I2S_FLAG_RXNE) == RESET);

        /* Read SPI2 received data */
        SPI2_Buffer_Rx[RxIdx++] = SPI_I2S_ReceiveData(SPI2);
        printf("%c",SPI2_Buffer_Rx[RxIdx-1]);
    }

/* Check the corectness of written dada */
    TransferStatus1 = Buffercmp(SPI2_Buffer_Rx, SPI1_Buffer_Tx, BufferSize);
```

```
  /* TransferStatus1 = PASSED, if the transmitted and received data is equal */

  if(PASSED == TransferStatus1)
  {
    printf("phase 1> Transfer Status 1 PASSED\n");
  }
  else
  {
    printf("phase 1> Transfer Status 1 FAILED\n");
  }
} /* end of spi_test */
```

void SPI_Init(SPI_TypeDef* SPIx, SPI_InitTypeDef* SPI_InitStruct)

```
{
  uint16_t tmpreg = 0;

  /* check the parameters */
  assert_param(IS_SPI_ALL_PERIPH(SPIx));

  /* Check the SPI parameters */
  assert_param(IS_SPI_DIRECTION_MODE(SPI_InitStruct->SPI_Direction));
  assert_param(IS_SPI_MODE(SPI_InitStruct->SPI_Mode));
  assert_param(IS_SPI_DATASIZE(SPI_InitStruct->SPI_DataSize));
  assert_param(IS_SPI_CPOL(SPI_InitStruct->SPI_CPOL));
  assert_param(IS_SPI_CPHA(SPI_InitStruct->SPI_CPHA));
  assert_param(IS_SPI_NSS(SPI_InitStruct->SPI_NSS));
  assert_param(IS_SPI_BAUDRATE_PRESCALER(SPI_InitStruct->SPI_BaudRatePrescaler));
  assert_param(IS_SPI_FIRST_BIT(SPI_InitStruct->SPI_FirstBit));
  assert_param(IS_SPI_CRC_POLYNOMIAL(SPI_InitStruct->SPI_CRCPolynomial));

/*----------------------------- SPIx CR1 Configuration ------------------------*/
  /* Get the SPIx CR1 value */
  tmpreg = SPIx->CR1;
  /* Clear BIDIMode, BIDIOE, RxONLY, SSM, SSI, LSBFirst, BR, MSTR, CPOL and CPHA bits */
  tmpreg &= CR1_CLEAR_Mask;
  tmpreg |= (uint16_t)((uint32_t)SPI_InitStruct->SPI_Direction |
```

```
              SPI_InitStruct->SPI_Mode |
              SPI_InitStruct->SPI_DataSize |
              SPI_InitStruct->SPI_CPOL |
              SPI_InitStruct->SPI_CPHA |
              SPI_InitStruct->SPI_NSS |
              SPI_InitStruct->SPI_BaudRatePrescaler | SPI_InitStruct->SPI_FirstBit);
  /* Write to SPIx CR1 */
  SPIx->CR1 = tmpreg;

  /* Activate the SPI mode (Reset I2SMOD bit in I2SCFGR register) */
  SPIx->I2SCFGR &= SPI_Mode_Select;

/*---------------------------- SPIx CRCPOLY Configuration --------------------*/
  /* Write to SPIx CRCPOLY */
  SPIx->CRCPR = SPI_InitStruct->SPI_CRCPolynomial;
}

void SPI_Cmd(SPI_TypeDef* SPIx, FunctionalState NewState)
{
  /* Check the parameters */
  assert_param(IS_SPI_ALL_PERIPH(SPIx));
  assert_param(IS_FUNCTIONAL_STATE(NewState));
  if (NewState != DISABLE)
  {
    /* Enable the selected SPI peripheral */
    SPIx->CR1 |= CR1_SPE_Set;
  }
  else
  {
    /* Disable the selected SPI peripheral */
    SPIx->CR1 &= CR1_SPE_Reset;
  }
}

void SPI_I2S_SendData(SPI_TypeDef* SPIx, uint16_t Data)
{
  /* Check the parameters */
```

```
  assert_param(IS_SPI_ALL_PERIPH(SPIx));

  /* Write in the DR register the data to be sent */
  SPIx->DR = Data;
}

uint16_t SPI_I2S_ReceiveData(SPI_TypeDef* SPIx)
{
  /* Check the parameters */
  assert_param(IS_SPI_ALL_PERIPH(SPIx));

  /* Return the data in the DR register */
  return SPIx->DR;

FlagStatus SPI_I2S_GetFlagStatus(SPI_TypeDef* SPIx, uint16_t SPI_I2S_FLAG)
{
  FlagStatus bitstatus = RESET;
  /* Check the parameters */
  assert_param(IS_SPI_ALL_PERIPH(SPIx));
  assert_param(IS_SPI_I2S_GET_FLAG(SPI_I2S_FLAG));
  /* Check the status of the specified SPI/I2S flag */
  if ((SPIx->SR & SPI_I2S_FLAG) != (uint16_t)RESET)
  {
    /* SPI_I2S_FLAG is set */
    bitstatus = SET;
  }
  else
  {
    /* SPI_I2S_FLAG is reset */
    bitstatus = RESET;
  }
  /* Return the SPI_I2S_FLAG status */
  return  bitstatus;
}

TestStatus Buffercmp(uint8_t* pBuffer1, uint8_t* pBuffer2, uint16_t BufferLength)
{
```

```
    while (BufferLength--)
    {
        if (*pBuffer1 != *pBuffer2)
        {
        return FAILED;
        }

        pBuffer1++;
        pBuffer2++;
    }

    return PASSED;
}
```

HW_config.h

```
#ifndef __HW_CONFIG_H
#define __HW_CONFIG_H

/* includes */
#include "stm32f10x.h"
#include "stdio.h"
#include "debug.h"
#include "usb_lib.h"
#include "usb_pwr.h"
#include "usb_istr.h"
#include "usb_desc.h"

/* global variables */
extern bool g_TestProcessState;

/* defines */
#define GPIO_LED            GPIOB
#define GPIO_KEY            GPIOA
#define GPIO_USART          GPIOA

#define GPIO_USB_DISCONNECT       GPIOA
#define GPIO_7_SEG              GPIOC
```

```
#define GPIO_LED1_PIN       GPIO_Pin_9 /* RED */
#define GPIO_LED2_PIN       GPIO_Pin_5 /* YELLOW */
#define GPIO_LED3_PIN       GPIO_Pin_8 /* BLUE */

#define GPIO_KEY1_PIN       GPIO_Pin_0 /* LEFT_WKUP */
#define GPIO_KEY2_PIN       GPIO_Pin_1 /* RIGHT_USER */

#define GPIO_USART_Rx_Pin   GPIO_Pin_10
#define GPIO_USART_Tx_Pin   GPIO_Pin_9

#define GPIO_USB_DISCONNECT_PIN   GPIO_Pin_8

#define GPIO_7_SEG_POWER_PIN   GPIO_Pin_8
#define GPIO_7_SEG_A_PIN       GPIO_Pin_0
#define GPIO_7_SEG_B_PIN       GPIO_Pin_1
#define GPIO_7_SEG_C_PIN       GPIO_Pin_2
#define GPIO_7_SEG_D_PIN       GPIO_Pin_3
#define GPIO_7_SEG_E_PIN       GPIO_Pin_4
#define GPIO_7_SEG_F_PIN       GPIO_Pin_5
#define GPIO_7_SEG_G_PIN       GPIO_Pin_7
#define GPIO_7_SEG_DP_PIN      GPIO_Pin_6

#define GPIO_PORTSOURCE_KEY      GPIO_PortSourceGPIOA
#define GPIO_PINSOURCE_KEY1      GPIO_PinSource0
#define GPIO_PINSOURCE_KEY2      GPIO_PinSource1
#define GPIO_EXTI_Line_KEY1      EXTI_Line0
#define GPIO_EXTI_Line_KEY2      EXTI_Line1

#define USART_tx               USART2
#define USART_tx_GPIO           GPIOA
#define USART_tx_RxPin          GPIO_Pin_3
#define USART_tx_TxPin          GPIO_Pin_2

#define USART_rx               USART3
#define USART_rx_GPIO           GPIOB
#define USART_rx_RxPin          GPIO_Pin_11
#define USART_rx_TxPin          GPIO_Pin_10
```

```
/* functions */
void LED_On_Red (void);
void LED_Off_Red (void);
void LED_Toggle_Red (void);
void LED_On_Yellow (void);
void LED_Off_Yellow (void);
void LED_Toggle_Yellow (void);
void LED_On_Blue (void);
void LED_Off_Blue (void);
void LED_Toggle_Blue (void);
void LED_On_All (void);
void LED_Off_All (void);

void Set_USBClock(void);
void Enter_LowPowerMode(void);
void Leave_LowPowerMode(void);
void USB_Interrupts_Config(void);
void USB_Cable_Config (FunctionalState NewState);
void RCC_Configuration(void);
void NVIC_Configuration(void);
void GPIO_Configuration(void);
void EXTI_Configuration(void);
void USART1_Init(void);
void Get_SerialNum(void);
uint8_t USART_GetCharacter(USART_TypeDef *  usart_p);

void LED_Test (void);
void KEY_Test (void);

void Delay(__IO uint32_t nTime);
void TimingDelay_Decrement(void);

void delay_1_second(void);
void delay_100_milli_second(void);

void Seven_Segment_Test(void);

#endif  /*__HW_CONFIG_H */
```

11.2 Inter-integrated circuit(I2C) interface

I2C는 마이크로프로세서와 저속 주변장치 사이의 통신을 용도로 Philips에서 개발한 규격으로 두 가닥의 선을 사용하므로 TWI(Two Wire Interface)라고도 불린다. STM32에 내장된 I^2C 버스 인터페이스는 다중 master 기능을 제공하고, I^2C 버스 타이밍, 절차, 프로토콜, 중재 등의 동작을 수행한다. 표준 모드(Sm, 100kHz까지)와 Fm 모드(Fm, 400kHz까지)를 지원한다.

IIC, I^2C와 I2C를 혼용되어 사용되며 여기서는 주로 I2C로 표기한다.

11.2.1 STM32 I2C 특징

- 병렬 버스 / I2C 프로토콜 변환기
- 다중 master 지원: 같은 인터페이스로 master 혹은 slave로 동작
- I2C master 기능: 1) Clock 생성, 2) Start와 stop 생성
- I2C slave 기능: 1) programmable I2C 주소 검출, 2) 2개의 slave 주소를 인식하기 위한 이중 주소 지원, 3) Stop 비트 감지
- 7비트/10비트 주소 및 전체호출(general call) 생성 및 인식
- Standard speed(최대 100kHz) 및 fast speed(최대 400kHz) 속도 지원
- Analog noise 필터 내장
- 다양한 status flag: 1) transmitter/Receiver 모드 flag, 2) End-of-Byte 전송 flag, 3) I2C busy flag
- 다양한 error flag: 1) master 모드에서 중재 실패(arbitration lost condition), 2) 주소/데이터 전송 후 응답 실패(acknowledgement failure), 3) 잘못된 start, stop 상황의 인식, 4) clock 연장(stretching)이 비활성화 되었을 때 Overrun/Underrun
- 2 종류의 인터럽트 vector: 1) 어드레스/데이터의 성공적인 전송, 2) error 발생
- Clock stretching (option)
- DMA 기능을 갖는 1 바이트 buffer
- PEC(Packet error checking) 생성 및 확인 기능: 1) Tx 모드에서 마지막 바이트로 PEC 전송, 2) 마지막 수신된 바이트에 대한 PEC error 확인
- SMBus(System Management Bus) 2.0 호환: 1) 25ms clock low timeout delay, 2) 10ms master cumulative clock low extend time, 3) 25ms slave cumulative clock low extend time, 4) ACK 제어 기능을 포함한 하드웨어 PEC 생성기/확인기, 5) ARP(Address Resolution Protocol) 지원
- PMBus(Power Management Bus) 호환

일부 모델에서는 모든 기능이 지원되지 않으므로, 자세한 내용은 매뉴얼을 참고하여야 한다.

11.2.2 I2C 기능

데이터를 송신하고 수신하는 기능이외 I2C 인터페이스는 serial-to-parallel 변환과 parallel- to-serial 변환을 수행한다. I2C 버스에 데이터 핀(SDA)과 clock 핀(SCL)을 이용하여 연결된다. 표준(최대 100kHz) 혹은 고속(최대 400kHz) 속도로 I2C 버스에 연결된다.

다음에 I2C 블럭도를 나타내었다. 그림에서 SMBA는 SMBus 모드로 동작할 때만 사용되는 신호이며, SMBus가 비활성화되면 사용되지 않는다.

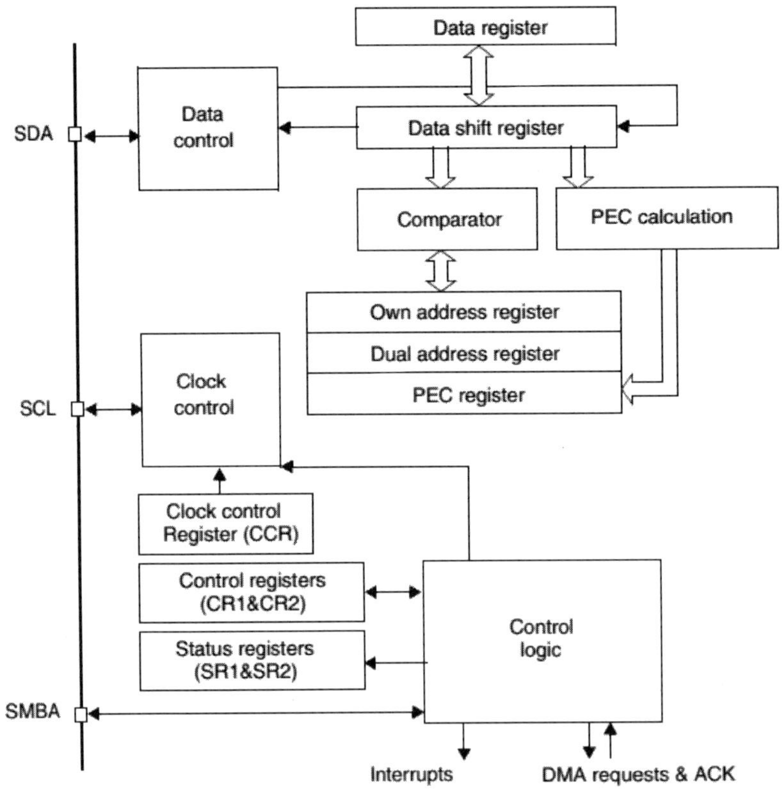

그림 11.10 I2C Block Diagram

11.2.2.1 모드 선택

I2C는 다음 4가지 중 한가지 모드로 사용되며, 기본(default)적으로 slave 모드로 동작한다.

· slave transmitter

· slave receiver

· master transmitter

· master receiver

START condition을 생성한 후 자동으로 slave에서 master 모드로 전환되며, 중재에서 지거나 STOP condition이 생성되면 master에서 slave 모드로 전환되어 다중 master 모드를 지원한다.

통신 절차

Master 모드에서는 I2C에서 clock을 생성하고 데이터 전송을 시작한다. 직렬통신은 start condition으로 시작하고 stop condition으로 끝나야 하며, 이 condition은 master 모드에서 소프트웨어로 생성된다. Slave 모드에서는 자신의 주소(7 혹은 10비트) 혹은 general call을 인식하여 대응한다. General call 감지 기능은 소프트웨어로 설정 혹은 해제가 가능하다.

다음 그림에 I2C 버스 프로토콜을 나타내었다. 데이터와 주소는 8비트로 MSB부터 전송되며, Start condition 바로 다음 바이트(7비트인 경우 1바이트, 10비트인 경우 2바이트)에는 주소가 포함되어야 한다. 주소는 반드시 master 모드에서 전송되어야 한다.

1 바이트 전송을 위해 필요한 8 clock 이후에 9번째 clock이 추가되며, 이 clock 동안 수신측은 acknowledge를 송신측에 보내야 한다. Acknowledge 동작은 소프트웨어로 설정/해제할 수 있으며, I2C 주소(7/10 비트 이중 주소 혹은 general call 주소)도 소프트웨어로 선택할 수 있다.

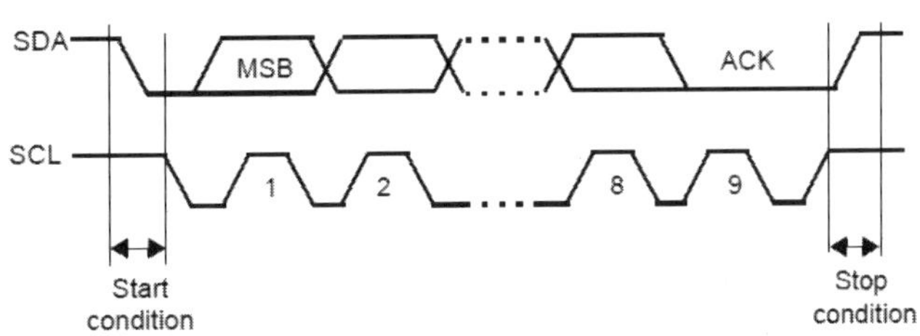

그림 11.11 I2C bus protocol

11.2.2.2 I2C slave mode

I2C의 기본 동작이 slave 모드이며, start condition의 생성으로 slave 모드에서 master 모드로 전환된다. 주변 장치의 입력이 되는 clock은 I2C_CR2 레지스터를 통하여 설정되며, Sm 모드에

서는 최소 2MHz, Fm 모드에서는 최소 4MHz로 설정되어야 한다.

Start condition이 검출된 후 SDA로부터 shift register로 주소가 수신된다. 수신된 주소는 자신의 주소(OAR1), 이중 주소인 경우 OAR2 (ENDUAL=1), General call 주소(ENGC=1)와 비교된다. 10비트 주소인 경우 head sequence (11110xx0)를 포함하여 비교된다. 여기서 xx는 주소의 상위 2비트이다.

주소 비교 결과에 따라 다음의 동작을 수행한다.

- **Header 혹은 주소 불일치:** 현재 전송을 무시하고 다음 strat condition을 기다린다.
- **Header 일치 (10비트 주소):** ACK 비트 동작이 활성화 되어 있으면 acknowledge를 생성하고, 8비트 주소를 기다린다.
- **주소 일치:** 1) ACK 비트 동작이 활성화 되어 있으면 acknowledge를 생성한다. 2) ADDR 비트가 설정되고, ITEVFEN=1이면 인터럽트도 발생한다. 3) 이중 주소가 허용되면 (ENDUAL=1), 어떤 slave 주소가 수신되었는지를 확인하기 위하여 DUALF 비트를 읽어보아야 한다.

10비트 모드에서는 주소를 수신한 후 slave는 Receiver 모드로 동작한다. 연속된 Start condition과 일치하는 주소를 수신하면 Transmitter 모드로 진입한다. Slave 모드가 Receiver 모드인지 Transmitter 모드인지는 TRA 비트에 반영되어 있다.

Slave transmitter

다음 그림에 slave transmitter 모드에서 전송 순서를 나타내었다. 그림에서 먼저 slave는 Start-Address를 수신한 후 Acknowledge를 보내고 다음 단계로 진입한다.

- EV1은 SR1과 SR2 레지스터를 읽어 ADDR=0으로 해제하는 단계이고,
- EV3-1은 shift 레지스터와 DR이 모두 비어 있어 TxE=1인 상태로 전송하고자하는 데이터를 DR에 쓰는 단계이다.
- EV3은 DR에 적재된 데이터는 내부적으로 shift 레지스터로 옮겨져 SDA를 통하여 전송되기 시작한다. 동시에 DR이 비어 TxE=1인 상태이며, DR에 다음 데이터를 쓰면 TxE=0으로 변경된다.
- Shift 레지스터의 내용이 모두 전송되면 Acknowledge를 받고, 동시에 DR의 내용을 shift 레지스터로 옮겨 다음 데이터의 전송을 시작한다. 이때 DR이 비므로 TXE=1의 상태가 되고, 다음 데이터를 DR에 쓰면 다시 TXE=0로 변경된다. 같은 방법으로 계속 데이터를 전송할 수 있다.
- 마지막 데이터에 대해서는 Acknowledge가 수신되지 않고 STOP condition으로 전송을 종료한다. EV3-2에서 SR1 레지스터를 AF(Acknowledge Failure)=0로 해제한다.

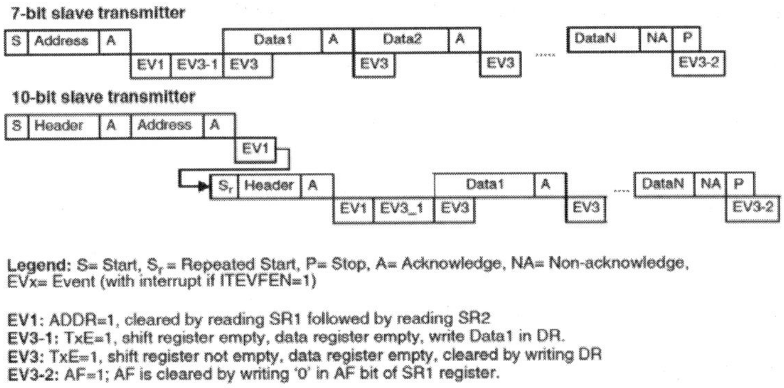

그림 11.12 Slave transmitter 모드에서 전송 순서

EV1, EV3 동작 동안 (ADDR=0이 되고, DR에 데이터가 적재될 때 까지) slave는 SCL을 0으로 연장(clock stretching) 한다.

만약 TXE=1인 상태에서 shift 레지스터의 내용이 모두 전송될 때까지 새로운 데이터를 DR에 적재시키지 않으면 BTF 비트가 설정된다. 이 때도 clock이 연장되며 SR1을 읽고, DR에 데이터를 쓰면 이 상태에서 벗어난다.

Slave receiver

다음 그림에 slave receiver 모드에서 전송 순서를 나타내었다. 그림에서 ADDR=0으로 만드는 EV1까지는 동일하다. 수신 모드이므로 master에 수신된 데이터에 대하여 ACK=1이면 acknowledge를 전송하고, shift 레지스터에 저장된 데이터를 DR로 옮긴다. 이 때 RXNE=1이 되며, DR을 읽어내면 다시 RXNE=0이 되어 다음 데이터를 수신할 수 있다. 같은 방법으로 마지막 데이터까지 수신한 후 master로부터 Stop condition을 수신하면 STOPF(Stop detection)=1이 되고, 이는 SR1을 읽고, CR1에 쓰면 STOPF=0으로 해제된다.

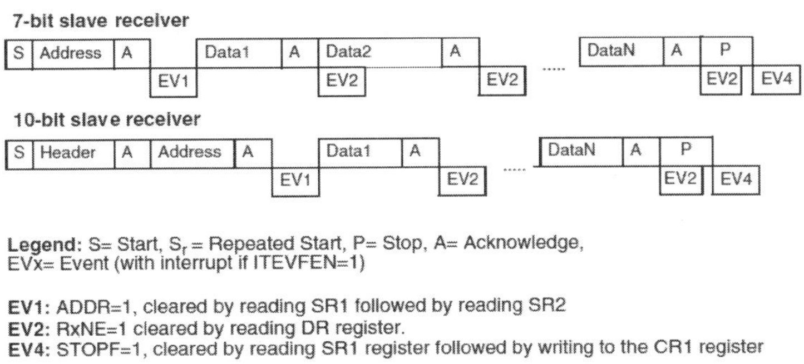

그림 11.13 Slave receiver 모드에서 전송 순서

만약 RXNE=1인 상태에서 shift 레지스터에 다음 데이터의 수신이 완료될 때까지 DR을 비우지 않으면 BTF 비트가 설정된다. 이 때도 clock이 연장되며 SR1을 읽고, DR에 데이터를 쓰면 이 상태에서 벗어난다.

Slave 통신의 종료

마지막 바이트 전송 후 master에서 Stop condition을 보내면 slave에서는 이를 인식하고 STOPF=1로 성정하고 인터럽트가 허용되어 있으면(ITEVFEN=1) 인터럽트를 발생시킨다. SR1을 읽고, CR1에 쓰면 STOPF=0으로 해제 된다

11.2.2.3 I2C master mode

Master 모드에서 I2C 인터페이스는 clock을 생성하고, 데이터 전송을 개시한다. 직렬전송은 항상 Start condition으로 시작하고 Stop condition으로 마무리된다. 주변장치 clock 입력은 Sm모드 2MHz, Fm모드 4MHz 이상이어야 한다. 다음은 master 모드에서 필요한 과정이다.

- 정확한 시각 생성을 위해 I2C_CR2 레지스터의 주변장치 clock 입력을 프로그램 한다.
- Clock control 레지스터를 설정한다.
- Rise time 레지스터를 설정한다.
- 주변장치를 enable 시키기 위하여 I2C_CR1 레지스터를 프로그램 한다.
- Start condition을 생성하기 위하여 I2C_CR1의 START 비트를 설정한다.

SCL master clock generation

CCR 비트로 SCL clock의 rising edge 혹은 falling edge와 이어지는 high 혹은 low level을 생성한다. Slave가 clock을 연장(stretching)할 수 있으므로 rising edge 생성이후 TRISE 비트로 설정된 시간동안 SCL 입력을 확인한다.

- SCL low는 slave가 clock을 연장했음을 나타내며, high level counter는 SCL이 high가 될 때까지 멈추어 SCL clock parameter의 최소 High 시간을 보장한다.
- SCL이 high면 high level counter가 계속 동작한다.

Start condition

START 비트를 설정하면 Start condition이 생성되며 BSY=0 라면 master 모드(MSL=1)로 진입한다. Start condition이 전송되면 EV5에서 SB 비트가 1로 설정되고 ITEVFEN=1이라면 인터럽트도 발생한다. SR1 레지스터를 읽고, 주소를 DR에 적으면 SB=0이 된다.

Slave 주소 전송

내부 shift 레지스터를 거쳐 SDA 선을 통해 slave 주소가 전송되면 ADDR 비트가 1로 설정되고 ITEVFEN=1이라면 인터럽트도 발생한다. EV6에서 SR1 레지스터와 SR2 레지스터를 차례로 읽으면 ADDR=0가 된다.

위의 과정은 Transmitter와 Receiver 모드 공통이며, master는 보낸 slave 주소의 LSB에 따라 Transmitter와 Receiver 모드를 선택한다. 7비트 주소에서 LSB=0이면 Transmitter 모드로, LSB=1이면 Receiver 모드가 된다. 10비트 주소에서는 header를 11110xx0으로 보내면 Transmitter 모드, header를 11110xx0으로 보내고 slave 주소 이후에 다시 Start condition을 보내고 header를 11110xx1으로 보내면 Receiver 모드가 된다.

TRA 비트는 master가 Transmitter 모드인지 Receiver 모드인지를 나타낸다.

다음 그림에 master transmitter 모드에서 전송 순서를 나타내었다.

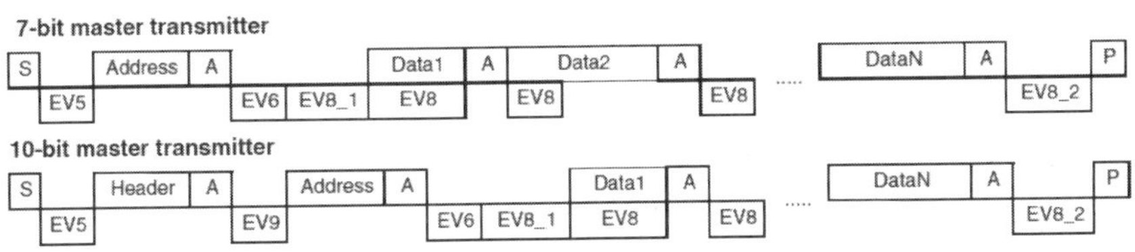

Legend: S= Start, S_r = Repeated Start, P= Stop, A= Acknowledge,
EVx= Event (with interrupt if ITEVFEN = 1)

EV5: SB=1, cleared by reading SR1 register followed by writing DR register with Address.
EV6: ADDR=1, cleared by reading SR1 register followed by reading SR2.
EV8_1: TxE=1, shift register empty, data register empty, write Data1 in DR.
EV8: TxE=1, shift register not empty,.data register empty, cleared by writing DR register
EV8_2: TxE=1, BTF = 1, Program Stop request. TxE and BTF are cleared by hardware by the Stop condition
EV9: ADD10=1, cleared by reading SR1 register followed by writing DR register.

그림 11.14 Master transmitter 모드에서 전송 순서

Master Transmitter

주소 전송과 ADDR 비트의 해제 이후 master는 EV8_1 상태이며, shift 레지스터와 DR이 모두 비어 있어 TXE=1인 상태이다. DR에 데이터를 쓰면 shift 레지스터로 전달되어 SDA를 통하여 전송이 시작된다. EV8은 shift 레지스터에는 데이터가 있으나 DR은 비어있는 상태로 TXE=1인 상태이다.

데이터 전송이 완료되고 acknowledge를 받으면 DR의 데이터가 다시 shift 레지스터로 전달되어 전송되고, DR이 비었음을 TXE=1로 알린다. ITEVFEN=1, ITBUFEN=1로 설정되어 있으면 인터럽트도 발생한다.

TXE=1인 상태에서 shift 레지스터의 내용이 전송 완료될 때까지 DR에 새로운 데이터를 적재하지 않으면 BTF가 설정된다. 이 때도 clock이 연장되며 I2C_SR1을 읽고, I2C_DR에 데이터를 쓰면 이 상태에서 벗어난다.

통신 끝내기

전송할 마지막 바이트를 DR에 쓴 후 소프트웨어로 STOP 비트를 설정하여 Stop condition을 만든다(EV8_2). 이후 slave 모드(MSL=0)로 진입한다. Stop condition은 EV8_2 상태에서 TXE와 BTF 중 하나라도 설정되어 있으면 동작해야 한다.

Master receiver

주소 전송과 ADDR 비트의 해제 이후 master는 receiver 모드로 진입한다. SDA로부터 받은 데이터를 내부 shift 레지스터를 거쳐 DR에 저장한다. 수신된 데이터에 대하여 ACK=1이면 acknowledge를 보내고, EV7에서 RXNE 비트가 설정된다. 만약 인터럽트가 허용되면 인터럽트도 발생한다. DR을 읽으면 RXNE는 해제된다. 같은 방법으로 연속되는 데이터를 받는다.

RXNE=1인 상태에서 shift 레지스터에 새로운 데이터 수신이 완료될 때까지 DR을 읽지 않으면 BTF가 설정된다. 이 때도 clock이 연장되며 I2C_SR1을 읽고, I2C_DR에 데이터를 쓰면 이 상태에서 벗어난다.

통신 끝내기

통신을 끝내는 방법은 방법1) 최고 우선순위의 인터럽트을 사용하는 경우, 방법2) 낮은 우선순위의 인터럽트를 사용하는 경우의 두 가지가 있으며, 여기서는 방법1에 대해서만 설명한다.

Master는 slave에서 받은 마지막 바이트에 대하여 NACK를 송신하고, 여기에 따라 slave는 SCL과 SDA의 제어권을 돌려준다. 다음에 master는 Stop/Restart condition을 보낸다.

- 마지막 바이트 수신후 NACK를 보내기 위해서는 마지막에서 두 번째 바이트 수신 이후 (EV7_1) ACK=0으로 설정하여야 한다.
- Stop/Restart condition을 생성하기 위해서 마지막에서 두 번째 바이트 수신 이후 (EV7_1) STOP/START=1으로 설정하여야 한다.
- 1 바이트 통신인 경우, acknowledge는 disable되어야 하고 EV6 (EV6_1에서는 ADDR=0된 직후)에서 Stop condition이 생성되어야 한다.

Stop condition 생성 이후, 자동으로 slave 모드로 진입한다. (MSL=0)

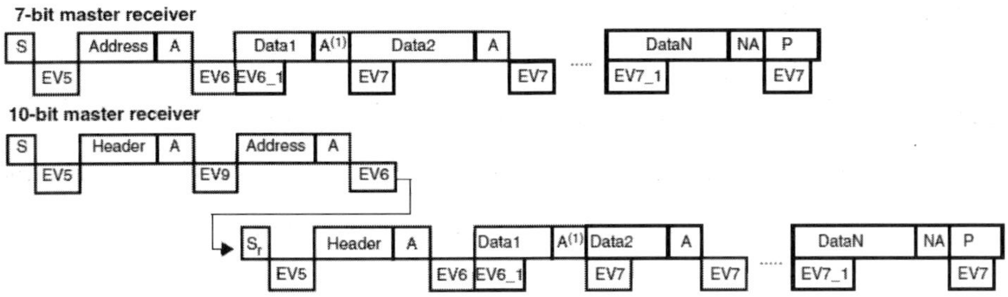

Legend: S= Start, S_r = Repeated Start, P= Stop, A= Acknowledge, NA= Non-acknowledge, EVx= Event (with interrupt if ITEVFEN=1)

EV5: SB=1, cleared by reading SR1 register followed by writing DR register.

EV6: ADDR=1, cleared by reading SR1 register followed by reading SR2. In 10-bit master receiver mode, this sequence should be followed by writing CR2 with START = 1.

EV6_1: no associated flag event, used for 1 byte reception only. The Acknowledge disable and Stop condition generation are made just after EV6, that is after ADDR is cleared.

EV7: RxNE=1 cleared by reading DR register.

EV7_1: RxNE=1 cleared by reading DR register, program ACK=0 and STOP request

EV9: ADD10=1, cleared by reading SR1 register followed by writing DR register.

ai15882

그림 11.15 Master receiver 모드에서 전송 순서(방법 1)

11.2.2.4 Error conditions

통신 실패의 원인이 되는 error condition은 다음과 같다.

Bus error(BERR)

주소 혹은 데이터 전송 도중에 Stop 혹은 Start condition을 검출한 경우 발생하는 오류이며

- BERR 비트가 설정되고, INTERREN=1이면 인터럽트도 발생한다.
- Slave 모드: 데이터는 무시하고, 전송선은 반납한다.
  - 잘못된 Start를 slave는 restart로 판단하고 주소 혹은 Stop condition을 기다린다.
  - 잘못된 Stop에 대하여 slave는 Stop condition을 인식하고 전송선을 반납한다.
- Master 모드: 전송선을 반납하지 않고 현재 전송은 영향을 받지 않는다. 현재 전송을 중지말지 말지는 소프트웨어에서 결정한다.

Acknowledge Failure(AF)

Nonacknowledge 비트를 검출한 경우 발생하는 오류이며

- AF 비트가 설정되고, INTERREN=1이면 인터럽트도 발생한다.
- NACK을 수신한 transmitter는 통신을 초기화해야 한다. Slave라면 전송선을 반납하고, Master라면 Stop 혹은 Start condition이 소프트웨어로 생성되어야 한다.

Arbitration lost(ARLO)

중재에서 진 경우에 발생하는 오류이며

· ARLO 비트가 설정되고, INTERREN=1이면 인터럽트도 발생한다.

· Slave 모드로 돌아간다(MSL=0). 중재에서 지면 현재 진행 중인 slave 주소에 acknowledge를 보낼 수 없지만, 중재에서 이긴 master가 다시 보내는 Start에 대해서 acknowledge를 보낼 수 있다.

Overrun/underrun error(OVR)

Overrun은 slave 모드에서 DR의 내용을 읽어가지 않은 상황에서 다음 데이터가 수신(RXNE=1)되어 발생하는 오류로 마지막 수신된 데이터는 잃어버린다. 소프트웨어에서 RXNE를 해제해야하고 transmitter는 마지막 바이트를 재전송해야 한다.

Underrun은 slave 모드에서 shift 레지스터 속의 데이터가 전송이 완료될 때까지 DR에 새로운 데이터를 채워주지 않아 발생하는 오류로 DR에 있는 내용이 계속 전송된다. Underrun 상태에서 수신된 데이터를 주의해서 버려야 하며 다음 clock의 low 구간 중 다음 데이터를 써넣어야 한다.

송신할 첫 바이트는 ADDR을 해제한 후 처음 SCL rising edge 이전에 DR에 적재되어야 한다. 그렇지 않으면 receiver가 제대로 수신하지 못하여 첫 바이트를 버리게 된다.

11.2.2.5 SDA/SCL line control

clock 연장(stretching)이 활성화 되어 있는 경우

· Transmitter 모드: 만약 TXE=1, BTF=1이라면 MCU가 SR1을 읽고, DR에 데이터를 쓰기를 기다리며 clock 선을 low로 유지한다.

· Receiver 모드: 만약 RXNE=1, BTF=1이라면 수신후 MCU가 SR1을 읽고, DR에 보관된 데이터를 읽기를 기다리며 clock 선을 low로 유지한다.

Slave 모드에서 clock 연장이 비활성화 되어 있는 경우

· Overrun 오류가 발생하면 마지막 바이트는 분실된다.

· Underrun 오류에서는 같은 바이트가 반복해서 전송된다.

· 쓰기 충돌(write collision)은 관리하지 않는다.

11.2.2.6 Packet error checking

통신의 신뢰성을 향상시키기 위하여 PEC 계산기가 내장되어 있다. PEC는 매 비트에 대하여 다항식($C(x)=x^8+x^2+x+1$)을 이용하여 계산된다.

- I2C_CR1 레지스터의 ENPEC 비트를 설정하여 PEC 계산을 동작시킨다. PEC는 모든 메시지 바이트와 주소, R/W 비트를 포함하여 계산된 CRC-8 코드이다.
  - Transmission 모드: 마지막 바이트에 해당하는 TXE 이후 I2C_CR1 레지스터의 ENPEC 비트를 설정하면 마지막 전송 바이트 뒤에 PEC가 전송된다.
  - Reception 모드: 마지막 바이트에 해당하는 RXNE 이후 I2C_CR1 레지스터의 PEC 비트를 설정한다. 만약 마지막 바이트 이후 수신한 PEC 값과 계산한 값이 다르면 NACK을 전송한다. master receiver 모드에서 확인 결과에 무관하게 PEC 이후에 NACK이 전송된다. 현재 수신되는 바이트의 ACK 이전에 PEC가 설정되어야 한다.
- I2C_SR1 레지스터에서 PECERR error flag과 interrupt의 확인이 가능하다.
- DMA와 PEC 계산이 동시에 동작한다면
  - Transmission 모드: DMA에서 EOT 신호를 수신하면, 마지막 바이트에 붙여서 PEC를 자동으로 전송한다.
  - Reception 모드: DMA에서 EOT_1 신호를 수신하면, 다음 바이트는 자동으로 PEC로 인식하고 확인한다. PEC 수신 이후 DMA 요구가 생성된다.
- I2C_CR2 레지스터의 LAST 비트를 이용하여 마지막 DMA 전송인지를 파악할 수 있으며, master receiver에 대한 마지막 DMA 요청이면 마지막 바이트 수신이후 자동으로 NACK이 전송된다.
- 중재에서 져 버스를 사용할 수 없으면 PEC 계산 내용도 변질된다.

11.2.3 I2C Interrupts

I2C에서 지원되는 인터럽트는 다음과 같다.

표 11.3 I2C Interrupt Request

Interrupt event	Event falg	Enable control bit
Start bit sent (Master)	SB	ITEVFEN
Address sent (Master) or Address matched (Slave)	ADDR	
10-bit header sent (Master)	ADD10	
Stop received (Slave)	STOPE	
Data byte transfer finished	BTF	

Interrupt event	Event falg	Enable control bit
Receive buffer not empty	RxNE	ITEVFEN and ITBUFEN
Transmit buffer empty	TxE	
Bus error	BERR	ITERREN
Arbitration loss (Master)	ARLO	
Acknowledge failure	AF	
Overrun / Underrun	OVR	
PEC error	PECERR	
Timeout / Tlow error	TIMEOUT	
SMBus Alert	SMBALERT	

SB, ADDR, ADD10, STOPF, BTF, RXNE, TXE는 다음과 같이 OR로 연결되며 같은 interrupt 채널에서 처리된다. 같은 방법으로 BERR, ARLO, AF, OVR, PECERR, TIMEOUT, SMBALERT 도 같은 채널에서 처리된다. 두 개의 인터럽터 처리 루틴(it_event와 it_error)에서는 먼저 레지스터 값을 읽어 인터럽터를 요구한 소스를 파악해야 한다.

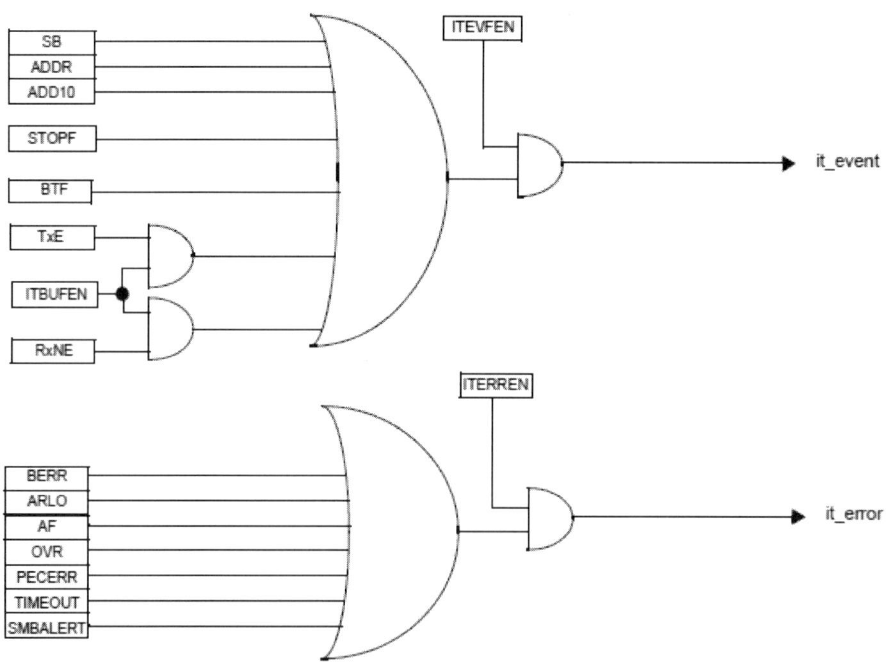

그림 11.16 I2C Interrupt Mapping Diagram

11.2.4 I2C register

다음 표에 I2C에 사용되는 레지스터와 초기 값을 나타내었다.(레지스터 boundary 주소는 Memory map 참고). 이 레지스터들은 half-word (16bit) 혹은 word(32bit) 단위로 읽거나 써야 한다.

표 11.4 I2C register map과 초기 값

Offset	Register	31	30	29	28	27	26	25	24	23	22	21	20	19	18	17	16	15	14	13	12	11	10	9	8	7	6	5	4	3	2	1	0
0x00	I2C_CR1	Reserved																SWRST	Reserved	ALERT	PEC	POS	ACK	STOP	START	NOSTRETCH	ENGC	ENPEC	ENARP	SMBTYPE	Reserved	SMBUS	PE
	Reset value																	0		0	0	0	0	0	0	0	0	0	0	0		0	0
0x04	I2C_CR2	Reserved																			LAST	DMAEN	ITBUFEN	ITEVTEN	ITERREN	Reserved		FREQ[5:0]					
	Reset value																				0	0	0	0	0			0	0	0	0	0	0
0x08	I2C_OAR1	Reserved																ADDMODE	Reserved					ADD[9:8]		ADD[7:1]							ADD0
	Reset value																	0						0	0	0	0	0	0	0	0	0	0
0x0C	I2C_OAR2	Reserved																								ADD2[7:1]							ENDUAL
	Reset value																									0	0	0	0	0	0	0	0
0x10	I2C_DR	Reserved																								DR[7:0]							
	Reset value																									0	0	0	0	0	0	0	0
0x14	I2C_SR1	Reserved																SMBALERT	TIMEOUT	Reserved	PECERR	OVR	AF	ARLO	BERR	TxE	RxNE	Reserved	STOPF	ADD10	BTF	ADDR	SB
	Reset value																	0	0		0	0	0	0	0	0	0		0	0	0	0	0
0x18	I2C_SR2	Reserved																PEC[7:0]								DUALF	SMBHOST	SMBDEFAULT	GENCALL	Reserved	TRA	BUSY	MSL
	Reset value																	0	0	0	0	0	0	0	0	0	0	0	0		0	0	0
0x1C	I2C_CCR	Reserved																F/S	DUTY	Reserved		CCR[11:0]											
	Reset value																	0	0			0	0	0	0	0	0	0	0	0	0	0	0
0x20	I2C_TRISE	Reserved																										TRISE[5:0]					
	Reset value																											0	0	0	0	1	0

11.2.4.1 I2C Control register 1(I2C_CR1)

15	14	13	12	11	10	9	8	7	6	5	4	3	2	1	0
SWRST	Res.	ALERT	PEC	POS	ACK	STOP	START	NO STRETCH	ENGC	ENPEC	ENARP	SMB TYPE	Res.	SMBUS	PE
rw		rw	rw	rw	rw	rw	rw	rw	rw	rw	rw	rw		rw	rw

Bit 15 SWRST: Software reset

When set, the I2C is under reset state. Before resetting this bit, make sure the I2C lines are released and the bus is free. Note: This bit can be used to reinitialize the peripheral after an error or a locked state. As an example, if the BUSY bit is set and remains locked due to a glitch on the bus, the SWRST bit can be used to exit from this state.

0: I2C Peripheral not under reset, 1: I2C Peripheral under reset state

Bit 14 Reserved: must be kept at reset value

Bit 13 ALERT: SMBus alert

This bit is set and cleared by software, and cleared by hardware when PE=0.

0: Releases SMBA pin high. Alert Response Address Header followed by NACK.

1: Drives SMBA pin low. Alert Response Address Header followed by ACK.

Bit 12 PEC: Packet error checking

This bit is set and cleared by software, and cleared by hardware when PEC is transferred or by a START or Stop condition or when PE=0. PEC is corrupted by an arbitration loss.

0: No PEC transfer, 1: PEC transfer (in Tx or Rx mode)

Bit 11 POS: Acknowledge/PEC Position (for data reception)

This bit is set and cleared by software and cleared by hardware when PE=0.

0: ACK bit controls the (N)ACK of the current byte being received in the shift register. The PEC bit indicates that current byte in shift register is a PEC.

1: ACK bit controls the (N)ACK of the next byte which will be received in the shift register. The PEC bit indicates that the next byte in the shift register is a PEC.

Bit 10 ACK: Acknowledge enable

This bit is set and cleared by software and cleared by hardware when PE=0.

0: No acknowledge returned,

1: Acknowledge returned after a byte is received (matched address or data)

Bit 9 STOP: Stop generation

The bit is set and cleared by software, cleared by hardware when a Stop condition is detected, set by hardware when a timeout error is detected.

In Master Mode: 0: No Stop generation. 1: Stop generation after the current byte transfer or after the current Start condition is sent.
In Slave mode: 0: No Stop generation. 1: Release the SCL and SDA lines after the current byte transfer.

Bit 8 START: Start generation
This bit is set and cleared by software and cleared by hardware when start is sent or PE=0.
In Master Mode: 0: No Start generation, 1: Repeated start generation
In Slave mode: 0: No Start generation, 1: Start generation when the bus is free

Bit 7 NOSTRETCH: Clock stretching disable (Slave mode)
This bit is used to disable clock stretching in slave mode when ADDR or BTF flag is set, until it is reset by software.
0: Clock stretching enabled, 1: Clock stretching disabled

Bit 6 ENGC: General call enable
0: General call disabled. Address 00h is NACKed.
1: General call enabled. Address 00h is ACKed.

Bit 5 ENPEC: PEC enable: 0: PEC calculation disabled, 1: PEC calculation enabled

Bit 4 ENARP: ARP enable: 0: ARP disable, 1: ARP enable

Bit 3 SMBTYPE: SMBus type: 0: SMBus Device, 1: SMBus Host

Bit 2 Reserved: must be kept at reset value

Bit 1 SMBUS: SMBus mode: 0: I2C mode , 1: SMBus mode

Bit 0 PE: Peripheral enable
0: Peripheral disable, 1: Peripheral enable
Note: If this bit is reset while a communication is on going, the peripheral is disabled at the end of the current communication, when back to IDLE state. All bit resets due to PE=0 occur at the end of the communication. In master mode, this bit must not be reset before the end of the communication.

11.2.4.2 I2C Control register 2(I2C_CR2)

15	14	13	12	11	10	9	8	7	6	5	4	3	2	1	0
Reserved			LAST	DMA EN	ITBUF EN	ITEVTE N	ITERR EN	Reserved		FREQ[5:0]					
			rw	rw	rw	rw	rw			rw	rw	rw	rw	rw	rw

Bits 15:13 Reserved: must be kept at reset value

Bit 12 LAST: DMA last transfer

0: Next DMA EOT is not the last transfer, 1: Next DMA EOT is the last transfer

Note: This bit is used in master receiver mode to permit the generation of a NACK on the last received data.

Bit 11 DMAEN: DMA requests enable

0: DMA requests disabled, 1: DMA request enabled when TxE=1 or RxNE =1

Bit 10 ITBUFEN: Buffer interrupt enable

0: TxE = 1 or RxNE = 1 does not generate any interrupt.

1: TxE = 1 or RxNE = 1 generates Event Interrupt (whatever the state of DMAEN)

Bit 9 ITEVTEN: Event interrupt enable

0: Event interrupt disabled, 1: Event interrupt enabled

This interrupt is generated when: SB=1 (Master), ADDR=1 (Master/Slave), ADD10=1 (Master), STOPF=1 (Slave), BTF=1 with no TxE or RxNE event, TxE event to 1 if ITBUFEN=1, RxNE event to 1 if ITBUFEN=1

Bit 8 ITERREN: Error interrupt enable

0: Error interrupt disabled, 1: Error interrupt enabled

This interrupt is generated when: BERR=1, ARLO=1, AF=1, OVR=1, PECERR=1, TIMEOUT=1, SMBALERT=1

Bits 7:6 Reserved: must be kept at reset value

Bits 5:0 FREQ[5:0]: Peripheral clock frequency

The FREQ bits must be configured with the APB clock frequency value (I2C peripheral connected to APB). The FREQ field is used by the peripheral to generate data setup and hold times compliant with the I2C specifications. The minimum allowed frequency is 2 MHz, the maximum frequency is limited by the maximum APB frequency (36 MHz) and an intrinsic limitation of 46 MHz.

0b000000: Not allowed, 0b000001: Not allowed, 0b000010: 2 MHz, ..., 0b100100: 36 MHz

Higher than 0b100100: Not allowed

11.2.4.3 I2C Own address register 1(I2C_OAR1)

15	14	13	12	11	10	9	8	7	6	5	4	3	2	1	0
ADD MODE	Reserved					ADD[9:8]		ADD[7:1]							ADD0
rw						rw	rw	rw	rw	rw	rw	rw	rw	rw	rw

Bit 15 ADDMODE Addressing mode (slave mode)

0: 7-bit slave address (10-bit address not acknowledged)

1: 10-bit slave address (7-bit address not acknowledged)

Bit 14 Should always be kept at 1 by software.

Bits 13:10 Reserved, must be kept at reset value

Bits 9:8 ADD[9:8]: Interface address

7-bit addressing mode: don''t care, 10-bit addressing mode: bits9:8 of address

Bits 7:1 ADD[7:1]: Interface address

bits 7:1 of address

Bit 0 ADD0: Interface address

7-bit addressing mode: don''t care, 10-bit addressing mode: bit 0 of address

11.2.4.4 I2C Own address register 2(I2C_OAR2)

15	14	13	12	11	10	9	8	7	6	5	4	3	2	1	0
Reserved								ADD2[7:1]							ENDUAL
								rw	rw	rw	rw	rw	rw	rw	rw

Bits 15:8 Reserved, must be kept at reset value

Bits 7:1 ADD2[7:1]: Interface address

bits 7:1 of address in dual addressing mode

Bit 0 ENDUAL: Dual addressing mode enable

0: Only OAR1 is recognized in 7-bit addressing mode

1: Both OAR1 and OAR2 are recognized in 7-bit addressing mode

11.2.4.5 I2C Data register(I2C_DR)

15	14	13	12	11	10	9	8	7	6	5	4	3	2	1	0
Reserved								DR[7:0]							
								rw	rw	rw	rw	rw	rw	rw	rw

Bits 15:8 Reserved, must be kept at reset value

Bits 7:0 DR[7:0] 8-bit data register

Byte received or to be transmitted to the bus.

- Transmitter mode: Byte transmission starts automatically when a byte is written in the DR register. A continuous transmit stream can be maintained if the next data to be transmitted is put in DR once the transmission is started (TxE=1)

- Receiver mode: Received byte is copied into DR (RxNE=1). A continuous transmit stream can be maintained if DR is read before the next data byte is received (RxNE=1).

Note: In slave mode, the address is not copied into DR. Write collision is not managed (DR can be written if TxE=0). If an ARLO event occurs on ACK pulse, the received byte is not copied into DR and so cannot be read.

11.2.4.6 I2C Status register 1(I2C_SR1)

15	14	13	12	11	10	9	8	7	6	5	4	3	2	1	0
SMB ALERT	TIME OUT	Res.	PEC ERR	OVR	AF	ARLO	BERR	TxE	RxNE	Res.	STOPF	ADD10	BTF	ADDR	SB
rc_w0	rc_w0		rc_w0	rc_w0	rc_w0	rc_w0	rc_w0	r	r		r	r	r	r	r

Bit 15 SMBALERT: SMBus alert. Cleared by software writing 0, or by hardware when PE=0.

In SMBus host mode: 0: no SMBALERT, 1: SMBALERT event occurred on pin

In SMBus slave mode: 0: no SMBALERT response address header, 1: SMBALERT response address header to SMBALERT LOW received

Bit 14 TIMEOUT: Timeout or Tlow error

0: No timeout error, 1: SCL remained LOW for 25 ms (Timeout)

or Master cumulative clock low extend time more than 10 ms (Tlow:mext)

or Slave cumulative clock low extend time more than 25 ms (Tlow:sext)

When set in slave mode: slave resets the communication and lines are released by hardware.

When set in master mode: Stop condition sent by hardware. Cleared by software writing 0, or by hardware when PE=0.

Note: This functionality is available only in SMBus mode.

Bit 13 Reserved, must be kept at reset value

Bit 12 PECERR: PEC Error in reception

0: no PEC error: receiver returns ACK after PEC reception (if ACK=1)

1: PEC error: receiver returns NACK after PEC reception (whatever ACK)

Cleared by software writing 0, or by hardware when PE=0.

Bit 11 OVR: Overrun/Underrun

0: No overrun/underrun, 1: Overrun or underrun

Set by hardware in slave mode when NOSTRETCH=1 and: In reception when a new byte is received (including ACK pulse) and the DR register has not been read yet. New received byte is lost. In transmission when a new byte should be sent and the DR register has not been written yet. The same byte is sent twice. Cleared by software writing 0, or by hardware when PE=0.

Note: If the DR write occurs very close to SCL rising edge, the sent data is unspecified and a hold timing error occurs

Bit 10 AF: Acknowledge failure

0: No acknowledge failure, 1: Acknowledge failure

Set by hardware when no acknowledge is returned. Cleared by software writing 0, or by hardware when PE=0.

Bit 9 ARLO: Arbitration lost (master mode)

0: No Arbitration Lost detected, 1: Arbitration Lost detected

Set by hardware when the interface loses the arbitration of the bus to another master, Cleared by software writing 0, or by hardware when PE=0. After an ARLO event the interface switches back automatically to Slave mode (MSL=0).

Note: In SMBUS, the arbitration on the data in slave mode occurs only during the data phase, or the acknowledge transmission (not on the address acknowledge).

Bit 8 BERR: Bus error

0: No misplaced Start or Stop condition, 1: Misplaced Start or Stop condition

Set by hardware when the interface detects an SDA rising or falling edge while SCL is high, occurring in a non-valid position during a byte transfer. Cleared by software writing 0, or by hardware when PE=0.

Bit 7 TxE: Data register empty (transmitters)

0: Data register not empty, 1: Data register empty

Set when DR is empty in transmission. TxE is not set during address phase. Cleared by software writing to the DR register or by hardware after a start or a stop condition or when PE=0. TxE is not set if either a NACK is received, or if next byte to be transmitted is PEC (PEC=1)

Note: TxE is not cleared by writing the first data being transmitted, or by writing data when BTF is set, as in both cases the data register is still empty.

Bit 6 RxNE: Data register not empty (receivers)
0: Data register empty, 1: Data register not empty
Set when data register is not empty in receiver mode. RxNE is not set during address phase. Cleared by software reading or writing the DR register or by hardware when PE=0. RxNE is not set in case of ARLO event.
Note: RxNE is not cleared by reading data when BTF is set, as the data register is still full.

Bit 5 Reserved, must be kept at reset value

Bit 4 STOPF: Stop detection (slave mode)
0: No Stop condition detected, 1: Stop condition detected
Set by hardware when a Stop condition is detected on the bus by the slave after an acknowledge (if ACK=1). Cleared by software reading the SR1 register followed by a write in the CR1 register, or by hardware when PE=0
Note: The STOPF bit is not set after a NACK reception. It is recommended to perform the complete clearing sequence (READ SR1 then WRITE CR1) after the STOPF is set.

Bit 3 ADD10: 10-bit header sent (Master mode)
0: No ADD10 event occurred. 1: Master has sent first address byte (header).
Set by hardware when the master has sent the first byte in 10-bit address mode. Cleared by software reading the SR1 register followed by a write in the DR register of the second address byte, or by hardware when PE=0.
Note: ADD10 bit is not set after a NACK reception

Bit 2 BTF: Byte transfer finished
0: Data byte transfer not done, 1: Data byte transfer succeeded
Set by hardware when NOSTRETCH=0 and: In reception when a new byte is received (including ACK pulse) and DR has not been read yet (RxNE=1). In transmission when a new byte should be sent and DR has not been written yet (TxE=1). Cleared by software reading SR1 followed by either a read or write in the DR register or by hardware after a start or a stop condition in transmission or when PE=0.
Note: The BTF bit is not set after a NACK reception. The BTF bit is not set if next byte to be transmitted is the PEC (TRA=1 in I2C_SR2 register and PEC=1 in I2C_CR1 register)

Bit 1 ADDR: Address sent (master mode)/matched (slave mode) This bit is cleared by software reading SR1 register followed reading SR2, or by hardware when PE=0.
Address matched(Slave) 0: Address mismatched or not received. 1: Received address matched.
Set by hardware as soon as the received slave address matched with the OAR registers content or a general call or a SMBus Device Default Address or SMBus Host or SMBus Alert is recognized.

(when enabled depending on configuration).

Note: In slave mode, it is recommended to perform the complete clearing sequence (READ SR1 then READ SR2) after ADDR is set.

Address sent (Master) 0: No end of address transmission, 1: End of address transmission

For 10-bit addressing, the bit is set after the ACK of the 2nd byte. For 7-bit addressing, the bit is set after the ACK of the byte.

Note: ADDR is not set after a NACK reception

Bit 0 SB: Start bit (Master mode)

0: No Start condition, 1: Start condition generated.

Set when a Start condition generated. Cleared by software by reading the SR1 register followed by writing the DR register, or by hardware when PE=0

11.2.4.7 I2C Status register 2(I2C_SR2)

Reading I2C_SR2 after reading I2C_SR1 clears the ADDR flag, even if the ADDR flag was set after reading I2C_SR1. Consequently, I2C_SR2 must be read only when ADDR is found set in I2C_SR1 or when the STOPF bit is cleared.

15	14	13	12	11	10	9	8	7	6	5	4	3	2	1	0
PEC[7:0]								DUALF	SMB HOST	SMBDE FAULT	GEN CALL	Res.	TRA	BUSY	MSL
r	r	r	r	r	r	r	r	r	r	r	r		r	r	r

Bits 15:8 PEC[7:0] Packet error checking register

This register contains the internal PEC when ENPEC=1.

Bit 7 DUALF: Dual flag (Slave mode)

0: Received address matched with OAR1, 1: Received address matched with OAR2

Cleared by hardware after a Stop condition or repeated Start condition, or when PE=0.

Bit 6 SMBHOST: SMBus host header (Slave mode)

0: No SMBus Host address, 1: SMBus Host address received when SMBTYPE=1 and ENARP=1.

Cleared by hardware after a Stop condition or repeated Start condition, or when PE=0.

Bit 5 SMBDEFAULT: SMBus device default address (Slave mode)

0: No SMBus Device Default address, 1: SMBus Device Default address received when ENARP=1

Cleared by hardware after a Stop condition or repeated Start condition, or when PE=0.

Bit 4 GENCALL: General call address (Slave mode)

0: No General Call, 1: General Call Address received when ENGC=1
Cleared by hardware after a Stop condition or repeated Start condition, or when PE=0.

Bit 3 Reserved, must be kept at reset value

Bit 2 TRA: Transmitter/receiver
0: Data bytes received, 1: Data bytes transmitted
This bit is set depending on the R/W bit of the address byte, at the end of total address phase. It is also cleared by hardware after detection of Stop condition (STOPF=1), repeated Start condition, loss of bus arbitration (ARLO=1), or when PE=0.

Bit 1 BUSY: Bus busy
0: No communication on the bus, 1: Communication ongoing on the bus
Set by hardware on detection of SDA or SCL low. cleared by hardware on detection of a Stop condition. It indicates a communication in progress on the bus. This information is still updated when the interface is disabled (PE=0).

Bit 0 MSL: Master/slave
0: Slave Mode, 1: Master Mode
Set by hardware as soon as the interface is in Master mode (SB=1). Cleared by hardware after detecting a Stop condition on the bus or a loss of arbitration (ARLO=1), or by hardware when PE=0.

11.2.4.8 I2C Clock control register(I2C_CCR)

fPCLK1 must be at least 2 MHz to achieve Sm mode I^{2}C frequencies. It must be at least 4MHz to achieve Fm mode I^{2}C frequencies. It must be a multiple of 10MHz to reach the 400 kHz maximum I^{2}C Fm mode clock.
The CCR register must be configured only when the I2C is disabled (PE = 0).

15	14	13	12	11	10	9	8	7	6	5	4	3	2	1	0
F/S	DUTY	Reserved		CCR[11:0]											
rw	rw			rw	rw	rw	rw	rw	rw	rw	rw	rw	rw	rw	rw

Bit 15 F/S: I2C master mode selection
0: Sm mode I2C, 1: Fm mode I2C

Bit 14 DUTY: Fm mode duty cycle
0: Fm mode tlow/thigh = 2, 1: Fm mode tlow/thigh = 16/9 (see CCR)

Bits 13:12 Reserved, must be kept at reset value

Bits 11:0 CCR[11:0]: Clock control register in Fm/Sm mode (Master mode)

Controls the SCL clock in master mode.

Sm mode or SMBus: Thigh = CCR * TPCLK1, Tlow = CCR * TPCLK1

Fm mode: If DUTY = 0: Thigh = CCR * TPCLK1, Tlow = 2 * CCR * TPCLK1

If DUTY = 1: (to reach 400 kHz), Thigh = 9 * CCR * TPCLK1, Tlow = 16 * CCR * TPCLK1

For instance: in Sm mode, to generate a 100 kHz SCL frequency: If FREQR = 08, TPCLK1 = 125 ns so CCR must be programmed with 0x28 (0x28 <=> 40d x 125 ns = 5000 ns.)

Note: The minimum allowed value is 0x04, except in FAST DUTY mode where the minimum allowed value is 0x01: thigh = tr(SCL) + tw(SCLH). See device datasheet for the definitions of parameters. tlow = tf(SCL) + tw(SCLL). See device datasheet for the definitions of parameters. I2C communication speed, fSCL ~ 1/(thigh + tlow). The real frequency may differ due to the analog noise filter input delay. The CCR register must be configured only when the I2C is disabled (PE = 0).

11.2.4.9 I2C TRISE register(I2C_TRISE)

15	14	13	12	11	10	9	8	7	6	5	4	3	2	1	0
Reserved										TRISE[5:0]					
										rw	rw	rw	rw	rw	rw

Bits 15:6 Reserved, must be kept at reset value

Bits 5:0 TRISE[5:0]: Maximum rise time in Fm/Sm mode (Master mode)

These bits should provide the maximum duration of the SCL feedback loop in master mode. The purpose is to keep a stable SCL frequency whatever the SCL rising edge duration. These bits must be programmed with the maximum SCL rise time given in the I2C bus specification, incremented by 1. For instance: in Sm mode, the maximum allowed SCL rise time is 1000 ns. If, in the I2C_CR2 register, the value of FREQ[5:0] bits is equal to 0x08 and TPCLK1 = 125 ns therefore the TRISE[5:0] bits must be programmed with 09h. (1000 ns / 125 ns = 8 + 1). The filter value can also be added to TRISE[5:0]. If the result is not an integer, TRISE[5:0] must be programmed with the integer part, in order to respect the tHIGH parameter.

Note: TRISE[5:0] must be configured only when the I2C is disabled (PE = 0).

11.2.5 I2C 통신 실습

I2C 통신 실습은 다음 장의 센서 및 모니터 프로그램에서 ST사의 BMA150 3축 가속도계 연결 시험에서 실시한다.

11.3 USART(Universal synchronous asynchronous receiver transmitter)

STM32 UART는 산업 표준으로 외부 장치와 전이중 통신을 지원하며, 내부 fractional baud rate generator를 이용하여 다양한 전송 속도를 제공한다.

또한 동기식 단 방향 통신, 반이중 통신, LIN(Local Interconnection Network), Smartcard protocol, IrDA(Infrared Data Association) SIR ENDEC 규격, 모뎀 동작(CTS/RTS)를 지원하며, multiprocessor 통신도 지원한다. 또한 DMA를 이용한 고속 통신도 가능하다.

여기서는 기본 기능인 전이중(full duplex) 비동기(asynchronous) 통신 방식에 대한 설명만 나타낸다. 다른 기능의 사용법은 STM32 사용자 매뉴얼에서 찾을 수 있다.

11.3.1 STM32 USART 특징

- 전이중, 비동기 통신 지원
- NRZ 표준 형식 지원(Mark/Space)
- Fractional baud rate generator: 프로그램 가능한 최대 4.5Mbps 송수신 속도
- Stop 비트 선택 가능: 1 혹은 2 stop bit
- LIN master synchronous break 전송 및 LIN slave break 감지 기능
- 동기식 전송을 위한 clock 출력 제공
- IrDA SIR Encoder/Decoder 지원
- ISO 7816-3 표준의 Smartcard emulation 기능 지원
- 단일 선 반이중 통신 지원
- DMA를 이용한 multibuffer 통신: SRAM에 송/수신 바이트 buffering 가능
- 송신과 수신에 별도 enable 비트 제공
- 전송 감지 flag: 1) Receive buffer full, 2) Transmit buffer empty, 3) End of transmission
- parity control: parity bit의 전송 및 수신된 parity의 검사
- 4가지 error detection flag: 1) Overrun error, 2) Noise error, 3) Frame error, 4) Parity error
- 10가지 interrupt source with flags: 1) CTS changes, 2) LINbreak detection, 3) Transmit data register empty, 4) Transmission complete, 5) Receive data register full, 6) Idle line received, 7) Overrun error, 8) Framing error, 9) Noise error, 10) Parity error
- Multiprocessor 통신 지원: 주소가 일치하지 않으면 mute 모드로 진입
- Mute 모드에서 복귀기능(idle line 검출 혹은 주소 mark 검출)
- 두가지 수신기 wakeup 모드: 주소 비트(MSB, 9번째 비트), Idle line

11.3.2 USART 기능

11.3.2.1 개요

UASART로 외부 장치와 전이중 통신을 하기 위해서 최소 두 핀(TX, RX)이 필요하다.

RX: 직렬 데이터 입력 핀이며, 잡음 제거를 위하여 oversampling 기법이 사용된다.

TX: 직렬 데이터 출력 핀이며, 송신이 비활성화 되면 범용 IO핀으로 사용된다. 송신이 활성화 되었지만 보낼 데이터가 없으면 high 상태를 유지한다. 단일선 통신 혹은 Smartcard 모드에서는 이 핀을 통하여 송수신이 이루어진다.(USART 레벨에서 SW_RX를 통하여 데이터를 수신한다)

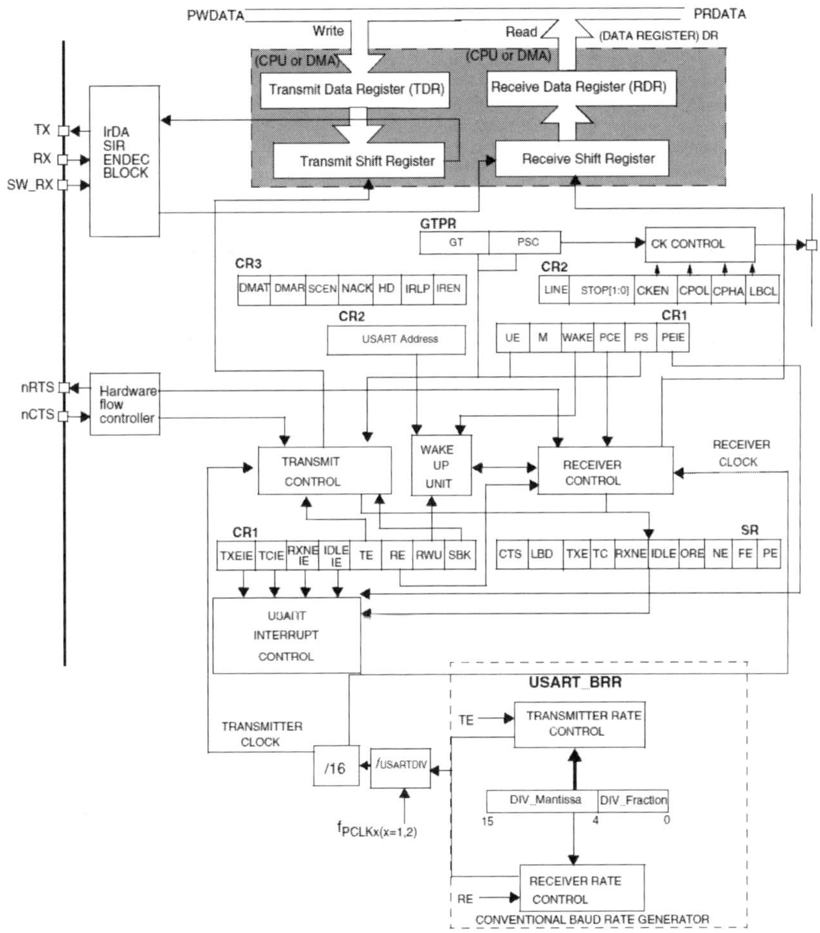

그림 11.17 USART block diagram

TX, RX 핀을 통하여 일반적인 USART 직렬 송수신이 이루어진다. 이 경우 Frame은 다음과 같이 구성된다.

- 송신 혹은 수신 전에 Idle line
- Start bit
- 데이터 word(LSB 먼저)
- 0.5/1/1.5/2 Stop 비트(Frame의 마지막을 표시)
- 12비트 mantissa와 4비트 fraction를 갖는 fractional baud rate generator
- Status 레지스터(USART_SR)
- Data 레지스터(USART_DR)
- Baud rate 레지스터(USART_BRR) - 12bit mantissa, 4bit fraction
- Guardtime 레지스터(USART_GTPR) - Smartcard 지원

동기 통신을 위해서는 다음 핀이 사용된다.

CK: Transmitter Clock Output. SPI master 모드에 해당하는 동기 전송을 위한 송신 데이터 clock. 동시에 RX 핀으로 동기된 데이터를 수신할 수 있으며, LCD driver와 같이 shift 레지스터를 갖는 주변장치의 제어를 위해 사용될 수 있다. Clock의 위상과 극성은 소프트웨어 프로그램으로 조절 가능하다.

추가로 하드웨어 흐름제어(flow control)을 위하여 다음 핀이 사용된다.

nCTS: Clear To Send. 이 신호가 high이면(nCTS가 비활성화) 현재 전송의 끝에서 데이터 전송을 멈춘다.

nRTS: Request To Send. 이 신호가 low이면(nRTS가 활성화) USART가 데이터를 수신할 준비가 되었음을 나타낸다.

11.3.2.2 USART character description

USART_CR1 레지스터의 M 비트로 8비트 혹은 9비트 데이터 통신을 설정할 수 있다. 그림에서 보는 바와 같이 Start 비트 동안 TX 핀은 low로, Stop 비트 동안은 high로 유지된다. Start와 Stop 비트 사이에 8 혹은 9비트 데이터가 LSB부터 전송되며, 각 데이터 비트는 clock과 동기되어 전송된다.

Idle frame는 다음 frame의 Start bit 이전의 모두 '1'로 이루어진 frame을 나타내며, Break frame은 모두 0으로 이루어진 frame을 나타내며, 마지막에 1-2비트의 Stop bit가 추가된다.

송신기와 수신기는 같은 clock rate generator로 구동되며, 송신기와 수신기의 활성화에 따라 각각이 clock이 생성된다.

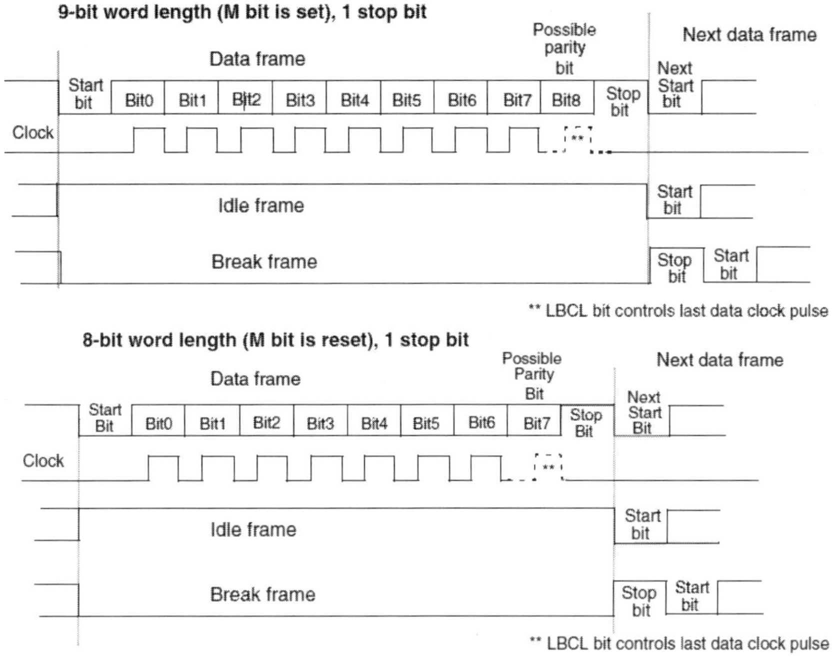

그림 11.18 Word length programming

11.3.2.3 Transmitter

TE(Transmitter Enable) 비트가 설정되어 있으면 송신 shift 레지스터에 보관된 8 혹은 9비트 데이터가 TX 핀을 통하여 출력된다. 동시에 해당 clock이 CK 핀을 통하여 출력된다.

Character transmission

USART 송신에서 LSB부터 TX 핀으로 출력된다. 이 모드에서 USART_DR은 내부 버스와 shift 레지스터 사이에서 TDR buffer로 동작한다. 1비트 길이의 low 신호인 Start 비트 이후에 character가 전송되며 high 신호인 Stop 비트(0.5/1/1.5/2 중 선택 가능)로 끝난다.

데이터 전송 중에 TE=0(reset)으로 만들면 baud rate counter의 동작이 멈춰 TX 핀으로 출력되는 데이터가 망실될 수 있다.

TE=1(enable)이 되면 idle frame이 전송되기 시작한다.

Stop bit의 설정

USART_CR2의 12-13비트를 이용하여 0.5/1/1.5/2 Stop bit를 설정할 수 있다. 일반적인 비동기 통신에서 1비트가 사용되며, 0.5/1.5비트는 smartcard 모드에서 사용된다.

송신 절차

- USART_CR1 레지스터의 UE 비트를 1로 설정하여 USART를 enable 시킨다.
- USART_CR1 레지스터의 M 비트로 word length를 설정한다.
- USART_CR2 레지스터의 Stop 비트의 길이를 설정한다.
- Multi-buffer 통신이 필요하면 USART_CR3의 DMAT(DMA enable)을 설정한다.
- USART_BRR 레지스터를 이용하여 원하는 baud rate을 설정한다.
- 첫 전송으로 idle frame을 보내기 위해 USART_CR1의 TE 비트를 설정한다.
- USART_DR에 보내고자 하는 데이터를 써넣어 데이터를 전송한다.(이때 TXE가 해제된다). Single buffer를 사용하여 전송하는 경우 보내고자 하는 각각의 데이터에 대하여 이 과정을 반복한다.
- 마지막 바이트를 USART_DR에 쓴 이후 TC=1이 될 때까지 대기한다. TC는 transmission complete를 나타내며, 이 대기 과정은 USART가 disable되거나 halt 모드로 들어가 마지막 전송이 제대로 되지 않을 가능성을 피하기 위함이다.

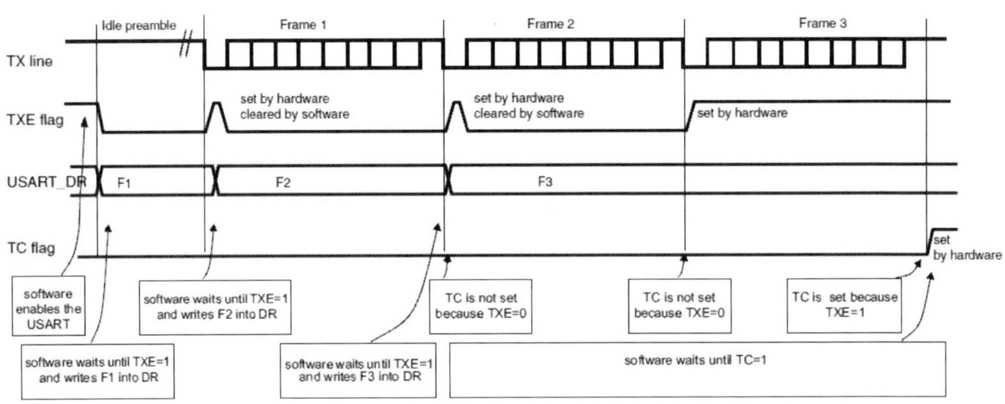

그림 11.19 송신에서 TC/TXE의 동작

Single byte 통신

USART_DR에 데이터를 쓰면 TXE는 해제되며, TXE가 설정되었다는 것은 데이터가 TDR에서 shift 레지스터로 옮겨져 전송이 시작되었고, 이에 따라 TDR이 비었으므로, USART_DR에 새로운 데이터를 적재할 수 있다는 것을 나타낸다. 만약 TXEIE=1로 인터럽트가 활성화되면 TXE가 설정될 때 인터럽트도 발생한다.

USART_DR에 데이터를 쓰면 TDR에 저장되고 현재의 전송이 끝나면 shift 레지스터로 옮겨진다. 전송이 일어나지 않는 경우에는 USART_DR에 쓴 데이터가 바로 shift register로 들어가고, TXE=1로 설정된다.

Frame이 전송되었는데도 TXE 비트가 1이면 TC 비트가 1로 설정된다. 이때 USART_CR1의 TCIE=1로 설정되어 있으면 인터럽트도 발생한다. 마지막 바이트를 USART_DR에 쓴 후 USART를 disable 시키거나, MCU를 저전력 모드로 보내기 전에 반드시 TC=1이 될 때까지 기다려야 한다. TC 비트를 해제하기 위해서는 USART_SR을 읽고, USART_DR에 쓰기를 해야 한다. TC에 직접 '0'을 써서 해제할 수도 있으며 Multi-buffer 통신인 경우에는 이 방법을 추천한다.

Break character

SBK 비트를 설정하면 현재 데이터의 전송이 완료된 후 break character가 전송되며, 길이는 M 비트의 설정에 따른다. 이 비트는 Stop 비트가 전송되는 동안 해제된다. USART는 마지막 break frame의 끝에 '1'을 추가하여 다음 frame의 Start 비트가 구분되도록 한다.

Idle character

TE 비트를 설정하면 처음 데이터 frame 전송 전에 idle frame을 전송한다.

11.3.2.4 Receiver

USART는 USART_CR1의 M비트 설정에 따라 8 혹은 9비트의 데이터를 수신한다.

Start bit detection

다음 그림에서와 같이 Idle과 Start 비트 사이를 샘플링 하여 1110x0x0x0000의 숫자 열을 수신하면 Start 비트를 수신한 것으로 인식한다.

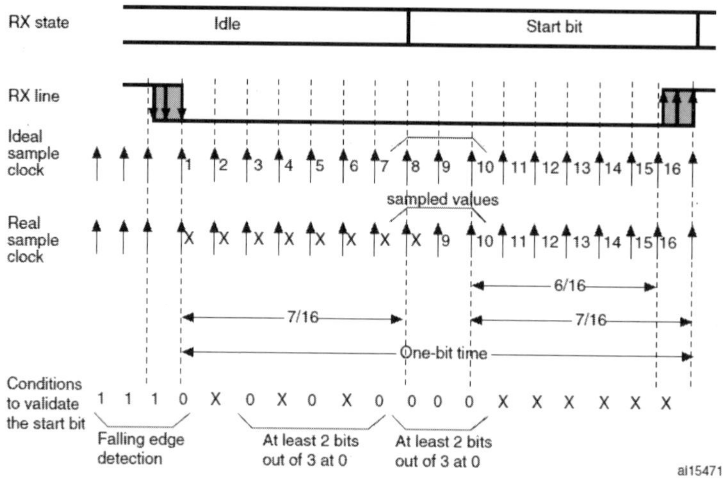

그림 11.20 Start bit detection

숫자 열이 완정하지 않으면 Start 비트 검출은 멈추고 다시 falling edge를 기다리는 idle 상태로 돌아간다. 만약 3개의 샘플(3,5,7번째 와 8,9,10번째)이 0이면 Start 비트로 확신하고 RXNE=1로 두고, RXNEIE=1이면 인터럽트를 발생시킨다. 3개중 2개의 샘플이 0인 경우에도 Start 비트가 설정되지만 이때는 NE noise flag가 설정된다.

Character reception

RX 핀을 통하여 입력된 신호는 LSB부터 shift 레지스터에 수신된다. 수신모드에서는 USART_DR은 shift 레지스터와 내부 버스 사이의 RDR buffer로 동작한다.

수신 절차

- USART_CR1의 UE=1로 설정하여 USART를 enable 시킨다
- USART_CR1 레지스터의 M 비트로 word length를 설정한다.
- USART_CR2 레지스터의 Stop 비트의 길이를 설정한다.
- Multi-buffer 통신이 필요하면 USART_CR3의 DMAT(DMA enable)을 설정한다.
- USART_BRR 레지스터를 이용하여 원하는 baud rate을 설정한다.
- Start 비트를 찾기 위하여 USART_CR1의 RE 비트를 설정한다.

Character가 수신되면

- RXNE 비트가 설정되며 이는 shift 레지스터에 수신된 데이터가 RDR로 옮겨져 사용자가 읽을 수 있음을 나타낸다.

· 만약 RXNEIE=1이면 인터럽트가 발생한다.
· 수신 도중 frame error, noise error, overrun error을 검출하면 해당 flag을 설정한다.
· Multi-buffer 모드에서는 수신된 매 바이트에 대하여 RXNE가 설정되며 DMA가 Data 레지스터를 읽으면 해제된다.
· Single buffer 모드에서는 소프트웨어에서 USART_DR을 읽으면 RXNE가 해제된다. RXNE는 다음 바이트가 수신되기 전에 해제되어야 overrun error를 피할 수 있다

데이터 수신 도중에 RE 비트를 0으로 설정하면 현재의 데이터의 수신이 중단된다.

Break character

Break character가 수신되면 framing error로 처리한다.

Idle character

Idle frame이 검출되면, IDLEIE=1이면 인터럽트를 발생하고, 일반 데이터 수신과 같은 과정을 거친다.

Overrun error

Overrun error가 발생하면 1) ORE 비트가 설정되고, 2) RDR 내용은 그대로 유지된다. USART_DR을 읽으면 이전 값이 나온다. 3) Shift 레지스터가 덧써진다. 이후로 수신되는 데이터는 모두 분실된다. 4) RXNEIE=1이거나 EIE=1, DMAR=1이면 인터럽트가 발생한다. 5) USART_SR과 USART_DR을 차례로 읽으면 ORE가 해제된다.

Noise error

비동기 모드에서는 유효한 입력과 noise를 분리하기 위하여 over-sampling 기법이 사용된다. 다음과 같이 16배 over-sampling을 하는 경우 가운데 8,9,10번째 sample 값을 기준으로 데이터와 유효성을 판단한다.

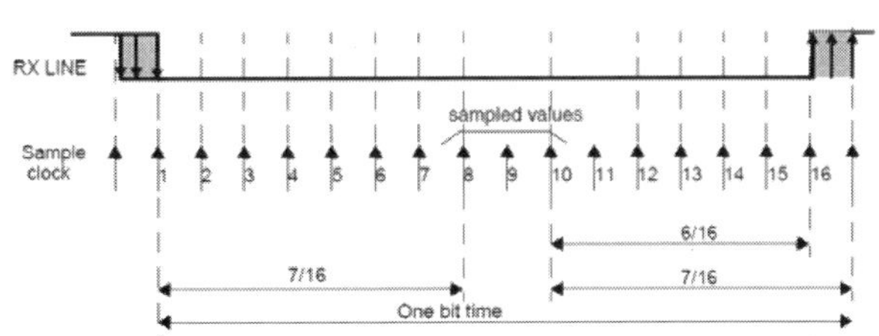

그림 11.21 잡음 검출을 위한 data sampling

표 11.5 Sample 데이터로부터 잡음 검출 기법

Sampled value	NE status	Received bit value	Data validity
000	0	0	Valid
001	1	0	Not Valid
010	1	0	Not Valid
011	1	1	Not Valid
100	1	0	Not Valid
101	1	1	Not Valid
110	1	1	Not Valid
111	0	1	Valid

Frame에서 noise가 검출되면 1) RXNE의 rising edge에서 NE가 설정되고, 2) 유효하지 않은 데이터가 shift 레지스터에서 USART_DR로 옮겨진다. 3) Single 바이트 통신에서는 인터럽트는 발생하지 않지만 RXNE에의한 인터럽트는 발생한다.

USART_SR과 USART_DR의 읽기로 NE 비트는 해제된다.

Framing error

동기 불량이나 잡음의 영향으로 기대하는 시간에 Stop 비트가 검출되지 않는 경우 frame error가 발생한다. Frame error가 발생하면 1) FE 비트가 설정되고, 2) 유효하지 않은 데이터가 shift 레지스터에서 USART_DR로 옮겨진다. 3) Single 바이트 통신에서는 인터럽트는 발생하지 않지만 RXNE에의한 인터럽트는 발생한다.

USART_SR과 USART_DR의 읽기로 FE 비트는 해제된다.

11.3.2.5 Fractional baud rate generation

송수신에 필요한 baud rate 설정은 USART_BRR 레지스터의 USARTDIV에 값(mantissa와 fraction)을 설정한다. 이 때 송신과 수신은 같은 값을 갖는다.

```
Tx/ Rx baud = fCK / (16*USARTDIV)
legend: fCK - Input clock to the peripheral (PCLK1 for USART2, 3, 4, 5 or PCLK2 for USART1)
```

USART_BRR에 값을 적으면 baud counter는 새로운 값으로 갱신된다. 따라서 통신 도중에 BRR 값을 변경하면 통신 오류가 발생할 수 있다.

USART_BRR 레지스터 값으로 USARTDIV 값 구하기

예 1: DIV_mantissa=0d27, DIV_fraction=0d12 (USART_BRR=0x1BC)

Mantissa(USARTDIV)=0d27, Fraction(USARTDIV)=12/16=0d0.75 → USARTDIV=0d27.75

예 2: USARTDIV = 0d25.62 프로그램 하기

DIV_fraction=16*0d0.62=0d9.92 → 가장 가까운 정수 0d10 = 0xA

DIV_mantissa = mantissa(0d25.620) = 0d25 = 0x19

따라서 USART_BRR=0x19A로 적으면 USARTDIV=0d25.625가 된다.

예 3: USARTDIV = 0d50.99 프로그램 하기

DIV_fraction=16*0d0.99=0d15.85 → 가장 가까운 정수 0d16 = 0x10 → DIV_fraction에 overflow 발생 →

DIV_fraction = 0으로 두고 carry를 mantissa에 반영

DIV_mantissa = mantissa(0d50.99 + carry) = 0d50 + 0d01 = 0d51 = 0x33

따라서 USART_BRR=0x330로 적으면 USARTDIV=0d51.000가 된다.

다음에 대표적인 통신 속도에 대한 USART_BRR 프로그램 방법과 오차를 나타내었다.

표 11.6 Baud rate 프로그램과 오차

Baud rate		f_{PCLK} = 36MHz			f_{PCLK} = 72MHz		
S.No	in Kbps	Actual	Value programmed in the Baud Rate register	% Error =(Calculated-Desired)B.Rate / Desired B.Rate	Actual	Value programmed in the Baud Rate register	% Error
1.	2.4	2.400	937.5	0%	2.4	1875	0%
2.	9.6	9.600	234.375	0%	9.6	468.75	0%
3.	19.2	19.2	117.1875	0%	19.2	234.375	0%
4.	57.6	57.6	39.0625	0%	57.6	78.125	0%
5.	115.2	115.384	19.5	0.15%	115.2	39.0625	0%
6.	230.4	230.769	9.75	0.16%	230.769	19.5	0.16%
7.	460.8	461.538	4.875	0.16%	461.538	9.75	0.16%
8.	921.6	923.076	2.4375	0.16%	923.076	4.875	0.16%
9.	2250	2250	1	0%	2250	2	0%
10.	4500	NA	NA	NA	4500	1	0%

USART1 만 PCLK2(72MHz Max)로 동작하고 나머지 USART(2, 3, 4, 5)들은 PCLK1(32MHz Max)로 동작한다.

11.3.2.6 Parity control

USART_CR1 레지스터의 PCE 비트를 설정하면 Parity 제어(송신에서 생성하고 수신에서 비교하는 기능)가 활성화된다. M 비트로 설정된 frame 길이에 따라 다음의 USART frame 형식이 가능하다.

표 11.7 Frame format

M bit	PCE bit	USART Frame
0	0	I SB I 8 bit data I STB
0	1	I SB I 7-bit data I STB
1	0	I SB I 9-bit data I STB
1	1	I SB I 9-bit data PB I STB

1. Legends: SB: Start Bit, STB: Stop Bit, PB: Parity Bit

USART_CR1 레지스터의 PS 비트로 짝수/홀수(even/odd) parity를 선택할 수 있다.

Even parity: 1의 개수가 짝수가 되게 parity 비트를 생성한다. 예를 들어 데이터가 00110101인 경우 짝수 parity는 '0'을 생성한다. **Odd parity:** 1의 개수가 홀수가 되게 parity 비트를 생성한다. 예를 들어 데이터가 00110101인 경우 홀수 parity는 '1'을 생성한다. **전송 모드:** 만약 USART_CR1의 PCE=1이면 DR에 적은 데이터의 MSB부터 송신되며, 마지막에 정해진 parity가 추가로 송신된다. 만약 parity 검사가 실패하면 USART_SR의 PE flag이 설정되고 USART_CR1의 PEIE=1이면 인터럽트도 발생한다.

11.3.3 USART 인터럽트

USART에서 사용 가능한 인터럽트는 다음과 같다.

표 11.8 USART 인터럽트

Interrupt event	Event flag	Enable Control bit
Transmit data register empty	TXE	TXEIE
CTS flag	CTS	CTSIE
Transmission complete	TC	TCIE
Received data ready to be read	RXNE	RXNEIE
Overrun error detected	ORE	
Idle line detected	IDLE	IDLEIE
Parity error	PE	PEIE
Break flag	LBD	LBDIE
Noise flag, Overrun error and Framing error in multibuffer communication	NE or ORE or FE	EIE[1]

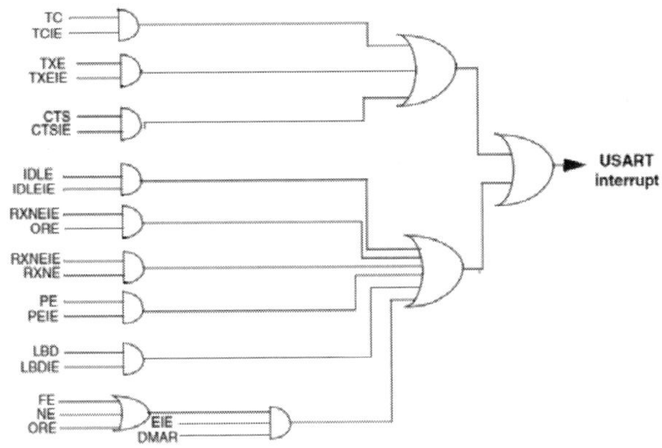

그림 11.22 USART 인터럽트 mapping

USART의 인터럽트는 모두 같은 interrupt vector에 연결되어 있다. 따라서 USART ISR에서 Status 레지스터로 어떤 사건이 인터럽트를 발생했는지 파악해야 한다. 각 인터럽트의 제어 비트를 설정하면, 송신 중에는 Transmission Complete, Clear to Send 혹은 Transmit Data Register empty 인터럽트가 발생할 수 있으며, 수신 중에는 Idle Line detection, Overrun error, Receiver Data Register not empty, Parity error, LIN break detection, Noise flag(multi buffer 통신인 경우), Framing error(multi buffer 통신인 경우) 인터럽트가 발생할 수 있다.

11.3.4 USART 모드 설정

STM32에는 5개의 USART가 있으며 다음에 사용할 수 있는 모드를 나타내었다. 표에서 X는 사용할 수 있음을, NA는 사용할 수 없음(Not Applicable)을 나타낸다.

표 11.9 USART 모드 구성

USART modes	USART1	USART2	USART3	USART4	USART5
Asynchronous mode	X	X	X	X	X
Hardware Flow Control	X	X	X	NA	NA
Multibuffer Communication (DMA)	X	X	X	X	NA
Multiprocessor Communication	X	X	X	X	X
Synchronous	X	X	X	NA	NA
Smartcard	X	X	X	NA	NA
Half-Duplex (Single-Wire mode)	X	X	X	X	X
IrDA	X	X	X	X	X
LIN	X	X	X	X	X

11.3.5 USART Registers

다음 표에 USART에 사용되는 레지스터와 초기 값을 나타내었다.(레지스터 boundary 주소는 Memory map 참고). 각 레지스터는 half-word(16비트)나 word(32비트) 단위로 접근할 수 있다.

표 11.10 USART register map과 초기 값

Offset	Register	31	30	29	28	27	26	25	24	23	22	21	20	19	18	17	16	15	14	13	12	11	10	9	8	7	6	5	4	3	2	1	0
0x00	USART_SR	Reserved																						CTS	LBD	TXE	TC	RXNE	IDLE	ORE	NE	FE	PE
	Reset value																							0	0	1	1	0	0	0	0	0	0
0x04	USART_DR	Reserved																							DR[8:0]								
	Reset value																								0	0	0	0	0	0	0	0	0
0x08	USART_BRR	Reserved																DIV_Mantissa[15:4]												DIV_Fraction[3:0]			
	Reset value																	0	0	0	0	0	0	0	0	0	0	0	0	0	0	0	0
0x0C	USART_CR1	Reserved																		UE	M	WAKE	PCE	PS	PEIE	TXEIE	TCIE	RXNEIE	IDLEIE	TE	RE	RWU	SBK
	Reset value																			0	0	0	0	0	0	0	0	0	0	0	0	0	0
0x10	USART_CR2	Reserved																	LINEN	STOP[1:0]		CLKEN	CPOL	CPHA	LBCL	Reserved	LBDIE	LBDL	Reserved	ADD[3:0]			
	Reset value																		0	0	0	0	0	0	0	Reserved	0	0	Reserved	0	0	0	0
0x14	USART_CR3	Reserved																					CTSIE	CTSE	RTSE	DMAT	DMAR	SCEN	NACK	HDSEL	IRLP	IREN	EIE
	Reset value																						0	0	0	0	0	0	0	0	0	0	0
0x18	USART_GTPR	Reserved																GT[7:0]								PSC[7:0]							
	Reset value																	0	0	0	0	0	0	0	0	0	0	0	0	0	0	0	0

11.3.5.1 Status register(USART_SR)

31	30	29	28	27	26	25	24	23	22	21	20	19	18	17	16
Reserved															
15	14	13	12	11	10	9	8	7	6	5	4	3	2	1	0
Reserved						CTS	LBD	TXE	TC	RXNE	IDLE	ORE	NE	FE	PE
						rc_w0	rc_w0	r	rc_w0	rc_w0	r	r	r	r	r

Bits 31:10 Reserved, forced by hardware to 0.

Bit 9 CTS: CTS flag

It is set by hardware when the nCTS input toggles, if the CTSE bit is set. It is cleared by software (by writing it to 0). An interrupt is generated if CTSIE=1 in the USART_CR3 register. This bit is not available for UART4 & UART5.

0: No change occurred on the nCTS status line, 1: A change occurred on the nCTS status line

Bit 8 LBD: LIN break detection flag

It is set by hardware when the LIN break is detected. It is cleared by software (by writing it to 0). An interrupt is generated if LBDIE = 1 in the USART_CR2 register. Note: An interrupt is generated when LBD=1 if LBDIE=1

0: LIN Break not detected, 1: LIN break detected

Bit 7 TXE: Transmit data register empty

It is set by hardware when the content of the TDR register has been transferred into the shift register. An interrupt is generated if TXEIE=1 in the USART_CR1 register. It is cleared by a write to the USART_DR. TXE is used during single buffer transmission.

0: Data is not transferred to shift register, 1: Data is transferred to shift register)

Bit 6 TC: Transmission complete

It is set by hardware if the transmission of a frame containing data is complete and if TXE is set. An interrupt is generated if TCIE=1 in the USART_CR1. It is cleared by a software sequence (a read from the USART_SR followed by a write to the USART_DR). The TC bit can also be cleared by writing a '0' to it. This clearing sequence is recommended only for multibuffer communication.

0: Transmission is not complete, 1: Transmission is complete

Bit 5 RXNE: Read data register not empty

It is set by hardware when the content of the RDR shift register has been transferred to the USART_DR. An interrupt is generated if RXNEIE=1 in the USART_CR1. It is cleared by a read to the USART_DR. The RXNE flag can also be cleared by writing a zero to it. This clearing sequence is recommended only for multibuffer communication.

0: Data is not received, 1: Received data is ready to be read.

Bit 4 IDLE: IDLE line detected

It is set by hardware when an Idle Line is detected. An interrupt is generated if the IDLEIE=1 in the USART_CR1. It is cleared by a software sequence (an read to the USART_SR followed by a read to the USART_DR). Note: The IDLE bit will not be set again until the RXNE bit has been set itself (i.e. a new idle line occurs).

0: No Idle Line is detected, 1: Idle Line is detected

Bit 3 ORE: Overrun error

It is set by hardware when the word currently being received in the shift register is ready to be transferred into the RDR while RXNE=1. An interrupt is generated if RXNEIE=1 in the USART_CR1. It is cleared by a software sequence (an read to the USART_SR followed by a read to the USART_DR). Note: When this bit is set, the RDR register content will not be lost but the shift register will be overwritten. An interrupt is generated on ORE flag in case of Multi Buffer communication if the EIE bit is set.

0: No Overrun error, 1: Overrun error is detected

Bit 2 NE: Noise error flag

It is set by hardware when noise is detected on a received frame. It is cleared by a software sequence (an read to the USART_SR followed by a read to the USART_DR). Note: NE does not generate interrupt as it appears at the same time as the RXNE bit which itself generates an interrupting interrupt is generated on NE flag in case of Multi Buffer communication if the EIE bit is set.

0: No noise is detected, 1: Noise is detected

Bit 1 FE: Framing error

It is set by hardware when a de-synchronization, excessive noise or a break character is detected. It is cleared by a software sequence (an read to the USART_SR followed by a read to the USART_DR). Note: FE does not generate interrupt as it appears at the same time as the RXNE bit which itself generates an interrupt. If the word currently being transferred causes both frame error and overrun error, it will be transferred and only the ORE bit will be set. An interrupt is generated on FE flag in case of Multi Buffer communication if the EIE bit is set.

0: No Framing error is detected, 1: Framing error or break character is detected

Bit 0 PE: Parity error

It is set by hardware when a parity error occurs in receiver mode. It is cleared by a software sequence (a read to the status register followed by a read to the USART_DR data). The software must wait for the RXNE flag to be set before clearing the PE bit. An interrupt is generated if PEIE = 1 in the USART_CR1.

0: No parity error, 1: Parity error

11.3.5.2 Data register(USART_DR)

31	30	29	28	27	26	25	24	23	22	21	20	19	18	17	16
Reserved															
15	14	13	12	11	10	9	8	7	6	5	4	3	2	1	0
Reserved							DR[8:0]								
							rw	rw	rw	rw	rw	rw	rw	rw	rw

Bits 31:9 Reserved, forced by hardware to 0.

Bits 8:0 DR[8:0]: Data value

Contains the Received or Transmitted data character, depending on whether it is read from or written to. The Data register performs a double function (read and write) since it is composed of two registers, one for transmission (TDR) and one for reception (RDR) The TDR register provides the parallel interface between the internal bus and the output shift register. The RDR register provides the parallel interface between the input shift register and the internal bus. When transmitting with the parity enabled (PCE bit set to 1 in the USART_CR1), the value written in the MSB (bit 7 or bit 8 depending on the data length) has no effect because it is replaced by the parity. When receiving with the parity enabled, the value read in the MSB bit is the received parity bit.

11.3.5.3 Buad rate register(USART_BRR)

31	30	29	28	27	26	25	24	23	22	21	20	19	18	17	16
Reserved															
15	14	13	12	11	10	9	8	7	6	5	4	3	2	1	0
DIV_Mantissa[11:0]												DIV_Fraction[3:0]			
rw	rw	rw	rw	rw	rw	rw	rw	rw	rw	rw	rw	rw	rw	rw	rw

Bits 31:16 Reserved, forced by hardware to 0.

Bits 15:4 DIV_Mantissa[11:0]: mantissa of USARTDIV

These 12 bits define the mantissa of the USART Divider (USARTDIV)

Bits 3:0 DIV_Fraction[3:0]: fraction of USARTDIV

These 4 bits define the fraction of the USART Divider (USARTDIV)

11.3.5.4 Control register 1(USART_CR1)

31	30	29	28	27	26	25	24	23	22	21	20	19	18	17	16
Reserved															
15	14	13	12	11	10	9	8	7	6	5	4	3	2	1	0
Reserved		UE	M	WAKE	PCE	PS	PEIE	TXEIE	TCIE	RXNEIE	IDLEIE	TE	RE	RWU	SBK
		rw	rw	rw	rw	rw	rw	rw	rw	rw	rw	rw	rw	rw	rw

Bits 31:14 Reserved, forced by hardware to 0.

Bit 13 UE: USART enable

When UE is cleared the USART prescalers and outputs are stopped and the end of the current byte transfer in order to reduce power consumption. This bit is set/cleared by software.
0: USART prescaler and outputs disabled, 1: USART enabled

Bit 12 M: Word length
This bit determines the word length. It is set or cleared by software. Note: The M bit must not be modified during a data transfer (both transmission and reception)
0: 1 Start bit, 8 Data bits, n Stop bit, 1: 1 Start bit, 9 Data bits, n Stop bit

Bit 11 WAKE: Wakeup method
This bit determines the USART wakeup method, it is set or cleared by software.
0: Idle Line, 1: Address Mark

Bit 10 PCE: Parity control enable
PCE selects the hardware parity control(generation and detection). When the parity control is enabled, the computed parity is inserted at the MSB position (9th bit if M=1; 8th bit if M=0) and parity is checked on the received data. This bit is set and cleared by software. Once it is set, PCE is active after the current byte (in reception and in transmission).
0: Parity control disabled, 1: Parity control enabled

Bit 9 PS: Parity selection
PS selects the odd or even parity when the parity generation/detection is enabled (PCE=1). It is set and cleared by software. The parity will be selected after the current byte.
0: Even parity, 1: Odd parity

Bit 8 PEIE: PE interrupt enable. This bit is set and cleared by software.
0: Interrupt is inhibited, 1: A USART interrupt is generated whenever PE=1 in USART_SR

Bit 7 TXEIE: TXE interrupt enable. This bit is set and cleared by software.
0: Interrupt is inhibited, 1: A USART interrupt is generated whenever TXE=1 in USART_SR

Bit 6 TCIE: Transmission complete interrupt enable. This bit is set/cleared by software.
0: Interrupt is inhibited, 1: A USART interrupt is generated whenever TC=1 in USART_SR

Bit 5 RXNEIE: RXNE interrupt enable. This bit is set and cleared by software.
0: Interrupt is inhibited, 1: A USART interrupt is generated whenever ORE=1 or RXNE=1 in USART_SR

Bit 4 IDLEIE: IDLE interrupt enable. This bit is set and cleared by software.

0: Interrupt is inhibited, 1: A USART interrupt is generated whenever IDLE=1 in USART_SR

Bit 3 TE: Transmitter enable. It is set and cleared by software.
TE enables the transmitter. Note: 1: During transmission, a 0 pulse on the TE bit (0 followed by 1) sends a preamble (idle line) after current word, except in smartcard mode.
0: Transmitter is disabled, 1: Transmitter is enabled. 2: When TE is set there is a 1 bit-time delay before the transmission starts.

Bit 2 RE: Receiver enable
This bit enables the receiver. It is set and cleared by software.
0: Receiver is disabled, 1: Receiver is enabled and begins searching for a start bit

Bit 1 RWU: Receiver wakeup
RWU determines if the USART is in mute mode or not. It is set and cleared by software and can be cleared by hardware when a wakeup sequence is recognized. Note: 1: Before selecting Mute mode (by setting the RWU bit) the USART must first receive a data byte, otherwise it cannot function in Mute mode with wakeup by Idle line detection. 2: In Address Mark Detection wakeup configuration (WAKE bit=1) the RWU bit cannot be modified by software while the RXNE bit is set.
0: Receiver in active mode, 1: Receiver in mute mode

Bit 0 SBK: Send break
This bit set is used to send break characters. It can be set and cleared by software. It should be set by software, and will be reset by hardware during the stop bit of break.
0: No break character is transmitted, 1: Break character will be transmitted

11.3.5.5 Control register 2(USART_CR2)

31	30	29	28	27	26	25	24	23	22	21	20	19	18	17	16
Reserved															
15	14	13	12	11	10	9	8	7	6	5	4	3	2	1	0
Res.	LINEN	STOP[1:0]		CLK EN	CPOL	CPHA	LBCL	Res.	LBDIE	LBDL	Res.	ADD[3:0]			
	rw	rw	rw	rw	rw	rw	rw		rw	rw	rw	rw	rw	rw	rw

Bits 31:15 Reserved, forced by hardware to 0.

Bit 14 LINEN: LIN mode enable. This bit is set and cleared by software.
The LIN mode enables the capability to send LIN Synch Breaks (13 low bits) using the SBK bit in the USART_CR1 register, and to detect LIN Sync breaks.

0: LIN mode disabled, 1: LIN mode enabled

Bits 13:12 STOP: STOP bits. The 0.5 and 1.5 Stop bit are not available for UART4 & UART5.
These bits are used for programming the stop bits.
00: 1 Stop bit, 01: 0.5 Stop bit, 10: 2 Stop bits, 11: 1.5 Stop bit

Bit 11 CLKEN: Clock enable. This bit is not available for UART4 & UART5.
This bit allows the user to enable the CK pin.
0: CK pin disabled, 1: CK pin enabled

Bit 10 CPOL: Clock polarity. This bit is not available for UART4 & UART5.
This bit allows the user to select the polarity of the clock output on the CK pin in synchronous mode. It works in conjunction with the CPHA bit to produce the desired clock/data relationship
0: Steady low value on CK pin outside transmission window.
1: Steady high value on CK pin outside transmission window.

Bit 9 CPHA: Clock phase. This bit is not available for UART4 & UART5.
This bit allows the user to select the phase of the clock output on the CK pin in synchronous mode. It works in conjunction with the CPOL bit to produce the desired clock/data relationship
0: The first clock transition is the first data capture edge.
1: The second clock transition is the first data capture edge.

Bit 8 LBCL: Last bit clock pulse. This bit is not available for UART4 & UART5.
This bit allows the user to select whether the clock pulse associated with the last data bit transmitted (MSB) has to be output on the CK pin in synchronous mode. The last bit is the 8th or 9th data bit transmitted depending on the 8 or 9 bit format selected by the M bit in the USART_CR1 register.
0: The clock pulse of the last data bit is not output to the CK pin
1: The clock pulse of the last data bit is output to the CK pin

Bit 7 Reserved, forced by hardware to 0.

Bit 6 LBDIE: LIN break detection interrupt enable
Break interrupt mask (break detection using break delimiter).
0: Interrupt is inhibited, 1: An interrupt is generated whenever LBD=1 in the USART_SR

Bit 5 LBDL: lin break detection length
This bit is for selection between 11 bit or 10 bit break detection.

0: 10 bit break detection, 1: 11 bit break detection

Bit 4 Reserved, forced by hardware to 0.

Bits 3:0 ADD[3:0]: Address of the USART node

This bit-field gives the address of the USART node. This is used in multiprocessor communication during mute mode, for wake up with address mark detection.

11.3.5.6 Control register 3(USART_CR3)

31	30	29	28	27	26	25	24	23	22	21	20	19	18	17	16
Reserved															

15	14	13	12	11	10	9	8	7	6	5	4	3	2	1	0
Reserved					CTSIE	CTSE	RTSE	DMAT	DMAR	SCEN	NACK	HDSEL	IRLP	IREN	EIE
					rw	rw	rw	rw	rw	rw	rw	rw	rw	rw	rw

Bits 31:11 Reserved, forced by hardware to 0.

Bit 10 CTSIE: CTS interrupt enable. This bit is not available for UART4 & UART5.

0: Interrupt is inhibited, 1: An interrupt is generated whenever CTS=1 in the USART_SR

Bit 9 CTSE: CTS enable. This bit is not available for UART4 & UART5.

If the nCTS input is deasserted while a data is being transmitted, then the transmission is completed before stopping. If a data is written into the data register while nCTS is deasserted, the transmission is postponed until nCTS is asserted.

0: CTS hardware flow control disabled

1: CTS mode enabled, data is only transmitted when the nCTS input is asserted (tied to 0).

Bit 8 RTSE: RTS enable. This bit is not available for UART4 & UART5.

The transmission of data is expected to cease after the current character has been transmitted. The nRTS output is asserted (tied to 0) when a data can be received.

0: RTS hardware flow control disabled

1: RTS interrupt enabled, data is only requested when there is space in the receive buffer.

Bit 7 DMAT: DMA enable transmitter. This bit is not available for UART5.

This bit is set/reset by software

1: DMA mode is enabled for transmission, 0: DMA mode is disabled for transmission

Bit 6 DMAR: DMA enable receiver. This bit is not available for UART5.

This bit is set/reset by software

1: DMA mode is enabled for reception, 0: DMA mode is disabled for reception

Bit 5 SCEN: Smartcard mode enable. This bit is not available for UART4 & UART5.

This bit is used for enabling Smartcard mode.

0: Smartcard Mode disabled, 1: Smartcard Mode enabled

Bit 4 NACK: Smartcard NACK enable. This bit is not available for UART4 & UART5.

0: NACK transmission in case of parity error is disabled

1: NACK transmission during parity error is enabled

Bit 3 HDSEL: Half-duplex selection. Selection of Single-wire Half-duplex mode

0: Half duplex mode is not selected, 1: Half duplex mode is selected

Bit 2 IRLP: IrDA low-power

This bit is used for selecting between normal and low-power IrDA modes

0: Normal mode, 1: Low-power mode

Bit 1 IREN: IrDA mode enable. This bit is set and cleared by software.

0: IrDA disabled, 1: IrDA enabled

Bit 0 EIE: Error interrupt enable

Error Interrupt Enable Bit is required to enable interrupt generation in case of a framing error, overrun error or noise error (FE=1 or ORE=1 or NE=1 in the USART_SR register) in case of Multi Buffer Communication (DMAR=1 in the USART_CR3 register).

0: Interrupt is inhibited, 1: An interrupt is generated whenever DMAR=1 in the USART_CR3 register and FE=1 or ORE=1 or NE=1 in the USART_SR register.

11.3.5.7 Guard time and prescale register(USART_GTPR)

31	30	29	28	27	26	25	24	23	22	21	20	19	18	17	16
Reserved															
15	14	13	12	11	10	9	8	7	6	5	4	3	2	1	0
GT[7:0]								PSC[7:0]							
rw	rw	rw	rw	rw	rw	rw	rw	rw	rw	rw	rw	rw	rw	rw	rw

Bits 31:16 Reserved, forced by hardware to 0.

Bits 15:8 GT[7:0]: Guard time value. This bit is not available for UART4 & UART5.

This bit-field gives the Guard time value in terms of number of baud clocks. This is used in Smartcard mode. The Transmission Complete flag is set after this guard time value.

Bits 7:0 PSC[7:0]: Prescaler value

In IrDA Low-power mode: PSC[7:0] = IrDA Low-Power Baud Rate

Used for programming the prescaler for dividing the system clock to achieve the low-power frequency: The source clock is divided by the value given in the register (8 significant bits):

00000000: Reserved - do not program this value

00000001: divides the source clock by 1

00000010: divides the source clock by 2

...

In normal IrDA mode: PSC must be set to 00000001.

In smartcard mode: PSC[4:0]: Prescaler value

Used for programming the prescaler for dividing the system clock to provide the smartcard clock. The value given in the register (5 significant bits) is multiplied by 2 to give the division factor of the source clock frequency:

00000: Reserved - do not program this value

00001: divides the source clock by 2

00010: divides the source clock by 4

00011: divides the source clock by 6

11.3.6. USART 통신 실습

11.3.6.1 시험 준비

STM32F103RB의 내부의 5개의 USART 중 두개를 이용하여 Loopback 통신 시험을 수행한다. USART2를 송신으로 USART3를 수신으로 설정하여 polling 방식으로 통신을 실행한다. USART2의 Tx, Rx는 각각 PA2, PA3에, USART3의 Tx, Rx는 각각 PB10, PB11에 할당되며 통신을 위하여 다음과 같이 연결한다.

USART1은 PC와 연결되며 PC에는 terminal 프로그램(ex. Token2shell)이 수행된다.(115200bps/8 bit data, no parity, 1 stop 비트)

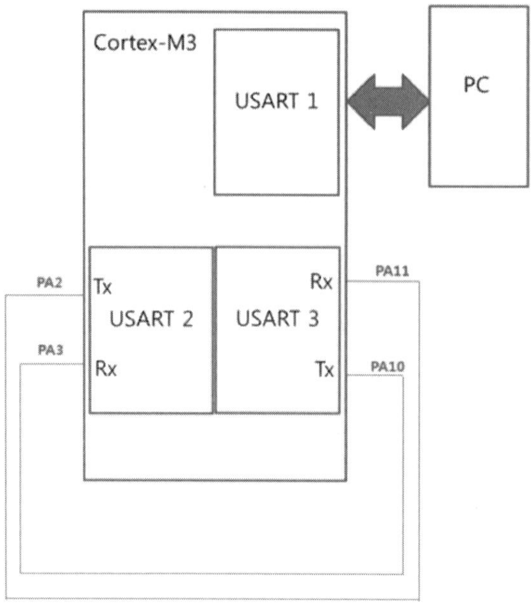

사용하는 망고보드는 다음 그림과 같이 연결하여 USART 시험을 수행한다.

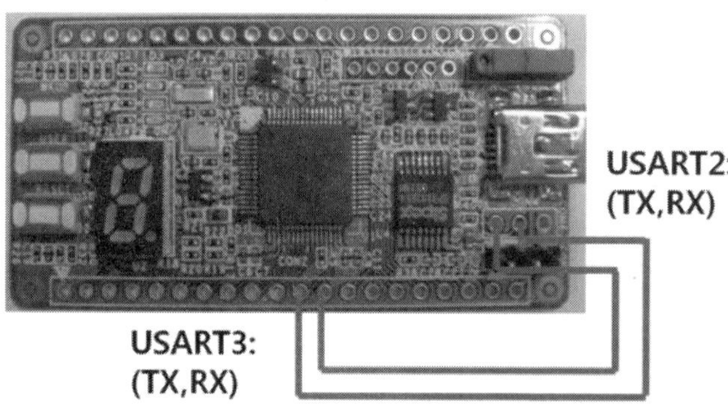

11.3.6.2 통신 시험 알고리즘

USART2에서, 'USART loop back test: transfer from USART2 to USART3'라는 메시지를 전송하고, USART2에서 수신을 확인한다.

전체적인 알고리즘은 다음과 같다.

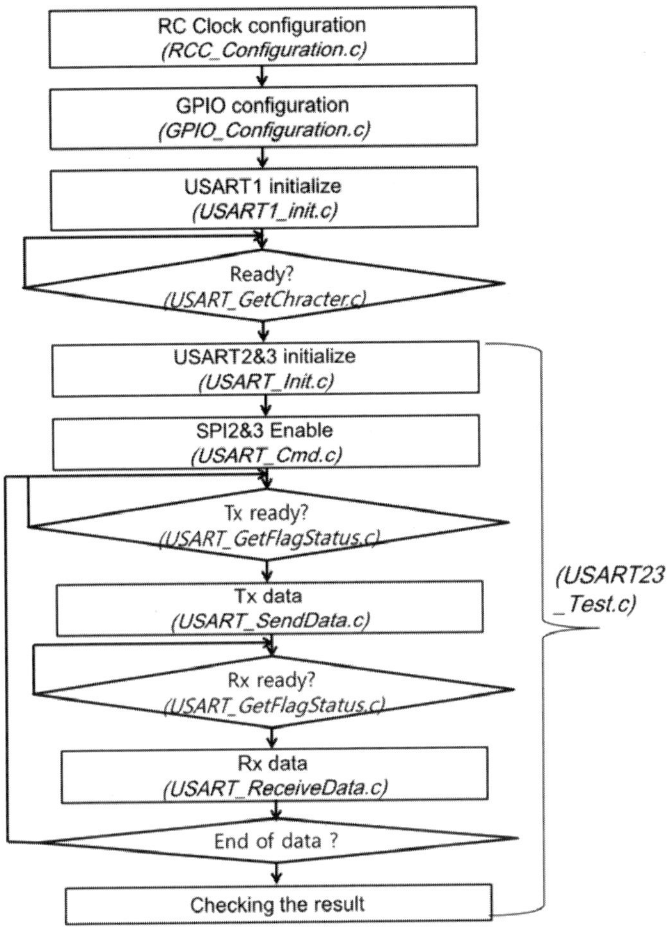

11.3.6.3 통신 시험 프로그램

```
#include "hw_config.h"

RCC_ClocksTypeDef  rcc_clocks;
typedef enum { FAILED = 0, PASSED = !FAILED} TestStatus;

#define TxBufferSize   (countof(TxBuffer))
#define countof(a)   (sizeof(a) / sizeof(*(a)))
uint8_t TxBuffer[] = "USART loop back test: transfer from USART2 to USART3"
uint8_t RxBuffer[TxBufferSize + 1];
```

```
int main(void)
{
    /* System Clocks Configuration */
    RCC_Configuration();
    RCC_GetClocksFreq(&rcc_clocks);

    /* Configure the GPIO ports */
    GPIO_Configuration();

    /* UART initialization */
    USART1_Init();



    USART_GetCharacter(USART1);
    USART_Polling_UART2_3_Test();
}

void RCC_Configuration(void)
{
    SystemInit();
    /* Enable USART2 USART3 clocks */
    RCC_APB1PeriphClockCmd(RCC_APB1Periph_USART2, ENABLE);
    RCC_APB1PeriphClockCmd(RCC_APB1Periph_USART3, ENABLE);
}

void RCC_APB1PeriphClockCmd(uint32_t RCC_APB1Periph, FunctionalState NewState)
{
 /* Check the parameters */
  assert_param(IS_RCC_APB1_PERIPH(RCC_APB1Periph));
  assert_param(IS_FUNCTIONAL_STATE(NewState));
  if (NewState != DISABLE)
  {
    RCC->APB1ENR |= RCC_APB1Periph;
  }
  else
  {
    RCC->APB1ENR &= ~RCC_APB1Periph;
```

```
  }
}

void GPIO_Configuration(void)
{
   GPIO_InitTypeDef GPIO_InitStructure;

 /* Configure USART_tx_Tx as alternate function push-pull */
   GPIO_InitStructure.GPIO_Pin   = USART_tx_TxPin;
   GPIO_InitStructure.GPIO_Speed = GPIO_Speed_50MHz;
   GPIO_InitStructure.GPIO_Mode  = GPIO_Mode_AF_PP;
   GPIO_Init(USART_tx_GPIO, &GPIO_InitStructure);

   /* Configure USART_tx_Rx as input floating */
   GPIO_InitStructure.GPIO_Pin  = USART_tx_RxPin;
   GPIO_InitStructure.GPIO_Mode = GPIO_Mode_IN_FLOATING;
   GPIO_Init(USART_tx_GPIO, &GPIO_InitStructure);

   /* Configure USART_rx_Tx as alternate function push-pull */
   GPIO_InitStructure.GPIO_Pin   = USART_rx_TxPin;
   GPIO_InitStructure.GPIO_Speed = GPIO_Speed_50MHz;
   GPIO_InitStructure.GPIO_Mode  = GPIO_Mode_AF_PP;
   GPIO_Init(USART_rx_GPIO, &GPIO_InitStructure);

   /* Configure USART_rx_Rx as input floating */
   GPIO_InitStructure.GPIO_Pin  = USART_rx_RxPin;
   GPIO_InitStructure.GPIO_Mode = GPIO_Mode_IN_FLOATING;
   GPIO_Init(USART_rx_GPIO, &GPIO_InitStructure);
}

void GPIO_Init(GPIO_TypeDef* GPIOx, GPIO_InitTypeDef* GPIO_InitStruct)
{
  uint32_t currentmode = 0x00, currentpin = 0x00, pinpos = 0x00, pos = 0x00;
  uint32_t tmpreg = 0x00, pinmask = 0x00;
  /* Check the parameters */
  assert_param(IS_GPIO_ALL_PERIPH(GPIOx));
  assert_param(IS_GPIO_MODE(GPIO_InitStruct->GPIO_Mode));
```

```
  assert_param(IS_GPIO_PIN(GPIO_InitStruct->GPIO_Pin));

/*---------------------------- GPIO Mode Configuration -----------------------*/
  currentmode = ((uint32_t)GPIO_InitStruct->GPIO_Mode) & ((uint32_t)0x0F);
  if ((((uint32_t)GPIO_InitStruct->GPIO_Mode) & ((uint32_t)0x10)) != 0x00)
  {
    /* Check the parameters */
    assert_param(IS_GPIO_SPEED(GPIO_InitStruct->GPIO_Speed));
    /* Output mode */
    currentmode |= (uint32_t)GPIO_InitStruct->GPIO_Speed;
  }
/*---------------------------- GPIO CRL Configuration ------------------------*/
  /* Configure the eight low port pins */
  if (((uint32_t)GPIO_InitStruct->GPIO_Pin & ((uint32_t)0x00FF)) != 0x00)
  {
    tmpreg = GPIOx->CRL;
    for (pinpos = 0x00; pinpos < 0x08; pinpos++)
    {
      pos = ((uint32_t)0x01) << pinpos;
      /* Get the port pins position */
      currentpin = (GPIO_InitStruct->GPIO_Pin) & pos;
      if (currentpin == pos)
      {
        pos = pinpos << 2;
        /* Clear the corresponding low control register bits */
        pinmask = ((uint32_t)0x0F) << pos;
        tmpreg &= ~pinmask;
        /* Write the mode configuration in the corresponding bits */
        tmpreg |= (currentmode << pos);
        /* Reset the corresponding ODR bit */
        if (GPIO_InitStruct->GPIO_Mode == GPIO_Mode_IPD)
        {
          GPIOx->BRR = (((uint32_t)0x01) << pinpos);
        }
        else
        {
          /* Set the corresponding ODR bit */
```

```
        if (GPIO_InitStruct->GPIO_Mode == GPIO_Mode_IPU)
        {
          GPIOx->BSRR = (((uint32_t)0x01) << pinpos);
        }
      }
    }
  }
  GPIOx->CRL = tmpreg;
}
/*---------------------------- GPIO CRH Configuration ------------------------*/
/* Configure the eight high port pins */
if (GPIO_InitStruct->GPIO_Pin > 0x00FF)
{
  tmpreg = GPIOx->CRH;
  for (pinpos = 0x00; pinpos < 0x08; pinpos++)
  {
    pos = (((uint32_t)0x01) << (pinpos + 0x08));
    /* Get the port pins position */
    currentpin = ((GPIO_InitStruct->GPIO_Pin) & pos);
    if (currentpin == pos)
    {
      pos = pinpos << 2;
      /* Clear the corresponding high control register bits */
      pinmask = ((uint32_t)0x0F) << pos;
      tmpreg &= ~pinmask;
      /* Write the mode configuration in the corresponding bits */
      tmpreg |= (currentmode << pos);
      /* Reset the corresponding ODR bit */
      if (GPIO_InitStruct->GPIO_Mode == GPIO_Mode_IPD)
      {
        GPIOx->BRR = (((uint32_t)0x01) << (pinpos + 0x08));
      }
      /* Set the corresponding ODR bit */
      if (GPIO_InitStruct->GPIO_Mode == GPIO_Mode_IPU)
      {
        GPIOx->BSRR = (((uint32_t)0x01) << (pinpos + 0x08));
      }
```

```
      }
    }
    GPIOx->CRH = tmpreg;
  }
}

void USART1_Init(void)
{
    USART_InitTypeDef USART_InitStructure;
    USART_InitStructure.USART_BaudRate   = 115200;
    USART_InitStructure.USART_WordLength = USART_WordLength_8b;
    USART_InitStructure.USART_StopBits   = USART_StopBits_1;
    USART_InitStructure.USART_Parity     = USART_Parity_No ;
    USART_InitStructure.USART_HardwareFlowControl
                                    = USART_HardwareFlowControl_None;
    USART_InitStructure.USART_Mode       = USART_Mode_Rx | USART_Mode_Tx;

    /* Configure the USARTx */
    USART_Init(USART1, &USART_InitStructure);

    /* Enable the USART1 */
    USART_Cmd(USART1, ENABLE);
}

void USART_Cmd(USART_TypeDef* USARTx, FunctionalState NewState)
{
  /* Check the parameters */
  assert_param(IS_USART_ALL_PERIPH(USARTx));
  assert_param(IS_FUNCTIONAL_STATE(NewState));

  if (NewState != DISABLE)
  {
    /* Enable the selected USART by setting the UE bit in the CR1 register */
    USARTx->CR1 |= CR1_UE_Set;
  }
  else
  {
```

```
    /* Disable the selected USART by clearing the UE bit in the CR1 register */
    USARTx->CR1 &= CR1_UE_Reset;
  }
}

uint8_t USART_GetCharacter(USART_TypeDef *  usart_p)
{
    uint8_t data;

    printf("Press any key when ready\n");

    /* Loop until the end of transmission */
    while(USART_GetFlagStatus(usart_p, USART_FLAG_RXNE) == RESET);

    /* Write a character to the USART */
    data = USART_ReceiveData(usart_p);

    USART_SendData(usart_p, data);
    while(USART_GetFlagStatus(usart_p, USART_FLAG_TXE) == RESET);

    if( data == '\r' )  return (int)('\n');
    else                return(data);
}

void USART23_Test(void)
{
    USART_InitTypeDef USART_InitStructure;
    uint8_t counter = 0;
    TestStatus TransferStatus = FAILED;

    printf("USART23_Test\n");

    USART_InitStructure.USART_BaudRate = 230400;
    USART_InitStructure.USART_WordLength = USART_WordLength_8b;
    USART_InitStructure.USART_StopBits = USART_StopBits_1;
    USART_InitStructure.USART_Parity = USART_Parity_Even;
    USART_InitStructure.USART_HardwareFlowControl = USART_HardwareFlowControl_None;
```

```
USART_InitStructure.USART_Mode = USART_Mode_Rx | USART_Mode_Tx;

/* Configure USART_tx */
USART_Init(USART_tx, &USART_InitStructure);

/* Enable the USART_tx */
USART_Cmd(USART_tx, ENABLE);

/* Configure USART_rx */
USART_Init(USART_rx, &USART_InitStructure);

/* Enable the USART_rx */
USART_Cmd(USART_rx, ENABLE);

while(counter < TxBufferSize)
{
    /* Send one byte from USARTy to USARTz */
    USART_SendData(USART_tx, TxBuffer[counter]);
    printf("[%d] USART2 Send: 0x%0X\n", counter, TxBuffer[counter]);

    /* Loop until USARTy DR register is empty */
    while(USART_GetFlagStatus(USART_tx, USART_FLAG_TXE) == RESET);
    printf("[%d] USART2 Send Complete\n", counter);

    /* Loop until the USARTz Receive Data Register is not empty */
    while(USART_GetFlagStatus(USART_rx, USART_FLAG_RXNE) == RESET);
    printf("[%d] USART3 Receive Complete\n", counter);

    /* Store the received byte in RxBuffer */
    RxBuffer[counter] = (USART_ReceiveData(USART_rx) & 0x7F);
    printf("[%d] USART3 Receive: 0x%0X\n", counter, RxBuffer[counter]);

    counter++;
}

/* Check the received data with the send ones */
TransferStatus = Buffercmp(TxBuffer, RxBuffer, TxBufferSize);
```

```
    if(PASSED == TransferStatus)
    {
        printf("Transfer Status PASSED\n");
    }
    else
    {
        printf("Transfer Status FAILED\n");
    }
printf("TxBuffer: %s\n", TxBuffer);
printf("RxBuffer: %s\n", RxBuffer);
}
```

FlagStatus USART_GetFlagStatus(USART_TypeDef* USARTx, uint16_t USART_FLAG)

```
{
  FlagStatus bitstatus = RESET;
  /* Check the parameters */
  assert_param(IS_USART_ALL_PERIPH(USARTx));
  assert_param(IS_USART_FLAG(USART_FLAG));
  /* The CTS flag is not available for UART4 and UART5 */
  if (USART_FLAG == USART_FLAG_CTS)
  {
    assert_param(IS_USART_123_PERIPH(USARTx));
  }

  if ((USARTx->SR & USART_FLAG) != (uint16_t)RESET)
  {
    bitstatus = SET;
  }
  else
  {
    bitstatus = RESET;
  }
  return bitstatus;
}
```

void USART_SendData(USART_TypeDef* USARTx, uint16_t Data)

```
{
```

```
  /* Check the parameters */
  assert_param(IS_USART_ALL_PERIPH(USARTx));
  assert_param(IS_USART_DATA(Data));

  /* Transmit Data */
  USARTx->DR = (Data & (uint16_t)0x01FF);
}
```

uint16_t USART_ReceiveData(USART_TypeDef* USARTx)

```
{
  /* Check the parameters */
  assert_param(IS_USART_ALL_PERIPH(USARTx));

  /* Receive Data */
  return (uint16_t)(USARTx->DR & (uint16_t)0x01FF);
}
```

TestStatus Buffercmp(uint8_t* pBuffer1, uint8_t* pBuffer2, uint16_t BufferLength)

```
{
   while(BufferLength--)
   {
      if(*pBuffer1 != *pBuffer2)
      {
         return FAILED;
      }

      pBuffer1++;
      pBuffer2++;
   }
   return PASSED;
}
```

hw_config.h

```
#ifndef __HW_CONFIG_H
#define __HW_CONFIG_H

#include "stm32f10x.h"
```

```
#include "stdio.h"
#include "debug.h"
#include "usb_lib.h"
#include "usb_pwr.h"
#include "usb_istr.h"
#include "usb_desc.h"

#ifdef BOARD_DEF_MANGO_Z1
   #include "zigbee_test.h"
#endif

/* global variables */

extern bool g_TestProcessState;

/* defines */

#define GPIO_LED             GPIOB
#define GPIO_KEY             GPIOA
#define GPIO_USART           GPIOA

#define GPIO_USB_DISCONNECT       GPIOA

#ifdef BOARD_DEF_MANGO_M32
   #define GPIO_7_SEG              GPIOC
#elif  BOARD_DEF_MANGO_Z1
   #define GPIO_RF_SPI                GPIOA
   #define GPIO_RF_RESET              GPIOC
   #define GPIO_RF_VREG_EN            GPIOC
   #define GPIO_RF_GPIO0_4            GPIOC
   #define GPIO_RF_GPIO5              GPIOD
#endif

#define GPIO_LED1_PIN       GPIO_Pin_9 /* RED */
#define GPIO_LED2_PIN       GPIO_Pin_5 /* YELLOW */
#define GPIO_LED3_PIN       GPIO_Pin_8 /* BLUE */
```

```
#define GPIO_KEY1_PIN       GPIO_Pin_0 /* LEFT_WKUP */
#define GPIO_KEY2_PIN       GPIO_Pin_1 /* RIGHT_USER */

#define GPIO_USART_Rx_Pin    GPIO_Pin_10
#define GPIO_USART_Tx_Pin    GPIO_Pin_9

#define GPIO_USB_DISCONNECT_PIN    GPIO_Pin_8

#ifdef BOARD_DEF_MANGO_M32
   #define GPIO_7_SEG_POWER_PIN    GPIO_Pin_8
   #define GPIO_7_SEG_A_PIN       GPIO_Pin_0
   #define GPIO_7_SEG_B_PIN       GPIO_Pin_1
   #define GPIO_7_SEG_C_PIN       GPIO_Pin_2
   #define GPIO_7_SEG_D_PIN       GPIO_Pin_3
   #define GPIO_7_SEG_E_PIN       GPIO_Pin_4
   #define GPIO_7_SEG_F_PIN       GPIO_Pin_5
   #define GPIO_7_SEG_G_PIN       GPIO_Pin_7
   #define GPIO_7_SEG_DP_PIN      GPIO_Pin_6
#elif  BOARD_DEF_MANGO_Z1
   #define GPIO_RF_SPI_NCS_PIN       GPIO_Pin_4
   #define GPIO_RF_SPI_CLK_PIN       GPIO_Pin_5
   #define GPIO_RF_SPI_MISO_PIN      GPIO_Pin_6
   #define GPIO_RF_SPI_MOSI_PIN      GPIO_Pin_7

   #define GPIO_RF_RESET_PIN         GPIO_Pin_6
   #define GPIO_RF_VREG_EN_PIN       GPIO_Pin_7

   #define GPIO_RF_GPIO0_PIN         GPIO_Pin_8
   #define GPIO_RF_GPIO1_PIN         GPIO_Pin_9
   #define GPIO_RF_GPIO2_PIN         GPIO_Pin_10
   #define GPIO_RF_GPIO3_PIN         GPIO_Pin_11
   #define GPIO_RF_GPIO4_PIN         GPIO_Pin_12
   #define GPIO_RF_GPIO5_PIN         GPIO_Pin_2
#endif

#define GPIO_PORTSOURCE_KEY        GPIO_PortSourceGPIOA
#define GPIO_PINSOURCE_KEY1        GPIO_PinSource0
```

```
#define GPIO_PINSOURCE_KEY2        GPIO_PinSource1
#define GPIO_EXTI_Line_KEY1        EXTI_Line0
#define GPIO_EXTI_Line_KEY2        EXTI_Line1

#ifdef  BOARD_DEF_MANGO_Z1
   #define GPIO_PORTSOURCE_RF_GPIO0  GPIO_PortSourceGPIOC
   #define GPIO_PINSOURCE_RF_GPIO0   GPIO_PinSource8
   #define GPIO_EXTI_Line_RF_GPIO0   EXTI_Line8
#endif

#define USART_tx                   USART2
#define USART_tx_GPIO               GPIOA
#define USART_tx_RxPin              GPIO_Pin_3
#define USART_tx_TxPin              GPIO_Pin_2

#define USART_rx                   USART3
#define USART_rx_GPIO               GPIOB
#define USART_rx_RxPin              GPIO_Pin_11
#define USART_rx_TxPin              GPIO_Pin_10

/* functions */

void LED_On_Red (void);
void LED_Off_Red (void);
void LED_Toggle_Red (void);
void LED_On_Yellow (void);
void LED_Off_Yellow (void);
void LED_Toggle_Yellow (void);
void LED_On_Blue (void);
void LED_Off_Blue (void);
void LED_Toggle_Blue (void);
void LED_On_All (void);
void LED_Off_All (void);

void Set_USBClock(void);
void Enter_LowPowerMode(void);
void Leave_LowPowerMode(void);
```

```
void USB_Interrupts_Config(void);
void USB_Cable_Config (FunctionalState NewState);
void RCC_Configuration(void);
void NVIC_Configuration(void);
void GPIO_Configuration(void);
void EXTI_Configuration(void);
void USART1_Init(void);
void Get_SerialNum(void);
uint8_t USART_GetCharacter(USART_TypeDef *  usart_p);

void LED_Test (void);
void KEY_Test (void);

void Delay(__IO uint32_t nTime);
void TimingDelay_Decrement(void);

void delay_1_second(void);
void delay_100_milli_second(void);

#ifdef BOARD_DEF_MANGO_M32
   void Seven_Segment_Test(void);
#elif  BOARD_DEF_MANGO_Z1
   void SPIx_Init(void);
#endif

#endif  /*__HW_CONFIG_H */
```

11.3.6.4 심화 문제

위의 프로그램에서 USART3가 USART2에서 받은 character를 USART2로 다시 돌려주고(echo 기능) USART2는 이 값을 받아 보낸 값과 일치하는지 확인하는 프로그램을 작성하라.

12. 센서와 모니터 프로그램

이 장에서는 Cortex-M3에 I2C 통신을 지원하는 가속도 센서(accelerometer) BMA150을 연결하여 I2C 통신을 통하여 측정치를 얻는 방법을 알아본다. 실험 프로그램은 모니터 프로그램에 센서 시험을 추가하였다.

12.1 가속도 센서

Bosch 사의 BMA150 가속도 센서는 MEMS 기술로 제작된 3축 가속도계를 내장하고 디지털 ±2g/±4g/±8g 가속도 출력을 제공한다.

그림 12.1 Bosch BMA150 가속도계

12.1.1 주요 특성

- 3축 가속도계
- 온도 출력
- 작은 package
- 디지털 인터페이스: SPI(4선, 3선), I2C, 인터럽트 지원
- programmable 기능: g-range ±2g/±4g/±8g, 대역폭 25-1500Hz
- 자체 시험(selftest0, selftest1) 지원
- 극 초저전력 ASIC
- RoHS compliant, Pb-free

12.1.2 주요 응용분야

- HDD 보호회로
- Menu scroll, tap / tip-tap 기능
- Game
- 추락 검출 / 충격 검출
- mobile 기기의 power management
- Display profile switching

12.1.3 규격(Specification)

Parameter	Symbol	Condition	Min	Typ	Max	Units
OPERATING RANGE						
Acceleration Range	g_{FS2g}	Switchable via serial digital interface	-2		2	g
	g_{FS4g}		-4		4	g
	g_{FS8g}		-8		8	g
Supply Voltage Analogue	V_{DD}		2.4		3.6	V
Supply Voltage for Digital I/O	V_{DDIO}	$V_{DDIO} \leq V_{DD}$	1.62		3.6	V
Supply Current in Normal Mode	I_{DD}	Digital and analog		200	290	μA
Supply current in stand-by mode **	I_{DDsbm}	Digital and analog		1	2	μA
Operating Temperature	T_A		-40		+85	°C
ACCELERATION OUTPUT SIGNAL						
Acceleration Output Resolution		Format: 2's complement			10	Bit
Sensitivity	S_{2g}	g-range ±2g	246	256	266	LSB/g
	S_{4g}	g-range ±4g	122	128	134	LSB/g
	S_{8g}	g-range ±8g	61	64	67	LSB/g
Zero-g Offset	Off	T_A=25°C, calibrated	-60		60	mg
Zero-g Offset	Off	T_A=25°C , over lifetime *	-150		150	mg
Zero-g Offset Temperature Drift		Over T_A		1		mg/K
Power Supply Rejection Ratio	PSRR	Over V_{DD}			0.2	LSB/V

Parameter	Symbol	Condition	Min	Typ	Max	Units
Bandwidth	bw	2nd order analog filter		1500		Hz
		Digital filter		25, 50, 100, 190, 375, 750		Hz
Acceleration data refresh rate (all axes)	f_rate		2700	3000	3300	Hz
Nonlinearity	NL	Best fit straight line	-0.5		0.5	%FS
Output Noise	n_{rms}	Rms		0.5		mg/√Hz
TEMPERATURE SENSOR IC						
Sensitivity	S_T	Preliminary data	0.475	0.5	0.525	K/LSB
Temperature measurement range	T_S		-30		97.5	°C
Temperature Offset	Off_T	Calibrated at 30°C		1		K
MECHANICAL CHARACTERISTICS						
Cross Axis Sensitivity	$\bar{S}$	Relative contribution between 3 axes			2	%
POWERING UP CHARACTERISTICS						
Wake-up time	t_{wu}	From standby		1	1.5	ms
Start-up time	t_{su}	From power-off		3		ms

12.1.4 Global memory map

BMA150의 global memory map은 1) serial interface를 통한 직접 접근, 2) control bit을 설정한 후 접근, 3) 접근 금지의 3가지 단계로 나누어진다.

Memory Region	Content	Access Level
Operational Registers	Data registers, control registers, status registers, interrupt settings	Direct access via serial interface
Default Setting Registers	Default values for operational registers, acceleration and temperature trimming values	Access blocked by default; Access enabled by setting control bit in operational registers via serial interface
Bosch Sensortec Reserved Registers	Internal trimming registers	Protected

BMA150은 내부에 불활성 메모리인 EEPROM과 휘발성 메모리를 가진다. EEPROM에는 센서 IC 동작을 위한 기본 값을 가지며, write only로 동작한다. EEPROM의 값은 초기화 후 휘발성 메모리인 'image register'로 복사되어 사용되며, write 동작에 의하여 image register의 값이

바뀌면 EEPROM의 내용도 변경된다.

모든 동작 레지스터와 기본 설정 레지스터는 serial interface를 통하여 접근할 수 있다.

Memory Region	Register Address (hexadecimal)	bit7	bit6	bit5	bit4	bit3	bit2	bit1	bit0	type	Default setting	
Bosch Sensortec Reserved Registers	50h to 7Fh									BST reserved	NA	
	43h to 49h									not used	NA	
	42h									BST reserved	NA	EEPROM
	41h									BST reserved	NA	
	40h									BST reserved	NA	
	3Fh									BST reserved	NA	
	3Eh									BST reserved	NA	
Default Setting Registers	3Dh	offset_T (msb)								trimming	NA	
	3Ch	offset_z (msb)								trimming	NA	
	3Bh	offset_y (msb)								trimming	NA	
	3Ah	offset_x (msb)								trimming	NA	
	39h	offset_T (lsb)		gain_T						trimming	NA	
	38h	offset_z (lsb)		gain_z						trimming	NA	
	37h	offset_y (lsb)		gain_y						trimming	NA	
	36h	offset_x (lsb)		gain_x						trimming	NA	
	35h	SPI4	enable_adv_INT	new_data_INT	latch_INT	shadow_dis	wake_up_pause		wake_up	control	1 0 0 0 0 00 0b	
	34h	reserved			range<1:0>		bandwidth<2:0>			control	xxx 01 110b	
	33h	customer_reserved 2 <7:0>								status	13	
	32h	customer_reserved 1 <7:0>								status	162	
	31h	any_motion_dur		HG_hyst<2:0>			LG_hyst<2:0>			settings	00 000 000b	
	30h	any_motion_thres<7:0>								settings	0	
	2Fh	HG_dur<7:0>								settings	150	
	2Eh	HG_thres<7:0>								settings	160	
	2Dh	LG_dur<7:0>								settings	150	
	2Ch	LG_thres<7:0>								settings	20	
	2Bh	alert	any_motion	counter_HG		counter_LG		enable_HG	enable_LG	control	0 0 00 00 1 1b	
	24h to 2Ah									not used	NA	
	23h									BST reserved	NA	
	22h									BST reserved	NA	
	21h									BST reserved	NA	
	20h									BST reserved	NA	
	1FH									BST reserved	NA	Image
	1Eh									BST reserved	NA	
	1Dh	offset_T								trimming	NA	
	1Ch	offset_z								trimming	NA	
	1Bh	offset_y								trimming	NA	
	1Ah	offset_x								trimming	NA	
	19h	offset_T		gain_T						trimming	NA	
	18h	offset_z		gain_z						trimming	NA	
	17h	offset_y		gain_y						trimming	NA	
	16h	offset_x		gain_x						trimming	NA	
Operational Registers	15h	SPI4	enable_adv_INT	new_data_INT	latch_INT	shadow_dis	wake_up_pause		wake_up	control	1 0 0 0 0 00 0b	
	14h	reserved			range<1:0>		bandwidth<2:0>			control	xxx 01 110b	
	13h	customer_reserved 2 <7:0>								status	13	
	12h	customer_reserved 1 <7:0>								status	162	
	11h	any_motion_dur		HG_hyst<2:0>			LG_hyst<2:0>			settings	00 000 000b	
	10h	any_motion_thres<7:0>								settings	0	
	0Fh	HG_dur<7:0>								settings	150	
	0Eh	HG_thres<7:0>								settings	160	
	0Dh	LG_dur<7:0>								settings	150	
	0Ch	LG_thres<7:0>								settings	20	
	0Bh	alert	any_motion	counter_HG		counter_LG		enable_HG	enable_LG	control	0 0 00 00 1 1b	
	0Ah	reserved	reset_INT	update_image	ee_w	self_test_1	self_test_0	soft_reset	sleep	control	x 0 0 0 0 0 0 0b	
	09h	st_result	not used		alert_phase	LG_latched	HG_latched	status_LG	status_HG	status	NA	
	08h	temp<7:0>								data	NA	
	07h	acc_z<9:2> (msb)								data	NA	
	06h	acc_z<1:0> (lsb)		unused					new_data_z	data	NA	
	05h	acc_y<9:2> (msb)								data	NA	
	04h	acc_y<1:0> (lsb)		unused					new_data_y	data	NA	
	03h	acc_x<9:2> (msb)								data	NA	
	02h	acc_x<1:0> (lsb)		unused					new_data_x	data	NA	
	01h	al_version<3:0>				ml_version<3:0>				data	NA	
	00h	unused					chip_id<2:0>			data	----- 010b	

12.1.4.1 Operational register

1) **SPI4**: (address 15h, bit 7) 3선식 SPI와 4선식 SPI의 동작을 선택하며, 기본 값은 SPI4 =1(4선식 SPI)이다.

2) **Range**: (address 14h, bit 4:3) 가속도계의 동작 범위를 설정하는데 사용된다.

range⟨1:0⟩	Full scale acceleration range
00	+/- 2g
01	+/- 4g
10	+/- 8g
11	Not authorised code

3) **Bandwidth**: (address 14h, bit2:0) 3kHz의 refresh rate을 갖는 moving average filter의 길이를 조정하여 디지털 필터의 bandwidth를 25Hz에서 1.5KHz까지 설정할 수 있다.

bandwidth⟨2:0⟩	Selected bandwidth (Hz)
000	25
001	50
010	100
011	190
100	375
101	750
110	1500
111	Not authorised code

Sleep 모드에서 깨어나 normal 모드로 진입하는 경우 bandwidth는 최댓값에서 시작하여 샘플 수가 늘어남에 따라 설정된 값으로 변경된다.

4) **wake_up:** (address 15h, bit 0) wake_up_pause로 정의된 시간을 경과하면 자동으로 sleep 모드에서 normal 모드로 전환하는 기능을 제공한다. Normal 모드에 진입하면 가속도 값을 획득하기 시작하고 인터럽트를 확인한다(다음 절 참고). 같은 방법으로 처리해야 할 없으면 normal 모드에서 sleep 모드로 진입한다.

(예1) bandwidth=110(1.5kHz), enable_LG=1, LG_dur=3Fh(63ms)인 경우, i) 측정치가 안정될 때까지 1ms 대기(wake-up time), ii) 가속도 값이 LG_thres 이하로 유지되는지를 확인하는데 최대 LG_dur=63ms 필요하다. 따라서 최대 동작 시간은 1ms+63*1ms=64ms이 된다.

(예2) bandwidth=110(1.5kHz), any_motion=1 (동시에 enable_adv_INT=1), any_motion _dur=01, wake_up_pause=10(360ms)인 경우, 최대 동작 시간은 i) 측정치가 안정될 때까지 1ms 대기(wake-up time), ii) 첫 any motion 범주를 계산하기 위한 4개의 데이터를 얻는 시간 (4*330us), iii) 3개의 any motion 범주의 확인을 위한 추가의 2 데이터가 필요하다. 따라서 최대 동작 시간은 1ms + 4*330us + 2*330us = 3ms이다.

5) **Wake_up_pause**: (address 15h, bit 2:1) wake-up 사이의 sleep 시간을 결정한다.

wake_up_pause⟨1:0⟩	Sleep phase duration
00	20 ms
01	80 ms
10	320 ms
11	2560 ms

6) **Shadow_dis**: (address 15h, bit 3) LSB를 읽고 있는 도중에 MSB가 변경되는 현상을 방지한다. 이 비트가 1인 경우 이 기능은 활성화 되지 않으며 MSB만 따로 읽는 것도 가능하다.

12.1.4.2 인터럽트 설정(Interrupt setting)

5종류의 인터럽트가 설정될 수 있으며, 해당 요건이 만족되면 인터럽트 핀이 'high' 상태가 된다. 각 인터럽트 요건은 OR로 연결되어 구동된다.

EEPROM의 변화에 인터럽트가 영향을 받으므로 EEPROM 쓰기 동작 중에는 인터럽트를 금지하고, 반대로 인터럽트 처리 루틴에서 EEPROM에 쓰기 동작을 금지해야 한다.

1) **Enable_LG**: (address 0Bh, bit 0) LG_thres의 인터럽트 발생 유무 결정
2) **Enable_HG**: (address 0Bh, bit 1) HG_thres의 인터럽트 발생 유무 결정
3) **Enable_adv_INT**: (address 15h, bit 6) any_motion, alert 등 고급 인터럽트 제어 기능사용 유무 결정. enable_adv_INT=0이면 사용 금지
4) **Any_motion**: (address 0Bh, bit 6) 어떤 움직임에 대해서도 인터럽트의 발생 유무 결정. alert와 동시에 설정될 수 없으며, enable_adv_INT=0이면 사용 금지
5) **Alert**: (address 0Bh, bit 7) 이 비트가 1이면 any-motion이 alert 모드로 동작하며, enable_adv_INT=0이면 사용 금지
6) **Latch_INT**: (address 15h, bit 4) 이 비트가 1이면 인터럽트가 latch된다. 즉 마이크로프로세서가 인터럽트를 인식하고 reset_INT control bit를 1로 쓰기 전에는 인터럽트 핀이 계속 'high' 상태를 유지한다. Latch_INT=0인 경우는 설정된 변수에 따라 다르게 동작한다.
7) **LG_thres**(address 0Ch, bit 7:0), **LG_hyst**(address 11h, bit 2:0): LG(low-g) threshold와 LG threshold hysteresis는 debouncing을 처리하는데 사용된다. **LG_dur**에 정의된 duration 동안 가속도의 절대 값이 threshold 보다 작으면 인터럽트가 발생된다. LG_thres와 LG_hyst는 항상 (LG_thres + 32*LG_hyst) < 511을 만족해야 한다.

```
LG_thres criterion_x is true if          |acc_x | ≤ LG_thres / 255 * range
LG_thres interrupt is set if             (LG_thres criterion_x AND LG_thres criterion_y AND
                                         LG_thres criterion_z) AND interrupt counter = (LG_dur+1)

LG_thres criterion_x is false if         |acc_x | > (LG_thres + 32*LG_hyst) / 255 * range
LG_thres interrupt is reset if           NOT(LG_thres criterion_x AND LG_thres criterion_y AND
                                         LG_thres criterion_z)
```

LG_thres criterion이 active되면 인터럽트 counter가 1 LSB/ms씩 증가하며 (LG_dur+1)과 같아지면 인터럽트가 발생한다. LG_thres criterion이 false가 되었을 때 **counter_LG** (address 0Bh, bit 3:2)의 설정에 따라 다음과 같이 동작한다. Latch_INT=0인 상태에서는 LG_thres criteria가 false가 되면 즉시 reset 된다. 인터럽트가 발생하면 인터럽트 counter는 reset된다.

counter_LG〈1:0〉	low acceleration interrupt counter status when LG_thres criteria is false
00	reset
01	Count down by 1 LSB/ms
10	Count down by 2 LSB/ms
11	Count down by 3 LSB/ms

8) **HG_thres**(address 0Eh, bit 7:0), **HG_hyst**(address 11h, bit 5:3): HG(high-g) threshold와 HG theshold hystersis는 high-g level과 관련 히스테리시스를 정의한다. **HG_dur**(high-g threshold qualification duration)과 **counter_HG**(address 0Bh, bits 5:4 / high-g counter down register)를 이용하여 high-g criteria의 debouncing을 처리한다. **HG_dur**에 정의된 duration 동안 가속도의 절대 값이 threshold 보다 크면 인터럽트가 발생된다. HG_thres와 HG_hyst는 항상 (HG_thres - 32*HG_hyst) > 0을 만족해야 한다.

```
HG_threshold criterion_x is true if |acc_x | ≥ HG_thres / 255 * range
HG_threshold interrupt is set if  (HG_thres criterion_x OR HG_thres criterion_y OR
                                  HG_thres criterion_z) AND interrupt counter=(HG_dur+1)
HG_threshold criterion_x is false if |acc_x | < (HG_thres - 32*HG_hyst) / 255 * range
HG_threshold interrupt is reset if  NOT(HG_thres criterion_x OR HG_thres criterion_y OR
                                    HG_thres criterion_z)
```

HG_thres criterion이 active되면 인터럽트 counter가 1 LSB/ms 증가하며 (HG_dur+1)과 같아지면 인터럽트가 발생한다. HG_thres criterion이 false가 되었을 때 counter_HG의 설정에 따라 다음과 같이 동작한다. Latch_INT=0인 상태에서는 HG_thres criteria가 false가 되면 즉시 reset 된다. 인터럽트가 발생하면 인터럽트 counter는 reset된다.

counter_HG<1:0>	High acceleration interrupt counter status when HG_thres criterion is false
00	reset
01	Count down by 1 LSB/ms
10	Count down by 2 LSB/ms
11	Count down by 3 LSB/ms

12.1.4.3 Any_motion_thres, any_motion_dur

any motion criterion은 연속적인 디지털 필터의 출력을 저장하고, 각 축에 대한 이동 차이(moving difference)를 계산한다. t0 시간과 t0+2/(2*bandwidth) 시간에서의 값으로 차이를 계산한다. 차이 값은 **any_motion_thres**(address 10h, bit 7:0)의 임계 값과 비교하며 **any_ motion_dur**(address 11h, bit 7:6)에서 정의한 시간 동안 큰 값을 유지하면 인터럽트가 발생된다. any_motion_thres와 any_motion_dur는 unsigned integer이며, any_motion_ thres의 LSB는 ±2g 범위에서 15.6mg이다.

```
Any motion criterion is valid if   |acc(t0)-acc(t0+3/(2*bandwidth))| ≥ any_motion_thres.
An interrupt is set if           (any motion criterion_x OR any motion criterion_y OR any
                                  motion criterion_z) for any_motion_dur consecutive times.
The any motion interrupt is reset if NOT(any_motion criterion_x OR any_motion criterion_y
                  OR any_motion criterion_z) for any_motion_dur
                                  consecutive times.
```

any_motion_dur는 인터럽트를 발생시키기 위하여 연속적으로 몇 번 조건을 만족시켜야 하는지를 나타낸다.

any_motion_dur<1:0>	Number of required consecutive conditions to set or reset the any motion interrupt
00	1
01	3
10	5
11	7

any_motion_thres는 any_motion 인터럽트의 발생에 사용되거나 alert 모드에서 log-g나 high-g 임계 값을 미리 적재(preload)하는데 사용된다. any_motion과 alert는 동시에 사용될 수 없다.

(동작 예) 가운데 그림의 any motion criterion은 처음 그림의 디지털 필터 출력으로 결정되며, bandwidth 설정에 영향을 받는다. 예를 들면 any_motion_dur=01b (3번이 연속 발생), bandwidth=110b (1.5kHz)인 경우, 2*bandwidth=3ksamples/s을 얻으며, 이는 3*333μs=1ms 인터럽트에 대응하며 최소 any motion 인터럽트 지속시간은 마지막 그림에서와 같이 3*333us=1ms이 된다. 만약 lower bandwidth가 선택되면 i) 디지털 필터 출력(lower noise)은 any motion criterion

의 검정을 위해 사용되며, ii) criterion의 검증을 위해 시간이 늘어난다. 따라서 any motion algorithm의 감도 설정을 위하여 bandwidth, any motion threshold, any motion duration, full scale range의 조정이 필요하다.

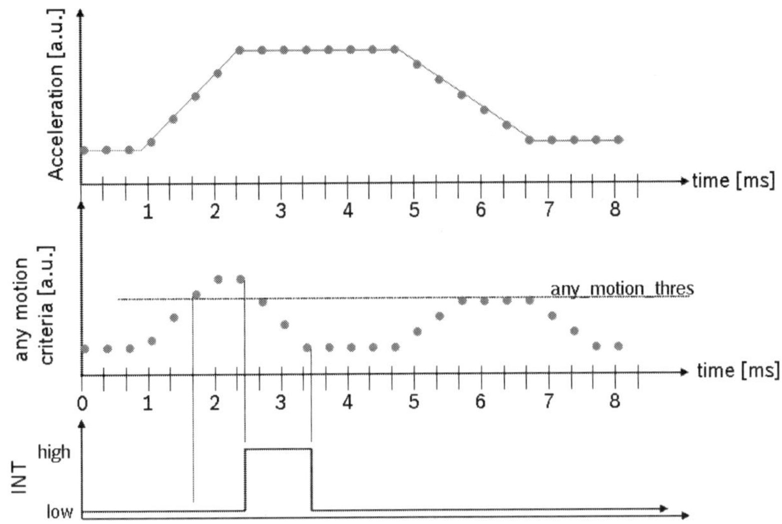

12.1.4.4 New_data_int

New_data_bit(address 15h, bit 5)가 설정되면 3축에서 모두 새로운 가속도 값이 측정되면 인터럽트를 발생한다. 발생된 인터럽트는 latched interrupt로 마이크로프로세서는 인터럽트가 감지되면 reset_INT=1을 설정해야 한다. 이 인터럽트는 가속도 값 읽기 동작(02h에서 07h 사이의 읽기)에 의해서도 초기화된다.

New data interrupt 는 항상 output register의 z-축 값이 변경된 후 발생한다. 다음 그림에서 x-축 읽기와 인터럽트 발생을 확인할 수 있다. 왼쪽은 새로운 x-축 값이 생성되기 전에 읽기를 수행한 경우로 z-축의 값이 생성된 후 new_data_int를 발생한다. 오른쪽은 x-축 값이 다시 갱신되고 난 후 z-축 값이 생성된 경우에 new_data_int가 발생됨을 볼 수 있다.

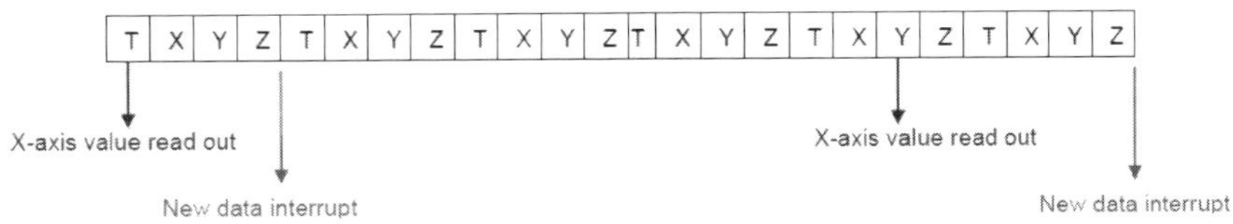

12.1.5 Control registers

12.1.5.1 Reset_INT

Reset_INT(address 0Ah, bit 6)는 초기화 인터럽트로 이 비트를 1로 설정할 때마다 초기화된다.

12.1.5.2 Update_image

이 비트(address 0Ah, bit 5)를 1로 설정하면 EEPROM의 모든 내용은 image register로 복사되는 image update가 진행된다. image update 완료 후 update_image 비트는 0으로 돌아가며, image update 도중에 image register나 EEPROM에 읽기 쓰기는 금지된다. power on reset 혹은 soft-reset 이후에 자동으로 update image 과정이 수행된다. update image에 의하여 SPI4 설정이 변경될 수 있으므로 주의해야 한다.

12.1.5.3 Ee_w

ee_w(address 0Ah, bit 4)는 default setting register의 접근 허용을 결정한다. ee_w=1에 의하여 16h~3Dh는 쓰기가 가능하고, 16h~22h는 읽기가 가능해진다. ee_w=0이면 16h~17h의 접근이 동작하지 않으며, 이 번지에 대한 읽기로 SDO(4선 SPI)나 SDI(3선 SPI 혹은 I2C)가 tri-state 상태가 된다. Power on reset 이후 ee_w=0이다.

non-protected 혹은 blocked 메모리 영역 접근에 대한 I2C acknowledgement 과정은 다음과 같다.

```
- I²C slave address:                 if correct, the BMA150 sets acknowledge.
- I²C register address(I²C write):The BMA150 sets acknowledge for both unprotected and protected registers.
- I²C write data (I²C write):        The BMA150 sets acknowledge for both unprotected and
                                     protected resisters; no write is done for protected register.
- I²C read data (I²C read):          acknowledge is set by master; no error detection is
                                     possible; SDI is set to Hi-Z for protected register (0xFF is sent)
```

12.1.5.4 Selftest_0

self-test 명령(address 0Ah, bit 2)은 MEMS에 전기적 힘을 발생시켜 수행되며 그 결과는 st_result에 저장된다. self-test 도중에는 외부에서 가속도를 만들지 않아야 한다.

12.1.5.5 Selftest_1

이 self-test 명령(address 0Ah, bit 3)은 MEMS의 동작 시험이 아닌 인터럽트가 제대로 동작하고 마이크로프로세서가 적절히 대응하는지 확인한다. 0g 가속도를 가정하고 시험이 진행되므로 LG_thres=0.4g, LG_dur=0으로 설정하여야 LG interrupt이 발생한다.

12.1.5.6 Soft-reset

이 비트(address 0Ah, bit 1)가 1로 설정될 때 마다 BMA150은 초기화되며 효과는 power on reset과 같다. Control, status, image register는 EEPROM에 저장된 값으로 복원되며, normal 모드 혹은 wake up 모드가 된다.

Soft-reset에 의하여 SPI4의 설정이 변경되며, reset 이후 10us 경과한 후 serial 통신을 시작해야 한다.

12.1.5.7 Sleep

이 비트(address 0Ah, bit 0)를 이용하여 sleep 모드로 진입할 수 있다. Sleep 모드에서 control, status, image register 값은 지워지지 않으며, sleep=0 혹은 soft-reset에 의하여 wake-up된다. Sleep 모드에서 wake up을 위한 동작이외의 동작은 모두 금지된다. Sleep 모드에서 벗어나서 안정된 출력을 얻기 위해 최소 1ms이 필요하며, EEPROM 쓰기를 위해서는 최소 10ms은 기다려야 한다. 같은 이유로 update_image, self_test, EEPROM 쓰기 동안에는 BMA150를 sleep 모드로 보내면 안 된다.

12.1.6 Status registers

12.1.6.1 St_result

이 비트(address 09h, bit 7)은 self-test 결과를 보관한다. selftest_0 control bit가 1로 설정되면 self test가 진행되고, self test가 완료되면 selftest_0는 0으로 돌아가고 이후 st_result 비트를 읽을 수 있다. st_result=1은 self test가 성공하였음을 나타낸다. self test의 결과는 전체 동작의 일부로 이것만으로 이상 유무를 판단하지 않기를 바란다.

12.1.6.2 Alert_phase

이 비트(address 09h, bit 4)는 BMA150이 alert 모드로 설정되고, any motion criterion이 검출된 경

우 설정된다. Alert phase에서는 HG_thres (LG_thres)와 HG_dur(LG_dur)이 같아지면 HG_dur(LG_dur)을 1ms/ms 씩 줄인다.

Alert 모드는 high threshold, low threshold, LG_dur=0, HG_dur=0에 의한 인터럽트가 발생하면 해제된다. Alert가 초기화 되면 HG_dur, LG_dur는 image register에 저장된 값으로 복원된다.

12.1.6.3 LG_latched, HG_latched

이 비트(address 09h, bit 3 와 address 09h, bit 2)는 해당 조건이 만족되었을 때 설정된다. high threshold와 low threshold 모두 동작할 때, 마이크로프로세서가 어떤 조건으로 인터럽트가 발생했는지를 확인할 때 사용되며, 마이크로프로세서에 의해서만 설정이 해제된다.

12.1.6.4 Status_LG, Status_HG

이 비트(address 09h, bit 1 와 address 09h, bit 0)는 해당 조건이 만족되었을 때 설정되며, 조건을 벗어나면 자동으로 해제된다.

12.1.6.5 Customer_reserved 1, Customer_reserved 2

이 비트(address 12h, bit7:0 와 address 13h, bit 7:0)는 사용자가 정의해서 사용할 수 있으며, 여기에 접근은 BMA150의 동작에 아무런 영향을 미치지 않는다. 불활성 메모리에 저장하고자 하는 경우에는 32h와 33h에 저장하면 되지만 EEPROM에 쓰기 동작은 30ms의 시간이 소요되고, 횟수에 제한이 있으므로 주의가 필요하다.

12.1.7 Data registers

12.1.7.1 Temp

온도계(address 08h, bit7:0)가 내장되어 있으며, 온도 해상도는 0.5도C/LSB이다. 00h는 최소 온도인 -30도이다.

12.1.7.2 acc_x, acc_y, acc_z

3축의 가속도 측정치는 10비트 2의 보수 값으로 다음 레지스터에 저장되며 직렬통신으로 읽을 수 있다.

· acc_x (02h, 7:6; 03h, 7:0)

· acc_y (04h, 7:6; 05h, 7:0)

· acc_z (06h, 7:6; 07h, 7:0)

다음에 ±2g 측정치 범위인 경우의 측정치를 나타내었다.

```
-2.000g : 10 0000 0000
-1.996g : 10 0000 0001
...
-0.004g : 11 1111 1111
 0.000g  :00 0000 0000
+0.004g : 00 0000 0001
...
+1.992g : 01 1111 1110
+1.996g : 01 1111 1111
```

측정치은 디지털 필터의 출력을 이용하여 3kHz 주기로 갱신된다. LSB 바이트를 먼저 읽어야 하며, 이 경우 옵션에 따라 다 읽을 때까지 MSB의 갱신에 제한을 두어 읽는 도중 값이 바뀌는 현상을 방지할 수 있다. shadow_dis=0인 경우 MSB만 읽는 것은 금지되며 항상 LSB를 먼저 읽어야 한다. shadow_dis=1인 경우는 MSB만도 읽을 수 있다.

new_data_x/y/z 비트는 새 가속도 값으로 갱신되었는지를 판단하는데 사용된다. 체계적인 신호처리가 필요한 경우 new_data 발생에 인터럽트를 구동하면 (온도, x/y/z 가속도) 값이 갱신되면 인터럽트가 발생하고 마이크로프로세서가 처리하도록 하여 마이크로프로세서와 BMA150이 동기를 맞출 수 있다. 동기가 맞으면 일정한 phase shift를 갖는 측정치, over sampling을 회피한 효율적인 통신 등의 장점을 갖는다.

12.1.7.3 new_data_x, new_data_y, new_data_z

new_data_x(address 02h, bit 0), new_data_y(address 04h, bit 0), new_data_z(address 06h, bit 0)은 가속도 값이 갱신 된 경우 1로 설정되는 flag이다. 가속도 값을 읽으면 (LSB 혹은 MSB) 0으로 해제되며, 마이크로프로세서로 읽을 수 있다.

12.1.7.4 al_version, ml_version, chip_id

al_version(address 01h, bit 7:4), ml_version(address 01h, bit 3:0)으로 chip version을 확인할 수

있다. chip_id(address 00h, bit 2:0)는 사용자가 BMA150을 인식하는 데 사용하며 010b 값으로 고정되어 있다.

12.1.8 Digital interface

BMA150은 사용자 하드웨어 요구에 잘 맞도록 3가지 디지털 인터페이스(4선 SPI, 3선 SPI, I2C)와 인터럽트 출력을 제공한다.

디지털 인터페이스를 통하여 가속도 값과 온도를 읽을 수 있다. 10비트 측정치가 8 MSB와 2 LSB에 나누어져 있으므로 가속도 값을 읽기 위해서는 두 번의 연속 읽기 동작이 필요하며, MSB 전송이 먼저 이루진다. 직렬 통신을 통하여 control register, status register 접근 및 EEPROM 프로그래밍을 할 수 있다.

12.1.8.1 SPI

SPI 인터페이스는 3선 혹은 4선을 이용하여 16비트 프로토콜로 통신하며, 다중 읽기(multiple read) 동작이 가능하다. read/write 제어 신호(R/W=0 쓰기, R/W=1 읽기)에 7비트의 주소와 최소 8비트의 데이터로 통신이 이루어진다. 그림에서 쓰기 동작은 쓸 주소를 지정하는 제어 바이트와 데이터 바이트로 구성된다.

	Control byte		Data byte	Control byte		Data byte	
Start	RW	Register adress (16h)	Data register - adress 1Bh	RW	Register adress (0Bh)	Data register - adress 02h	Stop
CSB = 0	0	0 0 1 0 1 1 0	X X X X X X X X	0	0 0 0 1 0 1 1	X X X X X X X X	CSB = 1

읽기 동작은 읽을 첫 주소를 지정하는 제어 바이트와 읽은 데이터로 구성된다. CSB 신호가 구동되는 한(CSB=0) 주소가 자동으로 증가하며 그 주소에 해당하는 데이터를 보낸다. 그림에서 제어 바이트에서 제공한 주소는 02h였으나 CSB=1될 때까지 증가함을 볼 수 있다. 이 기능은 3축에서 10비트로 구성된 측정치를 연속으로 읽어내는데 유용한 기능이다.

	Control byte		Data byte	Data byte	Data byte	
Start	RW	Register adress (02h)	Data register - adress 02h	Data register - adress 03h	Data register - adress 04h	Stop
CSB = 0	1	0 0 0 0 0 1 0	X X X X X X X X	X X X X X X X X	X X X X X X X X	CSB = 1

사용자는 SPI를 통하여 00h~15h번지에 접근할 수 있으며, 이외의 번지에 접근은 금지되어 있다. ee_w가 설정되지 않으면 금지된 영역에의 접근에 SDI가 tri-state로 동작한다.

4-wire SPI

4선 SPI가 기본 직렬통신 방식이며 SPI4=0로 설정하면 3선식 SPI로 쉽게 변경할 수 있다. 4선은 SCK(serial clock), CSB(chip select), SDI(serial data in), SDO(serial data out)이다. CSB는 active low이며, SDI는 SCK의 rising edge에서 BMP150에서 읽고, SDO는 SCK falling edge에서 출력을 낸다. CSB=0이면 통신을 시작하고 CSB=1이면 통신을 멈춘다. CSB는 SCK=1 동안 변경되어야 한다. CSB=1인 동안은 SCK=1일 때도 SDI의 변화가 허용되지 않는다.

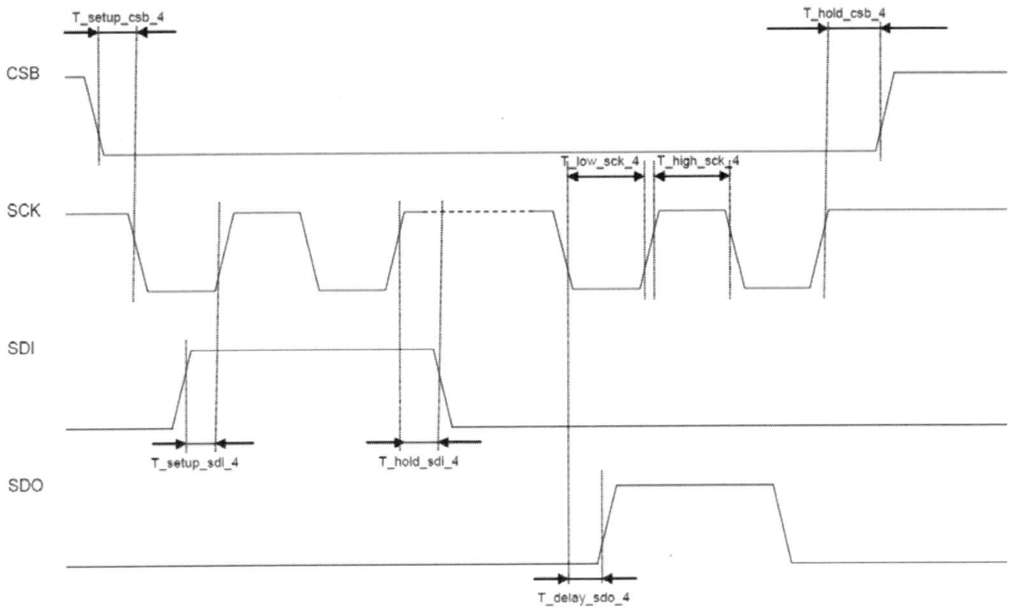

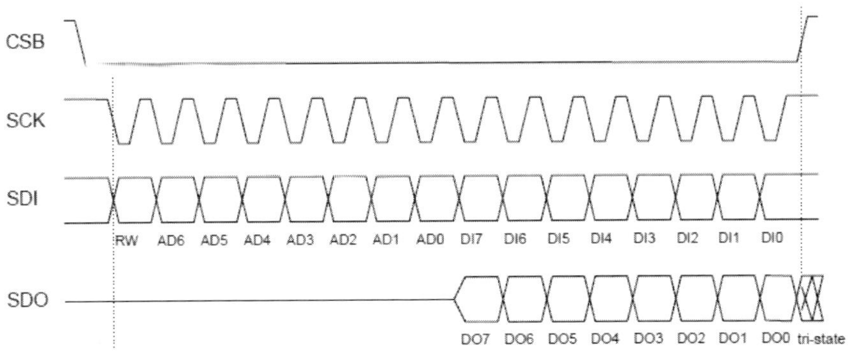

3-wire SPI

3선은 SCK, CSB와 SDA(serial data in/out)으로 구성되며 SDA는 SDI와 SDO 기능을 다중화해서 사용한다. 쓰기 동작에서는 제어 바이트와 데이터가 마이크로프로세서에서 제공되므로 4선식 SPI와 같으나, 읽기 동작은 제어 바이트는 마이크로프로세서에서, 데이터는 BMP150에서 제공해야하므로 SDA에서 변경할 시간을 보장하기 위한 1 extra clock이 더 필요하다.

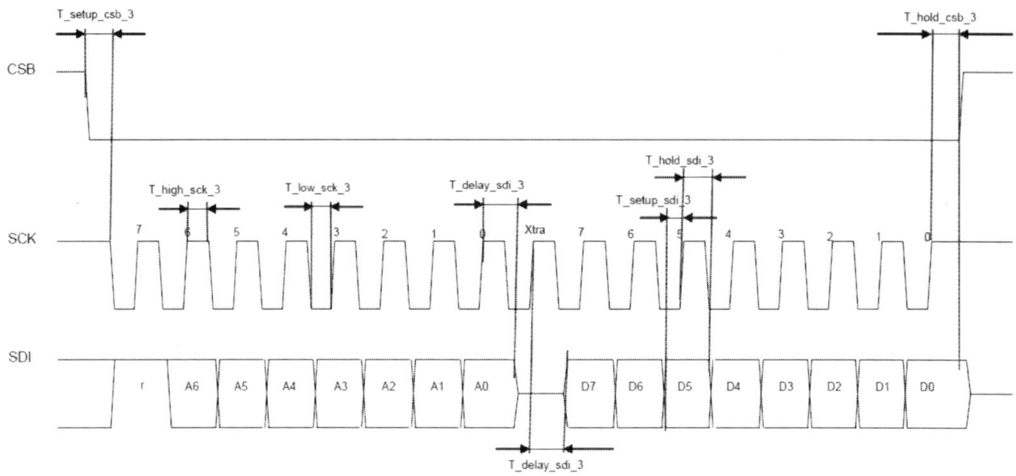

12.1.8.2 I2C

I2C는 SCK(serial clock)과 SDA(=SDI, seial data in/out)을 사용한다. SDA는 양방향 신호로 외부에 pull-up을 달아야하며, CSB는 사용되지 않으며 high로 연결해야 한다.

SCK=1인 동안 SDA의 falling edge로 통신이 시작(I2C master에 의하여 시작되는 start condition(S))된다. Stop condition(P)는 SCK=1인 동안 SDA의 rising edge이다.

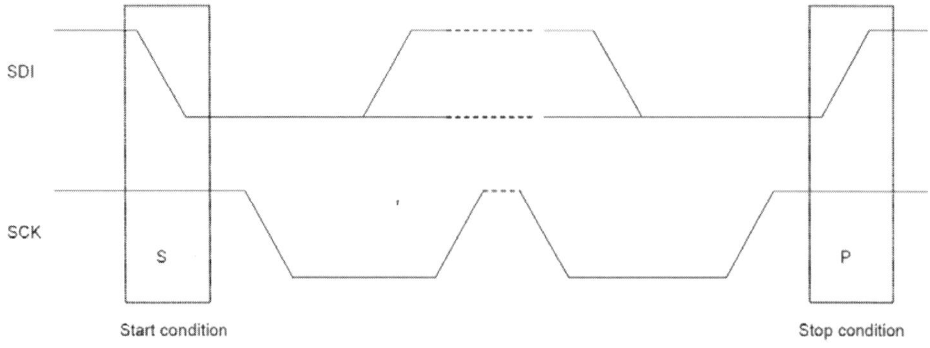

비트 전송: 한 SCK 펄스에 한 데이터 비트가 전송된다. SCK=1인 동안 SDA 신호는 안정화 되어 있어야한다.

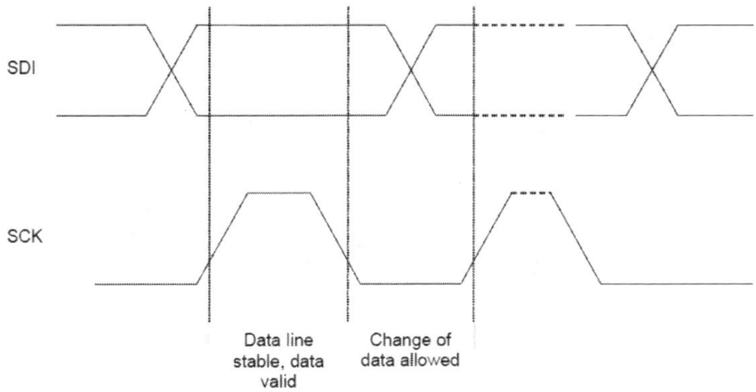

Acknowledge: Start condition 이후 각 byte 단위의 데이터는 acknowledge 비트를 요구한다. 송신부는 SDA를 사용하지 않고 SCK=1인 구간에서 BMA150이 제대로 데이터 전송을 완료했으면 SDA를 low로 구동하고 이후 다음 통신을 위하여 SDA를 사용하지 않는다.

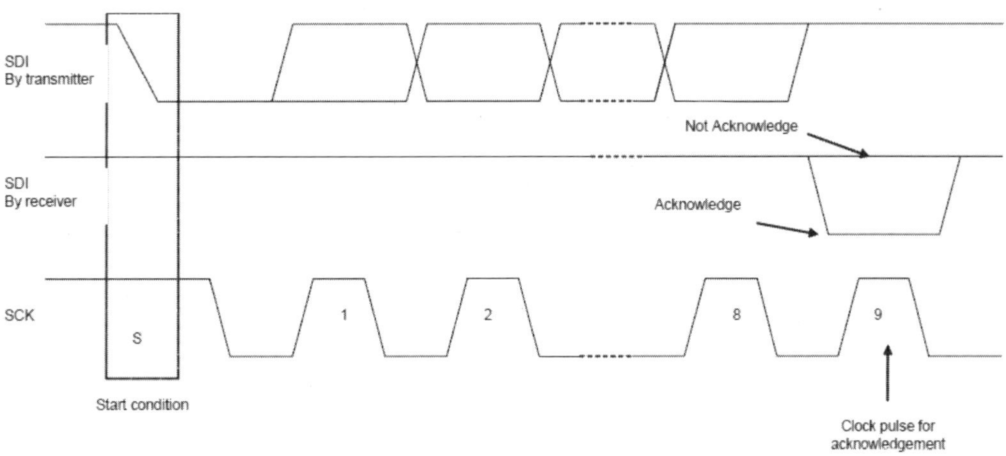

I2C 프로토콜

BMA150의 I2C slave 주소는 0111000b=38h로 고정되어 있어, I2C에서 쓰기 주소는 01110000b (=70h)이고 읽기 주소는 01110001b(=71h)가 된다.

Start condition 이후 slave 주소와 RW 비트(0: write, 1: read)가 전송되며, BMP150의 주소와

일치하지 않으면 반응하지 않고, 일치하면 acknowledge와 data 전송을 실행한다. slave 주소와 RW 비트 이후 master는 control 바이트(7비트의 레지스터 주소와 1 dummy 비트로 이루어진)를 송신한다.

BMA150이 쓰기 모드로 사용되는 경우 연속 2바이트(1 control 바이트 + 1 data 바이트) 전송이 이루어진다.

읽기 모드로 사용되는 경우, 처음 주소는 쓰기 모드로 전송되고 Stop condition과 start condition을 거쳐 데이터 바이트가 차례로 전송된다. 이때 자동으로 주소가 증가하여 연속적으로 측정치를 보낸다.

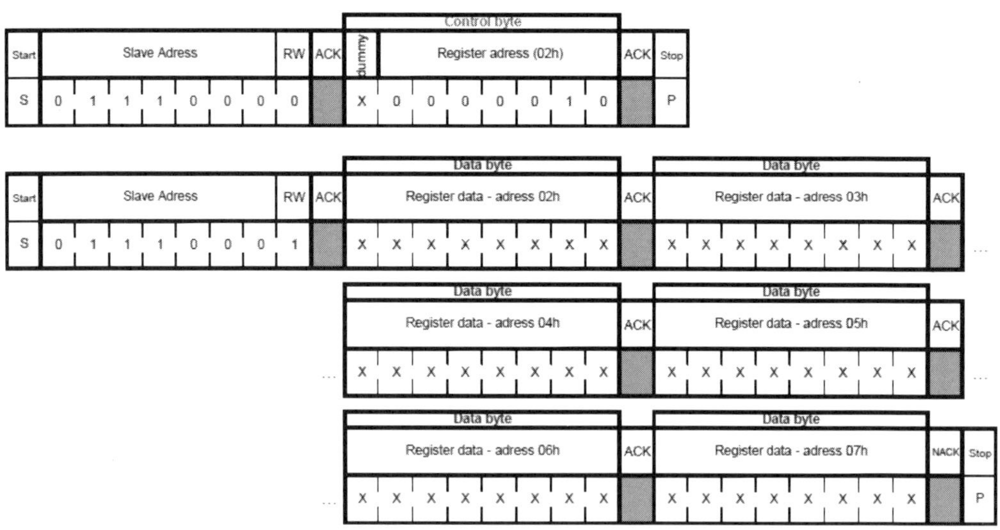

12.2 모니터 프로그램(Monitor Program)

12.2.1 시험 환경 구성

그림과 같이 CX 3-Axis Sensor 보드를 연결하고 시험을 수행한다. 이 때 USART1을 통하여 PC와 연결되어 있어야 한다.

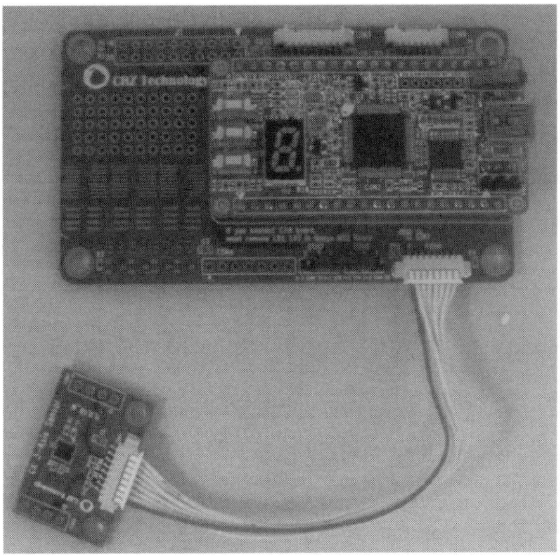

CX 3-Axis Sensor 보드는 BMA150 3축 가속도계를 내장한 보드로 다음과 같이 구성된다.

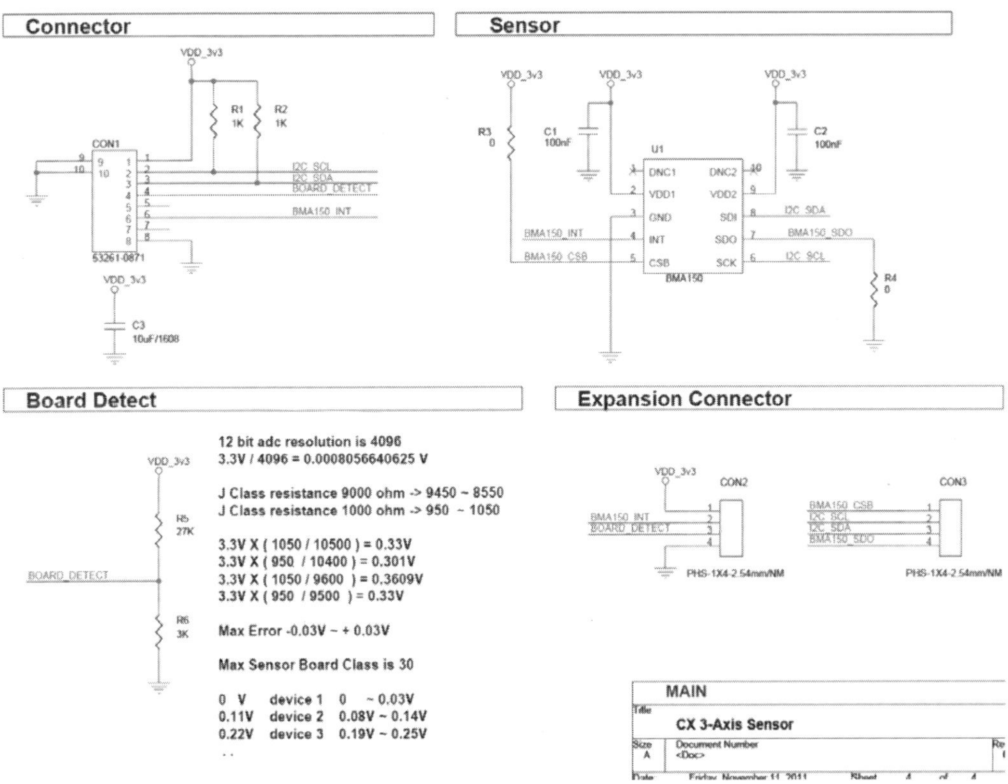

12.2.2 모니터 프로그램의 흐름도

센서 연결 및 시험 프로그램은 crztech에서 제공하는 Monitor 프로그램에 메뉴를 추가하여 구성하였다.(http://crztech.iptime.org:8080/Release/ Tools/Ride7_Tool/ 참고)

그림에서 추가된 부분은 Three_axis_accel_Test.c이다.

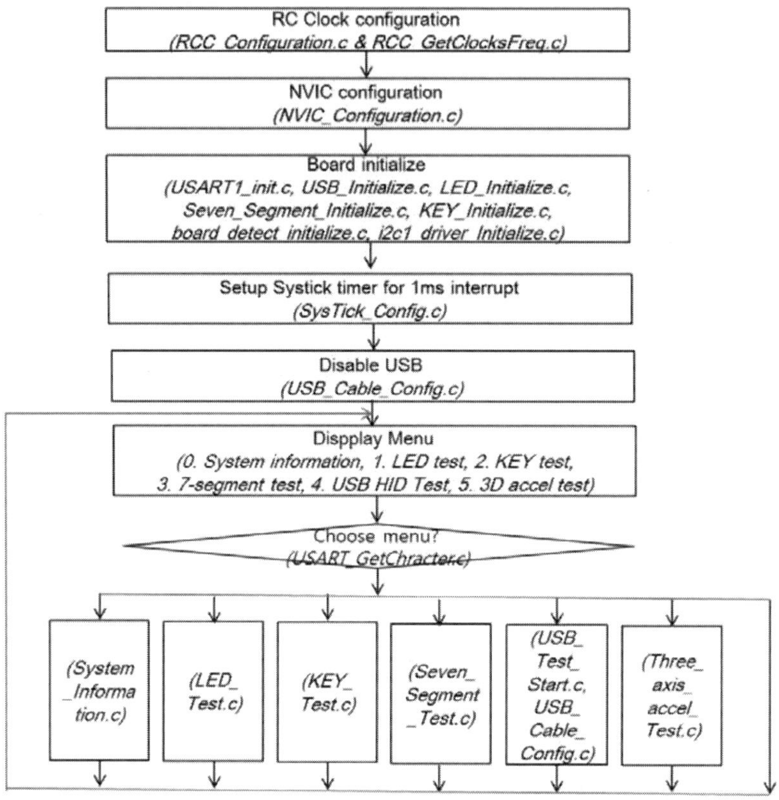

12.2.3 모니터 프로그램

여기서는 모니터 프로그램을 나타내었으며 자세한 내용은 crztech에서 제공하는 Monitor 프로그램(http://crztech.iptime.org:8080/Release/Tools/Ride7_Tool/)을 참고하라. 여기서는 센서 시험을 위하여 추가된 부분을 위주로 설명한다.

```
/* includes */
#include "hw_config.h"

/* global variables */
RCC_ClocksTypeDef  rcc_clocks;
bool g_TestProcessState = FALSE;

void System_Information()
{
    printf("SYSCLK_Frequency = %d\n",rcc_clocks.SYSCLK_Frequency );
    printf("HCLK_Frequency = %d\n",rcc_clocks.HCLK_Frequency );
    printf("PCLK1_Frequency = %d\n",rcc_clocks.PCLK1_Frequency );
    printf("PCLK2_Frequency = %d\n",rcc_clocks.PCLK2_Frequency );
    printf("ADCCLK_Frequency = %d\n",rcc_clocks.ADCCLK_Frequency );
}

#define SLAVE_ADDRESS     0x70

int main(void)
{
    uint8_t ch;

    /* System Clocks Configuration */
    RCC_Configuration();
    RCC_GetClocksFreq(&rcc_clocks);

    /* Configure the GPIO ports */
    GPIO_Configuration();

    /* UART initialization */
    USART1_Init();

    USB_Cable_Config(DISABLE);
    Delay(500);

    while(1)
    {
```

```
printf("--------------------------------------------\n");
printf("CBMU: Mango 32 Monitor program\n");
printf("Press menu key\n");
printf("--------------------------------------------\n");
printf("0> System Information\n");
printf("1> LED Test\n");
printf("2> KEY Test\n");
printf("3> 7-Segment Test\n");
printf("4> USB HID Test\n");
printf("5> 3-axis accelerometer (via I2C) Test\n");
printf("x> quit\n");
printf("--------------------------------------------\n");

ch = USART_GetCharacter(USART1);
printf(" is selected\n\n");

switch((char)ch)
{
case '0':
   System_Information();
   break;

case '1':
   LED_Test();
     printf("Press any key to continue");
     USART_GetCharacter(USART1);
   break;

case '2':
   KEY_Test();
     printf("Press any key to continue");
     USART_GetCharacter(USART1);
   break;

case '3':
   Seven_Segment_Test();
     printf("Press any key to continue");
```

```
            USART_GetCharacter(USART1);
        break;

    case '4':
        g_TestProcessState = TRUE;

        /* USB initialization */
        USB_Test_Start();
        Delay(500);
        USB_Cable_Config(ENABLE);
            printf("Press any key to continue");
            USART_GetCharacter(USART1);
        break;

    case '5':
        Three_axis_accel_Test();
            printf("Press any key to continue");
            USART_GetCharacter(USART1);
        break;

    default:
        break;
  }

  return 0;
}
```

```
uint8_t my_read_reg(uint8_t my_id)
{
  uint8_t ch = 0;
  SW_I2C_ReadControl_8Bit_OnlyRegAddr(SLAVE_ADDRESS, my_id);
  ch = SW_I2C_ReadControl_8Bit_OnlyData(SLAVE_ADDRESS);

  return ch;
}
```

```
void Three_axis_accel_Test(void)
{
        uint8_t chip_id = my_read_reg(0x00);

        if ((chip_id & 0x07) == 0x02)
        {
           printf("BMA150 id check pass\n");
        }
         else
        {
           printf("BMA150 id check fail\n");
           return;
         }

        int8_t x_lsb = my_read_reg(0x02);
        uint8_t tmp_x = x_lsb & 0xC0;
        tmp_x = tmp_x >> 6;
        int8_t x_msb = my_read_reg(0x03);

        int8_t y_lsb = my_read_reg(0x04);
        uint8_t tmp_y = y_lsb & 0xC0;
        tmp_y = tmp_y >> 6;
        int8_t y_msb = my_read_reg(0x05);

        int8_t z_lsb = my_read_reg(0x06);
        uint8_t tmp_z = z_lsb & 0xC0;
        tmp_z = tmp_z >> 6;
        int8_t z_msb = my_read_reg(0x07);

        int8_t temp = my_read_reg(0x08);

        int x_axis = x_msb*16;
        int x_axis2= x_axis+ tmp_x*4;
        printf("x axis value (mg) : %d\n", x_axis2);

        int y_axis = y_msb*16;
        int y_axis2= y_axis+ tmp_y*4;
```

```
        printf("y axis value (mg) : %d\n", y_axis2);

        int z_axis = z_msb*16;
        int z_axis2= z_axis+ tmp_z*4;
        printf("z axis value (mg) : %d\n", z_axis2);

        int t_temp = (temp/2) - 30;
        printf("temperature value  : %d\n", t_temp);
}
```

```
uint8_t SW_I2C_ReadControl_8Bit_OnlyRegAddr(uint8_t IICID, uint8_t regaddr)
{
    uint8_t   returnack = TRUE;

    i2c_start_condition();
    i2c_slave_address(IICID, WRITE_CMD);
    if (!i2c_check_ack())
    {
        returnack = FALSE;
    }

    TIMER_Wait_us(SW_I2C_WAIT_TIME);
    i2c_register_address(regaddr);
    if (!i2c_check_ack())
    {
        returnack = FALSE;
    }

    TIMER_Wait_us(SW_I2C_WAIT_TIME);
    i2c_stop_condition();

    return returnack;
}
```

```
uint8_t SW_I2C_ReadControl_8Bit_OnlyData(uint8_t IICID)
{
    uint8_t  readdata = 0;

    i2c_port_initial();
    i2c_start_condition();

    i2c_slave_address(IICID, READ_CMD);
    i2c_check_ack();

    TIMER_Wait_us(SW_I2C_WAIT_TIME);
    readdata = SW_I2C_Read_Data();

    i2c_check_not_ack();
    i2c_stop_condition();

    return readdata;
}

/*---------------------------------- Header ---------------------------------*/
#ifndef __HW_CONFIG_H
#define __HW_CONFIG_H

/* includes */
#include "stm32f10x.h"
#include "stdio.h"
#include "debug.h"
#include "usb_lib.h"
#include "usb_pwr.h"
#include "usb_istr.h"
#include "usb_desc.h"

/* global variables */
extern bool g_TestProcessState;
extern __IO uint16_t BoardDetectValue;

/* defines */
```

```
#define GPIO_LED             GPIOB
#define GPIO_KEY             GPIOA
#define GPIO_USART           GPIOA

#define GPIO_USB_DISCONNECT       GPIOA
#define GPIO_7_SEG              GPIOC
#define GPIO_LED1_PIN        GPIO_Pin_9 /* RED */
#define GPIO_LED2_PIN        GPIO_Pin_5 /* YELLOW */
#define GPIO_LED3_PIN        GPIO_Pin_8 /* BLUE */

#define GPIO_KEY1_PIN        GPIO_Pin_0 /* LEFT_WKUP */
#define GPIO_KEY2_PIN        GPIO_Pin_1 /* RIGHT_USER */

#define GPIO_USART_Rx_Pin    GPIO_Pin_10
#define GPIO_USART_Tx_Pin    GPIO_Pin_9

#define GPIO_USB_DISCONNECT_PIN    GPIO_Pin_8

#define GPIO_7_SEG_POWER_PIN    GPIO_Pin_8
#define GPIO_7_SEG_A_PIN        GPIO_Pin_0
#define GPIO_7_SEG_B_PIN        GPIO_Pin_1
#define GPIO_7_SEG_C_PIN        GPIO_Pin_2
#define GPIO_7_SEG_D_PIN        GPIO_Pin_3
#define GPIO_7_SEG_E_PIN        GPIO_Pin_4
#define GPIO_7_SEG_F_PIN        GPIO_Pin_5
#define GPIO_7_SEG_G_PIN        GPIO_Pin_7
#define GPIO_7_SEG_DP_PIN       GPIO_Pin_6

#define GPIO_PORTSOURCE_KEY        GPIO_PortSourceGPIOA
#define GPIO_PINSOURCE_KEY1        GPIO_PinSource0
#define GPIO_PINSOURCE_KEY2        GPIO_PinSource1
#define GPIO_EXTI_Line_KEY1        EXTI_Line0
#define GPIO_EXTI_Line_KEY2        EXTI_Line1

/* functions */
void LED_On_Red (void);
void LED_Off_Red (void);
```

```
void LED_Toggle_Red (void);
void LED_On_Yellow (void);
void LED_Off_Yellow (void);
void LED_Toggle_Yellow (void);
void LED_On_Blue (void);
void LED_Off_Blue (void);
void LED_Toggle_Blue (void);
void LED_On_All (void);
void LED_Off_All (void);
void LED_Initialize(void);

void Set_USBClock(void);
void Enter_LowPowerMode(void);
void Leave_LowPowerMode(void);
void USB_Interrupts_Config(void);
void USB_Cable_Config (FunctionalState NewState);
void USB_Initialize (void);
void RCC_Configuration(void);
void NVIC_Configuration(void);
void EXTI_Configuration(void);
void USART1_Init(void);
void Get_SerialNum(void);
uint8_t USART_GetCharacter(USART_TypeDef *  usart_p);

void LED_Test (void);
void KEY_Test (void);
void KEY_Initialize (void);

void Delay(__IO uint32_t nTime);
void TimingDelay_Decrement(void);

void delay_1_second(void);
void delay_100_milli_second(void);

void Seven_Segment_Test(void);
void Seven_Segment_Initilaze(void);
```

```
void board_detect_initialzie(void);
void board_detect(void);

void three_axis_acc_sensor_test(void);
void pressure_sensor_test(void);

void i2c1_driver_Initialize (void);
void i2c1_byte_write7(uint8_t Device_Addr, uint8_t* pBuffer, uint16_t WriteAddr);
void i2c1_addr7_read(uint8_t Device_Addr, uint8_t* pBuffer, uint16_t ReadAddr, uint16_t
NumByteToRead);
void three_axis_acc_sensor_read_id (void);
#endif  /*__HW_CONFIG_H */
```

12.2.4 심화 문제

1. 모니터 프로그램의 다른 시험 프로그램을 분석하고 흐름도를 작성하라.
2. KEY를 누르는 동안 GPIO에 ON/OFF 시간을 조정하여 LED의 밝기를 조정하는 프로그램을 작성하라.
3. 가속도 값을 정확히 25Hz로 읽어 들이는 프로그램을 작성하라.
4. 가속도 값의 크기에 따라 LED의 밝기를 조절하는 프로그램을 작성하라. 단 3축이 별도의 LED에 연결되도록 하라.
5. PC에서 (USART1 통하여) 가속도 값을 읽고 이를 시간에 따른 변화를 그림으로 나타내는 PC 응용 프로그램을 작성하라.
6. 중력 가속도 값이 항상 3축 가속도계에서 측정됨을 이용하여 중력방향(혹은 가속도 센서의 자세)을 구하는 프로그램을 작성하라.

13. 모터 제어 프로그램

이 장에서는 Cortex-M3의 PWM을 이용한 서보모터 제어, 모터드라이버를 이용한 DC모터 제어, 모터의 회전량을 측정하기 위한 엔코더 센서 활용 방법을 알아본다.

13.1 서보모터 제어

13.1.1 서보모터

서보모터(servo Motor)는 모터와 제어구동보드(적당한 제어 회로와 알고리즘)를 포함하는 것으로 명령에 따라 정확한 위치와 속도를 제어할 수 있는 모터를 말하며, 모터의 종류에 따라 DC, AC, RC 서보모터 등이 있다. 본 교재에서는 RC 서보 모터를 이용한 제어 프로그램을 실습하는데, RC 서보모터는 일반적으로 무선 모형 비행기나 자동차에 많이 사용되는 모터이다. 서보모터는 서보신호에 의해 특정한 각도를 유지하며, 서보신호는 PWM 신호로서 일정한 주기의 펄스폭으로 입력한다. 본 교재에서 사용하는 서보모터는 HES-288로서 다음과 같은 사양을 갖는다.

· 토크 : 2.5kg/cm

· 속도 : 0.2sec/60도

· 크기 : 41 × 20 × 35 mm (길이×두께×높이)

· 중량 : 42 g

· 동작전압 : 4~6V

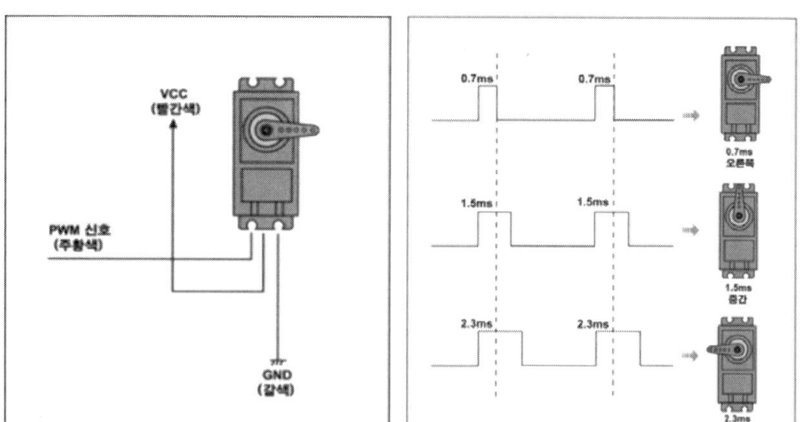

그림 13.1 HES-288 서보모터결선과 PWM 입력신호 및 동작각도

RC 서보모터는 그림 13.1과 같이 일정한 폭을 갖는 펄스에 의해 각도를 제어할 수 있다. 0.7ms의 신호를 인가하면 오른쪽(0도) 각을 유지하며, 1.5ms의 신호를 인가하면 중심(90도)각을 유지한다. 또한, 2.3ms의 신호를 인가하면 왼쪽(180도) 각을 유지한다. 서보모터가 현재의 각을 유지하기 위해서는 일정한 주기로 신호를 반복해서 인가해야 하며, 10~20ms의 주기로 서보모터의 PWM 신호를 인기한다. 펄스폭에 대한 서보모터의 회전각은 절대적이지는 않지만 대부분의 서보모터는 약간의 오차를 가지고 아래와 같은 동작을 한다. 서보모터의 토크는 클수록 힘이 좋지만, 그만큼 속도는 떨어진다. 내부 기어비에 의해 이 두 가지 요소는 trade-off가 된다.

13.1.2 PWM을 이용한 서보모터 제어

본 절에서는 타이머의 듀티비를 조절하여 서보모터가 0도에서 180도까지 왕복하는 프로그램을 구현한다. TIM4의 채널1의 출력 핀을 그림 13.1의 PWM 신호에 출력 값이 인가되도록 결선하여 각도를 제어한다. 우리가 원하는 PWM은 주기가 20ms를 가지고 있고 펄스가 High가 되는 시간이 0.7ms에서 2.3ms사이가 되어야 한다. 0.7ms는 서보모터의 각도를 0으로 만들고, 2.3은 180으로 만든다.

```
/* includes */
#include "stm32f10x.h"
#include "stm32f10x_it.h"
#include "platform_config.h"
#include "stm32f10x_tim.h"
#include "misc.h"
#include "stm32f10x_rcc.h"
#include "stm32f10x_gpio.h"
#include <stdio.h>

static void delay_int_count(volatile unsigned int nTime)
{
   for ( ; nTime > 0 ; nTime--);
}

/* global variables */
uint16_t capture = 0;
```

```
uint16_t CCR1_Val = 500;
uint16_t CCR2_Val = 500;
uint16_t CCR3_Val = 250;
uint16_t CCR4_Val = 125;

void GPIO_Configuration(void)
{
    GPIO_InitTypeDef GPIO_InitStructure;

    GPIO_InitStructure.GPIO_Pin = GPIO_Pin_6|GPIO_Pin_7|GPIO_Pin_8|GPIO_Pin_9;
    GPIO_InitStructure.GPIO_Mode = GPIO_Mode_AF_PP;
    GPIO_InitStructure.GPIO_Speed = GPIO_Speed_50MHz;
    GPIO_Init(GPIOB, &GPIO_InitStructure);
}

void seg(uint16_t n)
{
    GPIOC->BSRR |= 0xff; // all off
    GPIOC->BRR |= 0xff;  // all on
    switch(n)
    {
        case 0:
            GPIOC->BSRR |= GPIO_7SEG_0; break;
        case 1:
            GPIOC->BSRR |= GPIO_7SEG_1; break;
        case 2:
            GPIOC->BSRR |= GPIO_7SEG_2; break;
        case 3:
            GPIOC->BSRR |= GPIO_7SEG_3; break;
        case 4:
            GPIOC->BSRR |= GPIO_7SEG_4; break;
        case 5:
            GPIOC->BSRR |= GPIO_7SEG_5; break;
        case 6:
            GPIOC->BSRR |= GPIO_7SEG_6; break;
        case 7:
            GPIOC->BSRR |= GPIO_7SEG_7; break;
        case 8:
```

```
            GPIOC->BSRR |= GPIO_7SEG_8; break;
        case 9:
            GPIOC->BSRR |= GPIO_7SEG_9; break;
    }
}
```

```
void RCC_Configuration(void)
{
    SystemInit();
    /* Enable TIM4 clock */
    RCC_APB1PeriphClockCmd(RCC_APB1Periph_TIM4, ENABLE);
}

void NVIC_Configuration(void)
{
    NVIC_InitTypeDef NVIC_InitStructure;

#ifdef  VECT_TAB_RAM
    /* Set the Vector Table base location at 0x20000000 */
    NVIC_SetVectorTable(NVIC_VectTab_RAM, 0x0);
#else  /* VECT_TAB_FLASH  */
    /* Set the Vector Table base location at 0x08000000 */
    NVIC_SetVectorTable(NVIC_VectTab_FLASH, 0x0);
#endif

    /* Configure one bit for preemption priority */
    NVIC_PriorityGroupConfig(NVIC_PriorityGroup_0);



    // Enable the EXTI0 Interrupt
    NVIC_InitStructure.NVIC_IRQChannel = EXTI0_IRQn;
    NVIC_InitStructure.NVIC_IRQChannelPreemptionPriority = 0;
    NVIC_InitStructure.NVIC_IRQChannelSubPriority = 0;
    NVIC_InitStructure.NVIC_IRQChannelCmd = ENABLE;
    NVIC_Init(&NVIC_InitStructure);

    // Enable the EXTI1 Interrupt
```

```
    NVIC_InitStructure.NVIC_IRQChannel = EXTI1_IRQn;
    NVIC_InitStructure.NVIC_IRQChannelPreemptionPriority = 0;
    NVIC_InitStructure.NVIC_IRQChannelSubPriority = 1;
    NVIC_InitStructure.NVIC_IRQChannelCmd = ENABLE;
    NVIC_Init(&NVIC_InitStructure);

    /* Enable the TIM4 Interrupt */
    NVIC_InitStructure.NVIC_IRQChannel = TIM4_IRQn;
    NVIC_InitStructure.NVIC_IRQChannelPreemptionPriority = 0;
    NVIC_InitStructure.NVIC_IRQChannelSubPriority = 0;
    NVIC_InitStructure.NVIC_IRQChannelCmd = ENABLE;
    NVIC_Init(&NVIC_InitStructure);
}

TIM_TimeBaseInitTypeDef         TIM_TimeBaseStructure;
TIM_OCInitTypeDef    TIM_OCInitStructure;

void TIM_Configuration(void)
{
  TIM_TimeBaseStructure.TIM_Prescaler = 72; // 72Mhz -> 1MHz
  TIM_TimeBaseStructure.TIM_Period = 20000; // 주기 20ms, 0.7ms = 700, 2.3ms = 2300;
  TIM_TimeBaseStructure.TIM_ClockDivision = 0;
  TIM_TimeBaseStructure.TIM_CounterMode = TIM_CounterMode_Up;

  TIM_TimeBaseInit(TIM4, &TIM_TimeBaseStructure);

  /* PWM1 Mode configuration: Channel1 */
  TIM_OCInitStructure.TIM_OCMode = TIM_OCMode_PWM1;
  TIM_OCInitStructure.TIM_OutputState = TIM_OutputState_Enable;
  TIM_OCInitStructure.TIM_Pulse = CCR1_Val;
  TIM_OCInitStructure.TIM_OCPolarity = TIM_OCPolarity_High;

  TIM_OC1Init(TIM4, &TIM_OCInitStructure);

  TIM_OC1PreloadConfig(TIM4, TIM_OCPreload_Enable);

  TIM_OCInitStructure.TIM_OutputState = TIM_OutputState_Enable;
  TIM_OCInitStructure.TIM_Pulse = CCR2_Val;
```

```
  TIM_OC2Init(TIM4, &TIM_OCInitStructure);

  TIM_OC2PreloadConfig(TIM4, TIM_OCPreload_Enable);

  /* TIM4 enable counter */
  TIM_Cmd(TIM4, ENABLE);
}

void delay_1_second(void)
{
    delay_int_count(806596);
}

int main(void)
{
    int k = 0;
    int a = 0;
    int i = 0;
    RCC_APB2ENR |= (RCC_APB2Periph_GPIOB | RCC_APB2Periph_GPIOC);
    GPIOB->CRL |= 0x11100000; // 5 6 7
    GPIOB->CRH |= 0x11; // 8,9
    GPIOC->CRL |= 0x11111111; // 0~7
    GPIOC->CRH |= 0x1; // 8

    GPIO_Configuration();
    RCC_Configuration();
    NVIC_Configuration();
    TIM_Configuration();

    while(1)
    {
        if ( a == 0 ) {
            if ( CCR1_Val >= 2300 )
                a = a++;
            CCR1_Val += 5;

            TIM_OCInitStructure.TIM_Pulse = CCR1_Val;
            TIM_OC1Init(TIM4, &TIM_OCInitStructure);
```

```
            CCR2_Val += 5;
            TIM_OCInitStructure.TIM_Pulse = CCR2_Val;
            TIM_OC2Init(TIM4, &TIM_OCInitStructure);

        }
        else {
            if ( CCR1_Val <= 700 )
                a = a--;
            CCR1_Val -= 5;
            TIM_OCInitStructure.TIM_Pulse = CCR1_Val;
            TIM_OC1Init(TIM4, &TIM_OCInitStructure);
            CCR2_Val -= 5;
            TIM_OCInitStructure.TIM_Pulse = CCR2_Val;
            TIM_OC2Init(TIM4, &TIM_OCInitStructure);
        }

        seg(k/100);

        k++;
        k = k % 1000;
        delay_int_count(60000);
    }

    return 0;
}
```

13.2 DC모터 제어

13.2.1 DC모터

DC모터는 전기자에 흐르는 전류에 의해 발생하는 전자기력을 이용하여 전류 방향을 전환함으로써 직류 전류를 기계 운동으로 변환하는 장치로 크게 회전자, 고정자, 브러시, 베어링 등으로 이루어져 있다. 모형 자동차, 무선조종 장난감 등을 비롯하여 여러 방면에서 가장 널리 사용되는 모터이다. DC모터는 기동 토크가 크고, 인가전압에 대하여 종류에 따라 다르지만 일반적으로 회전 특성이 선형적인 특성을 갖는다.

13.2.1.1. H-브릿지

마이크로컨트롤러의 출력신호는 전류가 매우 제한적이어서 마이크로컨트롤러의 PWM 신호로 DC모터를 직접 구동할 수 없다. 따라서 DC모터를 구동하기 위해서는 전류를 증폭하기 위한 소자 또는 회로가 필요하다. H-브릿지 회로는 전자적으로 스위칭 할 수 있는 트렌지스터를 그림 13.2와 같이 구성하여 단일전원으로 DC모터를 정/역회전시킬 수 있도록 하는 회로다.

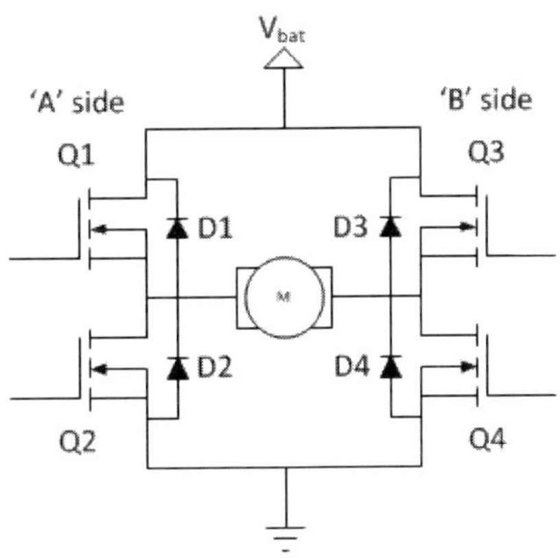

그림 13.2 H-브릿지 회로

13.2.1.2. PWM을 이용한 DC모터의 속도제어

PWM(Pulse Width Modulation)방식은 펄스의 Duty비(On 시간과 Off 시간의 비)를 조정하여 모터의 구동전압을 제어하여 모터의 속도를 제어하는 방식이다. PWM 신호를 이용하여 DC모터를 제어할 때 듀티비를 높이면 구동전압이 상승하여 모터의 회전속도가 빨라지고, 낮추면 구동전압이 하강하여 회전속도가 느려진다.

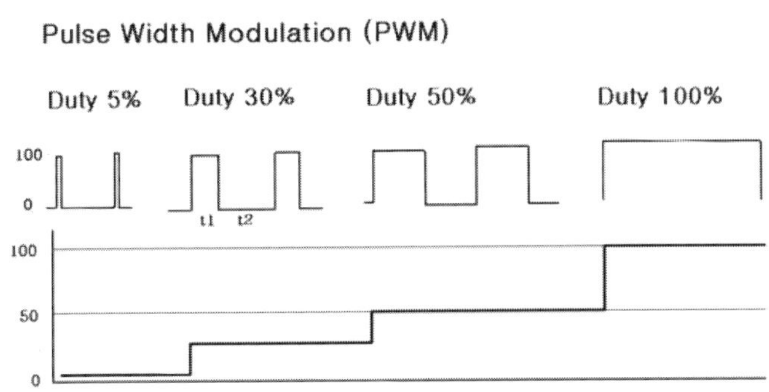

그림 13.3 PWM파형의 듀티비

13.2.1.3. H-브릿지 내장 모터드라이버

L298은 H-브릿지를 내장하고 있는 모터드라이버로써 최대 허용 전류는 2A이며, 두 개의 H 브릿지 회로를 내장하고 있어 2개의 모터를 제어를 할 수 있다. 그림 13.4는 L298 모터 드라이버의 블록 다이어그램을 보여주고 있다. 모터드라이버와 MCU와의 인터페이스는 그림 13.5와 같이 구성한다. 다음은 인터페이스 회로에 대한 상세 설명이다.

· 핀 1과 15의 전압을 측정하여 모터에 흐르는 전류를 측정할 수 있다.

· PWM 신호에 따라 모터에 흐르는 전류의 변화는 급격하게 일어난다. 급격한 전류의 변화는 모터와 같은 인덕턴스 소자의 양단에 매우 큰 전압을 유기하여 트랜지스터를 파괴할 수 있다. 트랜지스터 보호를 위해 출력단 2,3,13,14에는 프리휠 다이오드를 설치한다.

· 브리지 회로 내 트랜지스터의 전압강하에 따라 모터 양단에 걸리는 전압은 모터 전원 Vs보다 낮게 나타난다.

· 정회전과 역회전

- 그림 13.5에서 5,7과 10,12의 입력을 바꾸어주면 정회전과 역회전을 스위칭할 수 있음 ((예) 5, 7번핀의 정역회전 조절: 5번을 ON에서 OFF로 7번을 OFF에서 ON, 이 상태에서 PWM신호를 6번핀에 인가하면 PWM 듀티비에 따라 속도가 변화하면서 모터가 구동됨)

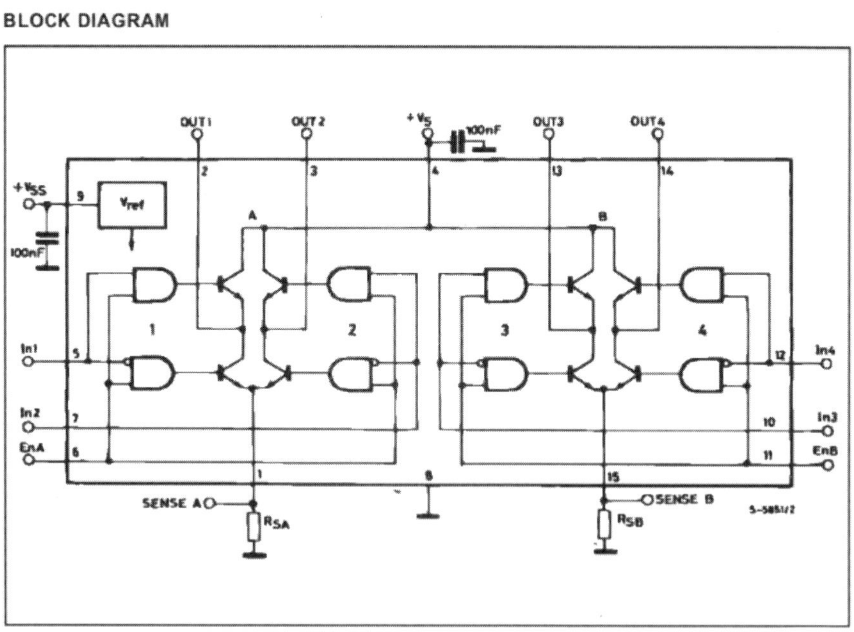

그림 13.4 L298 모터 드라이버 블록 다이어그램

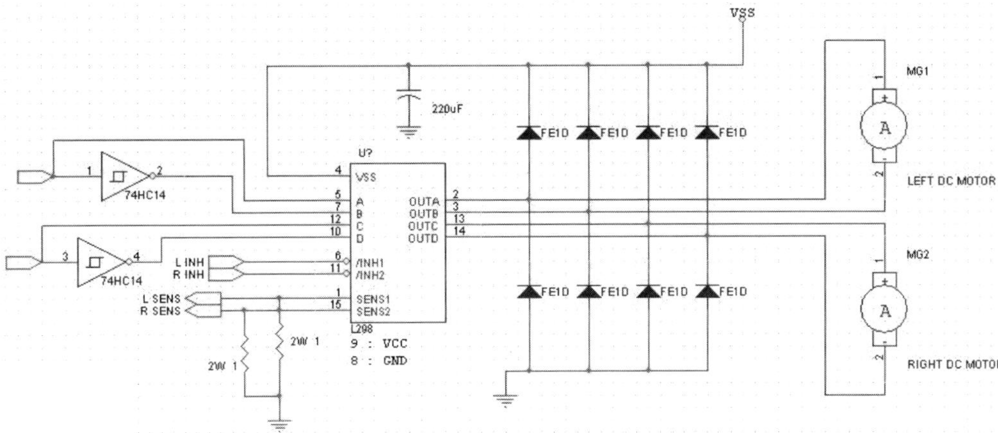

그림 13.5 L298 모터드라이버와 MCU와의 인터페이스

13.2.2 DC모터의 정역회전 및 속도제어

본 절에서는 타이머의 듀티비를 조절하여 서보모터가 0도에서 180도까지 왕복하는 프로그램을 구현한다.

PWM의 듀티비로 모터의 속도를 조절할 수 있다. 그리고 모터드라이버 L298을 사용하면 3.3V의 PWM신호로 12V의 PWM파형을 만들어낼 수 있다. 그리고 L298을 사용하기 위해 AM-DC2-2D 모듈을 사용하였다.

외부인터럽트를 이용하여 모듈에 장착된 USER switch와 WKUP switch를 사용한다. 하나는 모터의 속도를 바꾸는데 사용하고, 다른 하나는 모터의 정역회전을 바꾸는데 사용한다. WKUP switch는 PA0핀에 해당하고, USER switch는 PA1핀에 해당한다. 그리고 PB10과 PB11핀을 enable신호로 사용하였고 해당핀이 low값일 때 enable된다. 그리고 정역신호는 PB12와 PB13을 사용한다.

아래의 소스코드에서 보면 EXTx_IRQHandler함수에서 스위치의 입력에 따라 정역신호와 모터속도를 바꾸어 주고 메인문 안의 while문에서 변화된 PWM을 적용하는 것을 확인할 수 있다.

USART부분과 EXT4, EXT5부분은 예제 10.3에서 사용된다.

```
#include "stm32f10x.h"
#include "stm32f10x_it.h"
#include "platform_config.h"
```

```
#include "stm32f10x_tim.h"
#include "misc.h"
#include "stm32f10x_rcc.h"
#include "stm32f10x_gpio.h"
#include "stm32f10x_exti.h"     // 스위치 사용을 위한 외부인터럽트 헤더파일
#include "stm32f10x_usart.h"    // 컴퓨터와 통신을 하기 위한 usart 헤더파일
#include "stdio.h"

#define GPIO_USART_Rx_Pin   GPIO_Pin_10
#define GPIO_USART_Tx_Pin   GPIO_Pin_9
#define CR1_UE_Set         ((uint16_t) 0x2000)

static void delay_int_count(volatile unsigned int nTime)
{
   for ( ; nTime > 0 ; nTime--);
}

uint16_t capture = 0;
uint16_t CCR1_Val = 0;
uint16_t CCR2_Val = 0;

void GPIO_Configuration(void)
{
   GPIO_InitTypeDef GPIO_InitStructure;

   GPIO_InitStructure.GPIO_Pin = GPIO_Pin_6|GPIO_Pin_7; // motor PWM
   GPIO_InitStructure.GPIO_Mode = GPIO_Mode_AF_PP;
   GPIO_InitStructure.GPIO_Speed = GPIO_Speed_50MHz;
   GPIO_Init(GPIOB, &GPIO_InitStructure);

   GPIO_InitStructure.GPIO_Pin = GPIO_Pin_9|GPIO_Pin_8|GPIO_Pin_5; // LED 1,2,3
   GPIO_InitStructure.GPIO_Mode = GPIO_Mode_Out_PP;
   GPIO_InitStructure.GPIO_Speed = GPIO_Speed_50MHz;
   GPIO_Init(GPIOB, &GPIO_InitStructure);

   // 모터 enable 10,11, 모터 direction 12,13
   GPIO_InitStructure.GPIO_Pin = GPIO_Pin_10|GPIO_Pin_11|GPIO_Pin_12|GPIO_Pin_13;
   GPIO_InitStructure.GPIO_Mode = GPIO_Mode_Out_PP;
```

```
    GPIO_InitStructure.GPIO_Speed = GPIO_Speed_50MHz;
    GPIO_Init(GPIOB, &GPIO_InitStructure);

    // USART 사용하기 위한 설정
    GPIO_InitStructure.GPIO_Pin = GPIO_USART_Tx_Pin;
    GPIO_InitStructure.GPIO_Mode = GPIO_Mode_AF_PP;
    GPIO_InitStructure.GPIO_Speed = GPIO_Speed_50MHz;
    GPIO_Init(GPIOA, &GPIO_InitStructure);

    GPIO_InitStructure.GPIO_Pin = GPIO_USART_Rx_Pin;
    GPIO_InitStructure.GPIO_Mode = GPIO_Mode_IN_FLOATING;
    GPIO_InitStructure.GPIO_Speed = GPIO_Speed_50MHz;
    GPIO_Init(GPIOA, &GPIO_InitStructure);
}

void seg(uint16_t n)
{
    GPIOC->BSRR |= 0xff; // all off
    GPIOC->BRR |= 0xff; // all on
    switch(n)
    {
        case 0:
            GPIOC->BSRR |= GPIO_7SEG_0; break;
        case 1:
            GPIOC->BSRR |= GPIO_7SEG_1; break;
        case 2:
            GPIOC->BSRR |= GPIO_7SEG_2; break;
        case 3:
            GPIOC->BSRR |= GPIO_7SEG_3; break;
        case 4:
            GPIOC->BSRR |= GPIO_7SEG_4; break;
        case 5:
            GPIOC->BSRR |= GPIO_7SEG_5; break;
        case 6:
            GPIOC->BSRR |= GPIO_7SEG_6; break;
        case 7:
            GPIOC->BSRR |= GPIO_7SEG_7; break;
        case 8:
```

```
        GPIOC->BSRR |= GPIO_7SEG_8; break;
      case 9:
        GPIOC->BSRR |= GPIO_7SEG_9; break;
    }
}

void RCC_Configuration(void)
{
    SystemInit();

    /* Enable TIM4 clock */
    RCC_APB1PeriphClockCmd(RCC_APB1Periph_TIM4, ENABLE);

    //////////////////////////////////////////////
    RCC_APB2PeriphClockCmd(RCC_APB2Periph_AFIO, ENABLE); // usart를 사용하기 위함
    RCC_APB2PeriphClockCmd(RCC_APB2Periph_USART1, ENABLE);
    RCC_ClocksTypeDef rcc_clocks;

}

void NVIC_Configuration(void)
{
    NVIC_InitTypeDef NVIC_InitStructure;

#ifdef  VECT_TAB_RAM
    /* Set the Vector Table base location at 0x20000000 */
    NVIC_SetVectorTable(NVIC_VectTab_RAM, 0x0);
#else  /* VECT_TAB_FLASH  */
    /* Set the Vector Table base location at 0x08000000 */
    NVIC_SetVectorTable(NVIC_VectTab_FLASH, 0x0);
#endif

    /* Configure one bit for preemption priority */
    NVIC_PriorityGroupConfig(NVIC_PriorityGroup_0);

    /* Enable the TIM4 Interrupt */

    NVIC_InitStructure.NVIC_IRQChannel = TIM4_IRQn;
```

```
    NVIC_InitStructure.NVIC_IRQChannelPreemptionPriority = 0;
    NVIC_InitStructure.NVIC_IRQChannelSubPriority = 0;
    NVIC_InitStructure.NVIC_IRQChannelCmd = ENABLE;
    NVIC_Init(&NVIC_InitStructure);

    NVIC_InitStructure.NVIC_IRQChannel = EXTI0_IRQn; // WKUP switch
    NVIC_InitStructure.NVIC_IRQChannelPreemptionPriority = 0;
    NVIC_InitStructure.NVIC_IRQChannelSubPriority = 1;
    NVIC_InitStructure.NVIC_IRQChannelCmd = ENABLE;
    NVIC_Init(&NVIC_InitStructure);

    NVIC_InitStructure.NVIC_IRQChannel = EXTI1_IRQn; // USER switch
    NVIC_InitStructure.NVIC_IRQChannelPreemptionPriority = 0;
    NVIC_InitStructure.NVIC_IRQChannelSubPriority = 1;
    NVIC_InitStructure.NVIC_IRQChannelCmd = ENABLE;
    NVIC_Init(&NVIC_InitStructure);

    NVIC_InitStructure.NVIC_IRQChannel = EXTI4_IRQn; // 엔코더 신호를 받기 위한 인터럽트
    NVIC_InitStructure.NVIC_IRQChannelPreemptionPriority = 0;
    NVIC_InitStructure.NVIC_IRQChannelSubPriority = 1;
    NVIC_InitStructure.NVIC_IRQChannelCmd = ENABLE;
    NVIC_Init(&NVIC_InitStructure);

    NVIC_InitStructure.NVIC_IRQChannel = EXTI15_10_IRQn; // 엔코더 신호를 받기 위한 인터럽트
    NVIC_InitStructure.NVIC_IRQChannelPreemptionPriority = 0;
    NVIC_InitStructure.NVIC_IRQChannelSubPriority = 1;
    NVIC_InitStructure.NVIC_IRQChannelCmd = ENABLE;
    NVIC_Init(&NVIC_InitStructure);

}

TIM_TimeBaseInitTypeDef  TIM_TimeBaseStructure;
TIM_OCInitTypeDef     TIM_OCInitStructure;

void TIM_Configuration(void)
{
  /* Time base configuration */
  TIM_TimeBaseStructure.TIM_Period = 719; // 720 count -> 주기 = 1ms
```

```
    TIM_TimeBaseStructure.TIM_Prescaler = 99;// 72Mhz -> 72kHz
    TIM_TimeBaseStructure.TIM_ClockDivision = 0;
    TIM_TimeBaseStructure.TIM_CounterMode = TIM_CounterMode_Up;

    TIM_TimeBaseInit(TIM4, &TIM_TimeBaseStructure);

    /* PWM1 Mode configuration: Channel1 */
    TIM_OCInitStructure.TIM_OCMode = TIM_OCMode_PWM1;
    TIM_OCInitStructure.TIM_OutputState = TIM_OutputState_Enable;
    TIM_OCInitStructure.TIM_Pulse = CCR1_Val;
    TIM_OCInitStructure.TIM_OCPolarity = TIM_OCPolarity_High;

    TIM_OC1Init(TIM4, &TIM_OCInitStructure);
    TIM_OC1PreloadConfig(TIM4, TIM_OCPreload_Enable);

    TIM_OCInitStructure.TIM_OutputState = TIM_OutputState_Enable;
    TIM_OCInitStructure.TIM_Pulse = CCR2_Val;
    TIM_OC2Init(TIM4, &TIM_OCInitStructure);
    TIM_OC2PreloadConfig(TIM4, TIM_OCPreload_Enable);
    /* TIM4 enable counter */
    TIM_Cmd(TIM4, ENABLE);
}

void delay_1_second(void)
{
    delay_int_count(806596);
}

void EXTI_Configuration(void)
{
    EXTI_InitTypeDef EXTI_InitStructure;

    GPIO_EXTILineConfig(GPIO_PortSourceGPIOA, GPIO_PinSource0); // WKUP switch
    GPIO_EXTILineConfig(GPIO_PortSourceGPIOA, GPIO_PinSource1); // USER switch
    GPIO_EXTILineConfig(GPIO_PortSourceGPIOB, GPIO_PinSource4); // encoder A
    GPIO_EXTILineConfig(GPIO_PortSourceGPIOB, GPIO_PinSource15); // encoder B

    EXTI_InitStructure.EXTI_Line = EXTI_Line0;
```

```
    EXTI_InitStructure.EXTI_Mode = EXTI_Mode_Interrupt;
    EXTI_InitStructure.EXTI_Trigger = EXTI_Trigger_Rising; // rising edge 사용
    EXTI_InitStructure.EXTI_LineCmd = ENABLE;
    EXTI_Init(&EXTI_InitStructure);

    EXTI_InitStructure.EXTI_Line = EXTI_Line1;
    EXTI_InitStructure.EXTI_Mode = EXTI_Mode_Interrupt;
    EXTI_InitStructure.EXTI_Trigger = EXTI_Trigger_Rising; // rising edge 사용
    EXTI_InitStructure.EXTI_LineCmd = ENABLE;
    EXTI_Init(&EXTI_InitStructure);

    EXTI_InitStructure.EXTI_Line = EXTI_Line4;
    EXTI_InitStructure.EXTI_Mode = EXTI_Mode_Interrupt;
    EXTI_InitStructure.EXTI_Trigger = EXTI_Trigger_Rising_Falling; // 논리변화 사용
    EXTI_InitStructure.EXTI_LineCmd = ENABLE;
    EXTI_Init(&EXTI_InitStructure);

    EXTI_InitStructure.EXTI_Line = EXTI_Line15;
    EXTI_InitStructure.EXTI_Mode = EXTI_Mode_Interrupt;
    EXTI_InitStructure.EXTI_Trigger = EXTI_Trigger_Rising_Falling; // 논리변화 사용
    EXTI_InitStructure.EXTI_LineCmd = ENABLE;
    EXTI_Init(&EXTI_InitStructure);
}

int k = 9 ;
int count = 0;

// 0:don't know, 1:cw, 2:ccw
int m_dir = 0;
// 1:A_up, 2:A_down, 3:B_up, 4:B_down
int pre_dir = 0; // 1,2,3,4,
int cur_dir = 0; // 1,2,3,4,
int pre_ext = 0;
int m = 0;
int m_speed[6] = { 0, 120, 240, 360, 480, 600 }; // PWM 듀티비 조절값

// 모터 속도조절
void EXTI0_IRQHandler(void)
```

```
{
   if ( EXTI_GetITStatus(EXTI_Line0) != RESET ) {
      EXTI_ClearITPendingBit(EXTI_Line0);
   }
   m++;
   m = m % 6;
}

// 모터 정역회전 조절
int cc = 0;

void EXTI1_IRQHandler(void)
{
   if ( EXTI_GetITStatus(EXTI_Line1) != RESET ) {
      EXTI_ClearITPendingBit(EXTI_Line1);
   }
   cc++;
   cc = cc%2;
   if ( cc == 0 )
   {
      GPIO_WriteBit(GPIOB, GPIO_Pin_12, Bit_SET);
      GPIO_WriteBit(GPIOB, GPIO_Pin_13, Bit_SET);
   }
   else
   {
      GPIO_WriteBit(GPIOB, GPIO_Pin_12, Bit_RESET);
      GPIO_WriteBit(GPIOB, GPIO_Pin_13, Bit_RESET);
   }
}

// 엔코더 A
void EXTI4_IRQHandler(void)
{
   if ( EXTI_GetITStatus(EXTI_Line4) != RESET ) {
      EXTI_ClearITPendingBit(EXTI_Line4);
   }

   if ( GPIO_ReadInputDataBit(GPIOB,GPIO_Pin_4) == 1 ) // push button , rising edge
```

```
        cur_dir = 1; // A_up
    else if ( GPIO_ReadInputDataBit(GPIOB,GPIO_Pin_4) == 0 ) // pull button ,falling edge
        cur_dir = 2; // A_Down

    if ( pre_dir == 1 || pre_dir == 2 ) // jitter
    {
        if ( cur_dir % 2 == pre_dir % 2 );
        else if ( m_dir == 1 ) {
            if ( cur_dir == 1 ) count++;
            else if ( cur_dir == 2 ) count--;
        }
        else if ( m_dir == 2 ) {
            if ( cur_dir == 1 ) count--;
            else if ( cur_dir == 2 ) count++;
        }
    }
    else if ( pre_dir == 3 || pre_dir == 4 ) // cw or ccw
    {
        if ( cur_dir % 2 == pre_dir % 2 ) {
            m_dir = 2; count--; //ccw
        }
        else {
            m_dir = 1; count++; //cw
        }
    }
    pre_dir = cur_dir;

}

// 엔코더 B
void EXTI15_10_IRQHandler(void)
{
    if ( EXTI_GetITStatus(EXTI_Line15) != RESET ) {
        EXTI_ClearITPendingBit(EXTI_Line15);
    }

    if ( GPIO_ReadInputDataBit(GPIOB,GPIO_Pin_15) == 1 ) // push button , rising edge
        cur_dir = 3; // B_up
```

```
    else if ( GPIO_ReadInputDataBit(GPIOB,GPIO_Pin_15) == 0 ) // pull button ,falling edge
        cur_dir = 4; // B_down

    if ( pre_dir == 3 || pre_dir == 4 ) // jitter
    {
        if ( cur_dir % 2 == pre_dir % 2 );
        else if ( m_dir == 1 ) {
            if ( cur_dir == 3 ) count++;
            else if ( cur_dir == 4 ) count--;
        }
        else if ( m_dir == 2 ) {
            if ( cur_dir == 3 ) count++;
            else if ( cur_dir == 4 ) count--;
        }
    }
    else if ( pre_dir == 1 || pre_dir == 2 ) // cw or ccw
    {
        if ( cur_dir % 2 == pre_dir % 2 ) {
            m_dir = 1; count++; //ccw
        }
        else {
            m_dir = 2; count--; //cw
        }
    }
    pre_dir = cur_dir;
}

#define GPIO_USART_Rx_Pin   GPIO_Pin_10
#define GPIO_USART_Tx_Pin   GPIO_Pin_9
#define CR1_UE_Set          ((uint16_t) 0x2000)

void USART1_Init(void)
{
    USART_InitTypeDef USART_InitStructure;

    USART_InitStructure.USART_BaudRate = 12800;
    USART_InitStructure.USART_WordLength = USART_WordLength_8b;
    USART_InitStructure.USART_StopBits = USART_StopBits_1;
```

```
    USART_InitStructure.USART_Parity = USART_Parity_No;
    USART_InitStructure.USART_HardwareFlowControl = USART_HardwareFlowControl_None;
    USART_InitStructure.USART_Mode = USART_Mode_Rx | USART_Mode_Tx;
    USART_Init(USART1, &USART_InitStructure);
    USART1->CR1 |= CR1_UE_Set;
}

int fputc(int ch, FILE *f)
{
    // write a character to the usart
    if ( ch == '\n' ) {
        USART_SendData(USART1, '\r');
        while(USART_GetFlagStatus(USART1, USART_FLAG_TXE) == RESET);
        USART_SendData(USART1, '\n');
    }
    else
        USART_SendData(USART1, (uint8_t)ch);

    // loop until the end of transmission
    while(USART_GetFlagStatus(USART1,USART_FLAG_TXE) == RESET);
        return ch;
}

void SerialPutChar(uint8_t c)
{
  USART_SendData(USART1, c);
  while (USART_GetFlagStatus(USART1, USART_FLAG_TXE) == RESET);
}

void Serial_PutString(uint8_t *s)
{
  while (*s != '\0')
  {
    SerialPutChar(*s);
    s ++;
  }
}
```

```
#ifdef __GNUC__
  #define PUTCHAR_PROTOTYPE int __io_putchar(int ch)
#else
  #define PUTCHAR_PROTOTYPE int fputc(int ch, FILE *f)
#endif /* __GNUC__ */

PUTCHAR_PROTOTYPE
{
    /* Write a character to the USART */
    if( ch == '\n') {
        USART_SendData(USART1, '\r');
        while(USART_GetFlagStatus(USART1, USART_FLAG_TXE) == RESET);
        USART_SendData(USART1, '\n');
    }else {
        USART_SendData(USART1, (uint8_t) ch);
    }

    /* Loop until the end of transmission */
    while(USART_GetFlagStatus(USART1, USART_FLAG_TXE) == RESET);

    return ch;
}

int main(void)
{
    int a = 0;
    int i = 0;
    RCC_APB2ENR |= RCC_APB2Periph_GPIOA;
    RCC_APB2ENR |= (RCC_APB2Periph_GPIOB | RCC_APB2Periph_GPIOC);
    RCC->APB2ENR |= RCC_APB2Periph_USART1;
    GPIOB->CRL |= 0x11100000; //
    GPIOB->CRH |= 0x00111111; // 8,9,10,11,12,13
    GPIOC->CRL |= 0x11111111; // 0~7
    GPIOC->CRH |= 0x1; // 8
    USART1_Init();

    printf(" start \n");
```

```
    RCC_Configuration();
    GPIO_Configuration();
    NVIC_Configuration();
    TIM_Configuration();
    EXTI_Configuration();

    while(1){
        // 속도조절
        CCR1_Val = m_speed[m];
        TIM_OCInitStructure.TIM_Pulse = CCR1_Val;
        TIM_OC1Init(TIM4, &TIM_OCInitStructure);
        CCR2_Val = m_speed[5-m];
        TIM_OCInitStructure.TIM_Pulse = CCR2_Val;
        TIM_OC2Init(TIM4, &TIM_OCInitStructure);

        seg(m);

        delay_int_count(800000);
        printf(" count:%4d , dir:%d , speed:%d\n",count,m_dir,3);
    }
    return 0;
}
```

14. 응용 프로그램

14.1 DC모터 PID 속도 제어

14.1.1 PID 제어기

PID 제어는 비례-적분-미분 제어기라고도 하며 실제 응용분야에서 가장 많이 사용되는 대표적인 형태의 제어기법이다. PID 제어는 기본적으로 피드백 제어기 형태를 가지고 있으며 제어하고자 하는 대상의 출력값을 측정하여 원하는 참조값 혹은 목표값과 비교하여 오차를 계산하고 이 오차값을 이용한다.

아래의 식에서 K_p, K_i, K_d값을 게인이라고 하는데 이 값들을 수학적 혹은 실험적/경험적 방법을 통해 계산하는 과정을 튜닝이라고 하고, 이 튜닝방법을 거쳐 원하는 응답형태의 제어기를 만든다. 가운데 적분항에서 시간 0에서 t까지 적분을 하는데 실제로 이렇게 사용하게 되면 저장해야하는 데이터도 지속적으로 늘어나게 되어 일정부분까지만 누적하여 사용한다.

$$MV(t) = K_p e(t) + K_i \int_0^t e(\tau) d\tau + K_d \frac{de(t)}{dt}$$

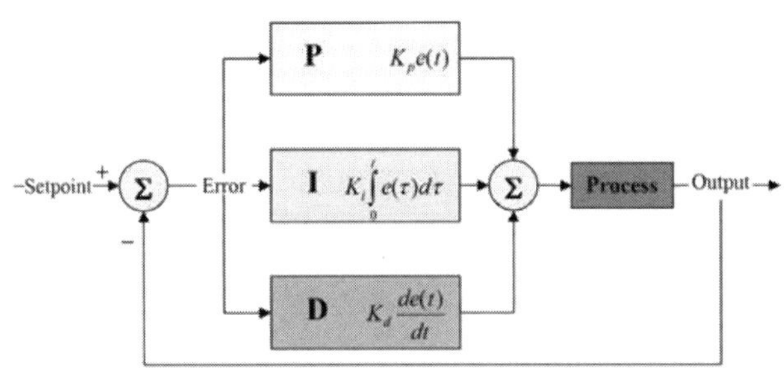

그림 14.1 PID 제어기의 구조

14.1.2 DC모터 PID 속도 제어 실습 개요

본 응용 프로그램은 TIM4를 이용하여 5초마다 목표속도(PWM의 듀티비)를 2000/7200과 7000/7200으로 자동으로 변환하고, 목표속도와 현재속도의 차이만큼의 오차값을 이용하여 PID 제어기를 통해 속도를 제어하도록 구성하였다. 속도를 변환하는 부분은 인터럽트 핸들러인

TIM4_IRQHandler에 구현되어 있다.

- 모터의 출력 : PB6, PB7
- 모터의 enable : PB10, PB11
- 프리스케일 : 10
- 1주기 카운트 수 : 7200, 72Mhz -> 1KHz
- TIM4_IRQHandler : 초당 1000번 호출, 5초마다 목표각도를 바꿈

14.1.3 DC모터 PID 속도 제어 프로그램

```
#include "stm32f10x.h"
#include "stm32f10x_it.h"
#include "platform_config.h"
#include "stm32f10x_tim.h"
#include "misc.h"
#include "stm32f10x_rcc.h"
#include "stm32f10x_gpio.h"
#include "stm32f10x_exti.h"
#include "stm32f10x_usart.h"
#include "stdio.h"

#define GPIO_USART_Rx_Pin   GPIO_Pin_10
#define GPIO_USART_Tx_Pin   GPIO_Pin_9
#define CR1_UE_Set          ((uint16_t) 0x2000)

static void delay_int_count(volatile unsigned int nTime)
{
   for ( ; nTime > 0 ; nTime--);
}

uint16_t capture = 0;
uint16_t CCR1_Val = 0;
uint16_t CCR2_Val = 0;

void GPIO_Configuration(void)
{
```

```
    GPIO_InitTypeDef GPIO_InitStructure;

    GPIO_InitStructure.GPIO_Pin = GPIO_Pin_6|GPIO_Pin_7; // motor PWM
    GPIO_InitStructure.GPIO_Mode = GPIO_Mode_AF_PP;
    GPIO_InitStructure.GPIO_Speed = GPIO_Speed_50MHz;
    GPIO_Init(GPIOB, &GPIO_InitStructure);

    GPIO_InitStructure.GPIO_Pin = GPIO_Pin_9|GPIO_Pin_8|GPIO_Pin_5; // LED 1,2,3
    GPIO_InitStructure.GPIO_Mode = GPIO_Mode_Out_PP;
    GPIO_InitStructure.GPIO_Speed = GPIO_Speed_50MHz;
    GPIO_Init(GPIOB, &GPIO_InitStructure);

    // enable 10,11, direction 12,13
    GPIO_InitStructure.GPIO_Pin = GPIO_Pin_10|GPIO_Pin_11|GPIO_Pin_12|GPIO_Pin_13;
    GPIO_InitStructure.GPIO_Mode = GPIO_Mode_Out_PP;
    GPIO_InitStructure.GPIO_Speed = GPIO_Speed_50MHz;
    GPIO_Init(GPIOB, &GPIO_InitStructure);

    GPIO_InitStructure.GPIO_Pin = GPIO_USART_Tx_Pin;
    GPIO_InitStructure.GPIO_Mode = GPIO_Mode_AF_PP;
    GPIO_InitStructure.GPIO_Speed = GPIO_Speed_50MHz;
    GPIO_Init(GPIOA, &GPIO_InitStructure);

    GPIO_InitStructure.GPIO_Pin = GPIO_USART_Rx_Pin;
    GPIO_InitStructure.GPIO_Mode = GPIO_Mode_IN_FLOATING;
    GPIO_InitStructure.GPIO_Speed = GPIO_Speed_50MHz;
    GPIO_Init(GPIOA, &GPIO_InitStructure);
}

void seg(uint16_t n)
{
    GPIOC->BSRR |= 0xff; // all off
    GPIOC->BRR |= 0xff; // all on
    switch(n)
    {
        case 0:
            GPIOC->BSRR |= GPIO_7SEG_0; break;
        case 1:
```

```
            GPIOC->BSRR |= GPIO_7SEG_1; break;
        case 2:
            GPIOC->BSRR |= GPIO_7SEG_2; break;
        case 3:
            GPIOC->BSRR |= GPIO_7SEG_3; break;
        case 4:
            GPIOC->BSRR |= GPIO_7SEG_4; break;
        case 5:
            GPIOC->BSRR |= GPIO_7SEG_5; break;
        case 6:
            GPIOC->BSRR |= GPIO_7SEG_6; break;
        case 7:
            GPIOC->BSRR |= GPIO_7SEG_7; break;
        case 8:
            GPIOC->BSRR |= GPIO_7SEG_8; break;
        case 9:
            GPIOC->BSRR |= GPIO_7SEG_9; break;
    }
}

void RCC_Configuration(void)
{
    SystemInit(); // 9배빨라짐
    /* Enable TIM4 clock */
    RCC_APB1PeriphClockCmd(RCC_APB1Periph_TIM4, ENABLE);

    RCC_APB2PeriphClockCmd(RCC_APB2Periph_AFIO, ENABLE);
    RCC_APB2PeriphClockCmd(RCC_APB2Periph_USART1, ENABLE);
    RCC_ClocksTypeDef rcc_clocks;

}

void NVIC_Configuration(void)
{
    NVIC_InitTypeDef NVIC_InitStructure;

#ifdef  VECT_TAB_RAM
    /* Set the Vector Table base location at 0x20000000 */
```

```
  NVIC_SetVectorTable(NVIC_VectTab_RAM, 0x0);
#else  /* VECT_TAB_FLASH  */
  /* Set the Vector Table base location at 0x08000000 */
  NVIC_SetVectorTable(NVIC_VectTab_FLASH, 0x0);
#endif

  /* Configure one bit for preemption priority */
  NVIC_PriorityGroupConfig(NVIC_PriorityGroup_0);

  /* Enable the TIM4 Interrupt */

  NVIC_InitStructure.NVIC_IRQChannel = TIM4_IRQn;
  NVIC_InitStructure.NVIC_IRQChannelPreemptionPriority = 0;
  NVIC_InitStructure.NVIC_IRQChannelSubPriority = 0;
  NVIC_InitStructure.NVIC_IRQChannelCmd = ENABLE;
  NVIC_Init(&NVIC_InitStructure);

  NVIC_InitStructure.NVIC_IRQChannel = EXTI0_IRQn;
  NVIC_InitStructure.NVIC_IRQChannelPreemptionPriority = 0;
  NVIC_InitStructure.NVIC_IRQChannelSubPriority = 1;
  NVIC_InitStructure.NVIC_IRQChannelCmd = ENABLE;
  NVIC_Init(&NVIC_InitStructure);

  NVIC_InitStructure.NVIC_IRQChannel = EXTI1_IRQn;
  NVIC_InitStructure.NVIC_IRQChannelPreemptionPriority = 0;
  NVIC_InitStructure.NVIC_IRQChannelSubPriority = 1;
  NVIC_InitStructure.NVIC_IRQChannelCmd = ENABLE;
  NVIC_Init(&NVIC_InitStructure);

  NVIC_InitStructure.NVIC_IRQChannel = EXTI4_IRQn;
  NVIC_InitStructure.NVIC_IRQChannelPreemptionPriority = 0;
  NVIC_InitStructure.NVIC_IRQChannelSubPriority = 1;
  NVIC_InitStructure.NVIC_IRQChannelCmd = ENABLE;
  NVIC_Init(&NVIC_InitStructure);

  NVIC_InitStructure.NVIC_IRQChannel = EXTI15_10_IRQn;
  NVIC_InitStructure.NVIC_IRQChannelPreemptionPriority = 0;
  NVIC_InitStructure.NVIC_IRQChannelSubPriority = 1;
```

```
    NVIC_InitStructure.NVIC_IRQChannelCmd = ENABLE;
    NVIC_Init(&NVIC_InitStructure);
}

TIM_TimeBaseInitTypeDef  TIM_TimeBaseStructure;
TIM_OCInitTypeDef  TIM_OCInitStructure;

void TIM_Configuration(void)
{
  /* Time base configuration */
  TIM_TimeBaseStructure.TIM_Period = 7199; // 72Mhz -> 1kHz
  TIM_TimeBaseStructure.TIM_Prescaler = 9;
  TIM_TimeBaseStructure.TIM_ClockDivision = 0;
  TIM_TimeBaseStructure.TIM_CounterMode = TIM_CounterMode_Up;

  TIM_TimeBaseInit(TIM4, &TIM_TimeBaseStructure);

  /* PWM1 Mode configuration: Channel1 */
  TIM_OCInitStructure.TIM_OCMode = TIM_OCMode_PWM1;
  TIM_OCInitStructure.TIM_OutputState = TIM_OutputState_Enable;
  TIM_OCInitStructure.TIM_Pulse = CCR1_Val;
  TIM_OCInitStructure.TIM_OCPolarity = TIM_OCPolarity_High;

  TIM_OC1Init(TIM4, &TIM_OCInitStructure);
  TIM_OC1PreloadConfig(TIM4, TIM_OCPreload_Enable);

  TIM_OCInitStructure.TIM_OutputState = TIM_OutputState_Enable;
  TIM_OCInitStructure.TIM_Pulse = CCR2_Val;
  TIM_OC2Init(TIM4, &TIM_OCInitStructure);
  TIM_OC2PreloadConfig(TIM4, TIM_OCPreload_Enable);
  /* TIM4 enable counter */
  TIM_Cmd(TIM4, ENABLE);

  /* Clear TIM4 update pending flag */
  TIM_ClearFlag(TIM4, TIM_FLAG_Update);

  /* Enable TIM4 Update interrupt */
  TIM_ITConfig(TIM4, TIM_IT_CC1, ENABLE);
```

```
}

// 현재속도와 목표속도
double cur_speed = 0;
double goal_speed = 0;
double err = 0;
double KP = 0.01;

int m = 0;
int m_speed[2] = { 2000, 7000 };

int k = 0;

void TIM4_IRQHandler(void)// 초당 1000번 걸림
{
    k++;
    k = k % 10000;

    if ( TIM_GetITStatus(TIM4, TIM_IT_CC1) != RESET ) {
        seg(k/1000);
        TIM_ClearITPendingBit(TIM4, TIM_IT_CC1);
        TIM_SetCompare1(TIM4, capture );
    }
    if ( k%10 == 0 ) // 초당 100번
    {
        cur_speed = (double)CCR1_Val; // 현재속도
        goal_speed = m_speed[k/5000]; // 목표속도
        err = goal_speed - cur_speed; // 오차
        CCR1_Val = (int)(cur_speed + err*KP); // P제어
        TIM_OCInitStructure.TIM_Pulse = CCR1_Val;
        TIM_OC1Init(TIM4, &TIM_OCInitStructure);
    }
}

void delay_1_second(void)
{
    delay_int_count(806596);
}
```

```
void EXTI_Configuration(void)
{
    EXTI_InitTypeDef EXTI_InitStructure;

    GPIO_EXTILineConfig(GPIO_PortSourceGPIOA, GPIO_PinSource0);
    GPIO_EXTILineConfig(GPIO_PortSourceGPIOA, GPIO_PinSource1);
    GPIO_EXTILineConfig(GPIO_PortSourceGPIOB, GPIO_PinSource4);
    GPIO_EXTILineConfig(GPIO_PortSourceGPIOB, GPIO_PinSource15);

    EXTI_InitStructure.EXTI_Line = EXTI_Line0;
    EXTI_InitStructure.EXTI_Mode = EXTI_Mode_Interrupt;
    EXTI_InitStructure.EXTI_Trigger = EXTI_Trigger_Rising;
    EXTI_InitStructure.EXTI_LineCmd = ENABLE;
    EXTI_Init(&EXTI_InitStructure);

    EXTI_InitStructure.EXTI_Line = EXTI_Line1;
    EXTI_InitStructure.EXTI_Mode = EXTI_Mode_Interrupt;
    EXTI_InitStructure.EXTI_Trigger = EXTI_Trigger_Rising;
    EXTI_InitStructure.EXTI_LineCmd = ENABLE;
    EXTI_Init(&EXTI_InitStructure);

    EXTI_InitStructure.EXTI_Line = EXTI_Line4;
    EXTI_InitStructure.EXTI_Mode = EXTI_Mode_Interrupt;
    EXTI_InitStructure.EXTI_Trigger = EXTI_Trigger_Rising_Falling;
    EXTI_InitStructure.EXTI_LineCmd = ENABLE;
    EXTI_Init(&EXTI_InitStructure);

    EXTI_InitStructure.EXTI_Line = EXTI_Line15;
    EXTI_InitStructure.EXTI_Mode = EXTI_Mode_Interrupt;
    EXTI_InitStructure.EXTI_Trigger = EXTI_Trigger_Rising_Falling;
    EXTI_InitStructure.EXTI_LineCmd = ENABLE;
    EXTI_Init(&EXTI_InitStructure);
}

int count = 0;

// 0:don't know, 1:cw, 2:ccw
int m_dir = 0;
```

```
// 1:A_up, 2:A_douwn, 3:B_up, 4:B_down
int pre_dir = 0; // 1,2,3,4,
int cur_dir = 0; // 1,2,3,4,
int pre_ext = 0;

void EXTI0_IRQHandler(void)
{
    if ( EXTI_GetITStatus(EXTI_Line0) != RESET ) {
        EXTI_ClearITPendingBit(EXTI_Line0);
    }
    m++;
    m = m % 2;
}

int cc = 0;

void EXTI1_IRQHandler(void)
{
    if ( EXTI_GetITStatus(EXTI_Line1) != RESET ) {
        EXTI_ClearITPendingBit(EXTI_Line1);
    }
    cc++;
    cc = cc%2;
    if ( cc == 0 )
    {
        GPIO_WriteBit(GPIOB, GPIO_Pin_12, Bit_SET);
        GPIO_WriteBit(GPIOB, GPIO_Pin_13, Bit_SET);
    }
    else
    {
        GPIO_WriteBit(GPIOB, GPIO_Pin_12, Bit_RESET);
        GPIO_WriteBit(GPIOB, GPIO_Pin_13, Bit_RESET);
    }
}

void EXTI4_IRQHandler(void)
{
    if ( EXTI_GetITStatus(EXTI_Line4) != RESET ) {
```

```
        EXTI_ClearITPendingBit(EXTI_Line4);
    }

    if ( GPIO_ReadInputDataBit(GPIOB,GPIO_Pin_4) == 1 ) // push button , rising edge
        cur_dir = 1; // A_up
    else if ( GPIO_ReadInputDataBit(GPIOB,GPIO_Pin_4) == 0 ) // pull button ,falling edge
        cur_dir = 2; // A_Down

    if ( pre_dir == 1 || pre_dir == 2 ) // jitter
    {
        if ( cur_dir % 2 == pre_dir % 2 );
        else if ( m_dir == 1 ) {
            if ( cur_dir == 1 ) count++;
            else if ( cur_dir == 2 ) count--;
        }
        else if ( m_dir == 2 ) {
            if ( cur_dir == 1 ) count--;
            else if ( cur_dir == 2 ) count++;
        }
    }
    else if ( pre_dir == 3 || pre_dir == 4 ) // cw or ccw
    {
        if ( cur_dir % 2 == pre_dir % 2 ) {
            m_dir = 2; count--; //ccw
        }
        else {
            m_dir = 1; count++; //cw
        }
    }
    pre_dir = cur_dir;

}

void EXTI15_10_IRQHandler(void)
{
    if ( EXTI_GetITStatus(EXTI_Line15) != RESET ) {
        EXTI_ClearITPendingBit(EXTI_Line15);
```

```
    }

    if ( GPIO_ReadInputDataBit(GPIOB,GPIO_Pin_15) == 1 ) // push button , rising edge
        cur_dir = 3; // B_up
    else if ( GPIO_ReadInputDataBit(GPIOB,GPIO_Pin_15) == 0 ) // pull button ,falling edge
        cur_dir = 4; // B_down

    if ( pre_dir == 3 || pre_dir == 4 ) // jitter
    {
        if ( cur_dir % 2 == pre_dir % 2 );
        else if ( m_dir == 1 ) {
            if ( cur_dir == 3 ) count++;
            else if ( cur_dir == 4 ) count--;
        }
        else if ( m_dir == 2 ) {
            if ( cur_dir == 3 ) count++;
            else if ( cur_dir == 4 ) count--;
        }
    }
    else if ( pre_dir == 1 || pre_dir == 2 ) // cw or ccw
    {
        if ( cur_dir % 2 == pre_dir % 2 ) {
            m_dir = 1; count++; //ccw
        }
        else {
            m_dir = 2; count--; //cw
        }
    }

    pre_dir = cur_dir;
}

#define GPIO_USART_Rx_Pin   GPIO_Pin_10
#define GPIO_USART_Tx_Pin   GPIO_Pin_9
#define CR1_UE_Set          ((uint16_t) 0x2000)

void USART1_Init(void)
```

```
{
    USART_InitTypeDef USART_InitStructure;

    USART_InitStructure.USART_BaudRate = 12800;
    USART_InitStructure.USART_WordLength = USART_WordLength_8b;
    USART_InitStructure.USART_StopBits = USART_StopBits_1;
    USART_InitStructure.USART_Parity = USART_Parity_No;
    USART_InitStructure.USART_HardwareFlowControl = USART_HardwareFlowControl_None;
    USART_InitStructure.USART_Mode = USART_Mode_Rx | USART_Mode_Tx;
    USART_Init(USART1, &USART_InitStructure);
    USART1->CR1 |= CR1_UE_Set;
}

int fputc(int ch, FILE *f) {
    // write a character to the usart
    if ( ch == '\n' ) {
        USART_SendData(USART1, '\r');
        while(USART_GetFlagStatus(USART1, USART_FLAG_TXE) == RESET);
        USART_SendData(USART1, '\n');
    }
    else
        USART_SendData(USART1, (uint8_t)ch);

    // loop until the end of transmission
    while(USART_GetFlagStatus(USART1,USART_FLAG_TXE) == RESET);
        return ch;
}

void SerialPutChar(uint8_t c)
{
  USART_SendData(USART1, c);
  while (USART_GetFlagStatus(USART1, USART_FLAG_TXE) == RESET);
}

void Serial_PutString(uint8_t *s)
{
  while (*s != '\0')
```

```
  {
    SerialPutChar(*s);
    s ++;
  }
}

#ifdef __GNUC__
  #define PUTCHAR_PROTOTYPE int __io_putchar(int ch)
#else
  #define PUTCHAR_PROTOTYPE int fputc(int ch, FILE *f)
#endif /* __GNUC__ */

PUTCHAR_PROTOTYPE
{
    /* Write a character to the USART */
    if( ch == '\n') {
        USART_SendData(USART1, '\r');
        while(USART_GetFlagStatus(USART1, USART_FLAG_TXE) == RESET);
        USART_SendData(USART1, '\n');
    }else {
        USART_SendData(USART1, (uint8_t) ch);
    }

    /* Loop until the end of transmission */
    while(USART_GetFlagStatus(USART1, USART_FLAG_TXE) == RESET);

    return ch;
}

int main(void)
{
    int a = 0;
    int i = 0;
    RCC_APB2ENR |= RCC_APB2Periph_GPIOA;
    RCC_APB2ENR |= (RCC_APB2Periph_GPIOB | RCC_APB2Periph_GPIOC);
    RCC->APB2ENR |= RCC_APB2Periph_USART1;
    GPIOB->CRL |= 0x11100000; //
```

```
    GPIOB->CRH |= 0x00111111; // 8,9,10,11,12,13
    GPIOC->CRL |= 0x11111111; // 0~7
    GPIOC->CRH |= 0x1; // 8
    USART1_Init();

    printf(" start \n");

    RCC_Configuration();
    GPIO_Configuration();
    NVIC_Configuration();
    TIM_Configuration();
    EXTI_Configuration();

    while(1)
    {
        delay_int_count(800000);
        printf(" cur_speed:%3d , goal_speed:%3d , err:%3d\n", (int)cur_speed, (int) goal_speed,
(int)err);
    }

    return 0;
}
```

14.2 엔코더를 이용한 DC모터 위치 제어

14.2.1 엔코더(encoder)

엔코더는 모터의 위치 또는 회전량을 검출하기 위한 센서 장치로 일반적으로 모터의 회전축에 엔코더의 디스크를 부착하여 모터의 회전량을 검출한다. 엔코더는 측정하는 값에 따라 절대형(absolute) 엔코더와 증분형(incremental) 엔코더로 나눌 수 있다.

절대형 엔코더는 모터 축의 절대위치 각을 고유의 디지털 코드로 출력하는 센서이다. 고유의 디지털 코드는 표준 이진형 인코딩(standard binary encoding), 그레이 인코딩(gray encoding) 등 여러 방식으로 코드화 하고 있다.

증분형 엔코더는 직각 위상(quadrature)인 두 개의 펄스 A, B를 출력한다. 직각 위상이 의미하는 것은 이 두 출력 펄스가 서로 90도의 위상차를 가진다는 것을 의미하며, 이러한 위상 차이를 이용하여 회전 방향의 검출 및 각 분해능(resolution)을 단일 채널과 비교하여 최대 4배까지 높일 수 있다. 세 번째 출력 펄스 Z는 선택적으로 적용되는데 이 신호는 기준 출력(reference)으로 매 회전 당 한 번씩만 발생한다.

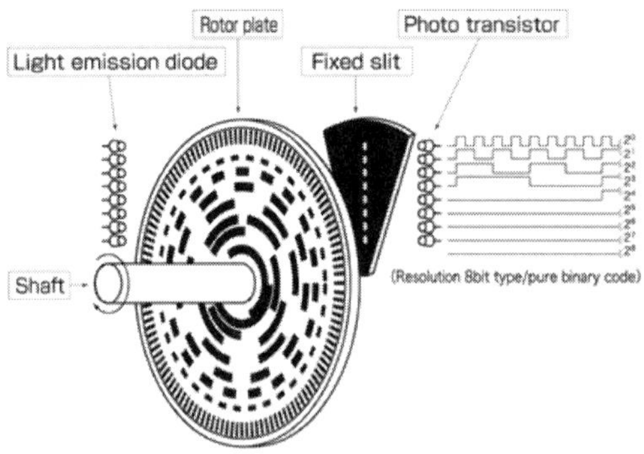

그림 14.2 절대형 엔코더 원리

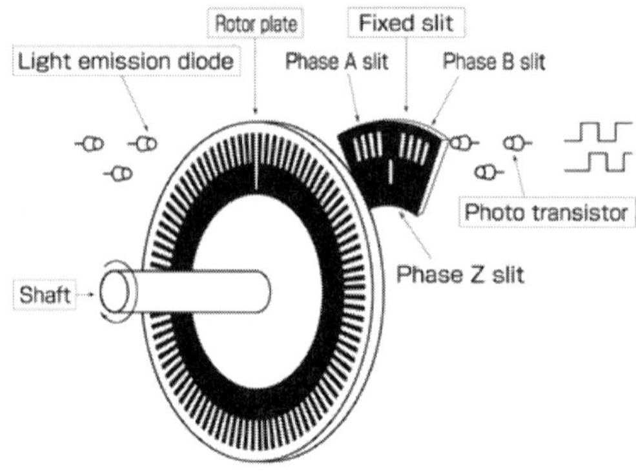

그림 14.3 증분형 엔코더 원리

14.2.2 엔코더를 이용한 DC모터 위치 제어 실습 개요

본 응용 프로그램에서는 모터에 장착되어있는 엔코더를 이용하여 DC모터의 위치 제어가 가능하도록 구성하였다. 본 응용 프로그램에서 사용하는 엔코더는 A와 B 채널 각각 13 pulse/rev.의 분해능을 갖는다. 또한 채널의 위상차와 rising/falling edge 트리거를 모두 이용하면 최대 52 pulse/rev.의 분해능을 갖는다. 이러한 엔코더로 모터의 회전량, 위치, 속도 및 회전 방향을 검출하는 방식은 다음과 같다.

- 모터의 회전량, 위치 및 속도측정
  - 정지상태에서의 회전 기준점을 잡는다.
  - 회전수를 체크하여 기준점으로부터 정방향일 경우에 회전수를 증가시키고 역방향일 경우에 감소시킨다.
  - 이 회전수를 측정한 시각에서 (카운트 수/1바퀴당 카운트 수)*360도 계산을 하여 위치를 측정한다.
  - (1초당 카운트 수/1바퀴당 카운트 수) 계산하면 초당 회전수를 계산할 수 있다.
- 모터의 회전방향 측정
  - A와 B 채널은 90도의 위상 차이가 있으므로 선행하는 채널을 검출하여 회전의 방향을 검출할 수 있다. 만약 정회전에서는 A의 상승엣지 후 B의 상승엣지, A의 하강엣지 후

B의 하강엣지가 나타난다. 반면 역회전이라면 A의 상승엣지 후 B의 하강엣지가 검출되고 A의 하강엣지 후에 B의 상승엣지가 나온다.

본 응용 프로그램에서는 모터에 장착되어있는 엔코더의 펄스들을 MCU의 외부인터럽트로 연결하여 상승과 하강엣지마다 인터럽트를 호출하도록 구성하였다. 본 실습에 사용된 모터는 모터가 한바퀴를 회전했을 때 2개의 라인에서 각각 13개의 펄스파가 출력된다. 따라서 상승엣지와 하강엣지를 검출하면 모터 한바퀴당 52번의 외부인터럽트가 호출된다. 그리고 기어가 있는 모터의 경우 모터의 축이 한바퀴 회전하려면 기어열을 거치기 전에 기어비의 배율만큼 더 많은 회전을 해야 한다. 예를 들어 52 pulse/rev.인 엔코드를 사용하며 기어비가 1/100인 경우 한 회전당 52x100=5200 pulse/rev.의 분해능을 갖는다.

$$\begin{aligned}&\text{1라인 당 펄스 : 13번, 라인의 수 : 2개}\\&\text{모터 1바퀴당 펄스 수} = 13 \times 2(\text{라인의 수}) \times 2(\text{상승과 하강엣지})\\&\text{모터축의 1바퀴당 펄스수} = \text{모터 1바퀴당 펄스수} \times \text{기어비}\end{aligned}$$

DC모터와 엔코더를 이용하여 간단한 DC 서보모터를 구현하기 위해서는 초기 위치를 잡는 것이 중요하며, 본 예제에서는 임의로 초기 위치를 0으로 하여 일정 각도만큼 회전할 수 있도록 구성하였다. 위치 제어를 위해 PID 제어기를 이용하여 제어기를 구성하였다.

$$\text{각도} = \frac{x\text{카운트}}{\text{모터축의 1바퀴당 카운트}} \times 360,\ 180\text{도} = \frac{2600}{5200} \times 360$$

본 응용 프로그램은 DC모터를 초기위치에서부터 약 48.5도(700펄스) 또는 -48.5도(-700펄스) 회전 제어를 하는 프로그램으로 구성하였으며, 간단히 PID 제어기의 P 게인만 사용하여 목표위치와 현재위치 오차를 이용하여 PWM의 듀티비와 정역회전을 조절하는데 사용하였다. 매 5초마다 목표위치 값을 바꾸도록 설정하였으며, 이는 인터럽트 핸들러 TIM4_IRQHandler 내부에 구현하였다.

- 모터의 출력 : PB6, PB7
- 모터의 정역신호 : PB12, PB13
- 모터의 enable : PB10, PB11
- PB4, PB15 : 엔코더 펄스 입력받음, EXTIx_IRQHandler를 호출
- 프리스케일 : 1000
- 1주기 카운트 수 : 720, 72Mhz -> 100Hz
- TIM4_IRQHandler : 초당 100번 호출, 5초마다 목표각도를 바꿈

14.2.3 엔코더를 이용한 DC모터 위치 제어 프로그램

```
#include "stm32f10x.h"
#include "stm32f10x_it.h"
#include "platform_config.h"
#include "stm32f10x_tim.h"
#include "misc.h"
#include "stm32f10x_rcc.h"
#include "stm32f10x_gpio.h"
#include "stm32f10x_exti.h"
#include "stm32f10x_usart.h"
#include "stdio.h"

#define GPIO_USART_Rx_Pin   GPIO_Pin_10
#define GPIO_USART_Tx_Pin   GPIO_Pin_9
#define CR1_UE_Set          ((uint16_t) 0x2000)

static void delay_int_count(volatile unsigned int nTime)
{
   for ( ; nTime > 0 ; nTime--);
}

uint16_t capture = 0;
uint16_t CCR1_Val = 0;
uint16_t CCR2_Val = 0;

void GPIO_Configuration(void)
{
   GPIO_InitTypeDef GPIO_InitStructure;

   GPIO_InitStructure.GPIO_Pin = GPIO_Pin_6|GPIO_Pin_7; // motor PWM
   GPIO_InitStructure.GPIO_Mode = GPIO_Mode_AF_PP;
   GPIO_InitStructure.GPIO_Speed = GPIO_Speed_50MHz;
   GPIO_Init(GPIOB, &GPIO_InitStructure);

   GPIO_InitStructure.GPIO_Pin = GPIO_Pin_9|GPIO_Pin_8|GPIO_Pin_5; // LED 1,2,3
   GPIO_InitStructure.GPIO_Mode = GPIO_Mode_Out_PP;
   GPIO_InitStructure.GPIO_Speed = GPIO_Speed_50MHz;
   GPIO_Init(GPIOB, &GPIO_InitStructure);
```

```
    // enable 10,11, direction 12,13
    GPIO_InitStructure.GPIO_Pin = GPIO_Pin_10|GPIO_Pin_11|GPIO_Pin_12|GPIO_Pin_13;
    GPIO_InitStructure.GPIO_Mode = GPIO_Mode_Out_PP;
    GPIO_InitStructure.GPIO_Speed = GPIO_Speed_50MHz;
    GPIO_Init(GPIOB, &GPIO_InitStructure);

    GPIO_InitStructure.GPIO_Pin = GPIO_USART_Tx_Pin;
    GPIO_InitStructure.GPIO_Mode = GPIO_Mode_AF_PP;
    GPIO_InitStructure.GPIO_Speed = GPIO_Speed_50MHz;
    GPIO_Init(GPIOA, &GPIO_InitStructure);

    GPIO_InitStructure.GPIO_Pin = GPIO_USART_Rx_Pin;
    GPIO_InitStructure.GPIO_Mode = GPIO_Mode_IN_FLOATING;
    GPIO_InitStructure.GPIO_Speed = GPIO_Speed_50MHz;
    GPIO_Init(GPIOA, &GPIO_InitStructure);
}

void seg(uint16_t n)
{
    GPIOC->BSRR |= 0xff; // all off
    GPIOC->BRR |= 0xff; // all on
    switch(n)
    {
        case 0:
            GPIOC->BSRR |= GPIO_7SEG_0; break;
        case 1:
            GPIOC->BSRR |= GPIO_7SEG_1; break;
        case 2:
            GPIOC->BSRR |= GPIO_7SEG_2; break;
        case 3:
            GPIOC->BSRR |= GPIO_7SEG_3; break;
        case 4:
            GPIOC->BSRR |= GPIO_7SEG_4; break;
        case 5:
            GPIOC->BSRR |= GPIO_7SEG_5; break;
        case 6:
            GPIOC->BSRR |= GPIO_7SEG_6; break;
        case 7:
            GPIOC->BSRR |= GPIO_7SEG_7; break;
```

```
        case 8:
            GPIOC->BSRR |= GPIO_7SEG_8; break;
        case 9:
            GPIOC->BSRR |= GPIO_7SEG_9; break;
    }
}

void RCC_Configuration(void)
{
    SystemInit(); // 9배 빨라짐

    /* Enable TIM4 clock */
    RCC_APB1PeriphClockCmd(RCC_APB1Periph_TIM4, ENABLE);
    RCC_APB2PeriphClockCmd(RCC_APB2Periph_AFIO, ENABLE);
    RCC_APB2PeriphClockCmd(RCC_APB2Periph_USART1, ENABLE);
    RCC_ClocksTypeDef rcc_clocks;
}

void NVIC_Configuration(void)
{
    NVIC_InitTypeDef NVIC_InitStructure;

#ifdef  VECT_TAB_RAM
    /* Set the Vector Table base location at 0x20000000 */
    NVIC_SetVectorTable(NVIC_VectTab_RAM, 0x0);
#else  /* VECT_TAB_FLASH  */
    /* Set the Vector Table base location at 0x08000000 */
    NVIC_SetVectorTable(NVIC_VectTab_FLASH, 0x0);
#endif

    /* Configure one bit for preemption priority */
    NVIC_PriorityGroupConfig(NVIC_PriorityGroup_0);

    /* Enable the TIM4 Interrupt */
    NVIC_InitStructure.NVIC_IRQChannel = TIM4_IRQn;
    NVIC_InitStructure.NVIC_IRQChannelPreemptionPriority = 0;
    NVIC_InitStructure.NVIC_IRQChannelSubPriority = 0;
    NVIC_InitStructure.NVIC_IRQChannelCmd = ENABLE;
    NVIC_Init(&NVIC_InitStructure);
```

```
    NVIC_InitStructure.NVIC_IRQChannel = EXTI0_IRQn;
    NVIC_InitStructure.NVIC_IRQChannelPreemptionPriority = 0;
    NVIC_InitStructure.NVIC_IRQChannelSubPriority = 1;
    NVIC_InitStructure.NVIC_IRQChannelCmd = ENABLE;
    NVIC_Init(&NVIC_InitStructure);

    NVIC_InitStructure.NVIC_IRQChannel = EXTI1_IRQn;
    NVIC_InitStructure.NVIC_IRQChannelPreemptionPriority = 0;
    NVIC_InitStructure.NVIC_IRQChannelSubPriority = 1;
    NVIC_InitStructure.NVIC_IRQChannelCmd = ENABLE;
    NVIC_Init(&NVIC_InitStructure);

    NVIC_InitStructure.NVIC_IRQChannel = EXTI4_IRQn;
    NVIC_InitStructure.NVIC_IRQChannelPreemptionPriority = 0;
    NVIC_InitStructure.NVIC_IRQChannelSubPriority = 1;
    NVIC_InitStructure.NVIC_IRQChannelCmd = ENABLE;
    NVIC_Init(&NVIC_InitStructure);

    NVIC_InitStructure.NVIC_IRQChannel = EXTI15_10_IRQn;
    NVIC_InitStructure.NVIC_IRQChannelPreemptionPriority = 0;
    NVIC_InitStructure.NVIC_IRQChannelSubPriority = 1;
    NVIC_InitStructure.NVIC_IRQChannelCmd = ENABLE;
    NVIC_Init(&NVIC_InitStructure);
}

TIM_TimeBaseInitTypeDef  TIM_TimeBaseStructure;
TIM_OCInitTypeDef  TIM_OCInitStructure;

void TIM_Configuration(void)
{
  /* Time base configuration */
  TIM_TimeBaseStructure.TIM_Period = 719; // 72Mhz -> 100Hz
  TIM_TimeBaseStructure.TIM_Prescaler = 999;
  TIM_TimeBaseStructure.TIM_ClockDivision = 0;
  TIM_TimeBaseStructure.TIM_CounterMode = TIM_CounterMode_Up;

  TIM_TimeBaseInit(TIM4, &TIM_TimeBaseStructure);

  /* PWM1 Mode configuration: Channel1 */
```

```
    TIM_OCInitStructure.TIM_OCMode = TIM_OCMode_PWM1;
    TIM_OCInitStructure.TIM_OutputState = TIM_OutputState_Enable;
    TIM_OCInitStructure.TIM_Pulse = CCR1_Val;
    TIM_OCInitStructure.TIM_OCPolarity = TIM_OCPolarity_High;

    TIM_OC1Init(TIM4, &TIM_OCInitStructure);
    TIM_OC1PreloadConfig(TIM4, TIM_OCPreload_Enable);

    TIM_OCInitStructure.TIM_OutputState = TIM_OutputState_Enable;
    TIM_OCInitStructure.TIM_Pulse = CCR2_Val;
    TIM_OC2Init(TIM4, &TIM_OCInitStructure);
    TIM_OC2PreloadConfig(TIM4, TIM_OCPreload_Enable);
    /* TIM4 enable counter */
    TIM_Cmd(TIM4, ENABLE);

    /* Clear TIM4 update pending flag */
    TIM_ClearFlag(TIM4, TIM_FLAG_Update);

    /* Enable TIM4 Update interrupt */
    TIM_ITConfig(TIM4, TIM_IT_CC1, ENABLE);
}

// 목표속도
double cur_angle = 0;
double goal_angle = 0;
double err = 0;
double KP = 0.03;
int count = 0;
int m = 0;
int m_speed[2] = { -700, 700 }; // 목표 카운트

int k = 0;

void TIM4_IRQHandler(void)// 초당 100번 걸림
{
    k++;
    k = k % 1000;
```

```
    if ( TIM_GetITStatus(TIM4, TIM_IT_CC1) != RESET ) { // 인터럽트 플레그 리셋
        seg(k/100);
        TIM_ClearITPendingBit(TIM4, TIM_IT_CC1);
        TIM_SetCompare1(TIM4, capture );
    }
    cur_angle = (double)count; // 현재위치 계산
    goal_angle = m_speed[k/500]; // 5초마다 속도를 바꿈
    err = goal_angle - cur_angle; // 오차계산
    if ( err >= 0 ) { // 정역회전 조절
        GPIO_WriteBit(GPIOB, GPIO_Pin_12, Bit_SET);
        GPIO_WriteBit(GPIOB, GPIO_Pin_13, Bit_SET);
        CCR1_Val = (int)(err*KP); // P제어
    }
    else if ( err < 0 ) {
        GPIO_WriteBit(GPIOB, GPIO_Pin_12, Bit_RESET);
        GPIO_WriteBit(GPIOB, GPIO_Pin_13, Bit_RESET);
        CCR1_Val = (int)(-err*KP);
    }
    TIM_OCInitStructure.TIM_Pulse = CCR1_Val;
    TIM_OC1Init(TIM4, &TIM_OCInitStructure); // 계산된 PWM값 적용
}

void delay_1_second(void)
{
    delay_int_count(806596);
}

void EXTI_Configuration(void)
{
    EXTI_InitTypeDef EXTI_InitStructure;

    GPIO_EXTILineConfig(GPIO_PortSourceGPIOA, GPIO_PinSource0);
    GPIO_EXTILineConfig(GPIO_PortSourceGPIOA, GPIO_PinSource1);
    GPIO_EXTILineConfig(GPIO_PortSourceGPIOB, GPIO_PinSource4);
    GPIO_EXTILineConfig(GPIO_PortSourceGPIOB, GPIO_PinSource15);

    EXTI_InitStructure.EXTI_Line = EXTI_Line0;
    EXTI_InitStructure.EXTI_Mode = EXTI_Mode_Interrupt;
    EXTI_InitStructure.EXTI_Trigger = EXTI_Trigger_Rising;
```

```
    EXTI_InitStructure.EXTI_LineCmd = ENABLE;
    EXTI_Init(&EXTI_InitStructure);

    EXTI_InitStructure.EXTI_Line = EXTI_Line1;
    EXTI_InitStructure.EXTI_Mode = EXTI_Mode_Interrupt;
    EXTI_InitStructure.EXTI_Trigger = EXTI_Trigger_Rising;
    EXTI_InitStructure.EXTI_LineCmd = ENABLE;
    EXTI_Init(&EXTI_InitStructure);

    EXTI_InitStructure.EXTI_Line = EXTI_Line4;
    EXTI_InitStructure.EXTI_Mode = EXTI_Mode_Interrupt;
    EXTI_InitStructure.EXTI_Trigger = EXTI_Trigger_Rising_Falling;
    EXTI_InitStructure.EXTI_LineCmd = ENABLE;
    EXTI_Init(&EXTI_InitStructure);

    EXTI_InitStructure.EXTI_Line = EXTI_Line15;
    EXTI_InitStructure.EXTI_Mode = EXTI_Mode_Interrupt;
    EXTI_InitStructure.EXTI_Trigger = EXTI_Trigger_Rising_Falling;
    EXTI_InitStructure.EXTI_LineCmd = ENABLE;
    EXTI_Init(&EXTI_InitStructure);
}

// 0:don't know, 1:cw, 2:ccw
int m_dir = 0;
// 1:A_up, 2:A_douwn, 3:B_up, 4:B_down
int pre_dir = 0; // 1,2,3,4,
int cur_dir = 0; // 1,2,3,4,
int pre_ext = 0;

void EXTI0_IRQHandler(void)
{
    if ( EXTI_GetITStatus(EXTI_Line0) != RESET ) {
        EXTI_ClearITPendingBit(EXTI_Line0);
    }
    m++;
    m = m % 2;
}
```

```
int cc = 0;
void EXTI1_IRQHandler(void)
{
    if ( EXTI_GetITStatus(EXTI_Line1) != RESET ) {
        EXTI_ClearITPendingBit(EXTI_Line1);
    }
    cc++;
    cc = cc%2;
    if ( cc == 0 )
    {
        GPIO_WriteBit(GPIOB, GPIO_Pin_12, Bit_SET);
        GPIO_WriteBit(GPIOB, GPIO_Pin_13, Bit_SET);
    }
    else
    {
        GPIO_WriteBit(GPIOB, GPIO_Pin_12, Bit_RESET);
        GPIO_WriteBit(GPIOB, GPIO_Pin_13, Bit_RESET);
    }
}

void EXTI4_IRQHandler(void)
{
    if ( EXTI_GetITStatus(EXTI_Line4) != RESET ) {
        EXTI_ClearITPendingBit(EXTI_Line4);
    }

    if ( GPIO_ReadInputDataBit(GPIOB,GPIO_Pin_4) == 1 ) // push button , rising edge
        cur_dir = 1; // A up
    else if ( GPIO_ReadInputDataBit(GPIOB,GPIO_Pin_4) == 0 ) // pull button ,falling edge
        cur_dir = 2; // A_Down

    if ( pre_dir == 1 || pre_dir == 2 ) // jitter
    {
        if ( cur_dir % 2 == pre_dir % 2 );
        else if ( m_dir == 1 ) {
            if ( cur_dir == 1 ) count++;
            else if ( cur_dir == 2 ) count--;
        }
```

```
        else if ( m_dir == 2 ) {
            if ( cur_dir == 1 ) count--;
            else if ( cur_dir == 2 ) count++;
        }
    }
    else if ( pre_dir == 3 || pre_dir == 4 ) // cw or ccw
    {
        if ( cur_dir % 2 == pre_dir % 2 ) {
            m_dir = 2; count--; //ccw
        }
        else {
            m_dir = 1; count++; //cw
        }
    }
    pre_dir = cur_dir;

}

void EXTI15_10_IRQHandler(void)
{
    if ( EXTI_GetITStatus(EXTI_Line15) != RESET ) {
        EXTI_ClearITPendingBit(EXTI_Line15);
    }

    if ( GPIO_ReadInputDataBit(GPIOB,GPIO_Pin_15) == 1 ) // push button , rising edge
        cur_dir = 3; // B_up
    else if ( GPIO_ReadInputDataBit(GPIOB,GPIO_Pin_15) == 0 ) // pull button ,falling edge
        cur_dir = 4; // B_down

    if ( pre_dir == 3 || pre_dir == 4 ) // jitter
    {
        if ( cur_dir % 2 == pre_dir % 2 );
        else if ( m_dir == 1 ) {
            if ( cur_dir == 3 ) count++;
            else if ( cur_dir == 4 ) count--;
        }
        else if ( m_dir == 2 ) {
            if ( cur_dir == 3 ) count++;
            else if ( cur_dir == 4 ) count--;
```

```
        }
    }
    else if ( pre_dir == 1 || pre_dir == 2 ) // cw or ccw
    {
        if ( cur_dir % 2 == pre_dir % 2 ) {
            m_dir = 1; count++; //ccw
        }
        else {
            m_dir = 2; count--; //cw
        }
    }
    pre_dir = cur_dir;
}

#define GPIO_USART_Rx_Pin   GPIO_Pin_10
#define GPIO_USART_Tx_Pin   GPIO_Pin_9
#define CR1_UE_Set         ((uint16_t) 0x2000)

void USART1_Init(void)
{
    USART_InitTypeDef USART_InitStructure;

    USART_InitStructure.USART_BaudRate = 12800;
    USART_InitStructure.USART_WordLength = USART_WordLength_8b;
    USART_InitStructure.USART_StopBits = USART_StopBits_1;
    USART_InitStructure.USART_Parity = USART_Parity_No;
    USART_InitStructure.USART_HardwareFlowControl = USART_HardwareFlowControl_None;
    USART_InitStructure.USART_Mode = USART_Mode_Rx | USART_Mode_Tx;
    USART_Init(USART1, &USART_InitStructure);
    USART1->CR1 |= CR1_UE_Set;
}

int fputc(int ch, FILE *f) {
    // write a character to the usart
    if ( ch == '\n' ) {
        USART_SendData(USART1, '\r');
        while(USART_GetFlagStatus(USART1, USART_FLAG_TXE) == RESET);
        USART_SendData(USART1, '\n');
```

```
    }
    else
        USART_SendData(USART1, (uint8_t)ch);

    // loop until the end of transmission
    while(USART_GetFlagStatus(USART1,USART_FLAG_TXE) == RESET);
        return ch;
}

void SerialPutChar(uint8_t c)
{
  USART_SendData(USART1, c);
  while (USART_GetFlagStatus(USART1, USART_FLAG_TXE) == RESET);
}

void Serial_PutString(uint8_t *s)
{
  while (*s != '\0')
  {
    SerialPutChar(*s);
    s ++;
  }
}

#ifdef __GNUC__
  #define PUTCHAR_PROTOTYPE int __io_putchar(int ch)
#else
  #define PUTCHAR_PROTOTYPE int fputc(int ch, FILE *f)
#endif /* __GNUC__ */

PUTCHAR_PROTOTYPE
{
    /* Write a character to the USART */
    if( ch == '\n') {
        USART_SendData(USART1, '\r');
        while(USART_GetFlagStatus(USART1, USART_FLAG_TXE) == RESET);
        USART_SendData(USART1, '\n');
    }else {
```

```
        USART_SendData(USART1, (uint8_t) ch);
    }

    /* Loop until the end of transmission */
    while(USART_GetFlagStatus(USART1, USART_FLAG_TXE) == RESET);

    return ch;
}

int main(void)
{
    int a = 0;
    int i = 0;
    RCC_APB2ENR |= RCC_APB2Periph_GPIOA;
    RCC_APB2ENR |= (RCC_APB2Periph_GPIOB | RCC_APB2Periph_GPIOC);
    RCC->APB2ENR |= RCC_APB2Periph_USART1;
    GPIOB->CRL |= 0x11100000; //
    GPIOB->CRH |= 0x00111111; // 8,9,10,11,12,13
    GPIOC->CRL |= 0x11111111; // 0~7
    GPIOC->CRH |= 0x1; // 8
    USART1_Init();

    printf(" start \n");

    RCC_Configuration();
    GPIO_Configuration();
    NVIC_Configuration();
    TIM_Configuration();
    EXTI_Configuration();

    while(1)
    {
        delay_int_count(800000);
        printf(" cur_angle:%3d , goal_angle:%3d , err:%3d\n", (int)cur_angle, (int) goal_angle, (int)err);
    }

    return 0;
}
```

A. Cortex-M3 EVB(Mango-M32)

Mango-M32는 Cortex-M3의 기능을 검증하기 위하여 만들어진 보드로 STM32F103xx MCU의 거의 모든 기능을 사용할 수 있도록 설계 되었으며, LED와 7-세그먼트 등을 배치하여 사용자가 시각적으로 쉽게 접근할 수 있도록 구성되어 있다.

A.1 Cortex-M3 EVB(Mango-M32) 하드웨어 구조

Mango-M32는 STMicroelectronics 사의 Cortex-M3기반 STM32F103xx MCU 및 7-세그먼트, LED, 버튼, USB, RS-232 등이 장착되어 있으며, STM32F103의 GPIO가 할당되어 있는 40핀의 확장 커넥터(20핀*2열)를 이용하여 기능의 확장이 용이하도록 설계되었다. 자세한 사항은 아래와 같다.

· Mango-M32의 사양

- STM32F103xx MCU: Cortex-M3기반 ST Microelectronics사의 Micro-Controller 64Kbytes or 128Kbytes Flash Option
- 2-Port RS-232C Interface
- 1 Port USB 2.0 FS Device Interface
- 3 Indicator LEDs
- 1 7-Segment LED
- 1 Power LED
- 2 USER Keys : WKUP, USER
- 1 Reset Key
- 1 Boot Select Switch : System Memory and Main Flash Boot
- 2x20Pin HEADER for Expansion
- Option: 32.768kHz, 12MHz Crystal Oscillator

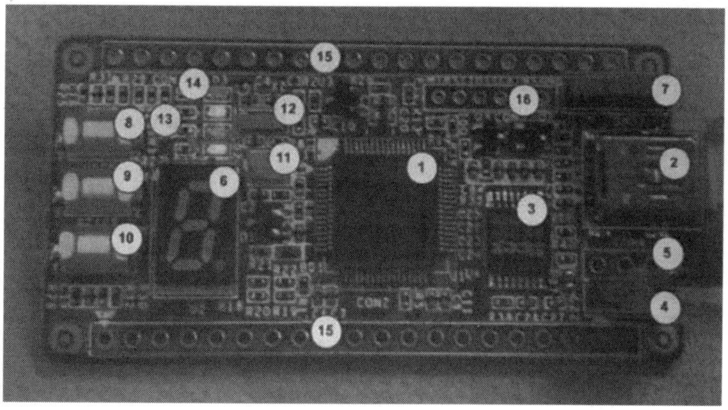

그림 A.1 Mango-M32 보드

Mango-M32 보드는 그림 A.1과 같이 구성되어 있으며, 상세 부품에 대한 설명은 표 A.1에서 볼 수 있다.

표 A.1 Mango-M32 보드 상세 부품

번호	설명	번호	설명
1	STM32F103xx MCU	2	USB mini-B 커넥터
3	SP3232 UART-RS232C Level Converter	4	RS232C Port #1 (UART 1)
5	RS232C Port #2 (UART 2)	6	7-세그먼트 LED
7	Boot Select Switch (BOOT0)	8	WKUP 버튼
9	USER 버튼	10	RESET 버튼
11	12MHz 크리스탈	12	32.768KHz 크리스탈
13	Power LED	14	Indicator LEDs
15	20핀*2열 HEADER 커넥터	16	JTAG 커넥터

A.1.1 USB 커넥터

Mango-M32의 USB 커넥터는 전원 공급 및 USB2.0 FS 모드로 Host와의 데이터 통신 2가지 목적으로 사용된다. 따라서 USB 기능을 사용하지 않더라도 USB 포트를 통해 전원을 공급하여 주어야 한다.

- 전원공급: Mango-M32의 USB 전원은 내부 LDO(Low Dropout)로 연결되어 3.3V 내부 전원을 만든다. USB 전원에 연결되면 Power LED(Part #13)가 점등하여 전원이 정상적으로 연결되었음을 알려 준다.

· USB 2.0 FS Device: Mango-M32 보드의 STM32F103xx MCU에는 USB 2.0 Full-Speed Device 포트가 장착되어 있다. 이 포트를 통해 Host와 USB를 사용하여 통신을 할 수 있다. 또한 Mango-M32는 GPIO포트를 통해 USB 연결을 제어할 수 있도록 설계되어 있다.

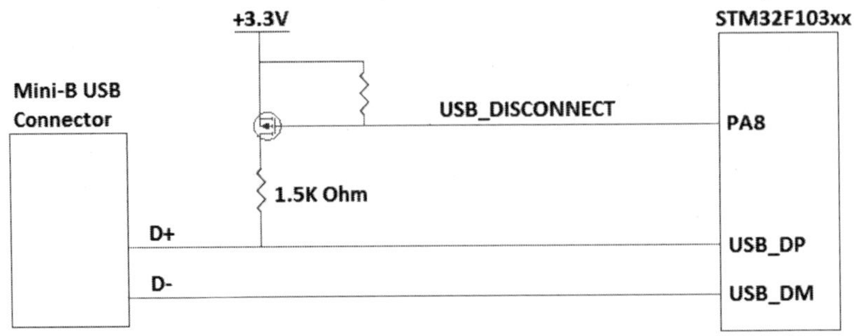

그림 A.2 USB 커넥터 제어

그림 A.2에서 STM32F103xx의 GPIO PA8 포트는 USB 버스 "D+" 신호의 1.5KΩ 풀업 저항의 제어를 통해 USB의 연결 여부를 제어한다.

STM32F103xx MCU가 초기화 과정을 거치는 동안, PA8 포트를 High 또는 High Impedance 상태로 유지하여 Host PC가 보기에 USB 연결이 되어 있지 않은 것처럼 보여주고, 초기화가 완료되어 USB 명령을 받아들일 수 있는 상태가 되면, PA8 포트를 "Low"로 설정하여 USB 연결을 시작하게 할 수 있다.

A.1.2 RS232C

Mango-M32는 RS232C 연결을 위해, SP3232(Part #2) Level Converter와 2개의 3핀 HEADER 커넥터를 제공한다. 두 개의 RS232C 포트는 각각 CON5와 CON6에 할당되어 있다. CON5의 RS232C Port #1은 STM23F103xx의 UART Port #1과 Level Converter를 통해 연결되어 있고, CON6의 RS232C Port #2도 Level Converter를 통해 UART Port #2와 연결되어 있다.

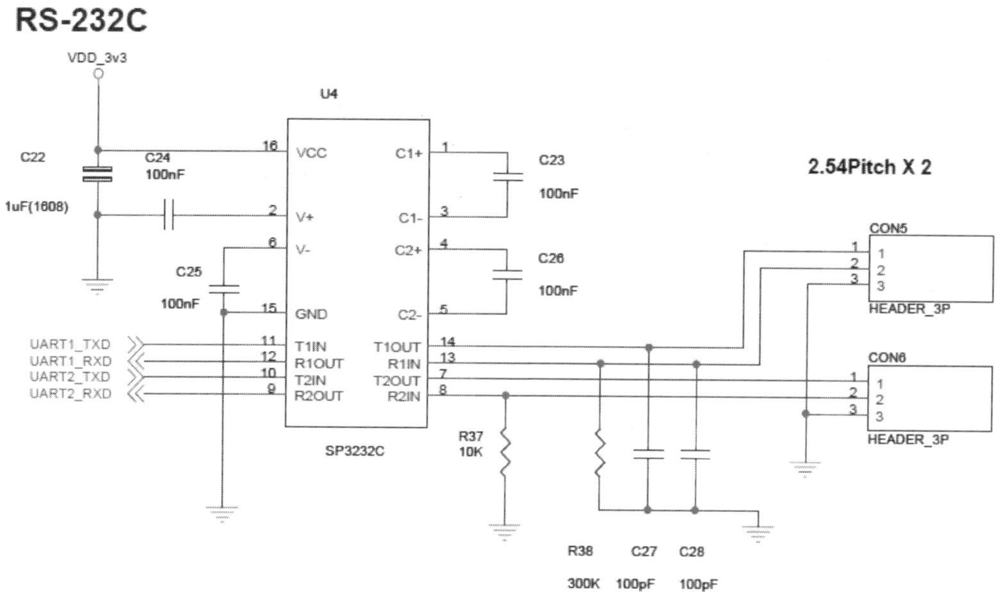

그림 A.3 Mango-M32 RS232C 포트

A.1.3 7-세그먼트 LED

세그먼트를 구성하는 각 LED의 Anode가 전원에 연결된 Common Anode 유형으로 해당 GPIO 포트가 "LOW"일 때 점등하게 된다. 7-세그먼트의 a, b, c, d, e, f, g 세그먼트가 각각, PC0, PC1, PC2, PC3, PC4, PC5, PC7에 연결되어 있다. 7- 세그먼트의 전원부는 PMOS FET를 거쳐서 +3.3V에 연결되어 있는데, 이 전원은 PC8 포트에 의해 제어된다.

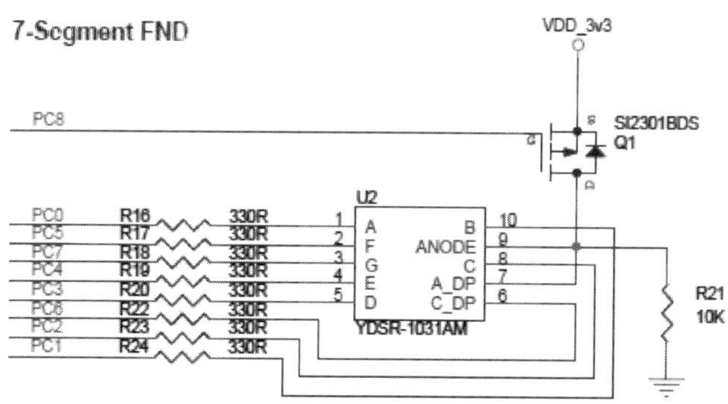

그림 A.4 Mango-M32 7-세그먼트의 결선도

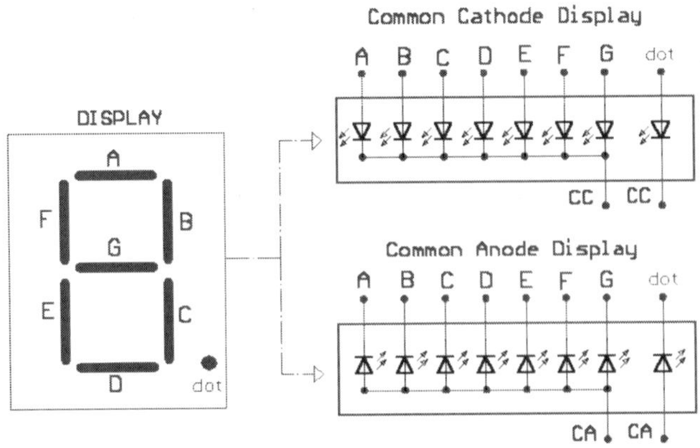

그림 A.5 Common Cathode와 Common Anode

· 7-세그먼트를 켜기

- PC8 포트를 OUTPUT LOW로 설정: PMOS가 도통되어 7-세그먼트에 전원이 공급

- 해당 세그먼트의 GPIO 포트를 OUTPUT LOW로 설정: 해당 세그먼트가 점등

세그먼트의 전원을 PCx으로 제어하는 이유는 PC0~7 포트가 세그먼트 점등 이외의 다른 용도로 사용될 때, PC8 OUTPUT HIGH로 하여 PMOS를 통한 전원 공급을 끊음으로써, GPIO로 사용하는데 문제가 없도록 하기 위해서이다.

A.1.4 BOOT Select Switch

Mango-M32는 STM32F103xx의 3가지 Boot Mode중 Main Flash Memory와 System Memory Boot를 선택할 수 있게 해 준다.

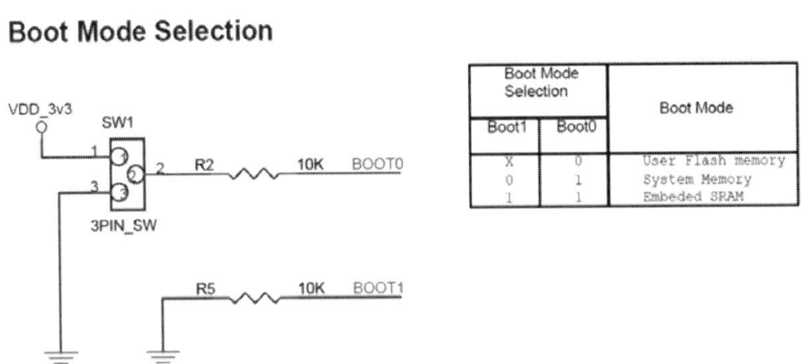

그림 A.6 STM32F103xx Boot Mode

일반적인 경우 다음 두 가지의 부트모드만 사용하더라도 충분하다. Mango-M32에서는 BOOT1 핀을 LOW로 고정시키고, BOOT0핀을 Boot Select Switch에 할당하여, Main Flash Memory와 System Memory 부트 중 하나를 선택할 수 있도록 하였다.

· Main Flash Memory Boot : 사용자가 Program한 Flash Memory로 부트

· System Memory Boot : 내장 ROM으로 부트. 주로 UART를 통한 Program 다운로드에 사용

Part #7 스위치가 오른쪽에 위치해 있을 때는 BOOT0=LOW가 되어 Main Flash memory Boot 모드로 설정되고, 왼쪽에 위치해 있을 때는 BOOT0=HIGH가 되어 System memory Boot 모드로 설정된다.

A.1.5 WKUP, USER, RESET 버튼

Mango-M32는 사용자의 키 입력을 받을 수 있도록, WKUP, USER 버튼을 제공하고 보드 RESET을 위해 RESET 버튼을 제공한다.

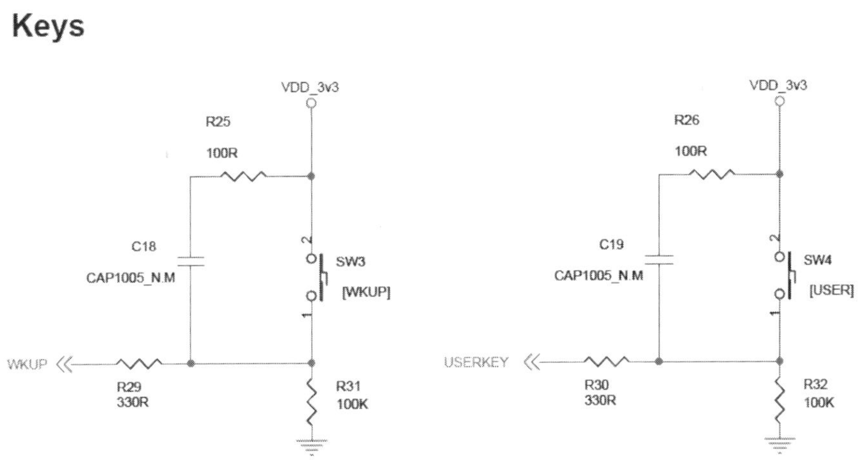

그림 A.7 Mango-M32 WKUP, USER 버튼

WKUP, USER 버튼을 누르면 해당신호가 High가 된다. 각 신호와 STM32F103xx의 GPIO 맵핑은 다음과 같다.

표 A.2 WKUP, USER 버튼의 GPIO맵핑

Mango-M32 Button	STM32F103xx GPIO
WKUP	PA0_WKUP_U2CTS_ADCIN0_T2CH1_ETR
USER	PA1_U2RTS_ADCIN1_T2CH2

표를 보면 각 버튼이 PA0, PA1 GPIO 포트에 연결되어 있음을 알 수 있다. 따라서 사용자는 해당 GPIO를 읽어 보면 버튼의 상태를 알 수 있다. WKUP 버튼의 경우, Wake Up 기능도 가지고 있다. 이 기능은 STM32F103xx가 최소의 전력을 소모하는 상태인 Standby 상태에서 깨어나기 위해 사용된다. 이 버튼을 이용하여 Standby Mode에 대한 테스트도 할 수 있다.

A.1.6 크리스탈

Part #11과 #12는 각각 12MHz와 32.768KHz 크리스탈이다. 각각 시스템 클럭 및 RTC 클럭을 만들기 위해 사용된다.

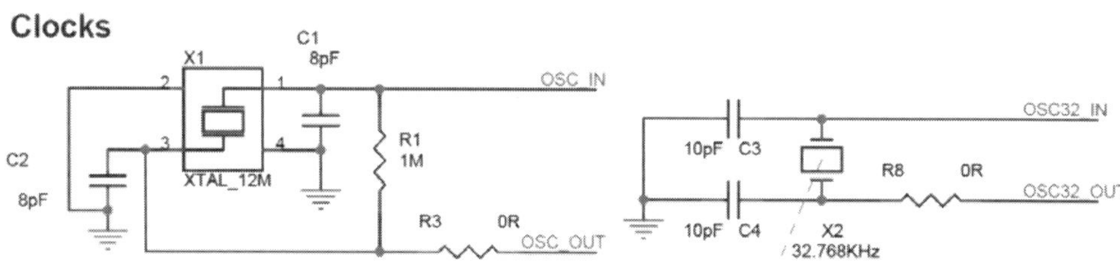

그림 A.8 Mango-M32 Crystal

A.1.7 Power LED

Mango-M32 보드의 전원 공급을 확인하기 위해 사용되는 LED로 전원이 공급 될 때 점등하며, 이 때 수mA의 전류가 흐르게 된다.

A.1.8 Indicator LEDs

Mango-M32 보드에는 3개의 Indicator LED가 붙어 있다. 각 Indicator LED는 STM32F103xx의 PB5, PB8, PB9 GPIO에 각각 연결되어 있다. 각 LED는 해당 GPIO가 LOW일 때 점등된다.

A.1.9 확장 커넥터

Mango-M32에는 2개의 20핀 HEADER 커넥터 홀이 나와 있어 확장 커넥터의 역할을 하도록 되어 있다. 각 커넥터의 GPIO 맵핑은 다음과 같다.

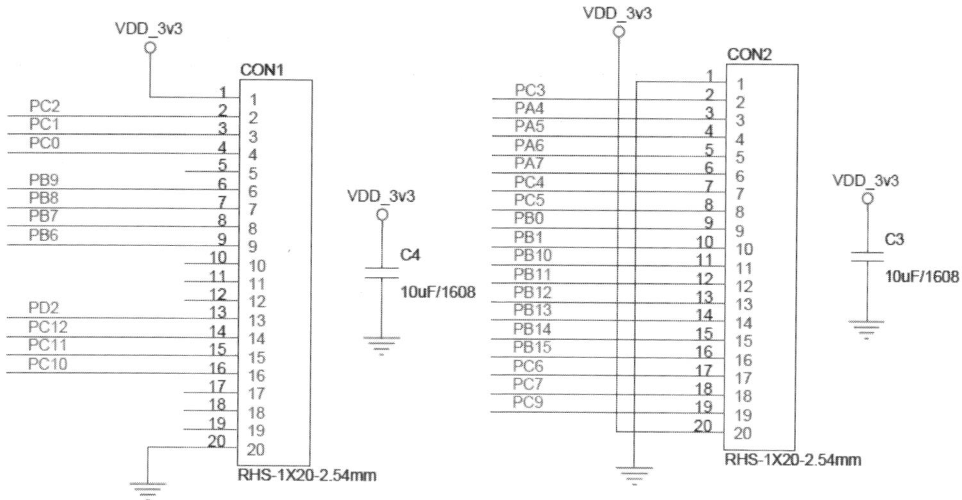

그림 A.9 Mango-M32 보드 확장 커넥터

그림의 GPIO 맵핑에서, 왼쪽의 5번 VBAT핀은 외장 RTC용 배터리에서 RTC 전원을 공급할 때 사용된다. 이 핀으로 RTC용 전원을 공급할 경우에는 Mango-M32보드에서 STM32F103xx로 공급되고 있는 RTC 전원을 끊어 주어야 하며, 이를 위해 0Ω 저항 R9를 제거하면 되는데, R9의 위치는 다음과 같다.

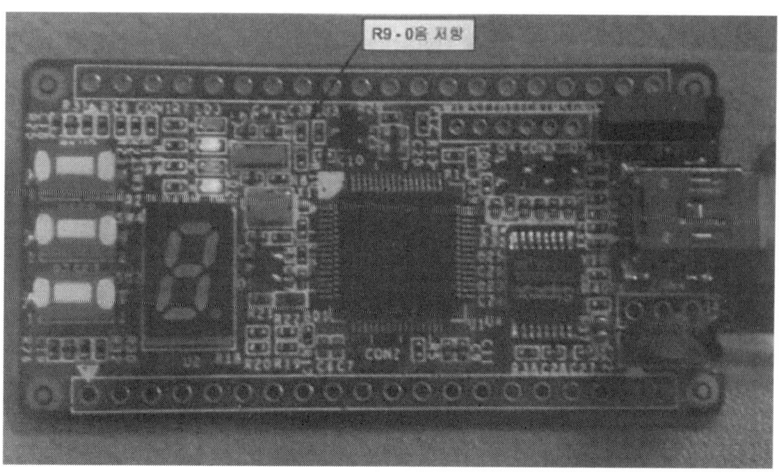

그림 A.10 Mango-M32 0Ω 저항 R9의 위치

A.1.10 JTAG 커넥터

6핀의 JTAG 확장 커넥터로 STM32F103xx의 JTAG 포트를 외부에서 접근할 수 있도록 해주며 핀 배열은 다음과 같다.

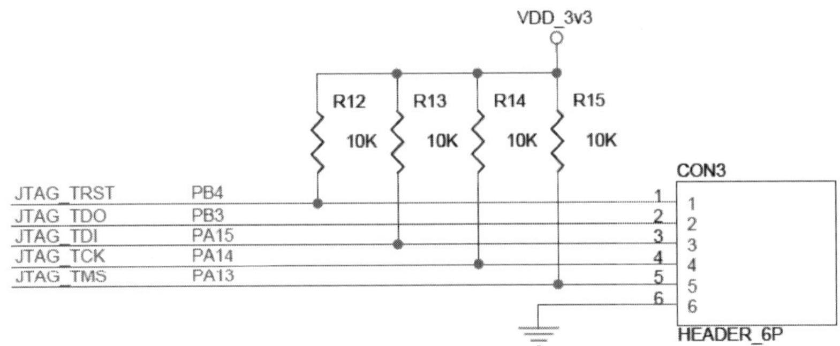

그림 A.11 Mango-M32 JTAG 핀배열

B. 개발 환경 구축

마이크로컨트롤러의 효율적인 구동을 위해서는 펌웨어의 개발이 필수적이며, 최근에는 C언어를 이용한 개발이 일반적이다. 이를 위해서는 소스코드를 컴파일할 수 있는 컴파일러와 컴파일된 바이너리 코드를 메모리에 퓨징하기 위한 퓨징 프로그램이 필요하다.

STM32를 위한 컴파일러로는 Keil, IAR, Ride7 등의 컴파일러가 존재하는데, 본 교재에서는 Ride7 컴파일러에 대해 알아본다. 컴파일된 바이너리 코드를 STM32 보드 메모리에 퓨징하기 위한 툴인 STM Flash Loader에 대해서도 알아본다.

B.1 Ride7 기반 환경 구축

Ride7은 STRx와 STM32 보드의 개발을 위한 IDE(Integrated Development Environment) 개발환경을 지원한다. 프로그램은 아래 링크에서 다운로드 받아 설치한다.

· http://support-raisonance.com/extranet/home/index.php

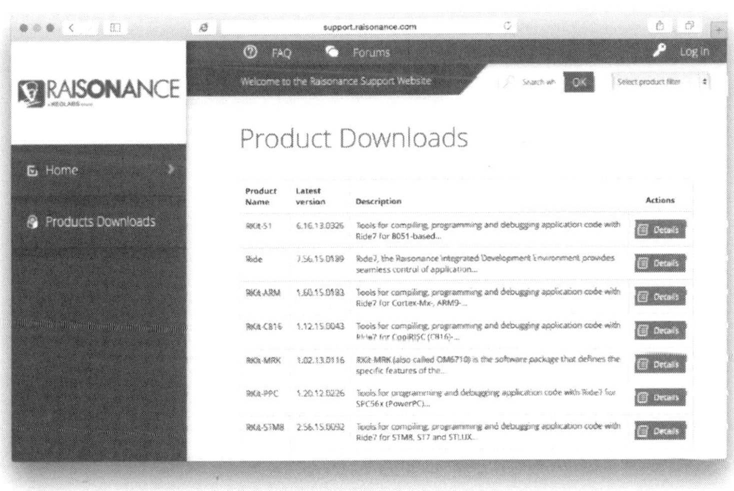

그림 B.1 Ride7 프로그램 다운로드 화면

Ride와 RKit-ARM 소프트웨어를 모두 다운로드 받아야 하며, 다운로드 받기 위해서는 회원가입이 필요하다. 참고로 RKit-ARM 소프트웨어의 최신버전은 사용 기한의 제한이 있다. Ride7의 초기 실행화면은 그림 B.2와 같은 IDE 환경을 제공한다.

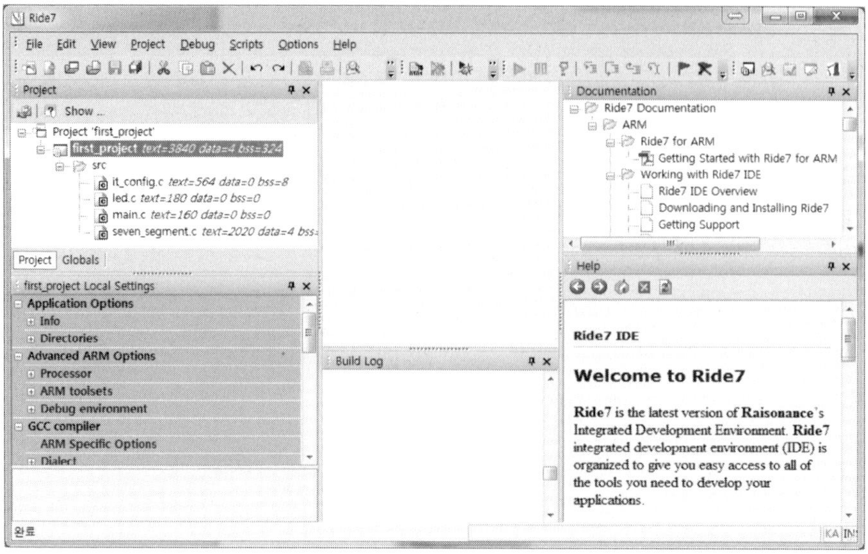

그림 B.2 RIDE7 초기 실행화면

B.2 프로젝트 생성

· 새로운 프로젝트 만들기

- Project ⇒ New Project 선택해서 새로운 프로젝트를 생성함.

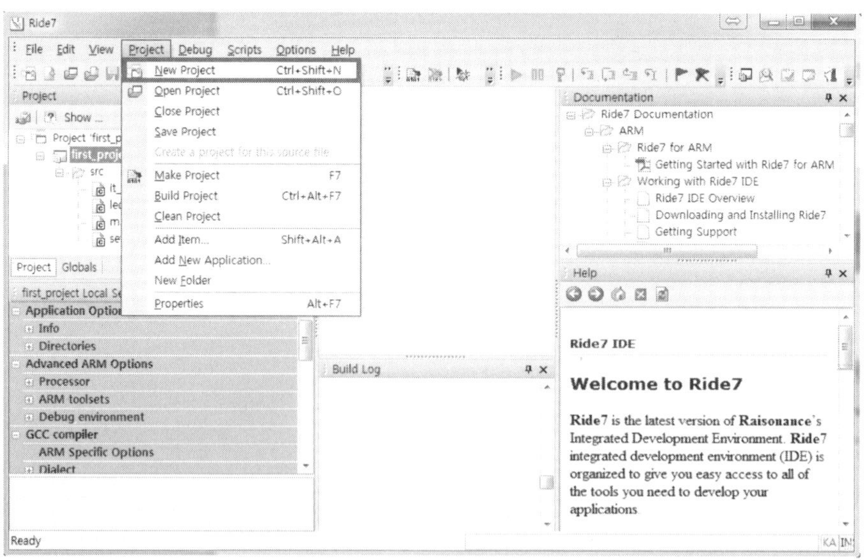

그림 B.3 프로젝트 생성

· 프로젝트 생성하기

- 새로운 프로젝트를 생성할 때 가장 먼저 타겟 디바이스를 설정해야 하며, 그림 B.4와 같은 창에서 적절한 타겟 디바이스를 설정해 주어야 함.
- 본 교재에서 사용한 Mango-M32 보드를 사용하기 위해서는 STM32F103RB을 선택하여야 함.
- 적절한 프로젝트의 이름을 작성한 후 저장될 폴더를 선택한 후 마침.

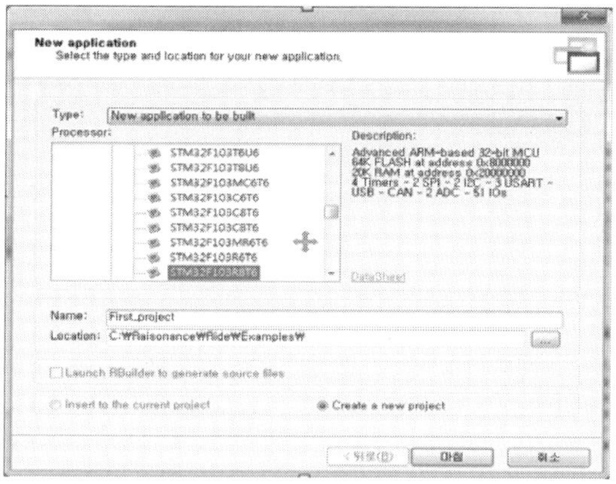

그림 B.4 타겟 디바이스 설정

· 소스파일 생성

- 소스파일을 생성하기 이전에 소스파일을 별도의 폴더에 관리하는 것이 효율적임.
- 그림 B.5와 같이 Add->New Folder를 선택해서 새폴더를 적절한 이름으로 생성

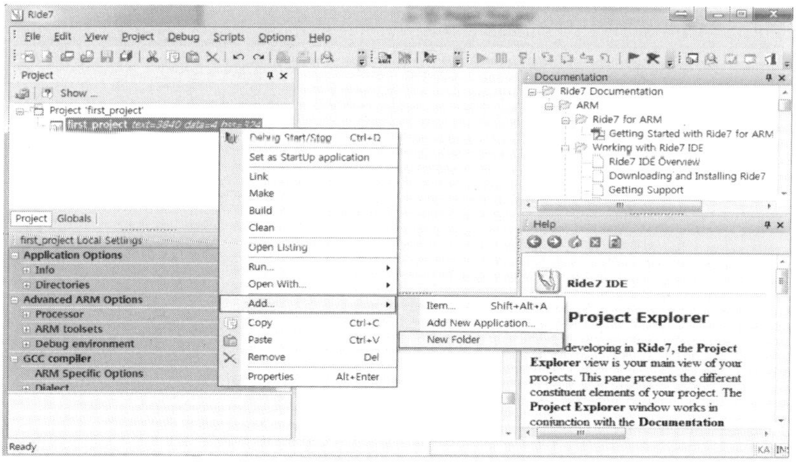

그림 B.5 새로운 폴더 생성

- 다음으로 소스폴더에 소스파일을 생성하기 위해 File->New->Source File을 선택함. 선택하면 그림 B.6과 같은 화면이 나타남.
- 소스파일을 적절히 저장하기 위해서는 적절한 파일명을 작성한 후 File->Save As...를 선택해서 원하는 디렉토리에 파일명.c 로 저장함.
- 다음으로 소스파일을 관리하기 위한 폴더에서 마우스 오른쪽 클릭을 한 후 Add->Item.. 을 선택해서 디렉토리 안에 그림 B.7과 같이 파일을 추가함

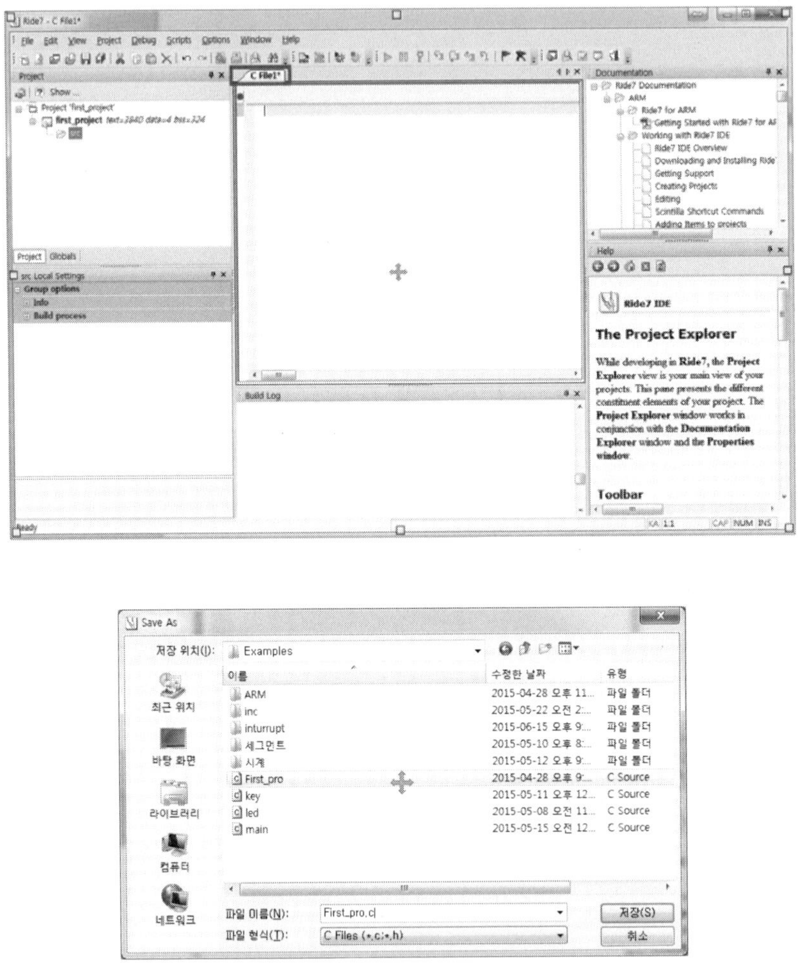

그림 B.6 프로그램 소스파일 생성

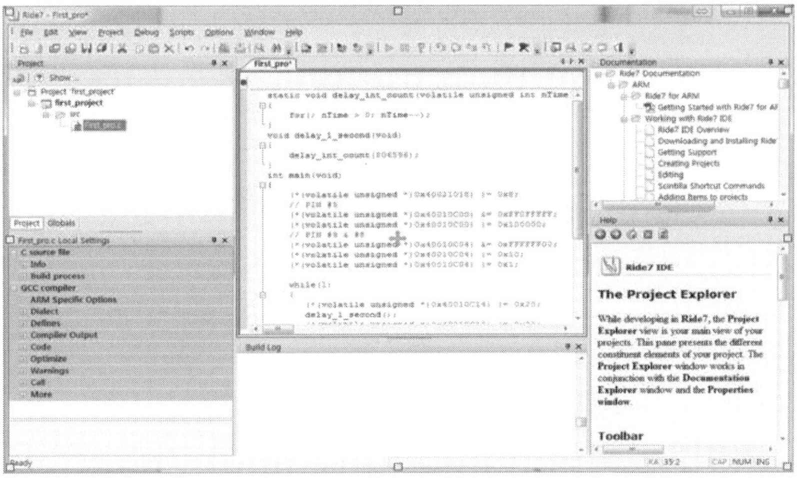

그림 B.7 src 폴더 안에 생성된 c파일

B.3 STM Flash Loader 설치

앞 절에서 생성한 소스파일을 컴파일러를 이용하여 컴파일을 하면 타겟 디바이스에 맞는 바이너리 파일이 생성된다. 생성된 바이너리 파일을 타겟 디바이스에 퓨징을 해 주어야 하드웨어에서 동작하게 된다. STM Flash loader는 ST사의 플래쉬 롬에 파일을 다운로드할 수 있는 기능을 지원해주는 프로그램이다. 프로그램은 아래 링크에서 다운로드 받아 설치한다.

- http://www.st.com/st-web-ui/active/en/catalog/tools/PF257525

위 사이트에서 STM32F103RB에 대한 Flash loader demonstrator 프로그램을 찾아서 다운 받으면 된다.

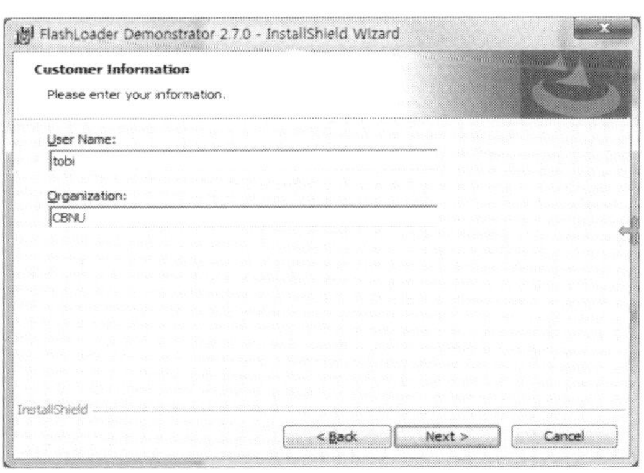

그림 B.8 STM Flash loader 프로그램 설치화면

프로그램을 실행하면 그림 B.9에서 보는 것과 같이 프로그램 다운로드를 위한 초기 설정 화면이 나타난다. 초기 설정 화면에서 적절한 설정을 해준다. 먼저 보드와의 통신을 위한 포트를 설정해 주고 Baud Rate을 115200로 설정한 후 다음으로 진행한다.

설정이 완료되면 보드에 바이너리 파일을 다운로드 할 수 있는 환경이 정상적으로 설정되었음을 의미한다. 바이너리 파일은 프로젝트 폴더에 .hex 파일 형태로 생성되며, 해당 파일을 다운로드하면 된다. 바이너리 파일을 다운로드 하기 위해서는 그림 B.10과 같이 'Download to device' 항목 아래에 있는 'Download from file' 아래 오른쪽 버튼을 눌러 사용자가 생성한 폴더에 있는 바이너리 파일(.hex 파일)을 선택한다.

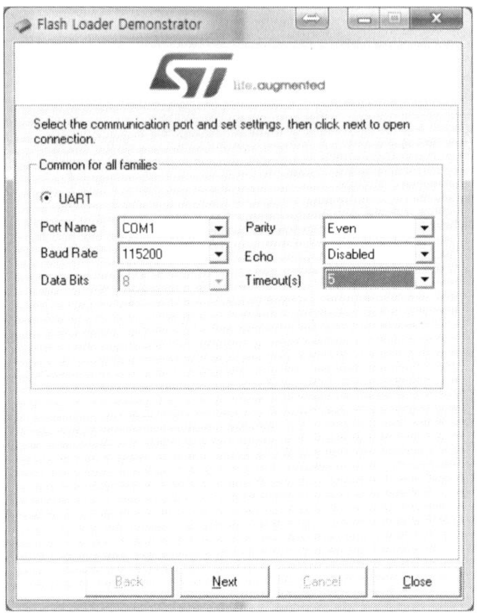

그림 B.9 프로그램 실행화면: 초기 설정

그림 B.10 바이너리 파일 업로드

그림 B.11은 바이너리 파일이 보드에 정상적으로 다운로드된 결과를 보여준다. 바이너리 파일이 성공적으로 보드에 다운로드 되면 다음으로 보드의 boot mode 스위치인 SW11을 실행방향으로 설정하고 Reset버튼을 눌러 입력된 프로그램을 실행한다.

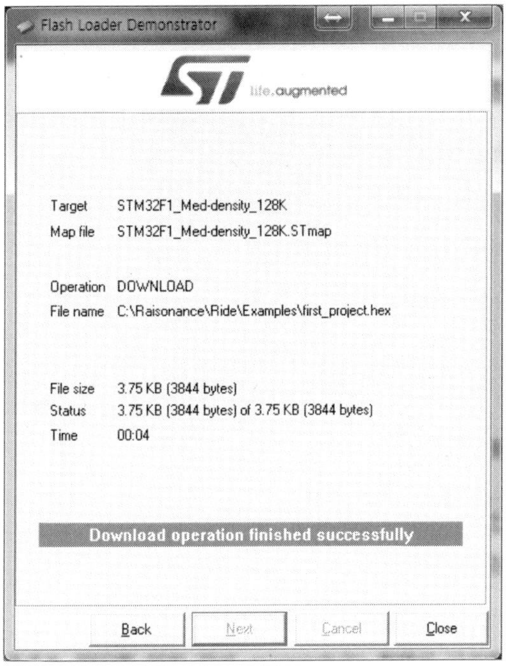

그림 B.11 프로그램 loading 화면

참고 문헌

- Joseph Yiu, The definitive guide to the ARM Cortex-M3. Newnes, 2009.
- STMicroelectronics: STM32F10x Reference manual, Jun. 2007.
- 박선호, 오영환, 실전! ARM Cortex-M3 시스템 프로그래밍 완전정복 1, D&W Wave, Dec. 2010.
- 박선호, 오영환, 실전! ARM Cortex-M3 시스템 프로그래밍 완전정복 2, D&W Wave, Feb. 2011.
- http://www.arm.com/support/university/
- 윤덕용, ARM Cortex-M0 STM32F051 마스터, 옴사, 2013.
- BOSCH Sensortec, BMI150—Digital, Triaxial Acceleration Sensor-Data Sheet, Oct. 2011.
- Sky Holic, HES-288 Data Sheet.
- STMicroelectronics, L298-Dual Full-Bridge Driver-Datasheet, 2000.

마이크로프로세서 ARM cortex-M3

저 자 : 김곤우, 박찬식

발행처 : 충북대학교 출판부

발행인 : 윤여표

주 소 : (361-763) 충북 청주시 서원구 충대로1(개신동)

전 화 : (043) 261-2952, 3014

팩 스 : (043) 274-1256

이메일 : presscbu@chungbuk.ac.kr

등 록 : 제1983-2001-7호

초판1쇄 : 2015. 9. 4.

인쇄처 : 삼성디자인기획 042)221-3111

* 이 교재는 지방대학특성화사업(CK-1)의 일환인 스마트IT창의인재양성사업단 특성화 우수학과(전자공학부)의 지원을 받아 개발되었음

ISBN 978-89-7295-234-3 93560

값 21,000원